Ficha Catalográfica
(Preparada na Editora)

Ruiz, André Luiz de Andrade, 1962-

R884d   *Despedindo-se da Terra* / André Luiz de Andrade Ruiz / Lucius (Espírito). Araras, SP, 6ª edição, IDE, 2023.

544 p.

ISBN 978-65-86112-47-4

1. Romance 2. Espiritismo 3. Psicografia I. Título.

CDD -869.935
-133.9
-133.91

Índices para catálogo sistemático:
1. Romances: Século 21: Literatura brasileira 869.935
2. Espiritismo 133.9
3. Psicografia: Espiritismo 133.91

DESPEDINDO-SE DA TERRA

SÉRIE TRANSIÇÃO

ISBN 978-65-86112-47-4

6ª edição – dezembro/2023

Copyright © 2007,
Instituto de Difusão Espírita - IDE

Conselho Editorial:
Doralice Scanavini Volk
Wilson Frungilo Júnior

Produção e Coordenação:
Jairo Lorenzeti

Capa:
Samuel Carminatti Ferrari

Diagramação:
Maria Isabel Estéfano Rissi

Os direitos autorais desta obra pertencem ao INSTITUTO DE DIFUSÃO ESPÍRITA, por doação absolutamente gratuita do médium "André Luiz de Andrade Ruiz".

Parceiro de distribuição:
Instituto Beneficente Boa Nova
Fone: (17) 3531-4444
www.boanova.net
boanova@boanova.net

INSTITUTO DE DIFUSÃO ESPÍRITA - IDE
Rua Emíio Ferreira, 177 - Centro
CEP 13600-092 - Araras/SP - Brasil
Fones (19) 3543-2400 e 3541-5215
CNPJ 44.220.101/0001-43
Inscrição Estadual 182.010.405.118
www.ideeditora.com.br
editorial@ideeditora.com.br

Todos os direitos reservados. Nenhuma parte desta publicação pode ser reproduzida, armazenada ou transmitida, total ou parcialmente, por quaisquer métodos ou processos, sem autorização do detentor do copyright.

SUMÁRIO

1 - Jogo de interesses 9
2 - Os cenários, os planos e os desejos 17
3 - Os objetivos do mundo espiritual inferior 26
4 - A ação dos Espíritos negativos 32
5 - O perfil dos envolvidos 43
6 - Começando bem... 53
7 - Acercando-se de Letícia 65
8 - As estratégias 77
9 - O encontro da astúcia com a inocência 88
10 - As vivências de Gláucia e Glauco 103
11 - Letícia e a solidão 118
12 - O centro de mensagens 124
13 - Sílvia e os planos de Marisa 132
14 - Sílvia, Marcelo e os Espíritos 144
15 - Os detalhes da organização 152
16 - A preparação para o Evangelho em família 164
17 - O momento da oração coletiva 178
18 - Luiz, sua sexualidade e seu obsessor 201
19 - Retomando o controle sobre o encarnado 212
20 - Camila, Sílvia e Marcelo 218
21 - As consequências do sexo irresponsável 228
22 - A vez de Letícia 238

23 - Observando do alto e entendendo os fatos 253
24 - Múltiplas astúcias e proteções específicas................................261
25 - Marisa começa o ataque 276
26 - Marcelo e Camila tecem sua teia 291
27 - Marcelo em busca de apoio 301
28 - Vidente de plantão e a sintonia com o mal.............................311
29 - Explicando, observando e refletindo 324
30 - Terça-feira I - O escritório de Glauco.....................................336
31 - Terça-feira II - O motel - Proteção aos maus..........................351
32 - Terça-feira III - O motel - Proteção aos bons........................368
33 - O alvoroço das trevas e as ordens do Presidente 387
34 - A pedagogia do bem...395
35 - Observando a todos 403
36 - Marcelo e suas mulheres..418
37 - O casamento e a gravidez..433
38 - Os envolvimentos do passado e a trágica escolha....................451
39 - Finalmente, a reunião 470
40 - Marcelo, as denúncias e as surpresas......................................483
41 - Novas surpresas..502
42 - Despedindo-se da Terra..517

1

JOGO DE INTERESSES

O metrô acabara de partir da estação onde Marcelo havia ingressado no vagão que o levaria ao trabalho, para o cumprimento das responsabilidades diárias.

Como era seu costume, deixava seu carro em um estacionamento próximo e, valendo-se do trem subterrâneo, chegava mais rapidamente ao destino, sem os inconvenientes do trânsito pesado.

Da mesma forma, garantia o sossego do retorno ao lar, ao final do expediente no escritório de advocacia onde militava.

Sua rotina só se alterava quando, em ocasiões específicas, tinha necessidade de valer-se do veículo para transitar durante o dia ou a chuva impunha tal exigência.

Naquele horário da manhã, o movimento era mais intenso e o vagão estava mais cheio do que nos outros períodos do dia.

A sua mente vinha, no entanto, mais carregada do que o próprio veículo que o transportava. Não somente os problemas do escritório o perturbavam. Os compromissos com clientes, as responsabilidades com prazos, as lutas com teses jurídicas e as pressões dos seus chefes, sempre mais vinculados com as vitórias no fórum do que com o respeito aos ditames da lei e da Justiça.

Era mais um no meio de tantos outros advogados que, desejosos de se verem promovidos na confiança dos mais antigos, estabeleciam uma convivência difícil e cheia de disputas.

Todas as semanas, suas orelhas e olhos deviam estar atentos às menores ocorrências, às frases mais inocentes, aos papéis que iam e vinham, porque sempre havia o risco de estar sendo tramada alguma cilada contra ele ou que ele estivesse sendo excluído de algum caso importante cujo realce promoveria um outro em seu lugar.

Apesar de conviver com todos já há alguns anos, sentia que não tinha amigos confiáveis e se adaptara a essa rotina mentirosa de falar banalidades, dar risadas das piadas, tomar os drinques ao final do dia e jamais deixar-se penetrar pelos que rodeavam seus passos e pensamentos.

Os donos do grande escritório, homens experientes nas negociatas do mundo, há muito tempo haviam perdido o senso do ideal e o desejo de buscar a ordem legal, acostumados à troca de favores com outras autoridades que, da mesma forma, cansadas e desencantadas com as rotinas humanas e o volume de tarefas, limitavam-se a empurrar as coisas para a frente, sem o calor do idealismo.

E interessados em ganhar sempre, os proprietários daquele estabelecimento tão respeitado nos meios profissionais naquela cidade estimulavam este clima de mútua desconfiança, através do qual pretendiam desenvolver a astúcia, a ambição, a capacidade de jogar, a esperteza naqueles que ali prestavam serviço e traziam os ganhos financeiros que vinham engordar o já grande patrimônio pessoal que detinham sob suas mãos.

Só os maiores casos jurídicos, tanto nas dimensões econômicas quanto na alçada política, ficavam sob a responsabilidade direta de um dos donos daquele negócio, ocasião em que as suas influências sociais junto a autoridades era um outro fator que interferia diretamente na estrutura da Justiça ou na legalidade dos procedimentos.

Marcelo se adaptara naturalmente a esse ambiente, ainda que não se sentisse bem ao contato com as mentiras do mundo, com a mesquinhez das pessoas, com os clientes irresponsáveis que queriam fugir das consequências de seus atos.

Para Marcelo, o que importava era o pagamento, o dinheiro que iria receber ao final do mês, pelo regime de produção, o que o fazia "engolir todos os sapos" e, há muito tempo, abdicar dos sonhos do Direito como instrumento da Justiça.

Estes não eram, porém, os únicos problemas de Marcelo naquele dia.

※※※

Como acontece com todos os que se acham em testes no mundo físico, ele convivia com outras pessoas no ambiente do lar.

Marisa, a companheira, igualmente se acercara dele por laços antigos, estabelecidos em outras existências e que, agora, tinham que ser colocados à prova, para vencerem os defeitos comuns.

Associada às ambições do marido, Marisa tinha gosto apurado pelas coisas materiais e, dotada de exuberante beleza, usava-a como arma para conquistar tudo o que queria.

Marcelo e Marisa traziam o Espírito vibrando na mesma sintonia de interesses, o que possibilitava que o desejo de um correspondesse ao desejo do outro.

Quando Marcelo cruzou seu caminho, Marisa se encantou com seus recursos materiais, sua roupa bem talhada, sua fala fluente, seu estilo de vida e, antevendo uma vida de facilidades ao lado daquele jovem, tratou de colocar suas armas a serviço de seus planos.

Passou a assediá-lo com roupas provocantes, usadas de forma inteligente e astuta para que não parecesse uma mulher vulgar que se oferecia, quando era exatamente isso que fazia.

Ao lado do panorama físico desafiador, Marisa sabia que Marcelo logo se veria atraído se ela usasse da técnica que mesclava sensibilidade com desinteresse.

Deixaria que o rapaz percebesse sua inteligência durante as conversas sobre as tolices do mundo, falando de filmes, de temas filosóficos, cultivando gosto pela música, coisas sobre as quais, sabia ela, o jovem não tinha muito domínio.

Assim, quando juntos, mostraria que tinha conhecimentos variados e, para um homem que se tinha em conta de muito inteligente, nada melhor do que estar ao lado de uma mulher que, sem competir frontalmente com ele, também possua dotes admiráveis.

Por outro lado, em seu plano de conquista, Marisa se faria de difícil, recusaria alguns convites, alegaria compromissos já assumidos antes, para que Marcelo ficasse impaciente e confuso, com receio de perder a tão cobiçada presa.

E, no meio disso tudo, estavam as roupas insinuantes, a sua beleza natural, enriquecida pelas produções artificiosas, o cabelo bem ajeitado, as maneiras finas mescladas com as formas simples, tudo bem estudado para o fim desejado.

Não há nada mais interessante do que aceitar a condição de caça, sabendo-se, no entanto, que se está na condição de caçador.

Fazer-se frágil para conseguir atrair o interesse daquele que parece mais forte a fim de motivá-lo a uma luta onde, certamente, acabará derrotado.

Este tem sido o velho procedimento do afeto ao longo dos séculos.

O jogo da mentira a produzir as frustrações e as dores no coração que busca por um sentimento verdadeiro.

Marisa, como o leitor pode observar, também era uma profissional astuta tanto quanto Marcelo, colocando seu talento em uma outra área de atuação, a da conquista de seus objetivos, valendo-se tanto de suas armas pessoais quanto das fraquezas alheias, que sabia manipular com maestria.

E o rapaz que lhe representava o objetivo principal carregava o coração desguarnecido, desejando encontrar companhia, ao mesmo tempo em que, dentro das naturais leviandades masculinas, ansiava ter ao seu lado uma exuberante representante do sexo oposto, como a demonstrar a sua capacidade de conquista.

Vaidade e carência de um lado, astúcia, ambição de outro – isso bem representava a dupla Marcelo e Marisa.

✳ ✳ ✳

Como falávamos antes, naquele dia o pensamento de Marcelo vinha assoberbado por outras preocupações além daquelas naturais de sua rotina de trabalho.

Logo pela manhã, havia tido uma discussão com Marisa que, desde algum tempo, vinha pressionando-o no sentido de conseguir melhor colocação dentro do próprio escritório.

Sem participar das atividades profissionais do marido, Marisa não tinha ideia da verdadeira guerra de interesses e ambições que acontecia em sua profissão. No entanto, ambiciosa e desejando ostentar uma condição social ainda melhor, sabia que precisava pressionar o marido para que ele começasse a conquistar mais espaço em sua atividade remunerada.

Para isso, desde algum tempo, passou a usar certas estratégias de pressionamento velado, comentando com ele, como quem não quer nada, as conquistas materiais de certos amigos com quem conviviam, enaltecendo-lhes a capacidade, elogiando-lhes a inteligência com a finalidade de diminuir a autoestima do próprio Marcelo.

Imaturo para certas coisas, o marido se via apequenado na admiração da esposa, ante as referências elogiosas dirigidas a outros homens que não ele...

Não se tratava de uma questão de ciúmes, já que Marisa tinha o cuidado de não deixar as coisas irem por esse caminho.

A mulher sabia ser carinhosa ao extremo nos momentos de intimidade do casal, momento em que sabia dominar as atenções do companheiro e manipular à vontade.

Na esfera do prazer físico, Marisa sabia usar os mais importantes e convincentes instrumentos de convencimento para aplicar sobre a vontade tíbia de Marcelo.

Assim, o marido não se sentia ameaçado no relacionamento pessoal com a esposa, mas o simples fato de ela elogiar as conquistas de outros, em sua mente emocionalmente infantil, sugeria o fato de serem melhores do que ele próprio.

Acostumado às constantes competições da vida diária, no trânsito, no escritório, no fórum, Marcelo interpretava tais referências elogiosas aos outros como um demérito próprio, pressionando-se pessoalmente ainda mais para que o seu sucesso atraísse as mesmas referências da mulher desejada.

Naturalmente era o mesmo jogo de sempre.

Todavia, por mais que se esforçasse em suas atividades e em seus métodos, Marcelo não podia vencer de imediato certas barreiras que, somente as oportunidades muito bem exploradas, conseguiriam superar.

O tempo passava, desse modo, e as coisas não mudavam no escritório. No entanto, no lar, nada lhes faltava, nem dinheiro, nem conforto, nem os favores da sorte. Pelo menos era o que ele próprio pensava.

Na cabeça da esposa, entretanto, acostumada às vacuidades da vida, às frivolidades do mundo, à superficialidade das aparências, estava pesando a monotonia, a falta de algo novo, o desejo de aventurar-se em atividades náuticas, a troca de apartamento por um outro maior e mais confortável, o desejo de se destacar mais nos encontros com outras mulheres, tão ou mais doidivanas do que ela própria.

Essa diferença na forma de ver as coisas, propiciava a nota discordante entre eles.

Marisa não falava estas coisas abertamente, porque tinha ciência do exagero de seus desejos, ainda que os cultivasse mesmo assim, como forma de se mostrar importante para os que pretendia impressionar. Sabia que, exigir isso de maneira explícita, poderia ser interpretado como uma grotesca leviandade, demonstradora de seu caráter exageradamente materialista e isso a exporia a críticas justas por parte do esposo.

Dessa maneira, precisava usar de outros meios.

Começou, então, a depositar nos ouvidos do marido elogios às conquistas materiais dos seus amigos, demonstrando o quanto uma mulher admira um homem pelas coisas que ele possui ou consegue.

Marcelo, no entanto, não respondia segundo a velocidade que ela desejava.

Assim, havia decidido usar outra técnica.

Depois de muito falar sem efeito, Marisa resolvera modificar a rotina da convivência íntima, de sorte que, quando o marido a procurou no leito, ansioso por se fazer sentir másculo e conquistador, a esposa alegou indisposição tola e recusou suas carícias, não correspondendo com a efusividade vulcânica de antes.

Era a primeira vez que Marcelo se via atingido em seus valores viris junto daquela que, desde o início do relacionamento físico há alguns anos, se tornara sua sócia nos prazeres mais exagerados, compartilhando-lhe os desejos e as sensações intensas.

Em um primeiro momento, estranhou a atitude de Marisa e imaginou que se tratasse de alguma enfermidade.

Constatou, logo em seguida, que não era problema de saúde, mas sim de cansaço.

Marisa estava cansada...

– Como é que isso é possível? – perguntava-se Marcelo. Essa folgada não faz nada o dia inteiro. Quando muito vai ao Shopping fazer compras e gastar o meu dinheiro, enquanto estou lutando como um alucinado para satisfazer suas loucuras!!!

E agora, quando a procuro, vem com essa de cansaço... – exasperou-se ele.

No entanto, o fato era esse. Ele se fazendo todo adocicado, tentando despertar na esposa o desejo e ela se fazendo de indiferente, propositalmente.

Marcelo pretendeu forçar a situação, mas Marisa o advertiu de que não iria conseguir nada com ela e que seria melhor que dormisse para que, no dia seguinte, tudo se resolvesse depois de uma noite de descanso.

O marido virou-se para o lado e começou a pensar naquele novo cenário.

Com seus neurônios acostumados a ver armadilhas, mentiras e meias verdades em todos os seus casos do escritório, em todos os relacionamentos pessoais com os colegas e em cada jogo de interesses que era obrigado a montar para defender as pretensões de seus clientes, Marcelo logo passou a pesquisar as possíveis causas daquela estranha reação e não lhe foi difícil ajuntar ao fato, as palavras de admiração que Marisa vinha lhe lançando aos ouvidos quando falavam sobre este ou aquele de seus amigos de profissão.

Afogueado em seus pensamentos indisciplinados, quase não dormiu a noite inteira, ficando ainda mais irritado ao escutar a respiração profunda da esposa ao seu lado, indicando que dormia tranquilamente.

Levantou-se rapidamente, antes que o despertador soasse naquela manhã e, depois de tentar apagar os piores presságios do pensamento, tomou um rápido café, dirigiu-se à garagem de seu apartamento e tomou o rumo do estacionamento próximo à estação do metrô, onde seu dia iria começar.

Dessa forma, Marcelo não percebia o balanço do vagão, embalado pelos pensamentos mais conturbados e se sentindo desprezado no afeto físico daquela que, até então, havia sido a amante perfeita, compartilhando das mesmas aventuras e prazeres.

A pressão em seus pensamentos havia aumentado e, assim, Marcelo teria um dia um pouco mais difícil do que os anteriores.

2

OS CENÁRIOS, OS PLANOS E OS DESEJOS

Desde essa data, o relacionamento do casal se viu estremecido pela conduta mais fria e indiferente da esposa que, dessa maneira, desejava induzir o companheiro a adotar uma forma mais agressiva de ser diante das tarefas profissionais.

Nas discussões que se seguiram, sempre com o mesmo cenário, Marcelo tentando a aproximação íntima e Marisa demonstrando o seu desinteresse, a mulher sabia fustigar a vaidade masculina, sobretudo ao insinuar que, talvez, o esposo não fosse tão competente profissionalmente, como alardeava.

Logo ficou bastante claro ao marido que havia uma frontal oposição de opiniões e que, se desejasse obter os carinhos da mulher desejada, deveria demonstrar sua astúcia na capacidade de galgar postos na estrutura administrativa.

Ao mesmo tempo, encontrava-se numa posição difícil porque não havia muitos caminhos lícitos pelos quais se poderia conseguir tal melhora de condições.

A disputa interna pelas melhores contas e melhores clientes impunha a todos o dever de não escorregar, de não perder qualquer oportunidade, de jamais deslizar no atendimento dos prazos legais, observando-se o rigor dos procedimentos.

Todos os dias, Marcelo buscava o escritório na rotina do trabalho, fustigado pela insatisfação afetiva, pela depreciação velada da esposa, pelo orgulho ferido e pela necessidade de reverter todo este quadro para que pudesse retomar, nas atenções da mulher, o mesmo respeito e consideração de antes.

Em momento algum lhe passou pela ideia a noção de que, para conseguir essa admiração, ele se veria obrigado a fraudar de alguma maneira. A questão ética era pouco considerada por todos os que lá trabalhavam, acostumados a falar muito dela nos seus escritos, a avaliarem sua existência nas condutas formais junto às autoridades, mas de não viverem seus ditames nas horas comuns do dia.

Assim, entre os homens e mulheres que conviviam no ambiente do escritório, as guerras ocultas ou declaradas eram um capítulo à parte, na experiência da convivência entre profissionais do Direito que ali se empenhavam em defender uma versão da verdade e não a Verdade plena.

Com o passar dos dias, então, o advogado ambicioso se dispunha a estabelecer uma estratégia de forma a tirar vantagens dos eventos fortuitos e das relações de trabalho que se estabeleciam no ambiente laboral.

O escritório era de propriedade de dois velhos causídicos, Dr. Alberto e Dr. Ramos, cada qual liderando um grupo de outros profissionais que, segundo seus próprios critérios de escolha, foram definidos para servirem de equipe jurídica a serviço de seu líder.

Dessa maneira, dois grupos se antepunham, nas disputas pela produção de resultados, estampado no número de vitórias conquistadas, casos resolvidos e honorários embolsados.

E apesar de todos estarem envolvidos nas tarefas gerais e, eventualmente, ajudarem-se na troca de favores, havia sempre uma disputa sutil entre os dois grupos, disputa esta que era igualmente estimulada pelos dois principais líderes, que a encaravam como salutar competição a favorecer os objetivos almejados.

Não é preciso dizer que quase todos os profissionais que ali se apinhavam, ao redor das duas águias, se candidatavam a se tornarem águias também, conquistando as atenções e favores do seu líder, a admiração de alguns e a inveja de todos os outros.

Dr. Leandro era o que mais se mantinha próximo de Dr. Alberto enquanto que, pelos lados do Dr. Ramos, Dra. Clotilde era aquela que correspondia à pessoa de sua confiança.

Depois de ambos, vinham os demais, que se mediam e se consideravam pelo número de anos de trabalho naquele escritório, sendo os mais velhos os que tinham certa ascendência sobre os mais novos.

Essa regra só era quebrada quando algum mais novato conseguia uma conquista retumbante, seja nas disputas legais seja no valor dos honorários, o que catapultava sua qualificação aos olhos dos líderes principais, enquanto que criava nos que estavam imediatamente abaixo o justo temor de perderem a posição para algum sortudo ou oportunista.

Marcelo não era o mais velho nem o mais novo de seu grupo. Permanecera na equipe de Alberto, a quem se ligara desde a chegada, trazido pela indicação de antigo proprietário, Dr. Josué, que se retirava da sociedade advocatícia por motivo de saúde.

Desde então, foi acolhido por Alberto e passou a fazer parte de sua equipe, que além dele e de Leandro, era composta por mais três advogadas.

A equipe de Ramos era menor do que a de Alberto. Além de Clotilde, havia mais um advogado inexperiente, recém-formado, que, dessa forma, compunham um quadro de dois auxiliares.

Além dos advogados havia as secretárias que organizavam as agendas dos dois grupos e tinham atividades diversificadas na estrutura administrativa.

Outras jovens atendiam aos telefones, enquanto que alguns funcionários menos qualificados se encarregavam da limpeza, da cozinha, da higiene em geral para que aquele local impressionasse pela ordem e perfeito sincronismo.

– Gente rica gosta de ser tratada como rei, mesmo que acabe entregando todo o seu tesouro na hora de pagar a conta – costumava falar Alberto, nas reuniões de trabalho do escritório que aconteciam, periodicamente, com todos os integrantes, onde eram apresentados problemas e discutidas questões delicadas a portas fechadas.

– É verdade, gente – completava Ramos. Quanto mais impressionados ficam com a estrutura física, mais seguros se sentem quanto à defesa de seus direitos e, por isso, mais inclinados a nos entregarem seus casos, mesmo que isso lhes custe mais despesas.

Todos somos assim. Se vemos uma coisa barata e, ao seu lado, uma mercadoria similar que seja mais cara, se temos condições escolhemos a mais cara porque temos a ideia de que a mais barata é de pior qualidade, ainda que sejam iguais.

Os outros escutavam e abanavam a cabeça, concordando com as opiniões dos seus chefes, não desejando contrariá-los nos conceitos estabelecidos por décadas de atendimento jurídico.

Marcelo se mantinha sempre neutro em qualquer discussão que não fosse sobre os casos que dirigia em sua área de atuação porque sabia que cada palavra que dissesse, demonstrando sua maneira de pensar sobre os demais assuntos, revelaria coisas de si mesmo que não seriam adequadas dar publicidade, uma vez que ele sabia que revelar-se, intimamente, naquele ambiente, era se tornar mais vulnerável aos ataques dos adversários.

E em sua cabeça, desde essa guinada em sua vida pessoal, deveria haver alguma forma de se conseguir a modificação de seu nível de avaliação, que correspondia a uma alteração de respeitabilidade, uma ascensão na hierarquia interna e uma modificação na remuneração final.

Seus sentimentos se inclinavam na louca intenção de voltar para sua casa como o vitorioso e entregar à mulher desejada o troféu material de suas conquistas.

Estava disposto a tudo fazer para retomar a antiga condição de companheiro sedutor e dominante do afeto feminino.

E nesse processo não havia outra escolha senão a de abrir frente com os recursos que tinha, tendo ficado definido, claramente, que Leandro era o inimigo a se combater, já que as outras colegas do grupo de Alberto não lhe faziam frente.

Leandro já estava há muito tempo na condição de cúmplice de Alberto, conhecendo a intimidade dos seus negócios e conquistando a confiança com a participação nas maiores tramoias do escritório, na compra de autoridades, na manipulação de interesses, na ocultação de delitos, na montagem de políticas de pressão para resolver o problema pelos caminhos não jurídicos.

Entre estas tarefas estava a de manipular a vida privada de certas autoridades que, possuindo compromissos morais com os antigos causídicos do Direito, viam-se na contingência de torcer a lei a fim de lhes garantir decisão favorável.

Um favor aqui, colocando o filho recém-formado de um juiz para trabalhar como advogado em seu importante escritório, um fato mais ali, com o patrocínio gratuito da separação judicial de outro magistrado, além de indicações de secretárias competentes para que trabalhassem junto a desembargadores, tudo isso havia produzido, ao longo dos anos, uma teia de influências poderosa que Alberto, tanto quanto Leandro, manipulavam conjuntamente para usar como força nas disputas da vaidade, no cenário jurídico da sociedade onde viviam.

– Advogado bom é aquele que ganha a causa – repetiam sempre as duas raposas proprietárias, nos corredores do escritório. O cliente não quer um profissional que saiba as leis e conheça todos os detalhes dos códigos, mas que perca seu processo, ainda que por falta de razão ou por falta do próprio direito. O cliente prefere um profissional medíocre, mas que, usando de meios lícitos ou não, consiga ganhar a causa ou obter a vantagem que ele deseje. Esse é o bom advogado.

Essa era a cultura purulenta que se plasmava na alma dos profissionais ali envolvidos na sagrada tarefa de buscar a verdade, mas que a haviam transformado na espúria atividade de corromper os fatos e as pessoas para atingir os objetivos almejados.

Marcelo havia definido sua estratégia geral.

Derrubar Leandro e tomar-lhe o lugar.

Para isso precisaria conseguir apoio, já que Leandro se havia cercado de uma linha de defesa que envolvia a proteção da secretária principal e de outros estagiários que estavam sempre ao seu lado, aprendendo a trabalhar nos processos, sem vínculo de emprego com o próprio escritório.

E dentro de sua nova aventura, estimulado pelo desafio proposto pelo comportamento da esposa, que despertara em sua alma vaidosa e imatura o desejo de demonstrar seu poder e capacidade, Marcelo sentiu a necessidade de informações, de conhecimentos, de detalhes sobre tudo, porque naquele universo pequeno, informação era um bem muito precioso.

Com tal ideia na cabeça, delineou aproximar-se das outras advogadas com quem convivia diariamente, de maneira a conquistar-lhes a simpatia e, de uma forma imperceptível, criar um subgrupo dentro do grupo que Alberto liderava com o apoio de Leandro.

Se Marcelo se tornasse um líder das outras três que compunham com ele a força de trabalho com que Alberto contava, seria mais fácil conseguir o apoio para fraudar as coisas e abater Leandro que, por sua condição de superioridade, não fazia questão de ser muito simpático com os demais, preferindo a proximidade com Alberto.

Letícia, Camila e Sílvia seriam seu primeiro alvo, a fim de que, uma vez conquistado o apoio delas, unidas ao seu redor, tivesse apoio e peso para ampliar a luta e retirar Leandro do seu posto.

Naturalmente que não seria fácil nem rápido obter tudo isso.

Entre eles jamais houvera uma aproximação que se pudesse qualificar de confiança. Mais não era do que superficial relacionamento profissional onde uns ajudavam os outros quando era conveniente, mas jamais se deixavam comprometer ou aprofundavam os envolvimentos.

Por isso, Marcelo precisaria adotar estratégias adequadas para iniciar um processo de aproximação, sem levantar suspeitas.

Enquanto isso, iria levando as coisas com Marisa, a esposa, de forma a tentar convencê-la de que estava ganhando terreno e conquistando espaço no escritório.

Em suas ideias mirabolantes, arquitetava o plano de dormir fora de casa algumas vezes, alegando ter sido convocado para viajar para atender clientes distantes, desejando demonstrar com isso que estava ganhando a confiança dos patrões.

Sua cabeça funcionava a todo vapor, como se uma força desconhecida alimentasse a caldeira fumegante com mais e mais lenha, fazendo tudo encaixar-se de forma lógica, serena e perfeita, no sentido da conquista de seus objetivos.

As ideias iam sendo sucedidas por novas inspirações e, entusiasmado por tal perspectiva, Marcelo chegava em casa cada noite e se mantinha no escritório de seu apartamento, dedicando-se à montagem e ao aperfeiçoamento de suas armadilhas.

Marisa iria notar a modificação de sua rotina e, certamente, tornaria as coisas mais fáceis para ele.

Entretanto, ainda que no princípio a vaidade e o orgulho feridos tivessem sido os primeiros estimuladores de sua vontade, desde o momento em que se debruçou sobre o fatídico plano, passou a alimentar-se com o próprio prazer de crescimento e conquista pessoal.

Já não era tanto por Marisa, cuja postura interesseira houvera disparado o processo. Agora já era por ele mesmo, convencido realmente de que sua capacidade estava a merecer uma melhor consideração dos proprietários do escritório e que Leandro já havia se acomodado ao posto, sem apresentar méritos para nele permanecer indefinidamente.

Sem qualquer cuidado mental, Marcelo se deixava arrastar pelos sonhos de realce, defeitos de caráter que ele possuía e que Marisa, bem o conhecendo, usava quando lhe parecia adequado para obter o que desejava, controlando as atitudes do marido.

Agora, o jovem causídico estava acreditando que, realmente, ele merecia mais do que tinha, e sua inteligência, como se estivesse preparando uma estratégia de defesa de um cliente, se deliciava com o próprio brilhantismo, traçando os passos delicados e as rotas mais seguras, não apenas para derrubar Leandro, mas para que isso parecesse uma queda natural, sem qualquer provocação externa, sem que ele aparecesse como o responsável. Daí, com o apoio da liderança que conquistaria junto às três jovens advogadas, seria fácil ser escolhido para substituir aquele que se desgraçara junto ao advogado principal.

Até tarde da noite, Marcelo se mantinha isolado, meditando, avaliando as vantagens, os prós e os contras, a estratégia de abordagem, as táticas mais sutis para que tudo acontecesse de forma natural.

De tudo isso Marisa não fazia ideia. Apenas percebia as mudanças de comportamento do esposo, atribuindo isso à sua tática, o que a levava a dar razão a si mesma, no conceito de que o marido precisava ser empurrado para que saísse do marasmo e continuasse lutando pela conquista de novas posições.

– A vida é essa disputa constante. Quem não quer lutar, será devorado pelos outros. E se as coisas são assim, melhor ser quem devora do que servir de comida para os tubarões...

Tais pensamentos eram comuns aos dois e igualmente distantes dos princípios éticos que deveriam servir de base para uma vida saudável.

Como se vê, Marisa e Marcelo se dedicavam a uma vida material, uma vida sem sentido mais profundo, na qual os conceitos e valores morais só serviam para julgar os outros, mas nunca para estabelecer padrões de comportamento para si mesmos.

A vida, segundo pensavam, valia pelas facilidades e confortos que pudessem desfrutar, pelas viagens que fizessem, pela qualidade do automóvel que tivessem na garagem, pelo estilo de vida que ostentassem.

Daí tiravam toda sensação de felicidade, mesclada pelo saciar de suas ambições e do orgulho de si mesmos, nas disputas com os demais onde, tanto quanto no fórum, tinham para si o conceito claro de que o vencedor era aquele que exibisse as riquezas que possuía enquanto o perdedor era aquele que se via impossibilitado de responder às exigências sociais, naquilo que era visto como sinal de riqueza ou importância.

Se para os clientes, bom advogado era quem ganhava o processo, não importando por que caminhos, para as pessoas em geral, bom advogado era aquele que tinha um carro novo, uma casa vistosa, boas roupas e boa figura por onde andava.

E tanto para Marisa quanto para Marcelo, boa vida era aquela que propiciasse a superioridade em relação aos outros amigos, desfrute e abuso das sensações físicas, status social, aparência requintada, pouco importando se isso viria a produzir a inveja nos demais, coisa que eles consideravam reação indicadora de pobreza e incompetência.

Ainda que ambos fossem movidos pela inveja, nas competições com os outros que viviam de maneira inconsciente, consideravam a inveja de que poderiam ser vítimas como a expressão da mediocridade dos invejosos que, ao invés de trabalharem e terem competência para conquistar as mesmas coisas, outra coisa não faziam do que olhar com olhos gordos as vitórias por eles obtidas na arena do mundo.

Deus era apenas uma questão de crença e conveniência, uma parte das rotinas da vida e, sem sombra de dúvida, mais uma oportunidade para a exibição de suas condições materiais, já que a expressão de sua fé vinha revestida de roupas extravagantes, suntuosas, chamativas, nos templos a que se viam convocados por força das conveniências sociais.

No entanto, a realidade espiritual não possuía qualquer importância no universo de suas preocupações, relegada tal questão a episódicos momentos para os quais eram convocados pela inclemência da morte, nas ocasiões em que precisavam acompanhar o sepultamento de algum conhecido, coisa que faziam com profundo constrangimento e quase contrariedade, furtando-se de tais compromissos com a inexorabilidade sempre que fosse possível.

Em seus Espíritos imaturos, a noção da transitoriedade era incômoda porque conspirava contra todos os seus objetivos imediatos, torpedeando seus desejos.

Como é que alguém, que deseja comprar um iate porque já não tem mais o que usar para divertir-se, pode encarar um fenômeno que lhe traz à mente a inutilidade de tudo, a finitude de todos os caprichos e sonhos?

Se o desejo é mais intenso, tudo o que venha a combatê-lo com os argumentos da Verdade é mal visto por aqueles que se permitem a ilusão das leviandades e os sonhos tresloucados.

Como falar a uma mulher abastada que é uma insanidade adquirir mais uma bolsa cujo valor poderia sustentar uma família de cinco pessoas por dois meses?

Como falar a um jovem que possui recursos abundantes que o que ele gasta com um carro seria suficiente para se adquirir uma casinha para a moradia de um grupo de pessoas que não têm onde viver?

Como dizer a um homem que o valor que gasta em festas, bebidas e excessos poderia salvar a vida de muitas pessoas que precisam de remédios simples, mas que não têm recursos para comprá-los, enquanto que ele próprio os está gastando para se matar na ilusão de prazer?

Tudo isso é notícia que vem na contramão dos interesses e, assim, não são passíveis de serem escutadas.

Por esse motivo, com sabedoria, Jesus afirmara ao seu tempo:

É mais fácil um camelo passar pelo buraco de uma agulha do que um rico entrar no reino dos céus. (Mt, cap. 19 v. 24)

3

OS OBJETIVOS DO MUNDO ESPIRITUAL INFERIOR

– E aí, Juvenal, o chefão já tem as instruções? – perguntava, curiosa, uma entidade de horrível aspecto que atendia pelo apelido de "aleijado", apesar de se dar a conhecer pelo nome Gabriel.

– Cala a boca, Aleijado, você não está vendo que o chefão está ocupado recebendo as últimas determinações do Presidente?

– Mas é que esse negócio de ficar esperando não é comigo não. Estou a fim de aprender.

– É, eu bem sei que você, com a sua curiosidade, vai acabar enjaulado pelo chefe para não prejudicar o andamento do plano. Com a sua falta de juízo, quase colocou tudo a perder quando fez o idiota do Marcelo resolver andar a 180 por hora naquela avenida movimentada...

– Eu não fiz nada... o cara era maluco mesmo... era mais de uma da madruga, cara... e o movimento já tinha acabado...correu porque queria... pensava que não tinha mais ninguém na rua...

– É, mas tem sempre algum outro idiota que pensa a mesma coisa e, se não fosse o acerto de última hora, as coisas teriam acabado por ali, justamente agora que nossos projetos estão dando certo.

E enquanto Juvenal lhe falava, ameaçador, Gabriel se calava, submisso, resmungando algumas justificativas.

O ambiente ao redor dos dois era medonho e insuportável pelas emanações vibratórias degradantes.

Estavam as duas entidades aguardando as novas ordens que seriam passadas por um superior hierárquico que comandava a ação obsessiva dirigida contra os encarnados esperando em uma pequena sala escura, revestida de objetos e móveis de péssimo gosto, como se fossem grotescos adornos do ambiente.

Na parede, uma tela representando o Inferno de Dante produzia nos que a fitavam a sensação repulsiva e amedrontadora, como se ela ali estivesse, plasmada em material pastoso à semelhança do betume denso ou do piche, com os contornos das figuras pintados nos tons avermelhado-sanguíneo e terra-queimado.

Do quadro pendurado na parede as almas mais sensíveis poderiam recolher as emanações inferiores de uma mensagem ameaçadora, como se estivesse a falar, na linguagem das imagens, que não havia melhor destino ao ser espiritual do que aquele que ali se estampava em cores repulsivas.

Por alguns instantes, enquanto esperavam, as duas entidades, silenciadas pela expectativa das novas ordens, se deixaram contemplar aquela sinistra representação, como se estivessem na antecâmara que os levaria até as furnas fumegantes.

Não lhes faltavam no pensamento, as ideias de tais lugares inferiores nem as figuras horripilantes dos demônios e diabos que a tradição religiosa havia engendrado e que, desde muitos séculos, povoavam a mente dos incautos, ameaçadoras e exigentes. Assim, mobilizadas tais lembranças pela ação nociva da imagem que divisavam à frente, parecia que essas figuras demoníacas lhes surgiam ante os próprios olhos, como no alerta ameaçador de que seriam consumidos pelas chamas caso se conduzissem de maneira incorreta no cumprimento das ordens superiores.

Ao lado deles se postava um guardião da porta de acesso ao gabinete do presidente, um Espírito de tamanho avantajado e de feições violentas e frias, cuja função era a de manter os que esperavam intimidados para que não se aventurassem invadindo a sala principal.

Em verdade, a pressa de Gabriel, o aleijado, era porque nem ele mesmo, aparentando aquela péssima forma, conseguiria permanecer ali por muito mais tempo sem passar mal diante desse panorama intimidador e insuportável.

Aquilo era apenas uma antecâmara da sala principal onde as audiências eram concedidas pelo chamado presidente que, de uma forma direta, coordenava todos os trabalhos daquele agrupamento.

Fora dali, o prédio se estendia para várias outras salas e corredores, nos quais os diversos Espíritos da mesma condição de Gabriel e Juvenal ou ainda piores iam e vinham, sempre em alguma tarefa de desajuste ou de perturbação, para a qual buscavam o apoio dos principais líderes.

Não tardou muito para que o chefe que estavam esperando saísse dali.

– Vamos, que temos coisas a explicar e tarefas a realizar.

Tão logo fechou a porta atrás de si, Juvenal e Gabriel trataram de se levantar e, sem delongas, saíram acompanhando a entidade que lhes dominava a vontade, como se fossem dois cães adestrados, à espera do comando de seu dono para a ação imediata.

Saíram os três e tomaram o rumo já conhecido que os levaria aos gabinetes de trabalho – se assim pudessem ser chamados os lugares onde se reuniam – uma mistura de escritório com cozinha imunda, sem qualquer asseio e iluminação, naquele mesmo ambiente espiritual degradante.

– E aí, então, meu chefe, vamos ter trabalho pra fazer? – perguntou Juvenal, pretendendo se fazer mais íntimo.

Olhando-o com desprezo, a entidade a quem ele se dirigira fuzilou-o com dardos visuais, como se chispas alaranjadas lhe saltassem dos olhos e atingissem o olhar da entidade subserviente, fazendo-a recolher-se, intimidada, sem que precisasse proferir nenhuma palavra.

Vendo a reação do Chefe em relação ao companheiro, Gabriel permaneceu mumificado, sem proferir qualquer som ou movimento para não despertar a mesma ira contra sua pessoa.

Decorridos longos minutos, o chefe tomou a palavra e trovejou:

– Vocês dois, seus idiotas, estão cansando a paciência do nosso Presidente. Foi com muito custo que consegui salvá-los das punições merecidas, coisa que não vai voltar a acontecer porque não pretendo me humilhar novamente para tentar proteger gente minha que nada faz para proteger a si mesma.

Do mesmo modo, estão cansando a minha disposição de aturá-los por causa da incompetência que têm demonstrado na condução de uma perturbaçãozinha tão simples como esta.

Para garantir a posição de vocês dois na organização, tive que prometer ao nosso dirigente maior soluções a curto prazo, para que as tarefas não sejam atrasadas, já que tem interesse nos casos em que estamos representando o seu desejo pessoal.

Enquanto falava assim, os dois Espíritos que se vinculavam a ele se encolhiam a um canto, apavorados com as possíveis sanções que lhes seriam atribuídas naquele antro de perversidade e de perturbação.

Vendo o resultado de seu discurso, medido especialmente para aquele momento, a fim de que causasse nos dois os efeitos desejados, o chefe continuou dizendo:

– Desde há alguns anos, nosso dirigente está planejando todos os passos, junto com seus assessores, para que, finalmente, os culpados paguem por seus crimes. A vingança não morreu e, longe do que os "caveira vestida" (*) pensam, a mão vingadora é a lei que comanda os destinos e se fará sentir sobre aqueles que carregam as culpas guardadas na própria consciência.

Cada palavra do chefe tinha a dimensão fluídica de sua imperatividade e o tônus energético de uma intimidação, para que os dois que lhe serviam resguardassem tais informações e redobrassem as atitudes de vigilância e dedicação à causa infeliz a fim de que tudo saísse como havia sido planejado.

Entendendo que ambas as entidades se mostravam atentas e interessadas, apesar do aspecto amedrontado, o chefe continuou:

– Graças à ação diligente da nossa direção, tudo está bem orquestrado para que as coisas terminem de acordo com os desejos pessoais do Presidente.

Segundo as nossas antigas ordens, devemos continuar acompanhando as mesmas pessoas que ficaram sob nossa responsabilidade. No entanto, a partir de agora, você, Juvenal, vai passar a atuar sobre a mulher para que ela modifique seu comportamento e, valendo-se

---

(*) *Nota do Autor Espiritual* – expressão vulgar por meio da qual as entidades inferiores se referem aos seres encarnados.

de fraquezas tão típicas de qualquer mulher no mundo de hoje, vai sugerir-lhe que não basta o conforto que já possui.

Durante a noite, iremos apresentar-lhe certas imagens para que sua cobiça seja estimulada e, como contamos com ampla facilidade de sintonia com ela, produziremos a situação necessária para que as coisas comecem a andar na direção que nosso presidente deseja.

Dirigindo-se, agora, a Gabriel, menos experiente que Juvenal nas coisas da perseguição espiritual, o chefe disse:

– E quanto a você, Aleijado, vai ficar por perto daquele moleque vinte e quatro horas por dia. Não vai deixar que nenhum acidente aconteça e vai escutar seus pensamentos para que, depois, você nos conte como estamos indo no desenvolvimento dos planos.

Nada de adrenalina novamente... porque, senão, você vai ver o que é adrenalina na presença de nosso dirigente maior.

Entendido?

E fazendo uma cara desanimada, Gabriel respondeu:

– O senhor está dizendo, então, que eu vou ficar somente observando o carinha e vendo como é que ele reage? Depois venho e conto tudo para vocês? É isso?

– Muito bem – falou a entidade que os dominava. – Você até que não é tão burro como sempre me pareceu...

Dizendo isso, deu uma gargalhada animada, no que foi seguido pela risada escrachada de Juvenal e pelo sorriso meio nervoso e sem jeito do próprio Gabriel que, naquelas alturas, não poderia dar o menor sinal de irritação diante da ofensa direta demonstrando o seu orgulho ferido.

– Já nesta noite começaremos o processo. Vamos juntos à casa nossa velha conhecida, para prepararmos tudo e, assim que os dois se deitarem para dormir, atuaremos primeiramente junto à mulher para que, depois, possamos colher os frutos junto do marido.

Depois de acertadas as condições, marcaram o horário do reencontro na residência onde iriam dar início às atividades mais intensas, conforme os planos recebidos.

Foi assim que, naquele dia, os três entraram na residência confortável de Marisa e Marcelo.

※ ※ ※

Todo local onde as pessoas estabelecem sua moradia, querido leitor, é o ambiente que passa a vibrar conforme as vibrações dos que ali se achem reunidos.

Por isso, seja para a companhia individual que escolhamos, seja para o teor das emanações íntimas da própria casa, a lei de sintonia atrairá para essas fontes emissoras as entidades que com elas se sintonizem, o que pode produzir a sensação de harmonia e serenidade ou a de angústia e desespero.

Quando a moradia é guarnecida de bons pensamentos, sentimentos e atos de nobreza de seus ocupantes, a energia positiva estabelece os limites do assédio das sombras que, de uma forma frontal se sentem impedidas de ali ingressar ou permanecer porque o teor de forças do ambiente as obriga a dali se retirarem, já que muitos Espíritos inferiores não suportam as energias de alto padrão de voltagem no bem.

Nessas ocasiões, almas amigas, Espíritos familiares em equilíbrio permanecem no lar, atuando em favor dos seus moradores tanto quanto recebendo os desencarnados que chegam em tarefa de amparo ou de pesquisa que, certamente, poderão encontrar, naquele ambiente, as condições para desenvolver suas buscas ou energias para se reabastecerem nas lutas que estejam enfrentando.

Quando o contrário ocorre, ou seja, quando nós não nos prevenimos com a adoção de pensamentos luminosos, sentimentos generosos e vibrações elevadas, nosso ambiente não se reveste de tal condição e fica vulnerável a todo tipo de invasão espiritual, não se podendo evitar que entidades de pouca evolução penetrem, já que se tornam convidadas de nossas condutas inferiores e invigilantes.

Era exatamente isso que estava acontecendo com Marisa e Marcelo, como iremos poder acompanhar daqui para a frente.

4

A AÇÃO DOS ESPÍRITOS NEGATIVOS

Naquela mesma noite, quando o casal se posicionou para o repouso físico sem os cuidados da prece, como costuma acontecer com muita gente, assim que os dois se deixaram levar pelas asas do sono, a entidade negativa que se posicionava como a chefe do grupo se apresentou perante a jovem, modificando suas aparências para que assumisse a fisionomia de um dos amigos de Marcelo, justamente aquele que Marisa observava com mais atenção nos encontros sociais nos quais ostentava a melhoria de sua condição de vida.

Ao sair do corpo carnal, o perispírito da esposa se apresentava absurdamente diferente das formas do corpo carnal, perdendo a exuberância e ganhando a desarmonia das linhas gerais, o que fez com que ela não estranhasse a entidade que se lhe oferecia os braços, fantasiada com a aparência de Glauco, o conhecido dos jantares sociais.

Ao se ver requestada por aquele que julgava ser o amigo que tanto admirava pela beleza física e pelo sucesso profissional, Marisa se deixou envolver pelo sorriso sedutor e amigo, agarrando-se ao braço da entidade que a convidava, sem nenhum constrangimento, para uma excursão pela redondeza.

Não havia nenhuma violência, nenhum gesto de imposição.

Apenas o sorriso, a postura envolvente, a inclinação de Marisa e a possibilidade de estar ao lado de um rapaz que lhe dominava a admiração de mulher.

Atendendo às ordens da entidade principal, Juvenal permaneceu à cabeceira de Marcelo, impondo seus fluidos densos sobre o centro cerebral, de forma a produzir-lhe uma dificuldade de exteriorização, como se tivesse que lutar contra o peso das próprias ideias.

Pela ação de Juvenal, problemas do escritório lhe surgiam, aumentados, causas desafiadoras se faziam o centro de suas preocupações e, retirando do arquivo de seus pensamentos diários, as imagens que guarneciam o íntimo de sua consciência eram estimuladas para que compusessem um tipo de sonho cujo material não era a da vivência da alma fora do corpo, mas, sim, a das próprias ideias, as próprias cenas acumuladas em seu pensamento que se tornavam vivas, fazendo com que Marcelo tivesse que lutar contra esse conjunto de ideias, sem conseguir ausentar-se da matéria orgânica.

Enquanto isso, acompanhando o chefe e a jovem, iludida pela sua invigilância, Gabriel caminhava a certa distância, atrás do casal, para que sua bizarra forma não produzisse nenhum abalo na estrutura delicada daquela alma que, apesar de igualmente feia na sua estrutura vibratória, fatalmente se assustaria com visões atordoantes como aquela que o "Aleijado" representaria aos seus olhos.

A excursão dirigiu-se a um centro no plano espiritual inferior, no qual um grande aglomerado de entidades viciadas nas diversões duvidosas do mundo se unia para, ao som de uma música primitiva, deleitar-se no extravasamento dos piores impulsos. Algo parecido com algumas manifestações degeneradas da busca de entretenimento tão comuns nos dias de hoje onde, aos ambientes escuros, ruidosos, se unem os excessos do álcool, as intensas aventuras da intimidade descompromissada, as loucas maneiras de se envolver por alguns instantes com desconhecidos para alguns momentos de emoção carnal.

De igual sorte, as libações alcoólicas encontravam correspondentes naquele ambiente, com a ingestão de certas substâncias viscosas que eram servidas aos participantes do grotesco encontro.

Por não ser muito diferente do ambiente a que se acostumaram Marisa e Marcelo em suas noitadas no mundo, nas diversas "baladas" que frequentavam, a jovem se deixou levar pelos braços do rapaz, cobiçado secretamente pela sua admiração.

A música barulhenta, o ambiente escuro e o envolvimento desequilibrante das vibrações de baixíssimo teor fizeram Marisa entregar-se às emoções primitivas que faziam parte de sua natureza pouco enobrecida e, sem qualquer cogitação na ordem da responsabilidade para com o companheiro escolhido como esposo, a jovem se permitiu o envolvimento com a figura cuja aparência fazia lembrar Glauco, o jovem amigo do casal.

Dos passos desconexos da dança aos estreitamentos da intimidade na escuridão do ambiente, não tardou muito.

A emoção euforizava a alma da jovem adormecida no corpo, enquanto que o experiente Espírito trevoso sabia manipular os centros de força genésicos da mulher a fim de que a mesma experimentasse ainda mais excitação e euforia em seus braços.

A um sinal imperceptível do chefe, Gabriel voltou ao ambiente da residência dos dois e, informando Juvenal de que havia chegado o momento adequado, observou as operações magnéticas através das quais Marcelo foi retirado do corpo, ainda envolvido pelos problemas do escritório e, como se alguém o convidasse a aliviar as tensões de um dia de trabalho estafante, deixou-se arrastar para aquele mesmo ambiente de diversão que lhe parecia muito familiar.

Vendo-se transferido rapidamente para o local onde a "balada espiritual" se desenrolava, logo pensou consigo mesmo em ir buscar a companheira, uma vez que era junto com ela que ele se divertia em oportunidades como aquela.

Sem entender direito o mecanismo da indução espiritual de que ia sendo objeto, Marcelo escutou Juvenal sussurrar-lhe aos ouvidos que Marisa já tinha chegado e que, em breve, ele a iria encontrar, bastando, para isso, que observasse os que estavam dançando à sua frente.

Sabendo das condições prévias do plano astuto, assim que chegaram ao local, Gabriel dirigiu-se ao casal e informou ao seu líder, com gestos que Marisa não pôde ver, acerca da presença de Marcelo em determinada área do ambiente, preparando, desse modo, o encontro do casal.

Manipulando, então, a jovem que já se entregara por completo aos seus carinhos, a ardilosa entidade encaminhou-se lentamente, valendo-se do sacolejar da dança, para o local onde Marcelo se encontrava, apalermado, esperando a chegada da esposa.

À medida que isso foi acontecendo, a entidade travestida de

Glauco envolveu ainda mais a jovem, sussurrando-lhe coisas ao ouvido, atraindo-lhe ainda mais o corpo, tornando ainda mais ardentes os beijos e as intimidades, exatamente para que tudo acabasse flagrado pelo Espírito de Marcelo.

Marisa já não mantinha nenhum pudor diante daquele assédio que, longe de afastar pela força da vontade, ela ansiava pelos desejos de mulher caprichosa que sonha em estar nos braços do homem que admira.

Marcelo, para ela, quase não existia, nem lhe representava o esposo com o qual realizava as próprias fantasias íntimas, no aconchego de sua casa.

Somente Glauco lhe interessava....

No entanto, assim que as coisas se tornaram favoráveis, o chefe se aproximou do local onde Marcelo se postava, ansioso e confuso, ao mesmo tempo em que Juvenal lhe indicava a chegada da esposa, despertando a atenção do marido na direção do casal voluptuoso que rodopiava à sua frente.

Imediatamente, Marcelo identificou a esposa nos braços de outro homem e, mais assustado se mostrou ao perceber que se tratava do amigo Glauco.

A situação estava consumada. Marisa aos beijos e carícias íntimas com outro homem bem ali na sua frente.

Descontrolado, Marcelo pulou do lugar onde estava e partiu para o meio dos dois aos gritos.

Os diversos dançarinos que ali se encontravam pouco caso fizeram de sua reação, continuando a desfrutar, cada qual, de sua própria atmosfera viciada.

No entanto, assim que atingiu o local onde a esposa se achava, desejou partir para a agressão contra o seu companheiro de dança, no que foi impedido por Juvenal, que se fazia como que um dos responsáveis pelo lugar.

– Não, meu amigo, aqui dentro nós não permitimos briga. Se você não se controlar, vamos colocá-lo para fora aos safanões.

– Mas é minha mulher – gritava ele –, ela está me traindo com meu amigo bem na minha cara.

– Isso é um problema que você tem que resolver na sua casa e não causando tumulto aqui dentro.

Descontrolado diante da visão surpreendente, não conseguiu entender o que acontecera com Glauco, que desaparecera sem deixar vestígios.

A própria Marisa, estupefata com a cena constrangedora do encontro com seu marido, num átimo recobrou a consciência clara do que estava acontecendo. Procurando uma explicação para o inusitado envolvimento, desejou valer-se do apoio de Glauco para ajudá-la a desculpar-se. No entanto, para sua surpresa, viu que o rapaz havia desaparecido como que por um milagre.

Essa era a primeira parte do plano. Assim que Marcelo constatasse a conduta irregular da esposa junto daquele que parecia ser o seu amigo, o Chefe abandonaria a forma perispiritual na qual se ocultava como Glauco e, voltando à sua aparência habitual, tornar-se-ia um estranho no meio dos demais, fomentando o ciúme e a raiva entre o casal e deixando Marisa e Marcelo entregues um ao outro.

Ela, misturando a excitação e o erotismo daquele encontro estimulante com o constrangimento de ter sido flagrada pelo esposo em uma atitude inexplicável.

Ele, por estar ali, na condição do marido duplamente traído, tanto pela esposa quanto pelo amigo.

Nesse estágio de envolvimento, os dois desferiam, reciprocamente, palavras de agressão, ofensas violentas, vibrações inferiores que se casavam com o desequilíbrio do ambiente e pareciam torná-los ainda mais fortes na indignação e no desejo de se ferirem.

Por fim, engalfinharam-se em uma luta física, com Marcelo esbofeteando a face da mulher e esta enterrando suas unhas na aparente carne do marido.

E foi nesse tumulto que, profundamente desajustado pela cena, Marcelo foi arrastado para o corpo carnal o qual, identificando suas disfunções emocionais, havia disparado os mecanismos de defesa a fim de evitar um colapso dos centros vitais principais, canalizando o sentimento de ódio e as descargas de agressão para as glândulas sudoríparas que, a todo vapor, produziam um suor álgido e frio, através do qual buscavam drenar suas forças inferiores e emoções desatinadas, com a aceleração do batimento cardíaco em decorrência da eliminação de grande dose de adrenalina na corrente sanguínea.

A desestruturação do equilíbrio somático produzida pelas emoções verdadeiras daquele sonho inferior propiciaram o disparo dos sinais de alerta que produzem a imediata retração do Espírito para reassumir o controle das forças biológicas com o despertamento no leito.

Assim, Marcelo surgia despertado do longo pesadelo, constatando as difíceis condições e retendo, de alguma forma, a ideia de um sonho mau que envolvera os sentimentos com relação à própria esposa.

Por ter ficado mais intensamente marcado o conflito verbal e físico com Marisa, a imagem de Glauco como que ficara esmaecida de sua lembrança consciente, decaindo para a zona mais inferior de suas lembranças, ainda que permanecesse clara a ideia de que Glauco estivera a produzir-lhe algum tipo de ameaça à sua condição de marido e ao equilíbrio de sua união.

Lembrava-se com clareza da discussão com Marisa que, pelo que sentia, sabia ter sido produzida por uma conduta leviana da parte dela.

No entanto, mais do que uma lembrança clara, a constatação de seu estado de suor abundante, empapando-lhe a roupa, molhando a colcha sobre a qual dormia, impunha a necessidade de cuidados imediatos.

– Ufa... era só um sonho... mas que desgraça... já não bastam as tragédias do escritório... até mesmo de noite a gente não tem sossego... – eram as palavras mentais que Marcelo dirigia a si próprio.

Tentando observar as condições de Marisa, acendeu o abajur de cabeceira e percebeu nela a extrema palidez, como se alguma situação amedrontadora estivesse lhe acontecendo.

Procurou não fazer muito ruído e, levantando-se de mansinho, partiu para o banheiro, onde não teve outra opção senão a de banhar-se para o alívio do suor abundante que o envolveu.

Ao regressar, Marisa estava desperta, tentando recuperar-se de um sonho confuso que tivera.

Nas lembranças da esposa, a emoção do envolvimento físico com aquele que julgava ser Glauco lhe haviam estimulado as glândulas genésicas na emissão dos hormônios femininos tipicamente ativados quando das relações sexuais. Dessa forma, em seus sentimentos despertados havia uma mistura de êxtase e temor, prazer e raiva, não podendo deixar de identificar que houvera tido um sonho apaixonante com Glauco, mas que, sem uma explicação, Marcelo interpusera-se entre ambos, estragando aquele momento de enlevo.

Certamente, não lhe caberia contar todos os detalhes de sua lembrança ao esposo que, como já constatava com seus próprios olhos, também tivera um sonho difícil.

Com o domínio da situação, Marisa fingiu ter sido despertada pelos ruídos de Marcelo e recusou-se a revelar-lhe a extensão das experiências que tivera, naturalmente para evitar qualquer suspeita ou atitude de ciúme por parte do esposo.

– Não, querido, eu estava dormindo bem... – falou a mulher, quando indagada pelo esposo sobre o que lhe estava acontecendo durante o repouso.

– Pois eu, Deus me livre, estava tendo um pesadelo daqueles. Estava brigando com você, num lugar que parecia a boate onde nós costumamos ir nos fins de semana e, longe de me acatar, você zombava de mim, me ironizava, se desfazia da minha pessoa e, sem conseguirmos nos conter, passamos a nos bater como dois desesperados....Parece que Glauco estava lá com você... não sei dizer direito o que estavam fazendo...

A sorte foi que acabei acordando, agoniado, diante dessa situação que parecia não ter fim....

Vendo que o marido se referia a alguma coisa parecida com as experiências de que ela mesma se recordava, Marisa tratou de chamá-lo para voltar à cama a fim de que o fizesse sentir a inverdade daquele pesadelo, envolvendo-o em carinhos físicos com os quais pretendia, realmente, dar vazão às próprias pressões psíquicas da sexualidade acumulada durante a aventura infiel vivenciada.

Marcelo acabou aceitando-lhe as carícias e, restabelecido em seu estado emocional, tratou de substituir o sonho ruim pelas experiências agradáveis ao lado da mulher que pensava amar.

No entanto, em ambos a semente da divergência estava lançada.

Alguns dias depois, Marisa passou a referir-se elogiosamente ao desenvolvimento profissional de Glauco, como se a admiração secreta que antes lhe bastava interiormente, necessitasse ser declarada para que Marcelo se motivasse a buscar mais conquistas que se equiparassem às do jovem mencionado.

O esposo, ouvindo a fala da esposa, sem entender o porquê, sentiu um aperto agoniante em seu sentimento, como se sua estabilidade emocional estivesse em risco, certamente inspirado pela visão inusitada daquela noite em que presenciara a esposa nos braços do mencionado rapaz, arquivada em sua memória mais profunda.

E se, de início, relegou tal referência a uma maneira normal de mencionarem os amigos comuns, logo mais, quando as expressões se repetiram no mesmo sentido, Marcelo passou a preocupar-se intensamente com os interesses da esposa, impondo-se a necessidade de competir com o sucesso de Glauco para recobrar a admiração da própria mulher.

Nas noites que se seguiram, entretanto, as visitas do trio de entidades negativas se mostravam constantes.

De um lado, o Chefe se valia da fragilidade emocional de Marisa para estimular seus sonhos de mulher, envolvê-la com galanteios, transformando-a em um poço de mimos e fazendo-a sentir-se pouco valorizada nas atenções de Marcelo, sempre tendo a aparência de Glauco como o notável conquistador.

Ao acordar no leito pela manhã, Marisa se deixava levar pelas lembranças suaves de tais palavras e pela carência de afeto que, abastecida ao lado daquele Glauco noturno, se via sem a correspondente atenção daquele Marcelo diurno.

Na verdade, a modificação da conduta de Marisa estava fundada em outros motivos que não, apenas, o desejo de empurrar o marido para uma posição social melhor.

Adotou a estratégia de forçar o marido a mudar o rumo de sua vida, como forma de puni-lo em função de não lhe corresponder com o mesmo carinho e afeto, atenção e cortejamento que Glauco lhe apresentava durante os encontros noturnos.

No entanto, em momento algum Marisa comentou com Marcelo a ocorrência de tais aventuras oníricas.

Quando elas passaram a ser a expressão do prazer sexual explícito, Marisa tomou a decisão de recusar a procura do esposo, alegando cansaço físico, desajuste orgânico, longe de perceber que estava sendo envolvida pela ação inteligente de entidades que, com isso, procuravam levar o desequilíbrio ao ambiente familiar, vulnerando a lucidez de Marcelo.

Marcelo identificou a postura estranha da esposa, alguns dias depois, quando, como já explicamos nos capítulos anteriores, a mesma passou a tratá-lo com indiferença, atribuindo esse comportamento à sua frustração da esposa pela sua demora em conquistar os mesmos valores de sucesso e brilho social que Glauco demonstrava na sua própria carreira.

Acostumados a uma vida social intensa, na qual todos tinham que dar sinais aos outros de seu progresso, as noitadas nas baladas do mundo, nos restaurantes ou nos encontros diversos tinham mais a função de permitir a todos se exporem uns aos outros, em suas conquistas, em seus progressos pessoais, do que, propriamente falando, conviverem de forma sadia e trocarem afetividade natural e espontânea entre si.

Era mais um encontro de solitários que pretendiam continuar solitários do que encontro de amigos que se pretendiam alimentar os bons sentimentos de consideração e estima.

Por isso é que, para Marisa, a posição de Glauco era tão interessante e a de Marcelo tão pouco inspiradora para suas cogitações de mulher.

E, se no mundo espiritual inferior, ela se permitia todo tipo de aventuras com a entidade espiritual que se travestia de Glauco porque já havia entendido a sua admiração por ele, na vida material ela ainda não se havia permitido uma manifestação de infidelidade assim confessa, preferindo, inicialmente, pressionar o marido para que se igualasse em sucesso e importância ao jovem que convocava a sua simpatia de mulher.

Ao lado da pressão que recebia da esposa, Marcelo era induzido, durante o repouso noturno a voltar ao escritório de trabalho, a ver-se valorizado no ambiente profissional, a receber as intuições maliciosas de lutar por uma posição melhor.

Sutil e feroz, a ação das entidades negativas lhe fustigava os vícios de caráter, fosse na área da carência, fosse na área da vaidade, ocasião em que lhe falavam ao pensamento invigilante que Marisa se sentiria orgulhosa dele se ele conseguisse se tornar o braço direito de Alberto, ocupando o lugar de Leandro no escritório.

Ao voltar ao corpo, no dia seguinte, sem entender o motivo de sua ansiedade, Marcelo aceitava o alvitre que lhe havia sido plantado no Espírito pela sugestão sutil das entidades trevosas, na noite anterior e, entendendo que sua esposa esperava mais de sua atuação profissional, passou a entrever a necessidade de adotar uma estratégia para conseguir chegar ao posto que era ocupado pelo Dr. Leandro, ocasião em que, como já vimos antes, passou a arquitetar o plano de conquistar as outras três advogadas que lá trabalhavam, de forma a poder contar com elas ao seu lado, quando o momento se apresentasse favorável para a substituição daquele que era o braço direito do sócio principal.

Foi por esse motivo que, nas noites que se seguiram, o plano de Marcelo se desenrolara com tal lógica, com tal equilíbrio e exatidão, uma vez que, ao lado de seu interesse vaidoso de homem e de profissional, se apresentavam as inteligências invisíveis que desejavam plantar nele esse clima de astúcia e planejamento maldoso.

Já não era mais, apenas, o seu pensamento que funcionava. Era o pensamento dele, assessorado pelas intuições mesquinhas dos seus acompanhantes invisíveis que, já tendo organizado o rumo do ataque, outra coisa não faziam do que tocar as cordas necessárias em seu íntimo para que os passos seguintes se desenvolvessem na direção desejada.

E tudo isso, queridos leitores, graças à ausência de elevação ou de uma singela oração que poderia amparar seus caminhos e os da esposa, no sentido de se preservarem contra a ação das entidades negativas que, longe de violentarem as vontades daqueles que assediam, se valem de suas fraquezas que estimulam, de seus caprichos que alimentam, de suas carências que aumentam, de seus melindres que exploram, de seu orgulho que enaltecem, com a finalidade de transformar cada pessoa em uma "pessoa bomba", ou seja, estimulando o combustível que já existe e colocando nela o pavio para que seja aceso na hora que se apresentar mais favorável.

Quando aprendermos a ser senhores de nós mesmos, cada um saberá colocar freio aos seus impulsos e adequar suas vidas aos padrões mais elevados do Espírito, não se esquecendo de que todas as estruturas da Terra, materiais por excelência, estarão fadadas a se transformarem com o tempo, inclusive aquelas que pareçam ser inatingíveis no poder ou na riqueza que ostentem.

Marisa aceitara o sutil convite do prazer na acústica de seu Espírito astuto e ambicioso e, alimentado por ele, passara a fustigar o marido com uma conduta inconveniente para sua condição de esposa.

Marcelo, vaidoso e carente, desejando superar e competir sempre, aceitara a provocação e se permitira atuar no sentido da ilicitude e da malícia, para prejudicar alguém que, a rigor, não lhe representava nenhuma ameaça à posição já solidificada de causídico em um respeitável escritório.

E entendendo a ação nociva do mundo espiritual invisível na vida de Marisa e Marcelo, podemos nos colocar como os inúmeros Marcelos e Marisas que vivem uma vida de superfície, sem aprofundamento espiritual, dominados pelas buscas materiais e pelos aplausos dos que só enaltecem o que é aparência, porque somente com as aparências se preocupam.

Dessa forma, percebendo este tipo de interferência na rotina das pessoas, Allan Kardec elaborou a pergunta 459 contida em *O Livro dos Espíritos*:

OS ESPÍRITOS INFLUEM EM NOSSOS PENSAMENTOS E EM NOSSAS AÇÕES?

Resposta:

A ESSE RESPEITO, SUA INFLUÊNCIA É MAIOR DO QUE CREDES PORQUE, FREQUENTEMENTE, SÃO ELES QUE VOS DIRIGEM.

E como pudemos notar até aqui, não houve nenhuma violência por parte dos Espíritos, a obrigarem uma pessoa a fazer algo que não desejava realizar.

Aproveitaram-se das fraquezas e desejos de todos e os estimularam para que dessem vazão aos seus caprichos e prazeres.

Sabendo que gostamos de incêndio, eles apenas nos apresentam a caixa de fósforos e nos estimulam a que risquemos o primeiro palito pela aventura de vermos o fogo brotar do palito inocente. E quando este se acende, percebemos que estamos no meio do depósito de gasolina, pronto para explodir e para nos levar junto com ele.

5

O PERFIL DOS ENVOLVIDOS

Marcelo, então, envolvido pelas sutis sugestões do mundo invisível e pelas tendências internas de sua personalidade, passou a colocar seu plano em ação, buscando acercar-se das três colegas de trabalho, tomando o cuidado necessário para que tal postura não levantasse suspeitas.

Iniciou sua ação pelo oferecimento de pequenos favores que pudessem ressaltar a gentileza masculina, na atenção com que homenageia o sexo oposto. Um oferecimento de café, um favor com documentos que se achavam em lugar indevido, a possibilidade de solicitar a opinião de alguma delas para suas dúvidas como profissional em certo caso mais espinhoso, tudo isso passou a ser uma conduta bem medida do advogado para que, de uma forma ou de outra, as suas três colegas pudessem ir sendo conquistadas.

Marcelo não tinha interesse em envolver-se afetivamente com elas. Seu desejo era estreitar os laços de amizade para que, contando com a inclinação das três para seu lado, no momento adequado desse o golpe fatal sobre a posição de Leandro.

As três companheiras de tarefas jurídicas eram independentes nas suas atividades, cada uma delas contando com sua sala separada, seus processos e clientes, de maneira que não tinham uma comunicação muito íntima que pudesse, logo de início, identificar em Marcelo uma mudança radical de comportamento, indício de estratégia.

Letícia era, dentre as três, a mais antiga no escritório. Tinha uma personalidade carente por dentro, com aparência exterior de absoluta segurança. Profissionalmente era competente e sabia que precisava demonstrar seus atributos de inteligência a fim de que pudesse se manter naquela estrutura tão competitiva.

E se sua vida de trabalho era marcada pela corrida atrás do sucesso e das vitórias no fórum, sua vida afetiva estava ferida pela infelicidade e pela solidão, já que sua postura exterior de sólida segurança e opinião inflexível acabava por afastar qualquer possível pretendente que, diante de seu caráter forte e quase másculo em certas coisas, preferia acercar-se de mulheres menos firmes e aparentemente autossuficientes.

Isso deixava Letícia extremamente aflita porquanto as suas ânsias e buscas conflitavam na área do coração, tornando difícil conciliar o seu caráter determinado e seguro com a necessidade de se demonstrar dócil e insegura para não assustar os possíveis interessados.

Se ela conseguia fazer esse joguinho por algum tempo, sempre chegava o dia em que a encenação acabava, ocasião em que, nas discussões e nas divergências de opinião, sempre se revelava diante do interlocutor, espantado com suas maneiras que não admitiam a derrota nos argumentos.

Quando se dava conta de que se deixara trair por essa personalidade vulcânica, estimulada pela necessidade de sobrevivência em um meio extremamente marcado pela liderança masculina como era o escritório onde trabalhava, tinha que amargar o arrependimento pelo descontrole, encontrando novamente a solidão em decorrência do afastamento do interessado.

Camila, a segunda colega de trabalho, era bem diferente de Letícia.

Das três, era a mais bonita e, dessa forma, havia aprendido a usar sua aparência como um instrumento para conseguir mais facilmente tudo quanto desejava.

Graças a tal "argumento", identificara a fragilidade masculina, sempre atraída pela estética e pelas formas, a cercá-la de gentilezas e galanteios, que ela aceitava ou desprezava segundo suas necessidades imediatas ou conveniências.

Por esse motivo, Camila costumava alternar seu procedimento, temperando a necessidade de se fazer frágil com a de se manter astuta e esperta nas horas em que tais qualificações se fizessem emergentes para sua sobrevivência.

Camila se fazia passar, muitas vezes, por ingênua, burrinha ou tola para que isso fosse mais um trunfo em suas estratégias do que um defeito natural de sua personalidade.

Como se pode perceber, essa segunda advogada não tinha problemas afetivos que envolvessem solidão ou frustrações de tal natureza, por falta de pretendentes.

No entanto, suas dores íntimas eram tão grandes ou maiores do que as de Letícia já que, por causa de sua aparência, nunca podia saber se os homens a procuravam por gostarem dela ou por desejarem seu corpo.

Acostumada ao meio social onde as aparências eram usadas como armas de sedução, muito mais do que como primeiro passo para o aprofundamento do conhecimento recíproco e o estabelecimento de um processo de envolvimento sadio, Camila via-se às voltas com constantes assédios de homens de todos os tipos os quais, sabia ela, em sua maioria, desejavam apenas uma noitada prazerosa e nada mais.

Em face de tais peculiaridades, ela adestrou-se no jogo de se fazer de desentendida, fingindo aceitar as atenções masculinas, mas não se deixando conduzir por elas. Com isso, mantinha os homens interessados e, dominando o mercado afetivo que se notabilizava pelo excesso de procura, selecionava os mais bonitos e atraentes para se permitir as aventuras de algumas horas, sem os compromissos que poderiam durar para sempre.

No fundo, Camila tinha medo de se apaixonar por alguém que não representasse um companheiro sincero e confiável, uma vez que, na ordem dos relacionamentos, a maioria só desejava encontro fácil, fortuito e rápido e, ainda que todos tivessem o mesmo discurso de homem sozinho e em busca da companheira certa, isso só durava enquanto estavam empenhados em conduzir a moça pretendida para a intimidade do leito. Logo depois que isso acontecia, perdiam a sensibilidade aparente que demonstravam antes e se tornavam grosseiros e frios, até mesmo rudes, colocando os limites daquele encontro afetivo de momentos antes, como a dizer que não desejavam nada mais sério, não queriam se "amarrar" em ninguém, que havia sido "curtição" e prazer físico, apenas.

Assim, Camila, sendo bonita e requisitada por muitos, sofria mais que a pobre Letícia, sempre buscando algum interessado em preencher-lhe o vazio interior.

Por fim restava Sílvia, a terceira das colegas de escritório de Marcelo.

Sem sombra de dúvidas, era a mais experiente dentre todas elas.

Em suas relações profissionais, mantinha a marca da integridade e da competência, tanto quanto as suas amigas.

Aliás, essa fachada era um dos sinais contraditórios, nela e na maioria das pessoas não autênticas. São limpas durante a luz do dia e enlameadas assim que escurece. São éticas durante o horário de trabalho e pervertidas durante os demais períodos. São moralistas em público, mas são devassas e degeneradas na intimidade da vida privada.

Essa marca se encontrava, perigosamente, em Sílvia.

Sem contar com os atributos de beleza naturais em Camila que, por óbvios motivos, invejava e odiava, Sílvia sabia defender-se com os recursos da beleza artificial, desenvolvendo trejeitos e usando produtos que realçavam suas menos exuberantes possibilidades.

– Os homens são uns idiotas. Nas mulheres, eles se encantam com o que não estão vendo, com o que imaginam e quando, por fim, chegam no momento tão esperado da intimidade, estão tão loucos e ansiosos, além do fato de o ambiente ser, em geral, tão pouco iluminado, que a perfeição ou a beleza exuberante é o que menos lhes importa. Depois que acaba, cada um vai para o seu lado mesmo e a vida continua... – era a teoria da vivida Sílvia.

No entanto, essa maneira astuta e quase vil era bem escondida por uma postura séria e que demonstrava até uma certa timidez.

Sílvia era a única casada das três, o que não passava de um mero detalhe no universo de seu caráter pouco elevado.

Seu marido, outro advogado, trilhava a vida pela mesma estrada de irresponsabilidade afetiva, mantendo a união como uma fachada para parecerem felizes e dividirem despesas, aproveitando-se um do outro nas horas em que suas agendas para encontros clandestinos estavam vazia de diferentes emoções.

Entre eles havia essa combinação tácita de que podiam fazer tudo o que desejassem, desde que mantivessem a discrição e o outro não se inteirasse das loucuras cometidas na infidelidade consentida, mas não conhecida.

E, assim, Sílvia vivia de aventura em aventura, fosse com colegas de profissão que se apresentassem convenientes e interessantes, fosse com ex-clientes, aflitos e carentes, em posição de destaque ou como forma de comemoração pela vitória da causa no ambiente do foro.

Sílvia, no entanto, não era muito exigente em questão de envolvimentos físicos.

Bastava que seus olhos se vissem agradados para que suas estratégias para a sedução fossem colocadas em ação.

No entanto, sabia ser interessante durante o envolvimento e tornar-se fria logo a seguir, a fim de não criar enroscos e problemas desagradáveis com parceiros que a desejassem amarrar ao coração.

Sílvia estava vacinada contra a sensibilidade, adestramento esse que se dera ao longo de sua juventude nas inúmeras decepções amorosas, traições recebidas, envolvimentos superficiais e sem seriedade que, constantemente vividos, acabaram abrindo em sua alma, a brecha do desencanto e da descrença no romantismo. Para ela, o amor romântico era uma coisa de filme para fazer chorar as solitárias e frustradas. Ela não desejava o sentimento limpo, que aceitara trocar pela sensação confusa dos hormônios em ebulição. Nem seu casamento representava a expressão do sentimento sincero, tratando-se, mais, de um acordo de interesses entre os cônjuges envolvidos.

No fundo, Sílvia era a mais astuta e a mais infeliz das três porque precisava lutar para iludir os homens a respeito de um corpo interessante que não possuía, precisava saber ser interessante para conquistar e, depois, não podia facilitar as coisas para não se ver amarrada a um relacionamento íntimo que lhe pesaria na liberdade de agir.

Por isso, a maioria de suas conquistas e aventuras se dava com homens igualmente casados, recurso que ela escolhera para livrar-se da condição difícil do compromisso e da paixão que surgem com mais facilidade no coração dos descomprometidos.

Ela sentia medo de se envolver novamente com um amor sincero que a tornaria fraca diante dos olhares masculinos, pelo menos do homem a quem se dedicasse, conflitando com a necessidade de se manter forte no meio profissional onde se movia.

Esse seu caráter volúvel e volátil fazia com que Sílvia se desentendesse facilmente consigo própria, estando em luta constante entre o desejo físico que a dominava e a fome afetiva que a consumia.

Por óbvios motivos, Sílvia era a mais perturbada espiritualmente, dominada pelos instintos sexuais inferiores a se permitir as cirandas da intimidade sem a proteção da afetividade sincera, o que a tornava extremamente vulnerável às perturbações espirituais que se fixam, sempre, nas áreas de maior fragilidade do caráter.

Como você pode perceber, então, querido leitor, a situação das três era intimamente muito complexa, ainda que, exteriormente, se apresentassem com belas roupas, excelentes posturas profissionais, seriedade a toda prova, competência e delicadeza de trato.

Sem o preparo psicológico para enfrentar um desafio tão grande, lá encontramos Marcelo, ingênuo e convencido de que poderia colocar no seu bolso as três colegas de trabalho, na visão estrábica do indivíduo imaturo que se considera o mais inteligente, o mais bonito e o mais astuto, como um Narciso a admirar apenas a si mesmo, perigosamente vaidoso e carente, esperando se fazer admirado, sem notar que a fonte cristalina o espera para afogá-lo, consumindo-o por inteiro.

Ao lado de todos eles, você pode imaginar como era o ambiente espiritual desse escritório de advocacia onde vivenciavam estas experiências.

Se o inferno existisse, o local onde tudo isso estava acontecendo era comparável a seu posto avançado, na superfície da Terra.

As entidades que ali se mantinham dominantes traziam consigo as marcas iguais ou pioradas dos defeitos íntimos dos próprios encarnados. Arrogância, astúcia, petulância, maldade, cinismo, depravação, viciosidade, correspondiam às características dos inúmeros

Espíritos perturbadores que ali se acumulavam, transformando o ambiente magnético daquele local de trabalho em um pardieiro da pior espécie. E o mais interessante era o fato de que, tanto quanto no plano físico onde as coisas eram muito limpas e organizadas pelo padrão da aparência para atrair os incautos, no plano espiritual o escritório se estendia, prestando serviços aos clientes que ali se apresentassem procurando solução para suas pendências.

Assim, na atmosfera invisível, o escritório também era marcado por uma estrutura degenerada que comportava atendentes, funcionários internos e "advogados" preparados para defender a causa daquele que buscasse seus serviços.

Naturalmente que a natureza de tais tarefas não correspondia àquela que era objeto das causas humanas.

Lá, inúmeras entidades revoltadas se alistavam para contratar a atenção dos Espíritos perversos, que eram consultados na condição de planejadores das trevas, a fim de se estabelecerem processos de perseguição pessoal, o que levava tais Espíritos, inferiorizados no caráter, mas poderosamente inteligentes, a examinarem a questão do interessado, avaliar os pontos fracos de suas vítimas e, então, elaborar um plano de ataque que viesse a lhes atingir direta ou indiretamente.

Tal elaboração era minuciosa e não tinha em mente tão somente aqueles que se visava prejudicar de pronto. Muitas vezes, acostumados com a astúcia e a malícia desenvolvidas na atividade profissional que lhes havia marcado a passagem pela Terra, ali, advogados corruptos, magistrados venais, políticos indecentes se congregavam em uma "sociedade" cuja finalidade era a continuidade de seus planos e estratégias no lado invisível da vida.

A estrutura espiritual desse grupo de entidades se vinculava à Organização mais ampla, onde encontramos nossas personagens Juvenal e Gabriel conversando com o Chefe à espera das ordens de seu Presidente.

Por isso, os Espíritos planejadores que trabalhavam naquele ambiente astral, que correspondia ao escritório físico, podiam contar com os recursos de perseguição que seriam acionados assim que houvesse o acordo de interesses entre os que chegavam pedindo "ajuda profissional" e a estrutura trevosa que os atendia.

Uma vez acertados os detalhes, os empregados da Organização saíam no cumprimento do planejado, indo solicitar da organização o fornecimento de trabalhadores para o início do processo de perturbação de algum encarnado sobre o qual se voltava a atenção das entidades que o desejavam atingir.

Na Organização encontravam, em maior número, os Espíritos aptos para ajudarem, hipnotizados por inteligências mais poderosas, a fim de que obedecessem cegamente aos processos de obsessão a que seriam atrelados.

Em geral, como pode entender o leitor, esse era o preço cobrado pelo "escritório" daqueles que procuravam seus serviços escusos. O interessado seria atendido, mas se comprometia a servir à Organização nas outras atividades que seriam desenvolvidas em outros processos obsessivos.

Da mesma maneira que atendia às entidades maldosas e ignorantes que, revoltadas, desejavam espalhar o mal sobre a vida de encarnados que não lhes fossem simpáticos, esta estrutura, que se alicerçara sobre o escritório físico de Alberto e Ramos, também era incumbida de auxiliar estes seus dois representantes encarnados na solução dos problemas mais graves, fazendo com que suas ideias fossem semeadas com sugestões sutis e eficazes, ainda que ilícitas, para que se contornassem os problemas, se comprassem autoridades, se exercessem pressões, chantagens sutis ou declaradas, negociando soluções que visassem atender às emergentes questões de seus clientes comprometidos no mundo físico.

Alberto e Ramos, dessa forma, possuíam, além dos ajudantes encarnados representados pelos profissionais de sua equipe, um grupo de Espíritos perversos que se ligava a eles pelos laços sutis do pensamento, fazendo com que acabassem conectados constantemente às fontes escuras de onde as tramoias poderiam ser urdidas e, à luz das normas, à luz do Direito, encontrarem formas de fugir da estrada da Verdade através dos atalhos das conveniências.

Era por isso que, entre as entidades que prestavam serviço no malfadado escritório espiritual, inúmeros representantes das diversas áreas de atuação se consorciavam, trazendo sempre a mesma marca da inclinação e da viciação na fraude, na violência ao Direito e na construção de soluções que se fundamentavam em outras bases que não a dos princípios e dos valores elevados.

Essa referida sucursal umbralina possuía, em seus quadros, entidades que, como já se falou, haviam envergado na vida física, a toga de magistrados corrompidos pelos interesses materiais, hábeis na construção de soluções imediatistas e na distorção dos cânones para atender aos interesses que lhes parecessem mais convenientes. Outras entidades escuras haviam sido, quando encarnadas, fiscais venais, delegados corruptos, autoridades públicas que se haviam esmerado na prática de atos espúrios bem ocultados pela fumaça da integridade.

Dessa forma, se o escritório materializado no mundo dos vivos era muito procurado em face de ser muito afamado, competente e organizado, você pode imaginar o tamanho da clientela que havia no mundo dos chamados mortos, desejando valer-se dos serviços daquela malta de bandidos espirituais para a concretização de seus intentos persecutórios, vingativos.

Inúmeros Espíritos revoltados batiam às portas desse ambiente pestilento, buscando interceder por seus parentes na Terra, feridos por perseguições no ambiente de trabalho, por chefes arrogantes que os humilhavam, tratados sem consideração nos diversos serviços públicos do mundo.

Compareciam, então, a pedir a abertura de processos de perseguição específicos contra os patrões arrogantes que faziam sofrer seus filhos, contra os superiores mesquinhos que maltratavam os seus afetos desprotegidos da sua presença, contra os profissionais indiferentes que não se ocupavam dos casos que tinham sob seus cuidados.

É verdade que estes desencarnados, por amor aos que haviam deixado no mundo, tentavam ajudá-los de alguma forma. No entanto, não possuíam entendimento nem elevação para compreender que não se pode ajudar alguém prejudicando outrem. Traziam o Espírito viciado nos velhos processos de vingança e, por esse motivo, alistavam-se entre aqueles que promoviam tais pedidos a Organizações ou suas filiais, como era aquele departamento de maldades, com a finalidade de responderem com a mesma violência à agressão que viam seus entes queridos suportarem.

Acabariam vítimas do mal que estavam contratando porquanto a ele ficariam imantados e, mais cedo ou mais tarde, submetidos a tratamentos hipnóticos, se transformariam igualmente em zumbis, que seriam empregados nas perturbações de outros tantos invigilantes do mundo.

Por isso, queridos leitores, jamais se permitam enveredar por um caminho inferior ou negativo, seja em comportamento, em pensamento ou em sentimento, porque, ao tocar o mal, todos nos manchamos com ele, nódoa essa que precisará ser tirada por nós mesmos, mas que, em face dos efeitos que produza nos outros, pode nos custar, nos procedimentos de limpeza, muito mais do que nos custou quando resolvemos nos sujar com ela.

E entre a criação de estratégias para atender a fila dos clientes espirituais e a intuição negativa destinada aos mais importantes integrantes daquele escritório material, as rotinas dos encarnados e dos desencarnados prosseguiam pelos caminhos tortuosos através dos quais os Espíritos ignorantes, tanto quanto os homens e as mulheres, vão criando espinhos para si mesmos, a fim de que descubram como são dolorosos e inconvenientes, nos aprendizados que a vida propicia a todo mundo.

6

COMEÇANDO BEM...

Para dar continuidade aos seus ingênuos planos de derrubar seu companheiro de escritório através da conquista do apoio das suas outras colegas de lides forenses, Marcelo deliberou que, a partir daquela semana, passaria a ir com seu próprio carro até o centro da cidade, deixando-o estrategicamente posicionado em estacionamento próximo para que, em qualquer necessidade de trabalho, a célebre "carona" pudesse fazer parte de suas táticas de aproximação, levando uma das suas futuras amigas até o fórum ou a qualquer outro lugar que se fizesse necessário.

Para os serviços mais simples, o escritório contava com inúmeros jovens, que serviam de apoiadores do trabalho que lá se desenvolvia. No entanto, fossem como serviçais ou até mesmo como estagiários, havia tarefas que não poderiam deixar de ser feitas pelo próprio advogado.

Assim – pensava Marcelo – estaria ele melhor armado se o veículo pudesse lhe corresponder aos intentos, aproveitando qualquer ocasião para facultar a aproximação desejada, dentro de seus planos.

– Marisa não vai saber mesmo e, por isso, não terei problemas com seus ciúmes ou com perguntas inconvenientes. Afinal, como sempre deixava o carro no Metrô, ela nunca poderia ter conhecimento da alteração de minha rotina – era a conversa que mantinha consigo mesmo. Relembrava a conduta indiferente da esposa e o sonho estranho que tivera, dias antes, no qual estivera sendo desbancado pelo assédio arrojado de Glauco, naquele ambiente que mais se parecia com a pista de dança na boate onde costumavam fazer presença várias vezes ao mês, para as diversões do final de semana, sem se dar conta que, em realidade, tudo se produzira graças à ação espiritual inferior, que os conduzira a um ambiente trevoso no qual, tanto quanto acontece no mundo físico, as entidades davam vazão aos seus impulsos animalizados e viciosos, com a desculpa da diversão.

Assim que chegou ao escritório naquela manhã, trazia a mente cheia de ideias e o coração agitado porque sabia da necessidade de corresponder aos anseios da mulher que se tornara sua parceira nos prazeres da carne e, por isso, se permitira a dependência emocional do homem que tudo faz para agradar à companheira com quem compartilha as sensações mais intensas da intimidade arrojada.

Observando o perfil das amigas de trabalho, imaginou que a mais acessível ao primeiro ataque seria Camila, aquela que era a mais bonita e a aparentemente mais acessível porque menos altiva nas suas manifestações.

O relacionamento entre todos eles não era hostil na superfície, ainda que no íntimo, todos tivessem seus trunfos e armas contra todos. Por isso, não deixavam de ter suas conversas e suas discussões teóricas sobre os diversos casos, mas buscando independência e segurança, não permitiam que as coisas passassem disso para uma amizade mais íntima, na qual acabariam por revelar as próprias fraquezas.

– Bom dia, Camila, como vão as coisas? Muitas audiências hoje? – perguntou Marcelo, chegando sorrateiro à porta da sala da advogada, não sem antes ter se esmerado tanto no traje que vestia quanto no perfume que escolhera com especial cuidado em loja especializada em essências importadas e caras.

– Oi, Marcelo, estou aqui tão perdida no meio dos papéis que preciso organizar, que ainda não parei para olhar minha agenda. Acho que não tenho nenhuma prevista para hoje, a não ser aqueles casos de emergência que chegam em cima da hora.

– Ah! Que bom. Um dia sem audiências é um privilégio, quase um feriado em nossa rotina maluca. Espero que você possa desfrutá-lo com bastante prazer.

– Antes fosse, Marcelo. Tenho tanta coisa para dar andamento aqui que, às vezes, sair do escritório, mesmo que seja para fazer audiências, é uma forma de dar um passeio e me afastar de tantos problemas e exigências. Às vezes, Marcelo, este ambiente do escritório me pesa terrivelmente e somente o ar puro lá de fora me reanima.

– Ora, Camila, você é tão exigente consigo mesma que acaba se deixando arrastar pelos compromissos e problemas dos clientes. Procure não se envolver tanto, não levar trabalho para casa, não ficar se desgastando com estas papeladas porque, quando a gente morre, as coisas continuarão andando sem nós...

– É, Marcelo, eu sei que você está certo, mas fazer o quê!? Dr. Alberto está sempre me cobrando e me passando coisas para fazer que não posso decepcioná-lo. Afinal, no fundo, ele é o patrão e está sempre sendo informado por Leandro acerca de nosso desempenho.

E falando baixinho como quem deseja revelar um segredo, gesticulou a Marcelo para que se aproximasse. Deixara, então, o batente da porta onde se encontrava e dera dois passos na direção da mesa da colega, para garantir o sigilo, ainda que o escritório estivesse quase vazio naquele horário da manhã, e se pusera atento para escutar-lhe a revelação:

– Você sabia que eu desconfio que Leandro vem até minha mesa e examina as pastas que eu deixo aqui por cima sempre que me ausento do escritório?

– Não creio – respondeu Marcelo, realmente surpreso.

– Por que você acha que estou chegando aqui tão cedo, todos os dias?

– Ora, sei lá. Talvez para que o trabalho não atrase, para colocar o serviço em dia, para atender às petições...

– Tudo isso está bem, mas, principalmente, para arrumar tudo antes que Leandro chegue, porque já notei que ele se ocupa demais em vigiar-me.

– Será? Você não estará impressionada? Ele sempre me pareceu um colega tão respeitador de nossos espaços.

– Sim, eu também pensava assim. No entanto, cheguei a fazer alguns testes e pude constatar que certas hipóteses que eu mesma havia inventado em anotações que deixava dentro das pastas sobre minha mesa, logo mais já eram conhecidas de Leandro. E, como disse, tratavam-se de situações fictícias que eu deixara anotadas no meio dos papéis, apenas para pensar nelas depois, como se elas pudessem dar outro destino para os casos.

Certa vez, ele chegou à porta da minha sala e me perguntou

se havia conseguido a procuração para o inventário de um cliente, sugerindo que eu estaria atendendo a pessoas por fora, para não precisar compartilhar os honorários.

Marcelo ouvia tudo aquilo com um ar de felicidade interior. Seus planos estavam indo na direção correta, de forma que Camila parecia já possuir motivos para não gostar de Leandro.

Desejando corresponder às suas confissões, perguntou, curioso:

– E daí, Camila?

– Então eu respondi a Leandro, perguntando de onde ele tinha tirado essa ideia, porque a referida pessoa continuava viva e com saúde perfeita, a não ser que ele estivesse sabendo de alguma tragédia mortal que tivesse se abatido sobre a vida do cliente em questão.

– Vixe... falou Marcelo, esfregando as mãos.

– É, Marcelo, o homem se pôs vermelho, deu um sorrisinho amarelo e respondeu, muito sem graça, que era só uma brincadeira para me testar.

E como você sabe que aqui dentro tudo o que as pessoas falam tem sempre um motivo oculto, aquilo não me saiu da cabeça.

Logo a seguir, resolvi dar uma olhada na pasta que se encontrava no meio dos documentos que tinham ficado sobre a mesa, de um dia para outro. Foi então que pude perceber que, em uma das minhas anotações, encontrei um papel no qual colocava, para pensar em possíveis outros caminhos jurídicos para a resolução dos problemas, a hipótese do seu falecimento, até mesmo para desenvolver alguns argumentos para apresentar aos outros sócios que se encontram na disputa que estou tentando equacionar.

E no papel estava escrito... Mauro morreu. Como ficam as coisas com seus herdeiros? Naturalmente, com esta pergunta, meu pensamento estava se referindo à situação das cotas da sociedade que estão sendo disputadas com outros sócios. Queria fazê-los pensar que, se Mauro morresse, seus herdeiros poderiam reivindicar a parte do pai e integrarem a sociedade em seu lugar, tornando as coisas muito piores...

No entanto, estou certa de que Leandro, ao ler o papel, logo pensou que meu cliente havia morrido e que, para poder ganhar dinheiro fácil, estava eu ocultando sua morte e procurando conseguir procurações com os herdeiros para fazer o inventário fora daqui, usando minhas horas vagas para tratar desse assunto.

– Nossa, Camila, que coisa séria... – exclamou Marcelo, valorizando ainda mais as revelações da amiga.

– É, Marcelo, seriíssimas. Mas isso ainda não é tudo.

– Como assim?

– Ora, observando essa estranha colocação de Leandro, passei a semear novos papeizinhos por aqui, por ali, deixando certos documentos em posições bem marcadas para que pudesse observar se haviam sido tocados.

– E então?

– Praticamente todos os dias, alguém entrou e examinou-os, sempre com cuidado para não tirar as coisas muito fora do lugar.

– Ora, Camila, mas isso pode ter sido obra da limpeza – respondeu Marcelo, tentando buscar outras justificativas para o fato.

– Eu também pensei, Marcelo. Acha que não iria aventar essa hipótese?

Assim, passei a pedir para as meninas da limpeza que fizessem o trabalho em minha sala quando eu chegasse ao escritório, durante o meu expediente e que, em momento algum depois que eu fosse embora, entrassem aqui. Tanto que passei a trancar a minha porta e levar a chave comigo.

– E mesmo assim, Camila, as coisas continuaram a acontecer?

– Sim, Marcelo. Mesmo assim. Acho que Leandro tem as chaves do meu escritório ou então, as consegue com Dr. Alberto para que me fiscalize.

– Nossa, Camila, se o negócio está desse jeito, até mesmo eu tenho que tomar cuidado. Isso é um crime, uma falta de respeito com você. Eu nunca notei nada de estranho por aqui. Mas isso é muito grave. Você já pensou em falar com Dr. Alberto?

– Sim, Marcelo. No entanto, não tenho provas e não sei dizer até que ponto ele mesmo não está por trás dessas coisas. Por isso, estou no meu canto, fingindo-me de morta, para que possa trabalhar em paz.

Além do mais, há outras coisas que não posso falar e que, de uma forma ainda mais intensa me fazem supor a participação do patrão, manipulando todas estas coisas. Mas isso é assunto explosivo que não desejo colocar em suas mãos.

Vendo que aquele colóquio já tinha rendido muito mais do que ele próprio esperava, Marcelo não insistiu no assunto, terminando por dizer:

– Agradeço muito o seu alerta porque, daqui para a frente, vou procurar prestar mais atenção nas coisas em minha sala, evitando que olhos bisbilhoteiros fiquem a averiguar as coisas que não lhe correspondem, ainda que não tenha nada para esconder.

– Só falei, Marcelo, para preveni-lo, porque acho isso muito desagradável para qualquer um de nós. Apenas lhe peço que guarde esta informação como um segredo nosso, porque não tenho provas e não desejo acusar levianamente a ninguém.

– Pode deixar, Camila, isso vai comigo para o cemitério – respondeu ele, orgulhoso, já se sentindo muito mais próximo dela, sobretudo por causa da expressão "...segredo nosso..."

Saindo dali para deixar a jovem formosa às voltas com suas rotinas, Marcelo passou na cozinha e preparou dois cafés, um para ele mesmo e o outro para levar até a sala de Camila, como uma gentileza especial e uma forma de demonstrar agradecimento pela revelação.

– Trouxe-lhe um café quente a fim de testemunhar meu agradecimento e desejar um bom dia a você, Camila.

Agradavelmente surpresa com a inusitada e incomum atitude de Marcelo, a jovem estendeu a mão para receber a xícara, com um sorriso franco no rosto, o que a tornava ainda mais bela, ao mesmo tempo em que, agradecendo a oferta, lhe devolvia o galanteio, dizendo:

– Nossa, Marcelo, você está muito cheiroso hoje. Que perfume delicioso é este, meu amigo? E para estar assim logo pela manhã, eu posso imaginar como é que deve ter sido agradável a sua noite, não?

Recebendo aquelas palavras de Camila, Marcelo se deixou corar, mas, para não perder a forma nem o estilo, deu um sorriso misterioso e agradeceu o elogio, dizendo que era um perfume comum, sem nada de especial, enquanto pensava com seus botões, que ela nem imaginava a péssima noite que havia tido, sem nenhuma emoção e sem qualquer romantismo.

– Emoção, mesmo, Camila, estou tendo esta manhã, com tantas

revelações inesperadas... – respondeu Marcelo, agora sentindo, no seu instinto masculino, que chegara o momento de se retirar para deixar a jovem com a lembrança de seu perfume, enquanto tomava o rumo de sua sala.

Para ele, o dia já estava ganho. Aquela aproximação de Camila já havia possibilitado descobrir muitas coisas, principalmente que ela estava contrariada com a atitude de Leandro e, talvez, até mesmo com Dr. Alberto, coisa que facilitava suas ações, imaginando que, com ela, metade do trabalho já estava feito.

Ao mesmo tempo, sua mente se deixou invadir pelas novas emoções, entre as quais, aquele sorriso sedutor de Camila, sua maneira sutil de dizer as coisas, a sua percepção sobre seu perfume, numa referência ao estado de prazer que pudera desfrutar durante a noite, levando o assunto para um âmbito de intimidade até então nunca experimentado entre eles.

Não podia deixar de sentir uma espécie de orgulho masculino pelo fato de ter sido admirado por uma mulher tão bonita e, aparentemente, tão vulnerável no meio de tantos olhos indiscretos de outros homens melhor posicionados do que ele próprio.

Aquilo representava uma porta aberta para suas táticas, imaginando que, com as revelações de Camila, percebera que ela chegava sempre mais cedo no escritório, o que favoreceria suas conversas mais íntimas, a semeadura de novas sementes e a conquista de mais confiança por parte dela, para que, mais rapidamente, a solução de seu problema se concretizasse com o afastamento de Leandro, definitivamente, de seu caminho.

※※※

Enquanto isso, no mundo invisível, o Chefe, Juvenal e Gabriel, o Aleijado, se mantinham a postos, influenciando diretamente a emoção de Marcelo, tanto quanto inspirando as palavras de Camila, para que tudo corresse na direção desejada.

É preciso que o leitor saiba que, na mesma atmosfera do escritório físico, no mundo espiritual havia um outro escritório, dedicado a patrocinar perseguições mediante pagamento correspondente à adesão do interessado, departamento esse que tinha direção e um grande número de funcionários dedicados a produzir diversas ações na vida dos encarnados. Esta instituição, ligada à Organização, dava apoio às ações dos três Espíritos a que nos referimos acima, ligadas à perseguição de nossas personagens, mas que prestavam contas diretamente ao Presidente da Organização a quem estavam diretamente vinculadas. Por isso, os três tinham livre trânsito e carta branca dentro do escritório trevoso que lhes servia de ponto de apoio na área vibratória sob a qual se alicerçava sobre o escritório físico de Alberto e Ramos.

Desse modo, o Chefe, Juvenal e Gabriel tinham liberdade plena para acompanhar Marcelo e estabelecer todo tipo de atitudes que julgassem necessárias, sem se preocuparem com autorização dos dirigentes trevosos daquele departamento.

Estes se voltavam para as orientações aos consulentes ignorantes que ali chegavam, não apenas para a obtenção de favores destruidores de desafetos, como também para solicitar coisas em benefício de entes queridos que passavam por dificuldades materiais.

Isso porque, querido leitor, as criaturas que estão em processo de evolução espiritual, por ocasião da morte física, muitas vezes não se preparam para adotar uma postura mental elevada através da oração sincera.

Desencarnam milhares de pessoas absolutamente despreparadas para as coisas do Espírito, esquecidas de que, na vida da Verdade, os procedimentos não poderiam ser os mesmos que são na vida da Mentira, aquela que os encarnados costumam viver, baseados nas aparências, na fantasia, nas coisas transitórias.

Na Terra, muitas pessoas procuram religiões que lhes satisfaçam as necessidades materiais, frequentando templos como investidores que transitam por bancos ou casas de investimentos.

E quando não conseguem a remuneração material ou emocional que tanto querem, não se constrangem em mudar de aplicação ou de banco, desde que saibam que algum outro amigo esteja conseguindo melhor rendimento em outra parte.

Da mesma maneira, a maioria das pessoas se permite arrastar pelos sucessos alheios nas ações da fé para investir suas fichas naquele mesmo negócio, com finalidade de conseguir o mesmo rendimento.

Mudam de religião como alguém transfere recursos de uma

conta ou aplicação para outra, desde que as garantias de remuneração sejam maiores.

E daí, quando veem o corpo morrer, mas a vida continuar, despreparados para uma vida espiritual mais elevada, se atiram na busca de maneiras de obterem os lucros de seus investimentos, dividendos de sua fidelidade, contrapartidas de suas oferendas, como era muito comum acontecer naquele escritório trevoso, cuja fama corria de boca em boca, no meio inferior dos que se aglomeravam na dimensão espiritual daquela cidade imensa.

Longe de se espiritualizarem, boa parte das almas que perdiam o corpo se mantinham materializadas em suas intenções e, apesar de serem Espíritos, se sentiam como pessoas necessitando de apoio para continuarem a manipular as coisas segundo os antigos critérios religiosos vividos no mundo estranho dos homens de carne.

Outros mais sabiam que haviam perdido o corpo de carne. Todavia, como ainda desejavam continuar agindo na esfera dos encarnados, procuravam o apoio daquela "instituição" tão conceituada para que, dispondo de seus meios de interferência direta no mundo e sobre as pessoas vivas, estabelecerem processos de vingança, possibilitarem meios de apoio para os parentes que ficaram, tudo entregando para que seus anseios se vissem atendidos.

Em geral, batiam à porta do famigerado escritório entidades desejosas de estabelecer processos obsessivos, desequilibrando encarnados, afastando de seu caminho certas pessoas. Eram esposas e maridos desencarnados que desejavam aumentar a perseguição sobre o cônjuge que ficara na carne, agora que ele estava procurando substituí-los por outro ou outra, tanto quanto afastar qualquer interessado na posição que havia lhes pertencido quando em vida.

Eram pessoas ricas e apegadas à posse, que se viam privadas da ação direta sobre seu patrimônio e que não desejavam deixar de governá-lo, solicitando do escritório medidas sobre seus herdeiros diretos para controlar-lhes a vontade e impedir que fizessem besteira com o dinheiro que não lhes pertencia. Eram Espíritos que se viram vítimas da ação agressiva de alguém a bater às portas da infeliz instituição para solicitar processos de vingança, na exteriorização do ódio que nutriam na alma contra seus algozes.

E ainda que todas estas entidades pudessem realizar a perseguição com as próprias forças, atuando negativamente sobre as suas vítimas, seus recursos eram menores do que aqueles que teriam caso conseguissem o apoio daquele grupo de entidades inferiores que, mediante o preço estipulado, poderiam ampliar o leque de recursos negativos a serem empregados sobre os objetos de sua perseguição pessoal.

Esta era a fama do escritório, no plano astral. Com os recursos da hipnose, dos processos de sucção fluídica, de atuação na intuição e na vontade, na manipulação do pensamento invigilante, do sentimento carente das pessoas, as atividades vingadoras se faziam ainda mais atuantes e eficazes.

Da mesma forma, usando de certos recursos próprios do magnetismo e da ação do pensamento, as entidades dirigentes do referido escritório, antigas autoridades venais, corruptas, políticos degenerados, possibilitavam, inclusive, certa classe de ajuda quando o cliente que os buscava, ao invés de desejar desgraçar a vida de alguém, se punha a solicitar amparo para parentes que haviam ficado na Terra, sem apoio.

Desde que a entidade solicitante aceitasse o preço estipulado, que era sempre o da entrega de si mesma aos trabalhos da instituição, eles promoveriam, inclusive, processos de ajuda material, favorecendo a melhoria dos que estavam esquecidos no mundo, vítimas do azar e das contingências duras da existência.

Nessa ocasião, valendo-se de pessoas encarnadas de instintos inferiores que eles dominavam nas diversas instituições materiais que eram controladas pela ação intensa de entidades desse padrão, usando dos mesmos recursos que manipulavam quando em vida, quando desviavam verbas para favorecer pessoas, quando manipulavam números para fraudar resultados, quando concediam favores a uns apaniguados que lhe convinha proteger, estas entidades influenciavam através das intuições para que, de forma direta, o parente desempregado conseguisse a colocação de que necessitava, atuando diretamente sobre a mente dos dirigentes encarnados que lhes sintonizasse a onda da corrupção e da baixeza para escolher alguém em especial.

Essa era a rotina que tal departamento espiritual inferior costumava usar, valendo-se dos inúmeros sócios e trabalhadores encarnados que eles mantinham sob sua influência na esfera do mundo material, através dos quais iam produzindo as mesmas teias de influências e corrupções que têm dominado a vida das pessoas no tocante aos processos administrativos em vigor nos dias de hoje nas diversas regiões do mundo.

E era natural que, de uma esfera à outra, do mundo invisível ao mundo visível, a própria treva preparasse reencarnações de seus membros para continuarem inseridos nos mesmos processos de malversação, de desvios e controles de poder, tanto quanto recebiam seus antigos representantes terrenos, quando desencarnavam nas condições de inferioridade moral, colocando-os nas mesmas redes administrativas invisíveis.

Nada pior para tais organismos, do que um administrador honesto e cumpridor de seus deveres, seguro de suas tarefas e responsável perante a própria consciência.

Sempre que surgia alguém assim, estes grupos inferiores tratavam de arrumar um modo de, estudando suas fraquezas pessoais, mentais ou morais, atuar sobre elas para que referido indivíduo se visse tentado até não mais resistir, caindo na mesma bandalheira moral e se deixando, então, arrastar para o fundo lodacento onde todos já estavam.

Nada pior para um meio corrompido do que uma pessoa virtuosa, cuja conduta se parece com agressões ao "modus operandi" já estabelecido, porquanto o erro odeia a virtude que o apequena ainda mais diante dos próprios olhos.

E quando a pessoa íntegra não se verga, tais entidades criam situações de ataques a familiares, de perseguições judiciais, de pressões políticas até que a pessoa se veja obrigada a licenciar-se do posto, a deixar o trabalho, não se descartando, inclusive, a ação sorrateira de delinquentes que se valham da escuridão para alvejar o indivíduo que está se colocando como uma pedra no sapato, tanto dos vivos que querem continuar a explorar as vantagens do poder e da riqueza, quanto dos desencarnados que a eles se associam no desfrute de iguais prazeres terrenais.

A ação, portanto, de tais instituições, nas quais milita este tipo de Espírito delinquente e pervertido, procurava, em alguns casos, usar das máquinas administrativas corrompidas que manipulava para favorecer algum parente encarnado da entidade solicitante, de forma que a mesma se visse vinculada a eles por algum benefício conseguido e, daí, não pudesse mais deixar de cumprir a sua parte nos tratos escusos que haviam sido realizados.

Não é preciso dizer que, em todas estas questões, não havia nenhuma elevação espiritual por parte dos Espíritos que procuravam a ajuda em tais locais de engano e de ilusão, porquanto se estes Espíritos, às vezes mais incautos do que maus, se permitissem apegar à fé verdadeira através da oração sincera, não se embrenhariam em escolhas e compromissos dos quais levariam muito tempo para se livrarem, pagando um preço muito doloroso pela incúria que demonstraram no trato das coisas de Deus.

No entanto, como explicar essas coisas a pessoas que, quando encarnadas, deixavam uma religião por outra na qual os ganhos materiais eram mais vantajosos?

Como fazer enxergar a pessoas que se deixam levar pelos sucessos materiais de seus amigos, que prosperaram materialmente depois que trocaram uma igreja por outra? Que aceitaram usar esse critério material como fundamento de sua escolha em matéria de fé?

Se sucessos materiais fazem algumas pessoas desistirem dos princípios que adotaram nas rotinas espirituais que escolheram, essas são pessoas que não têm nenhum escrúpulo, que se vergam a qualquer imperativo de vantagens e favores, que se deixam corromper e corrompem desde que isso seja necessário, que não procuram as noções superiores da vida do Espírito para se transformarem moralmente para melhor, mas, ao contrário, procuram a Deus como forma de preservarem seus privilégios materiais e cultuarem seus interesses no "Bezerro de Ouro" que amam mais do que o próprio Criador de suas almas.

Como impedir que caiam, efetivamente, no buraco aqueles que querem ser conduzidos por cegos e que se deixam levar por eles?

Cair na vala, talvez, represente a única forma de acordarem para a própria insensatez, despertando da insanidade para a lucidez de uma vida cuja essência se alicerça nas fontes sagradas do Espírito, da Bondade e do Amor.

Por isso, é que Jesus ensinava que "A CADA UM, SEGUNDO SUAS OBRAS."

7

ACERCANDO-SE DE LETÍCIA

Dentro das estratégias planificadas por Marcelo, as coisas iam muito bem, uma vez que as relações com Camila já tinham se estabelecido e, entre eles, a cada dia que passava, a amizade se tornava mais intensa. Isso fazia muito bem ao ego do rapaz que, colocado de lado pela esposa, passara a encontrar nos elogios da amiga uma fonte de satisfação para o orgulho masculino, compensando, assim, de alguma sorte, a ausência do interesse da antiga companheira.

Agora, dentro de suas expectativas, faltava aproximar-se das outras duas, coisa que iria acontecer naturalmente, sem ferir as novas relações com Camila, uma vez que, segundo ele supunha, entre elas também havia uma competição surda, cada uma defendendo seu espaço e disputando as próprias relações com certa exclusividade.

No entanto, Marcelo sabia agir com cautela, sem demonstrar exclusividade nem se deixar levar pelo devotamento isolado a apenas uma das mulheres do escritório.

Assim, passara a buscar aproximar-se de Letícia, usando recursos que, segundo sua avaliação psicológica, poderiam facilitar esse acercamento.

Diante de seu caráter e seu modo direto de posicionar-se, Marcelo não podia usar a mesma técnica que lhe tinha favorecido a aproximação de Camila.

Sabendo que Letícia gostava de ser admirada pelos seus dotes intelectuais, já que sua beleza não era diferente ou maior do que a da média das mulheres, Marcelo sabia que precisava levar as coisas para o lado que mais agradava à jovem. Por isso, fazendo-se de desentendido sobre determinado assunto jurídico, acercou-se, certo dia, quando

Camila já tinha se ausentado para atender a compromisso no fórum, batendo à porta da sala de Letícia.

– Dra. Letícia, estou precisando muito de um socorro seu.

– Ora, Marcelo, primeiramente, tire a "doutora" porque aqui nós todos somos iguais. Quanto ao socorro, meu amigo, parece que você jamais esteve em dificuldades ou precisou de qualquer coisa, mas, naquilo que eu puder ajudar, estou à sua disposição.

– Você não está ocupada agora?

– Estou um pouco atarefada com algumas ideias, mas nada que não possa deixar de lado para escutá-lo. Entre e sente-se aqui.

Agradecido pela receptividade, Marcelo atendeu ao convite de Letícia e se posicionou no ambiente de sua sala, organizada e bem iluminada pela janela que dava para a avenida principal.

O que Marcelo não sabia era que, dentre as três colegas, Letícia era a que mais se inclinava para uma aproximação afetiva em relação a ele.

Desde que chegara ao escritório, ocasião em que fora recebida por Marcelo, que se incumbira de lhe mostrar as dependências e explicar o funcionamento, Letícia se observara na companhia do rapaz, admirando-lhe o porte físico, os gestos másculos, a maneira autoconfiante e ao mesmo tempo gentil de colocar-se à disposição para qualquer problema que ela encontrasse.

Naturalmente, dentro de sua característica psicologia, Letícia não demonstrou interesse pessoal e, menos ainda, qualquer debilidade em seus conhecimentos, o que demonstraria um despreparo para as lutas do escritório, constatável no primeiro pedido de ajuda que fizesse.

Manteve-se firme, recorrendo até mesmo às informações junto às arrumadeiras e aos estagiários que lá já se encontravam, mas não dava o braço a torcer para que sua posição de segurança e independência marcasse logo a sua condição de profissional competente e determinada.

No entanto, ela mesma não tinha como negar o interesse feminino que a convivência com Marcelo, todos os dias, ia tornando maior, ainda que ela soubesse respeitar a sua condição de homem casado.

– Olhar não arranca pedaço – pensava ela – repetindo a velha frase com a qual mulheres e homens se observam com segundas intenções, ainda que não declaradas ou vividas.

Além do mais, nunca ouvi de Marcelo qualquer referência à sua mulher e nas poucas vezes que tentei saber algo, ele apenas disse que ela não tinha qualquer atividade, ficando em casa cuidando das coisas ou passeando para divertir-se nas compras.

Credo, que mulherzinha sem graça... Não estuda, não se dedica ao desenvolvimento de si mesma. Para um cara ficar com uma mulher assim, ela deve ser uma beldade.

Os pensamentos de Letícia, desde há muito tempo, já tinham esquadrinhado o perfil de Marisa, uma vez que, sendo muito competitiva por natureza, a jovem advogada buscava avaliar o que levava Marcelo a se manter ao lado de uma mulher sem atrativos culturais, competência profissional ou hábitos intelectuais que causassem admiração.

Esse era o seu caso pessoal. Sabendo que, sem ser feia, não era a mais maravilhosa das mulheres, precisava compensar suas limitações na beleza com atrativos em outras áreas de seu caráter, o que a fazia sempre dedicar-se ao enriquecimento intelectual, frequentando cursos, visitando museus, assistindo a filmes, lendo diversos livros.

No fundo, entretanto, ela admirava Marcelo que, sem saber de tal sentimento oculto, mantinha-se diariamente ao seu lado, dentro de uma distância natural que mais provocava a curiosidade de Letícia do que protegia Marcelo de qualquer intimidade, intimidade essa que, agora, ele pretendia aumentar, deliberadamente.

Ali estavam os dois. Ele, desejando uma aproximação maior de Letícia para usá-la, sem imaginar quais seriam os sentimentos dela e ela, desejando ainda mais uma aproximação com Marcelo, procurando conquistar o seu interesse para, quem sabe, uma futura relação amorosa.

No entanto, nem um nem outro poderia revelar-se de imediato, uma vez que em ambos as intenções ocultas eram muito maiores do que as que suas palavras revelavam.

– Pode falar, Marcelo, qual é o seu problema?

– Bem, Letícia, estou enrolado em um problema para o qual não encontro uma solução melhor do que outra.

E procurando apresentar os fatos, apontando os envolvidos na questão jurídica delicada, ia lançando sobre a jovem a sua argumentação jurídica para explicar-lhe suas dificuldades, de maneira a deixar claro que não se tratava de uma falta de competência sua, mas que, dentro das inúmeras saídas que poderia encontrar, nenhuma delas era suficientemente boa ou adequada para atender aos interesses de seu cliente.

Por isso, recorria à sua ajuda para que ela, estudiosa, inteligente, competente, pudesse avaliar a situação como alguém que está de fora e, com todas estas virtudes, aconselhar um caminho mais adequado para ser trilhado.

Este discurso de Marcelo caía como uma pluma no coração e no ego de Letícia, que outra coisa não desejava no mundo do que ser admirada por um homem inteligente, ser respeitada pelo seu conhecimento, ter a oportunidade de demonstrar sua competência e, assim, sentir-se importante.

– Ora, Marcelo, agradeço muito a sua consideração, mas estou certa de que sua capacidade pessoal o qualifica muito bem para decidir o melhor caminho.

– Mas sabe, Letícia, por mais que tenhamos uma ideia clara das coisas, nem sempre a nossa cabeça está no caminho mais acertado. Por isso, e considerando todo o seu talento e dedicação, além da sua inteligência primorosa, não vejo melhor ocasião para recorrer a você como uma consultora, a fim de que, não estando envolvida, sem os compromissos pessoais com as partes, possa me alertar, corrigir e orientar no sentido de não errar na hora da escolha da solução jurídica.

– Tudo bem, Marcelo, apenas creio que vou precisar estudar isso com mais cuidado a fim de que não me equivoque na opinião que você está me pedindo.

– Certo, Letícia, já esperava por essa solicitação. Precisarei dar uma resposta aos meus clientes dentro de trinta dias. Assim, você tem tempo bastante para poder ficar com os documentos e estudá-los como quiser.

– Que bom, Marcelo. Vou tirar cópias e levar os documentos comigo para casa, onde, geralmente, penso melhor porque lá há mais sossego do que aqui.

– Puxa, eu a invejo, Letícia. Em casa é que eu não consigo trabalhar mesmo.

– Por que, Marcelo? A mim me parece que o ambiente de casa é mais agradável para nos desligarmos das coisas e nos concentrarmos em determinado assunto.

– É que você mora sozinha, não é?

– Sim, eu moro sozinha.

– Mas em casa – continuou Marcelo – a dureza é ter que conviver com alguém que adora ouvir música barulhenta 24 horas por dia. Muitas vezes, nem mesmo para dormir eu tenho sossego. Minha esposa só me dá trégua quando sai com alguma amiga, quando vai ao Shopping ou está dormindo.

Escutando estas revelações, Letícia se sentiu mais importante perante si própria já que, de maneira pouco velada, Marcelo se referia à mulher revelando certo enfado, certo cansaço de suas maneiras, demonstrando uma discordância que o afastava da esposa de alguma forma.

– Mas você não reclama, Marcelo? Nem sempre todas as coisas podem agradar apenas a um lado. Um casal precisa se respeitar e se harmonizar em tudo para que possa dar certo a relação.

– No começo, Letícia, eu falava, discutia, brigava. No entanto, depois, percebi que Marisa era distraída para certas coisas e que eu ia acabar estragando o que era bom em nossa relação por causa de detalhes que poderia administrar com mais paciência. Afinal, o casamento não é feito somente de música barulhenta, não é?

A expressão de Marcelo dava a entender que as relações íntimas que mantinha com Marisa eram a causa da aceitação de sua conduta impertinente, demonstrando, assim, que suas ligações com a esposa se mantinham firmes por causa da condição de amante arrojada que, diante das palavras reticentes de Marcelo, Letícia, agora, imaginava que Marisa deveria ser. E isso era a plena verdade. Marido e mulher se entendiam muito bem nas aventuras sexuais a que se deixavam arrastar e nessa área estava o grande laço que os unia.

– Mas sabe, Marcelo, você nem imagina como é bom estar em casa, com uma musiquinha suave, com um bom livro, uma xícara de café cheiroso, um banho quente, um roupão macio. Isso é uma coisa muito agradável porque nos faz relaxar e estimula o pensamento. Por isso é que, quando tenho causas complicadas, levo tudo para casa e lá encontro sempre a melhor solução.

– Ah! Que bom, Letícia! Do jeito que você está falando, parece ser muito gostoso mesmo. Só que, em casa, isso é impossível para mim.

Gostando muito do rumo natural que a conversa estava tomando, Letícia continuou falando, já procurando uma forma de se manter ligada a Marcelo.

– Você tem algum telefone celular que eu possa chamá-lo pessoalmente, caso tenha alguma dúvida nos documentos e precise lhe pedir algum esclarecimento?

– Claro, Letícia, desculpe minha distração. Eu gostaria que, se tiver qualquer problema ou precisar de mais informações, você me telefonasse neste número e eu ficarei muito agradecido pela atenção que estará me dando neste caso.

– Mas não vou criar problemas com Marisa ao ligar para o seu celular?

– Não, nenhum. Marisa tem o celular dela e ela sabe que muitos clientes, homens e mulheres, ligam para mim. Não há nenhuma dificuldade nisso.

– Tudo bem, então, Marcelo.

– Mais uma vez, desculpe tomar o seu tempo e arrumar trabalho para o seu momento de descanso, Letícia.

– Não se incomode com isso, Marcelo. Para mim será um prazer muito grande poder ajudá-lo.

Percebendo que o assunto tinha acabado, o rapaz pediu licença para sair e deixou a sala de Letícia, carregando no íntimo a sensação de alegria por ter conseguido quebrar o gelo que havia entre eles, pela distância que ela sempre gostara de manter.

Marcelo, em sua sala, agora, já podia catalogar mais um sucesso em sua empreitada aproximatória, imaginando que, na próxima semana, restava acercar-se de Sílvia.

Letícia e Camila já estavam no seu bolso, de forma a não ter mais dificuldades em manter o relacionamento profissional com ambas pelos caminhos mais aquecidos da amizade e de uma intimidade saudável para os seus projetos.

Letícia, sozinha em seu ambiente de trabalho, com a porta de sua sala fechada para poder entregar-se melhor aos próprios devaneios, se sentia nas nuvens como há muito tempo não se via.

Sua emoção estava novamente ativada.

Diante dela, o jovem atraente e desejado lhe oferecia a

oportunidade de aproximação, reconhecendo a sua capacidade e lhe dando inúmeras informações sobre o relacionamento afetivo que mantinha com a esposa.

Percebia que Marcelo havia sido fisgado pela fêmea com que se casara e era por aí que ele tentava manter a relação, demonstrando, dessa forma, onde se encontrava o seu ponto fraco, aquilo que, na condição de homem era predominante em sua união com uma mulher.

O raciocínio rápido de Letícia soubera aprofundar as palavras e expressões de Marcelo, reconhecendo que ele se irritava com a forma de ser de sua esposa, ficando aliviado quando ela estava fora de casa, única ocasião em que tinha algum sossego.

De qualquer forma, para conseguir conquistar seu interesse, ela precisaria investir na provocação do seu instinto masculino, sem se vulgarizar e sem se oferecer para que isso não acabasse se voltando contra ela mesma.

Dentro de seu coração agitado pela excitação produzida por aquele encontro, Letícia sabia que essa era a sua chance, esse era o momento de investir para que o homem desejado acabasse se interessando por ela e, descobrindo suas qualidades feminis, além das muitas qualidades intelectuais, acabasse por aceitar trocar de mulher, reconhecendo que, com ela, ele sairia ganhando muito, porque ganharia uma companheira igualmente ousada, mas, além disso, uma mulher inteligente, interessante e competente, dentro do mesmo ramo de atividade profissional que ele próprio desenvolvia.

Não é preciso dizer que, ao lado de ambos, o mundo espiritual inferior atuava, levando-lhe o pensamento sempre na direção das fraquezas naturais que lhes dominavam o caráter.

Marcelo, cego em seu projeto de derrubar Leandro, agora se encontrava empolgado com as atenções de Camila, a bonitona do escritório que, todos os dias, tornava-se mais próxima dele. Ao mesmo tempo, desenvolvendo sua estratégia, iniciava a conquista do interesse de Letícia, sem imaginar que esta se interessava por ele mais como mulher do que como colega de profissão.

Iludido por seus pensamentos equivocados, Marcelo ia sendo estimulado pelo Chefe e por Juvenal, as duas entidades principais envolvidas no seu processo de perseguição direta, ajudadas por Gabriel, o aleijado. Em realidade, este Espírito poderia ser considerado mais como um estagiário do mal, um aprendiz, do que um ativo praticante de perseguições. Tanto assim, que era visto pelos seus dois acompanhantes como alguém ainda despreparado para exercitar as atitudes firmes dos perseguidores, assemelhando-se a um Espírito galhofeiro e brincalhão, muito mais do que a um Espírito mal.

Na verdade, sua aceitação no grupo se dera, efetivamente, pelo seu estado de deformidade, que produzia susto ou repulsa até mesmo em entidades experientes nos processos de perseguição.

Tanto o Chefe quanto Juvenal sabiam que Gabriel seria um excelente instrumento nas horas em que fosse necessário assustar alguns dos envolvidos nos processos de perseguição, nos momentos do sono físico.

– Você viu, Chefe, como as coisas estão indo bem? Marcelo já está entrando na nossa e as duas franguinhas serão o nosso braseiro para cozinhá-lo bem cozido... – falou, zombeteiro, Juvenal.

– Sim, Juva, respondeu o Chefe, demonstrando intimidade. Marcelo está indo na direção correta. Na próxima semana, investiremos na última que está faltando. Para facilitar as coisas, vamos providenciar uma visita à casa de Sílvia, produzindo-lhe as sensações que possam favorecer a ação de Marcelo, criando no Espírito da nossa velha amiga, o ambiente favorável de que tanto ele quanto nós necessitamos.

– Oba, Chefe, vamos ter festa da boa, então... – atalhou Juvenal.

– Acho que sim, mas só nós dois vamos ter que participar.

– Claro! O único problema é o Aleijado... – falou Juvenal, baixinho.

– Isso não será problema porque já falei para que se mantenha junto a Letícia, acompanhando seus pensamentos e estimulando seus sentimentos na direção de Marcelo. Será como que uma avaliação para sua continuidade junto a nós. Ele não poderá se ausentar da sua presença durante o final de semana inteirinho. Então, na segunda-feira, voltaremos para ver como foram as coisas, o que nos garante dois longos dias na boa companhia daquele mulherão...

– Ótimo, Chefe. Mas e o pessoal do Departamento?

Perguntando isso, Juvenal se referia às entidades trevosas que se mantinham trabalhando no escritório espiritual tenebroso e que, normalmente, se enredavam na vida pessoal dos seus integrantes encarnados, tanto dentro quanto fora de suas atividades profissionais.

Era muito comum que cada um dos advogados encarnados do escritório, as cabeças pensantes daquele ambiente, se vissem acompanhados constantemente, inspirados por Espíritos que se afinizavam com suas tendências ao mesmo tempo em que eram vigiados ou "protegidos" por esse tipo de má companhia que os via como sócios materializados de seus interesses escusos.

– Não se preocupe, Juvenal. Já me comuniquei com o responsável pelo departamento – como eles denominavam o escritório espiritual – e, valendo-me da carta branca da Organização, solicitei a dispensa dos empregados destacados para a escolta do final de semana, porque estaremos assumindo o serviço em relação às duas mulheres, Letícia e Sílvia. Solicitei que continuassem a "escolta" em relação a Marcelo e a Marisa para que o estado de desajuste entre eles continue a acontecer, favorecendo nossos objetivos.

– Muito bem pensado, Chefe. O fim de semana será de diversão completa.

– Sim, Juva, no entanto, teremos que nos valer da "fantasia" para que nossos planos sejam bem sucedidos.

– Tudo bem, Chefe. Com fantasia ou sem fantasia, o prazer será o mesmo... não vejo a hora.

Como o leitor já pode imaginar, a fantasia a que ambos se referiam correspondia à forma física ou à aparência do próprio Marcelo que ambos iriam adotar para envolverem Sílvia, velha companhia de orgias no mundo invisível, na sensação de prazer na companhia do colega de escritório.

Seriam tão fortes tais sensações, facilmente cultivadas pelo Espírito depravado de Sílvia que, ao retomar o corpo físico, depois de uma noite de sono, a figura de Marcelo dominaria suas lembranças de tal maneira que, no próximo encontro que tivesse com ele, todas aquelas emoções voltariam à superfície de sua consciência, provocando o seu interesse mais caloroso em relação àquele cuja imagem esteve cristalizada em sua mente em decorrência do sonho arrebatador. Na verdade, porém, Marcelo não teria nenhuma participação direta naquele encontro, mas sua figura estaria ali representada por Juvenal e pelo Chefe, que, travestidos de Marcelo, usariam a mesma técnica utilizada quando do início da desarmonização ocorrida entre ele e Marisa, sua esposa, quando o Chefe se valera da aparência de Glauco, o amigo comum.

***

O leitor pode estar se perguntando por que tais Espíritos podem usar a forma de outros para criar esse tipo de confusão. Onde estaria Deus, que não impediria isso?

Essas indagações, ainda que compreensíveis na pessoa leiga, perdem sentido quando o conhecimento das leis espirituais se torna maior.

A princípio, a todos os homens está garantido o acesso às elevadas regiões espirituais e à proteção luminosa de amigos invisíveis, conquistada graças às boas ações, aos sentimentos nobres e à oração sincera.

No entanto, a lei de liberdade garante a qualquer pessoa a escolha do que mais lhe interesse e, nos casos até aqui descritos, não encontramos nenhuma de nossas personagens desejando a companhia de seres luminosos.

Além do mais, dentro das leis espirituais que regem a forma das entidades, temos a doutrina espírita explicando que, uma das características do corpo fluídico que todos possuímos e que se chama Perispírito, é a sua maleabilidade. Por se tratar de um corpo de matéria rarefeita, mais sutil, suas moléculas são facilmente moldáveis segundo o desejo do Espírito que o dirige.

Comparativamente falando, o perispírito seria como uma roupa que o leitor usasse e que, maleável por excelência, adotasse a forma, a estrutura geral das linhas que a sua vontade desejasse lhe dar.

É natural que a maioria das entidades espirituais, ignorantes dessas características, imprima a essa roupagem que recobre a sua essência espiritual a forma que sua individualidade possuía durante a vida física, sendo a mente a fonte determinadora das formas exteriores.

Isso explica, muitas vezes, a apresentação enfermiça de certos Espíritos que, incorporando à sua personalidade a doença física que os vitimou no corpo carnal, depois que este morre continuam se apresentando espiritualmente com as mesmas características enfermiças, porque plasmam sua forma fluídica segundo as ideias que mantêm arquivadas em sua mente imortal, ainda muito ligadas à noção da doença que os fustigou durante tal etapa evolutiva.

No entanto, existem Espíritos que, apesar de devotados ao mal, guardam o conhecimento dessas leis naturais do perispírito e, entendendo o mecanismo da vontade e da fixação do pensamento, podem manipular tais estruturas plásticas que revestem a alma, sendo capazes de imprimir à sua aparência, a forma que desejarem, notadamente se for para impressionar, espantar ou amedrontar.

E assim, não é difícil para Espíritos treinados nesses processos por Organizações de entidades ignorantes e devotadas temporariamente ao mal, desenvolverem esta habilidade que pode ser comparada à habilidade da memória, da mente fotográfica, da concentração, facilidades estas que, pertencentes à natureza do ser humano, podem ser utilizadas tanto para o bem quanto para o mal, como acontece todos os dias, quando pessoas dotadas de poder mental dele se valem para produzir prejuízos e fraudes de todos os tipos nos caminhos de seus semelhantes.

Estes ensinamentos são facilmente entendíveis e encontráveis nos textos contidos em O Livro dos Espíritos, O Livro dos Médiuns, e em diversas obras da Doutrina Espírita, para o aprofundamento de tal conhecimento, e que explicam a natureza, as características e peculiaridades desse corpo fluídico que Paulo de Tarso denominava de CORPO ESPIRITUAL, que os egípcios denominavam de KÁ, que outras correntes estudiosas chamam de CORPO BIOPLÁSMICO, PSICOSSOMA e que a Doutrina Espírita chama de PERISPÍRITO.

As afirmativas de Jesus estão claras na acústica mental de todos nós:

Orai e Vigiai – ensinava o Divino Amigo, no alerta indispensável para todos quantos pudessem ter ouvidos de ouvir e olhos de ver, mantendo-se protegidos por si mesmos e não se metendo em situações que poderiam, pessoalmente, evitar.

Nenhuma de nossas personagens se dedicava a essa coisa fora de moda – como dizem muitas pessoas – do orar e vigiar, do evitar situações difíceis, tentadoras, do agir corretamente, do não desejar o que pertence ao outro, do evitar causar prejuízo.

E como quase ninguém se protege, os homens e mulheres que perderam o corpo de carne, mas continuam vivos no Espírito, carregando consigo as mesmas deficiências de caráter que marcam os que ainda estão vivos no mundo, deles se acercam para desfrutarem as mesmas sensações de antes, as mesmas aventuras de outrora, os mesmos prazeres baixos e de teor animal que lhes caracterizou o patamar evolutivo incipiente durante suas vidas carnais.

Assim, encontram muitos sócios nos mesmos níveis de sensação e desejo, sendo muito fácil lhes influenciar ou favorecer para que desenvolvam as mesmas tendências e se transformem em elementos dos quais podem sugar as energias de teor inferior que os abastece mesmo depois da morte física.

E tais grupos de entidades, ignorantes das leis espirituais que governam a vida tanto antes quanto depois do túmulo, se constituem em verdadeiros bandos a se agitarem ao redor da fonte lodacenta à qual se jungem, dela bebendo a lama e, ao mesmo tempo, tudo fazendo para proteger tal manancial das ações transformadoras do bem.

É assim que se conduzem tais entidades junto dos encarnados que lhes fornecem o material fluídico denso com o qual se alimentam na insanidade do momento em que estão vivendo.

Cada encarnado se vê, pois, envolvido pelo tipo de proteção que escolhe para si próprio.

Em nenhum dos nossos amigos, pudemos constatar um instante de elevação, uma atitude de limpeza moral, um esforço em viver princípios nobres.

Todos estavam muito felizes em se manterem no jargão comum, na vala da maioria das pessoas, como se aí encontrassem a normalidade que os absolvesse de qualquer delito pela desculpa simplista de que "todo mundo fazia a mesma coisa."

Lembremo-nos de que Jesus nos ensinou que LARGA É A ESTRADA QUE LEVA À PERDIÇÃO.

E, ao mesmo tempo em que se referia a essa largueza, querendo ensinar que se tratava de um caminho amplo e fácil de ser percorrido, nos ocorre também a ideia de que, sem alterar o sentido principal da mensagem do Cristo, a estrada que leva à perdição é larga também para que nela possa caber a imensidão das pessoas que usam o critério da maioria insana, para justificar suas atitudes igualmente despropositadas.

Assim, ousamos interpretar as palavras de Jesus, dizendo que a estrada da perdição é larga para que nela, também, possa caber A MAIORIA DAS PESSOAS, INCONSEQUENTES E ADORMECIDAS.

8

AS ESTRATÉGIAS

Enquanto o final de semana prometia algumas aventuras extravagantes para as entidades equivocadas no mal, na exploração dos prazeres inferiores, observemos o panorama que envolvia Marisa, a esposa de Marcelo.

Desde aquela noite fatídica em que, pelo sonho, ela se vira envolvida pela imagem de Glauco, sua mente imatura vivia às voltas com a idealização daqueles momentos excitantes.

Sem entender o potencial criativo e modelador do pensamento que, impulsionado pela vontade, passa a produzir as figuras vivas que orbitam a atmosfera magnética do encarnado que as gerou, Marisa era a expressão da ilusão feminina, apaixonada por uma imagem que lhe fora semeada no Espírito invigilante, durante o sonho.

Glauco, na verdade, era um rapaz que, vez ou outra, fazia parte dos encontros divertidos nos finais de semana, em geral acompanhado de sua noiva, sempre que tais reuniões se davam em algum restaurante ou barzinho da cidade.

Era um jovem bem posicionado, seguro em suas opiniões, sincero em seu relacionamento com Gláucia, sua companheira afetiva. Suas tarefas profissionais ligadas à área da consultoria de empresas lhe favoreciam a ascensão social, refletida na qualidade das roupas e de seus carros. E ainda que ele não tivesse o defeito de se exibir para seus amigos, aqueles que lhe faziam parte da convivência, naturalmente acostumados a se medirem pelas suas aparências, sempre viam nele a pessoa melhor posicionada, fato este que despertava ciúmes mudos em boa parte dos seus "pretensos amigos", quando não suscitava inveja clara no coração de alguns outros.

Marisa olhava Glauco como quem cobiça algo valioso e, ainda que se mantivesse unida a Marcelo, naquele tipo de união cujo fundamento principal é o interesse físico e a conveniência das aparências, seus olhares sabiam esquadrinhar um bom partido e a possibilidade de realce que tal conquista representava na vida de qualquer mulher.

A própria noiva de Glauco era vista pelas falsas amigas como uma pretensiosa a desfilar pelos lugares ao lado do futuro marido com ares de superioridade, causando mal-estar no íntimo das outras mulheres do grupo, que a viam como uma arrogante e esnobe.

Na verdade, mulheres avaliando mulheres sempre se permitem enveredar pelo caminho espinhoso da desconfiança porque, infelizmente, nos desenvolvimentos sociais e culturais que nortearam a evolução feminina até os dias de hoje, elas foram sempre treinadas para não confiarem em nenhuma outra.

Com raras exceções, todas elas padeciam de uma ausência de amigas sinceras, compensando tal solidão essencial com a convivência superficial entre si, quando todas se faziam de muito amigas, mas, no fundo, estavam sempre armadas e fiscalizando-se reciprocamente.

Pouco importava que se tratasse de alguma mulher casada. Para elas, que se conheciam muito bem a si mesmas, bastava que fossem mulheres e o perigo já estaria anunciado.

Dessa mesma forma Marisa se conduzia, sem que isso viesse a ser notado pelos demais.

A admiração que tinha pela figura de Glauco já ia para mais além do que uma simples condição normal em que alguém observa virtudes de outrem para tentar vivê-las em si mesmo.

No fundo, Marisa se permitia arrastar para esses momentos sociais na expectativa de encontrar o rapaz que ela sentia ser, no fundo, aquele que lhe garantiria a melhor posição no meio das demais.

E isso lhe doía na alma, uma vez que Marcelo, apesar de não ser menos bonito do que Glauco, era dotado de uma menor classe, não possuía o mesmo estilo e o gosto apurado do noivo de Gláucia.

Assim, Marisa sofria, tanto quando o casal não se apresentava nas reuniões festivas do grupo porque, a partir daí, elas deixavam de ser interessantes aos seus desejos, como quando o casal nelas se fazia presente porque, então, tinha que administrar as próprias emoções, tinha que se vigiar constantemente para que seus sentimentos e interesses por Glauco não se tornassem patentes aos olhares inteligentes das outras mulheres do grupo.

Além do mais, enquanto ela se deleitava com a visão do homem cobiçado, tinha que aturar a postura balofa de Gláucia, a noiva, que sempre se esforçava em participar das conversas, falando das rotinas de felicidade que vivia ao lado do companheiro, em viagens, em passeios, em eventos.

Na verdade, Gláucia não era uma mulher fútil como as outras a classificavam. Apenas, atendendo à curiosidade das pretensas amigas, relatava um pouco de seu cotidiano com o noivo, para que não fosse considerada uma antipática que nada revelava sobre seu dia a dia.

No entanto, quando falava alguma coisa interessante, era sempre interpretada pelas outras infelizes e frustradas, como uma metida, pretensiosa, arrogante e convencida.

Não importava qual fosse a condição, Marisa sempre estava em sofrimento, fosse pela ausência daquele representante viril da estirpe masculina, fosse pela sua presença e pela impossibilidade de lhe desfrutar a companhia íntima, além do fato amargo de ter que suportar a companhia de Gláucia.

Por esse motivo, há algum tempo, a esposa de Marcelo não tirava Glauco do pensamento, sempre procurando induzir o marido a parecer-se com ele, a imitar-lhe o estilo, trazendo seu nome para as conversas íntimas, como quem não deseja nada, mas que, no fundo, está aproveitando-se de uma oportunidade para fustigar o companheiro.

Marcelo não tinha tanta perspicácia para atinar sobre a profundidade desses assuntos ou comentários, levando-os sempre para o lado da provocação de sua vaidade masculina, sem avaliar o que, em realidade, poderia estar acontecendo com a esposa.

E como Marisa, no padrão de formas-pensamento que criava à sua volta no plano espiritual, demonstrava a sua vulnerabilidade afetiva e o seu desejo de envolver-se mais intimamente com Glauco, esse foi o caminho aproveitado pela ação da espiritualidade inferior para, usando essa inclinação, estimular em sua alma um desejo ainda maior pelo conhecido de fim de semana, como Glauco se apresentava, realmente.

A partir daí, aquilo que era um interesse contido no pensamento de Marisa passou a se tornar uma ideia obsessiva, a descontrolar suas emoções de tal maneira que ela passara a fugir da companhia masculina do próprio marido.

Inúmeras vezes suportara a intimidade com Marcelo somente para fantasiar estar se relacionando com Glauco, o que se tornava um martírio para seu sentimento, ocasião em que deliberou não mais manter um relacionamento íntimo com o esposo até que tal fase passasse. Além disso, como já explicado no início, usaria essa arma como uma forma de influenciar o marido para que buscasse ser como aquele que atraía seus interesses de mulher.

Se Marcelo se esforçasse em parecer aquele que ela admirava, quem sabe conseguiria transferir o foco de sua admiração para o próprio marido e, assim, as coisas voltariam ao normal, entre eles.

No entanto, ela nada fazia para que tal se desse. Não policiava seus pensamentos, não melhorava a qualidade de seus sentimentos e, desde o fatídico sonho excitante, outra coisa não fazia do que cultivar a emoção que nele vivenciara, esperando torná-la realidade a qualquer preço.

Não buscara combater em si própria as ideias nocivas, nem afastara de seus pensamentos tal tipo de sugestão subliminar, tentando realçar as qualidades do próprio esposo, procurando valorizar-lhe a figura pessoal, desenvolvendo olhos generosos para seus esforços, para suas virtudes de companheiro de todas as horas.

Afinal, já estavam juntos há alguns anos e, até então, suas vidas sempre tiveram o selo do prazer comum, das aventuras arrojadas em busca das emoções exóticas, das viagens de exploração, das férias interessantes em lugares novos e diferentes.

E era graças a Marcelo que ela, sem precisar trabalhar, podia levar uma vida de tranquilidade e facilidade, vida essa que não estava sabendo aproveitar em coisas úteis e em oportunidades de aprendizagem.

Marcelo passara a ser, na verdade, um estorvo em sua existência, quando comparado ao novo príncipe de suas ilusões femininas.

Sua voz era irritante, seus modos à mesa eram desleixados, suas expressões não tinham o brilho das que Glauco usava, sua conversa era sempre banal e seus comentários pouco profundos a respeito de todas as coisas.

Por causa de Glauco, Marisa passara a adotar outras rotinas que ela sabia serem apreciadas por ele. Passara a cuidar mais do cabelo, já que Glauco parecia gostar de mulheres com cabelo liso e comprido. Começara a preocupar-se com a cor de sua pele, naturalmente branca, observando que Gláucia trazia sua tez sempre amorenada pelo sol, o que impunha que ela seguisse esse mesmo padrão para conseguir atrair a atenção do rapaz.

– Ele ainda é só noivo. Se com homens casados as coisas podem voltar para trás, que dizer com aquele que ainda não se enforcou definitivamente...!? – falava Marisa consigo mesma, justificando seus esforços de conquistar os olhares de Glauco para o seu lado, sem se lembrar que ela mesma era comprometida com Marcelo.

Assim, Marisa passara a alterar seus hábitos, dedicando-se a sessões de bronzeamento artificial, desculpando-se perante o esposo, alegando ter-se cansado daquela cor de doente e que a moda, agora, era apresentar-se mais morena.

Ao mesmo tempo, passara a frequentar o clube, buscando as horas de sol natural para reforçar a cor bronzeada, realçando as marcas das peças usadas na piscina, melhorando o seu visual. Não desprezou algumas sessões de ginástica com as quais procurava dar um tônus muscular melhor às suas já insinuantes formas.

Mais algumas sessões no cabeleireiro e, segundo os seus interesses ocultos, ela estaria em condições de lutar por aquele rapaz interessante e que, até aqueles dias, jamais a havia tratado com qualquer deferência ou privilégio.

Glauco sempre se mantivera à distância tanto dela quanto de qualquer outra, procurando sempre realçar a sua ligação com Gláucia e o seu estado de aparente felicidade.

Isso era uma punhalada não somente no coração de Marisa, mas no de algumas outras mulheres do grupo que, observando o seu caráter de fidelidade e alegria ao lado da noiva, ainda mais se indispunham, comparando-os com os relacionamentos vazios e mentirosos que mantinham com os próprios maridos ou namorados.

A felicidade de outros é sempre um espinho amargo na goela daqueles que são incompetentes para construírem a própria felicidade.

– Duvido que eles sejam tão felizes como parecem ser nos barzinhos da vida – falava Marisa para si mesma, querendo acreditar que, naquela fortaleza de entendimentos, devia haver alguma brecha de insatisfação que poderia ser explorada por ela.

E quando a conversa íntima entre as mulheres enveredava, pelo assunto Gláucia/Glauco, havia sempre um grupinho que comungava das mesmas ideias, imaginando que o casal interpretava muito bem o papel de pombinhos apaixonados.

Não faltava aquela que dizia ter notado um certo ar de enfado no olhar de Glauco ou que presenciara uma expressão de reprovação em seu rosto diante de algum comentário de Gláucia.

Esse tipo de conversa alimentava em Marisa a empolgação na conquista. Depois de algumas semanas, ela já trabalhava com a possibilidade concreta de traçar uma estratégia para envolver o rapaz nas teias da sedução. Isso pedia a transformação de sua aparência, adotando algumas que Gláucia apresentava e que pareciam contar com a aprovação de Glauco, além de passar a exibir partes do corpo que, segundo as táticas femininas, seriam atrativos para os olhares masculinos, mas fazendo-o de forma especial que mesclasse a discrição com a ousadia.

E se Glauco se inclinasse a seu favor, Marisa já não se importava com a relação que mantinha com Marcelo e, ainda que o mesmo conseguisse todas as melhorias profissionais que o equiparassem ao noivo de Gláucia, isso não impediria que ela o deixasse para estabelecer seu idílico romance com o novo pretendido.

Ao estabelecer esse plano, parece que uma nova vida tomou conta da monótona rotina de Marisa.

Uma emoção diferente acordava com ela todas as manhãs porque poderia ter mais um dia no esforço de aproximar-se do objeto de seu desejo.

Enquanto Marcelo estava em casa, ela se sentia incomodada, mas assim que ele saía para o trabalho, podia dar vazão a toda a paixão que ia crescendo em seu interior. Colocava músicas românticas no ambiente e dançava sozinha, imaginando-se abraçada a Glauco.

Depois de algum tempo em que seus pensamentos se viam estimulados ainda mais pela presença das entidades inferiores, que aproveitavam essa aceleração sem freios das emoções da jovem, ela passara a desejar intensamente que Marcelo se envolvesse com outra mulher porque, assim, tudo estaria facilitado para livrar-se dele.

– Quem sabe, sem dar vazão aos seus impulsos masculinos, ele não acaba procurando alguma outra mulher por aí e permita, assim, que eu fique livre para seguir por onde mais quero.

Vou procurar me manter fria para que ele, alucinado como sempre foi, se sinta empurrado para satisfazer-se com alguma outra e, tão logo eu descubra, rompo o relacionamento alegando todas as razões do mundo, por ter sido traída. Afinal, mulher naquele escritório é o que não falta.

Marisa sabia que suas atitudes podiam desequilibrar o interesse do marido, colocando-o, vulnerável, em contato com as outras mulheres que ela conhecia lá no escritório e que, como fêmeas num mundo cão, facilmente poderiam aproveitar-se do homem carente e dar início ao envolvimento ilícito.

Como esposa, então, passaria a fiscalizar as atitudes de Marcelo, como quem não quer nada e sem que ele percebesse, de forma que, em qualquer situação suspeita, pudesse encontrar motivos para alegar traição e livrar-se de sua companhia, sem perder a aparente razão.

Enquanto isso, seguiria com suas estratégias de conquista em relação a Glauco que exigiam, além das modificações naturais de sua aparência, uma pesquisa detalhada sobre os interesses, hábitos, gostos e usos a respeito de Gláucia, a noiva.

Precisava saber quem era ela, onde morava, quem eram seus pais, quais eram seus hábitos, como ela pensava. Essa necessidade impunha uma certa aproximação para que, conhecendo melhor o terreno onde iria combater, soubesse que armas escolher para a luta de conquista contra a sua principal inimiga.

Depois de estabelecer este projeto, deliberou então que precisaria aproximar-se de Gláucia, procurando trocar ideias, pedir conselhos e estabelecer uma forma mais íntima de convivência, o que poderia, inclusive, facilitar a aproximação com o próprio Glauco, bem como conhecer seus hábitos e gostos para inserir tudo isso em sua estratégia.

Por isso, no final de semana que teria pela frente, havia combinado com Gláucia um encontro em um Shopping da cidade para conversarem, alegando a necessidade de desabafar e pedir conselhos para a relação pessoal difícil que estava tendo com Marcelo.

Precisava pretextar alguma motivação mais grave a fim de que a jovem interlocutora não se esquivasse do convite.

Por isso, ao telefone, afirmava Marisa a Gláucia:

– Sabe, Gláucia, eu admiro muito a relação equilibrada que você e seu noivo mantêm e isso me faz pensar que sua opinião é a mais harmoniosa que eu poderia obter, quando está em questão o rumo de meu casamento.

– Nossa, Marisa, você e Marcelo sempre me pareceram estar tão bem!... exclamou Gláucia.

– Isso para você ver como as coisas são tão superficiais. Estou entrando em desespero e não sei como proceder. Por isso, gostaria de conversar com alguém que pudesse me ajudar, escutando, opinando, orientando com conselhos para que, se o erro estiver em mim, eu o possa corrigir e manter meu casamento, já que não desejo me separar.

– Mas as coisas já estão nesse pé?

– Olha, Gláucia, estão indo nessa direção. Eu já nem mantenho mais intimidade com ele porque desconfio de certas coisas que esteja fazendo. Não tenho provas concretas, mas, ...você sabe como somos nós, as mulheres... Uma conversa torta aqui, um telefonema ali, um atraso mais além, um nome de mulher no meio do assunto... aí você vai juntando as coisas e o quadro fica mais ou menos perigoso.

Por isso, preciso contar as coisas para alguém que saiba me escutar e que, por experiência própria, possa me dizer se estou certa em desconfiar ou se tudo não passa de uma loucura de minha parte.

Às vezes fico perturbada... não sei o que pensar.

E antes que enlouqueça ou faça uma bobagem, preciso falar com alguém.

Vendo o drama aparentemente real que a esposa de Marcelo lhe apresentava ao telefone, Gláucia se viu convocada a prestar solidariedade fraterna àquela que lhe parecia mais uma esposa feliz, na manifestação das aparências de um mundo ilusório, mas que, em verdade, se lhe revelava desesperadamente perdida, em busca de uma resolução para seus problemas afetivos.

Como isso não iria lhe custar nada, Gláucia aceitou o convite e, então, marcaram um encontro naquele final de semana para que Marisa desabafasse.

Seria a primeira vez que as duas se veriam sozinhas, em uma conversa mais demorada, através da qual, Marisa estudaria o terreno e conheceria melhor a forma de pensar de Gláucia. E nada melhor para isso do que se fazer de necessitada de conselhos, inventando mentiras e invertendo a história verdadeira, uma vez que a jovem noiva de Glauco jamais iria saber da realidade por não possuir nenhuma intimidade com Marcelo e, porque Marisa solicitaria sigilo absoluto daquela conversa para que o próprio Glauco não acabasse prejudicando a solução daqueles problemas pessoais.

Sua saída de casa não despertaria suspeitas em Marcelo que, efetivamente, já estava acostumado a deixar a mulher passear pelos Shoppings da cidade, naquela distração tão comum à maioria das pessoas.

Em realidade, a ausência de Marisa do lar representava para Marcelo um verdadeiro alívio, agora que, com a sua aproximação de Camila e seus contatos diários com a jovem beldade do escritório, ele mesmo já não se sentia atraído pela companhia da esposa, encontrando, na colega de profissão, o reconhecimento e a valorização que a própria mulher passara a lhe negar.

O final de semana, então, seria de devaneios afetivos para o marido e de exploração estratégica para a esposa, ambos trabalhando em sentido diverso da própria união que adotaram, um dia, como o caminho comum para a felicidade.

Por trás de ambos, estavam entidades vinculadas ao Departamento, estimulando, em Marcelo e em Marisa, os sonhos e as construções espúrias de um sentimento infiel, afastados da conversa franca e honesta de um para com outro que, uma vez acontecendo, poderia evitar para os dois as dores e dissabores que fatalmente lhes estariam reservados para o futuro.

※ ※ ※

Enquanto isso, o Chefe e Juvenal se deleitavam com as emoções animalizantes que dividiam ao lado de Sílvia, retirada do corpo e levada, em Espírito, às reuniões lascivas e licenciosas nas quais, envolvidas por ambos que, se fazendo parecer com Marcelo, despertavam na mulher as emoções mais aviltantes e os desejos mal controlados, em uma noitada de desajustes que não nos convém detalhar para que as imagens inferiores não se multipliquem na mente dos leitores.

O que nos convém realçar, entretanto, é o fato de que, durante o repouso físico, nossos Espíritos procuram ou são levados aos ambientes com os quais se mantenham afinizados, junto de entidades que comungam das mesmas inclinações e desejos.

Se somos dotados de sentimentos nobres, buscaremos ou seremos levados a lugares tais. Se somos envolvidos por sentimentos inferiores, encontraremos os lugares igualmente inferiorizados que nos recebem como convidados e nos quais teremos sempre a companhia adequada ao que buscamos.

E não faltam, nas regiões astrais, nas dimensões espirituais que renteiam a superfície da Terra, os ambientes degenerados nos quais os Espíritos de igual teor se permitem as mesmas emoções baixas dos mais baixos níveis da animalidade irracional.

Tanto quanto a Terra está povoada de lugares conhecidos como boates ou "inferninhos", nome sugestivo que se refere ao tipo de vibrações ali desenvolvidas, o ambiente que lhe é imediatamente sucessivo na dimensão fluídica do mundo invisível também guarda extrema similaridade aos mais inferiores ideais do ser humano, não faltando, também, as correspondentes boates e "inferninhos", sempre visitados por criaturas ainda mais degeneradas do que aquelas que frequentam tais lugares na Terra.

Nos ambientes da dimensão vibratória inferior, as almas que para lá são atraídas ou que os buscam como exercício do prazer viciado, se apresentam conforme o estado de desequilíbrio mental e emocional, o que as transforma, muitas vezes, em seres grotescos e deformados, exalando atmosfera pestilenta que produziria sensações de repulsa no mais vicioso dos frequentadores encarnados desse tipo de diversão nas noites da Terra.

Boa parte das entidades, no entanto, vivendo na atmosfera mental que lhes é própria, cristalizada nas formas-pensamento com as quais se vê a si mesma, não se incomoda com os que lhe são circunstantes, uma vez que se trata de seres hipnotizados pelos vícios, sendo-lhes suficiente a imagem mental que fazem, muitos deles incapazes de se verem na expressão real de suas formas degeneradas.

Ficam no mesmo ambiente e, às vezes, sequer se percebem ou se enxergam, buscando fixarem-se apenas na companhia daquele ente que levaram consigo até ali para os momentos de envolvimento íntimo e licenciosidade, os homens e mulheres encarnados que se acham projetados no mundo espiritual por causa do sono físico.

E nesses ambientes permissivos, desenvolvem-se os processos de hipnose viciosa, de interferência na vontade, de desenvolvimento de tendências sexuais conflitantes, de desajustamentos íntimos, de quedas morais, de traições afetivas, sempre tendo como motivação, a prática da sexualidade promíscua, a infelicidade afetiva, a carência, a cobiça, a sensualidade dos pensamentos, a vaidade, com a finalidade da simples aventura ou visando a produção das reações estranhas quando o encarnado regresse ao corpo carnal, ao amanhecer de um novo dia.

Esse era o objetivo da dupla de entidades inferiores que se envolviam com a antiga companheira de orgias espirituais, apresentando-se a ela na aparência de Marcelo para que, ao regressar ao corpo carnal, em seu inconsciente, a imagem do rapaz, companheiro de escritório, ressaltasse às suas emoções de mulher como uma potencial fonte de interesses e desejos.

Se cada um dos leitores tivesse ideia do que pode lhes acontecer durante uma noite de sono mal preparada, a maioria certamente se recusaria a dormir, preferindo levar uma vida de zumbis a arriscar-se nas aventuras assustadoras quando o padrão de pensamentos e sentimentos de nosso Espírito se sintoniza com as baixas camadas vibratórias do mundo.

Estas notícias têm a finalidade de informar que, se cada um desejar outro tipo de ambiente, bastará acessar os mecanismos internos de uma vida elevada, vivenciada nas vinte e quatro horas de cada dia e, certamente, outra será a receptividade que cada um de nós terá ao despertarmos espiritualmente do lado de lá, durante o sono físico.

Saber disciplinar-se é o grande segredo para melhor viver todas as experiências da vida. Conhecer as leis do Espírito representa a sábia escolha para aqueles que não queiram se assustar com a surpresa estarrecedora que terão ao abrirem os olhos do Espírito e terem que gritar, assustados:

– COMO É QUE EU VIM PARAR AQUI?

9

O ENCONTRO DA ASTÚCIA COM A INOCÊNCIA

No local e hora marcados, encontraram-se Gláucia e Marisa, como haviam combinado, de maneira que, durante algum tempo poderiam se entender sem serem molestadas por companhias indesejáveis.

Cumprimentaram-se de maneira costumeira e, tendo escolhido um recanto mais isolado, puderam se posicionar para o início da conversa, conforme a esposa de Marcelo havia solicitado.

– Ah! Gláucia, nem sei por onde começar – expressou-se Marisa, desejando imprimir um tom trágico de sofrimento ao seu discurso.

– Vamos, Marisa, comece por onde quiser que eu saberei escutar... respondeu a amiga que, nem de longe imaginava que aquilo se tratava, na verdade, de uma situação simulada para que sua vida pessoal e as rotinas de sua relação com Glauco acabassem no conhecimento de Marisa.

– Bem, Gláucia, primeiramente gostaria de agradecer pela sua compreensão em me escutar porque, nos dias de hoje, é muito difícil a gente poder contar com alguém que tenha tempo para perder compartilhando conosco nossas dificuldades. Mas se não fosse você, que nos conhece já há um bom tempo, não saberia a quem recorrer, já que não vejo em mais ninguém as qualidades de equilíbrio e maturidade que percebo em você e Glauco.

– Não é bem assim, Marisa. Nós somos pessoas comuns, sem nada de especial.

– Pode parecer assim para muita gente, mas sempre observei como é que vocês se dão tão bem, como estão sempre felizes e se tratam com carinho, coisa que é tão rara mesmo naqueles casais nossos amigos que se relacionam há mais tempo.

– Isso é verdade, Marisa – respondeu Gláucia, sorridente e feliz. Nós nos damos muito bem e acho que poucos que conhecemos se entendem tanto quanto nós.

– Então, foi por isso que pedi a sua ajuda para me aconselhar.

– Pois então, fale sobre o que a esteja incomodando, Marisa.

E, a partir daí, a esposa de Marcelo passou a relatar que seu marido estava diferente em relação a ela, adotando uma postura de distanciamento, dizendo que já não mais a procurava intimamente, o que a fazia desconfiar da existência de uma outra mulher.

Com a mentalidade criativa que a má intenção sabe estimular na mente dos que se conduzem pelas trilhas tortuosas da intriga, alimentada pela companhia das entidades ignorantes que a assessoravam a mando do Departamento, Marisa alinhavou uma série de fatos que, aos olhares de qualquer pessoa mais desavisada, poderiam produzir a nítida impressão de que o marido se conduzia por caminhos suspeitos.

Falou de telefones de mulheres, do assédio de algumas amigas do escritório que ela sempre considerou perigosas para a estabilidade de seu casamento, entre outros detalhes.

Em momento algum referiu-se à sua posição de afastamento deliberado, nem ao seu relacionamento aberto e sem policiamentos. Invertendo todas as notícias, atribuiu apenas ao marido a responsabilidade da modificação da rotina familiar.

Gláucia escutava e, ao mesmo tempo em que se sentia surpresa, no íntimo, com aquela conduta de Marcelo, procurava manter uma postura exterior de serenidade para que nenhuma reação física de sua parte viesse a ser interpretada como um prejulgamento ou uma aceitação da suspeita de Marisa.

– Você não acha – dizia Gláucia – que o tipo de atividade profissional que Marcelo possui permite ou impõe que tenha um contato com mulheres tanto quanto com homens? Afinal, existem clientes do sexo feminino, sem falarmos das colegas de escritório, com as quais Marcelo precisa se relacionar profissionalmente. Isso é normal nas atividades das pessoas que trabalham na área jurídica, na área empresarial, na área médica, entre outras.

— Sim, Gláucia — respondeu Marisa, desejando parecer maleável nas observações. Eu também procuro pensar por esse lado. No entanto, isso seria aceitável se ele ainda se interessasse por mim, se me procurasse como antes. Mas, desde que está se afastando sem uma explicação, eu fico perdida e passo a pensar em todas as hipóteses possíveis.

Você não faria a mesma coisa se fosse com você?

A pergunta soou como um convite a que Gláucia pudesse revelar sua forma de proceder em relação ao noivo, entrando no verdadeiro assunto que era de interesse de Marisa.

No entanto, a amiga, parecendo não entender o seu desejo, respondeu, perguntando:

— Você já conversou com Marcelo a respeito? Já esteve em seu escritório para conhecer suas amigas e se apresentar como sua esposa?

— Bem, Gláucia — falou Marisa, disfarçando a irritação por não ter conseguido meter-se no assunto almejado — eu não tenho muito tempo para conversar com ele e, na verdade, nem há muito assunto a ser de interesse comum. Ele sempre chega cansado, quando não chega tarde demais e me encontra dormindo. Muitas vezes, quando chega, eu não estou em casa. Isso torna difícil nosso entendimento. Além disso, as poucas vezes em que tentei tocar no assunto, ele foi hostil e evasivo, negando qualquer situação estranha e dizendo que eu estava ficando louca por não ter nada para fazer o dia inteiro. Que ficava pensando bobagens por ter a mente vazia.

— E o escritório, você já foi até lá? Se deu a conhecer às outras pessoas que trabalham com ele?

— Para dizer a verdade, eu estive por lá uma única vez há muito tempo. Algumas das pessoas que estão hoje nem estavam ainda. Foi logo no começo, quando o Dr. Josué, muito doente, apresentou Marcelo aos outros dois sócios para que pudesse ficar no escritório para cuidar dos casos que ele já não podia acompanhar por causa da enfermidade que, por fim, acabou por levá-lo à morte.

Aliás, Gláucia, senti uma coisa tão ruim lá dentro que jurei a mim mesma nunca mais colocar meus pés naquele lugar.

E pretendendo dar mais espaço às confissões da esposa de Marcelo, Gláucia perguntou:

– Como assim? Fizeram alguma coisa para você?

– Não, diretamente nada. No entanto, desde esse tempo pude perceber que aquele lugar devia ter uma atmosfera negativa... sei lá.. Os três sócios principais pareciam três águias prontas para se entredevorarem, apesar de se tratarem com cordialidade e respeito. Nenhuma palavra era dita sem uma intenção deliberada e, cada exclamação admirativa trazia por detrás uma segunda intenção.

– Coisa de advogado, minha filha... – comentou Gláucia.

– É, mais parecia coisa do demônio...

– Tão grave assim?

– Parece. Afinal, o lugar é muito suntuoso, há muito dinheiro correndo por ali, muita gente influente que passa, políticos, empresários, gente perigosa e poderosa e, você sabe, onde existe muito dinheiro, sempre há muita sujeira.

São todos mais senhores do que rapazes, mas, pelo pouco tempo que ali estive, pude sentir seus olhares me despindo como se eu fosse um pedaço de carne exposto à apreciação. Fiquei muito mal. No entanto, evitei comentar com Marcelo para que ele não se deixasse impressionar por isso, mas, ao contrário, aceitasse o trabalho que representava um salto em sua carreira de advogado.

Somente o Dr. Josué me pareceu menos perigoso, certamente por causa da doença avançada que o consumia. No entanto, pude sentir que entre os três havia muita divergência e pouca confiança.

Tanto que, logo depois que Josué morreu, seus clientes passaram para a responsabilidade dos outros dois principais proprietários do escritório e Marcelo acabou convidado por Alberto a permanecer em sua equipe, na qual acabaram, depois, se incorporando as outras advogadas a que eu me referi.

Dentre elas, só conheci a mais velha, Sílvia, que já era casada e me pareceu uma mulher normal, sem nada de diferente de qualquer outra. Tratou-me muito bem nos poucos instantes em que pude estar com ela, em uma festa de um conhecido de meu marido, à qual compareci acompanhando-o.

As outras duas eu não conheço nem elas me conhecem e Marcelo sempre procurou evitar tocar em seus nomes para não me provocar ciúmes.

– Mas você, Marisa, é uma mulher bonita, atraente, com muitas qualidades que não são facilmente encontradas em mulheres por aí. Confie em você mesma e não se deixe levar por fantasmas ou suspeitas que podem não ser verdadeiras. Além do mais, há períodos na vida das pessoas durante os quais os interesses físicos se tornam menos ativos sem que isso corresponda a uma diminuição do afeto. Seja você aquela que se mantém como amiga de Marcelo, conversando sobre as coisas normais da vida, não o intimidando com interrogatórios ou suspeitas, fazendo-o se sentir querido nestes momentos difíceis para que, se ele estiver, realmente, envolvido com alguém ou com o desejo de se envolver, o seu modo de proceder mais ameno, agradável, suave, possa atuar a seu próprio benefício, fazendo-o se sentir seguro ao seu lado e sem nada que o empurre para o passo errado nem o estimule a uma conduta da qual ele sabe que pode se arrepender.

– Entendo....

– Sempre que as mulheres se colocam a disputar o mesmo homem, aquelas que são mais novas na relação levam, inicialmente, uma grande vantagem porque produzem estímulos diferentes na psique masculina.

No entanto, os homens que se acham comprometidos com um relacionamento anterior se sentem inseguros em modificarem sua situação, colocando em risco a segurança do que já conhecem, quando a antiga companheira se mostre segura de seu carinho, amiga e compreensiva com as fraquezas do outro, sem fazer pressão ou criar situações de desgaste. Aí está a grande vantagem do relacionamento antigo diante daquele que parece novidade.

Se vocês tinham um bom entendimento físico antes, se você continua sendo uma pessoa atraente, se nada mudou na estrutura material da vida a dois, a se considerar que Marcelo possa estar, realmente, tendo um envolvimento externo, esteja certa de que, a euforia da novidade acaba perdendo para a segurança da união já estabelecida, principalmente se a antiga companheira sabe entender esse momento difícil pelo qual ele possa estar passando e, ao invés de vê-lo como seu homem, entenda-o como seu filho, em um processo de crise afetiva.

— Mas essa é a teoria da "Amélia", Gláucia. Aguenta tudo calada e se faz de morta para não perder o marido....

— Algumas pessoas interpretam as coisas por esse lado, Marisa, mas eu acho que, de uma forma ou de outra, todos nós precisamos aprender a ter certa dose de tolerância com os nossos próprios equívocos. E, como não somos infalíveis, também admiramos a paciência que outras pessoas possam ter a respeito de nossos erros, dando-nos oportunidades de nos corrigirmos e retomarmos o caminho correto.

A expressão "Amélia" não pode ser a vulgarização da inércia amedrontada perante a solidão. Pode significar a mulher sem vontade própria, capacho do companheiro, afetivamente dependente dele para tudo.

Não é isso, no entanto, que estou dizendo a você.

— Como é que é, então? – perguntou Marisa, confundida, na sua superficialidade de sempre.

— É uma postura ativa, corajosa, de iniciativa no bem, sobretudo como forma de auxiliar o companheiro a vencer a dificuldade que esteja enfrentando. É não hostilizá-lo no momento da dificuldade ou da dúvida e, ao contrário, procurar deixar caminhos abertos para o entendimento sincero, mesmo que isso possa significar a atitude madura de deixá-lo livre para viver a aventura que esteja desejando viver.

Poucos homens resistem a uma postura sábia da antiga companheira que, longe de temer perdê-lo para uma mais jovenzinha, coloca as coisas neste ponto, dando-lhe liberdade para assumir o novo relacionamento a fim de que, se isso o faz feliz, ele se permita buscar a tão sonhada felicidade.

A mulher que se posiciona com tal decência, que não se esconde atrás do silêncio das portas para chorar suas mágoas e, depois, fingir que tudo está bem como sempre esteve, demonstra ao seu companheiro uma tal capacidade de administrar-se e uma tal força, que isso causa um impacto positivo na estrutura do homem, sempre esperando uma mulher chorosa, tempestuosa, ameaçadora, escandalosa ou quase suicida.

Todas as vezes que as mulheres se permitem esse comportamento desesperado, demonstram que não valem os esforços dos seus companheiros para manterem o relacionamento que tinham com elas.

Afiguram-se a crianças mimadas, chorosas, chantagistas, que desejam valer-se de truques e sortilégios para manter seus homens.

Isso as diminui diante dos olhares masculinos, que passam a ter certeza de que elas são mais um estorvo ou uma pedra no sapato do que uma mulher forte e segura que eles admiram.

Essa força e segurança, geralmente, é característica da amante ou da pretendente que, com seu discurso compreensivo, deixa o homem à vontade para decidir o momento certo em que vai romper o relacionamento antigo para ficar com a novidade.

E, assim, a esposa acaba empurrando o marido inseguro e criança para os braços da outra que, no fundo, não é em nada diferente dela própria. Só está sabendo jogar com as armas que possui, usando sensualidade e astúcia para semear no objeto de sua conquista os valores que a esposa já devia ter semeado desde já muito tempo.

Todas as vezes que a esposa recusa essa figura da "Amélia" tradicional, e passa a atuar como alguém que tem segurança em si mesma, que não se deixa iludir por fingimentos, que conversa com franqueza e deixa o companheiro perceber que ela está interessada na sua verdadeira felicidade, ainda que seja com outra pessoa, isso causa, como já disse, um forte impacto no Espírito masculino que, em momento algum, está esperando tal reação por parte dela. E, mais do que isso, o homem razoavelmente esclarecido saberá que poucas mulheres terão tal autoconfiança que lhes permita agir dessa forma, o que se transforma em um ponto favorável na avaliação do cenário por parte dele, a fim de que as dúvidas e incertezas produzidas pela expectativa da aventura nova se dissipem ao Sol forte e firme da conduta da antiga companheira, capacitada para obter dele a avaliação justa a respeito de suas virtudes e valores.

Se o marido resolve, mesmo assim, viver a aventura, poderá fazê-lo às claras, não mais na clandestinidade que, por si só, traz consigo um ingrediente estimulante e atraente. Quando o que era proibido e sigiloso passa a ser permitido e público, tudo perde um pouco a emoção, e o relacionamento espúrio passa a ser um outro relacionamento normal, sujeito aos mesmos problemas de um casamento tradicional.

Já não há inimigos a vencer, coisas a esconder, cumplicidade a ser mantida no clima da batalha secreta que une ambos contra o inimigo comum, a esposa enganada.

Como a esposa já se posicionou liberando o marido para que siga seu caminho, tanto ele quanto a nova companhia estarão presos, agora, um ao outro, tendo que administrar os mesmos problemas que o casal que se desfaz, provavelmente, já tinha equacionado há muito tempo no relacionamento antigo.

Agora, se o homem estava apenas envolvido pela emoção nova produzida pela ardente experiência, a postura adulta de sua esposa produzirá nele um choque de tal natureza, que será capaz de reconduzi-lo à consciência de si próprio, lembrando-lhe que será muito difícil que a amante possua a nobreza que a própria esposa está demonstrando ao lhe permitir, sem escândalos, viver a aventura da maneira como lhe pareça boa.

Enquanto Gláucia falava, Marisa ia ficando de boca aberta, admirando a maneira firme e sincera com que a jovem exteriorizava esses conceitos que, em seu mundo íntimo, se apresentavam totalmente novos e algo absurdos.

No entanto, de uma absurdidade lógica insofismável. Ela mesma, astuta como sempre se considerara, jamais havia imaginado uma avaliação tão exata quanto às reações humanas ao contato com uma dificuldade afetiva daquela natureza.

Ao mesmo tempo em que se perdia em cogitações filosóficas que eram muito profundas para a sua cabecinha oca, passava a observar Gláucia como uma adversária perigosa, no trato com as coisas do afeto, porquanto sabia que, se tudo aquilo que ela estava dizendo fosse algo que ela própria vivenciasse, suas chances com Glauco estavam muito reduzidas, já que concordava plenamente com os conceitos que a jovem à sua frente lhe havia apresentado naqueles poucos minutos de conversa.

Nenhum homem é capaz de trocar uma mulher segura e amiga incondicional por uma aventura arrojada que pode se revelar um grande problema logo mais adiante.

Mesmo quando a sexualidade interfira na opção inicial, fazendo com que alguns homens imaturos busquem aventuras com "corpos femininos" para saciarem suas dependências psicológicas, ao se depararem com as "almas femininas", exigentes, caprichosas, ciumentas, mesquinhas, astutas, dissimuladas, escondidas dentro dos corpos torneados, esses mesmos homens começam a observar que, em geral, essas "novidades" acabam muito piores do que as antigas companheiras, que os deixaram livres para que quebrassem a cara nas aventuras físicas.

Marisa, como mulher, tinha tais ideias intuitivamente gravadas em seu íntimo, mas jamais imaginou que encontrasse alguém que as defendesse de forma tão clara e convicta, como acontecia a Gláucia.

Aproveitando um instante na eloquência desta, Marisa arriscou perguntar:

– Essa é uma teoria muito bonita, Gláucia, mas eu duvido que alguma mulher a siga. No fundo, todos fazemos as mesmas coisas sempre, buscando demolir o traidor com a volúpia de um trator, para vê-lo despedaçado. Você não acha?

– Acho que é essa a escolha que a maioria tem adotado porque não tem segurança no próprio afeto que diz nutrir pelo companheiro.

Quando a pessoa ama de verdade, sua preocupação com a felicidade do outro vem em primeiro lugar e isso inclui, inclusive, essa capacidade de renunciar para que o outro ou a outra possa procurar a sua felicidade pessoal. Preferimos, Marisa, nos transformar em gaiolas douradas, cheias de riquezas ou tesouros, mas que se mantenham fechadas ao redor daqueles a quem nos devotamos. Cada uma das barras dessa jaula nós a construímos com um dos serviços que lhes prestamos. Assim, transformamos nossas concessões sexuais em algumas partes da jaula. Convertemos a roupa que lavamos, a comida que cozinhamos, os filhos que criamos em outras tantas barras dessa gaiola. Usamos o dinheiro que ganhamos, as dívidas que fazemos, os ciúmes que demonstramos, os trejeitos físicos como outras fontes de aprisionamento, mas, em momento algum aceitamos que os nossos companheiros ou companheiras devem ser livres para voar para onde quiserem. Enquanto não formos assim, jamais teremos certeza de que estão conosco por aquilo que representamos em suas vidas e não porque estão suficientemente amarrados a nós, sem poderem escolher ou sem terem coragem de arriscar coisa diferente.

Quando alguém não é livre para partir, a sua permanência não indica alegria por estar do nosso lado.

Somente quando as portas da gaiola estão abertas é que podemos admirar a fidelidade daquele que está ao nosso lado que, mesmo podendo partir, continua ali por nos amar e por nos querer, verdadeiramente.

É por falta desse sentimento real que a maioria das mulheres se permite essa estratégia de agir para amarrar com suas teias pegajosas, nas disputas umas com as outras, aqueles que consideram seu patrimônio e sobre o qual devem exercer uma vigilância canina e cruel.

De qualquer forma, poucas delas conseguem desfrutar de uma felicidade real ao lado da pessoa que dizem amar.

Prender alguém, por mais dourados que sejam os laços ou as correntes, não deixa de ser uma prova de desamor.

E ainda que conseguíssemos passar por cima do companheiro e de sua nova companhia, destruindo a felicidade de ambos, arrasando-os para sempre, isso não nos faria felizes por recuperar o ser amado de nosso coração.

Seria apenas, como tem sido sempre, a expressão da nossa animalidade que não suporta perder uma disputa.

Isso tudo é fruto do nosso orgulho e não do amor que dizíamos ter por aquele ou aquela que nos trocou por outra companhia.

Eu digo sempre ao Glauco que tenho tanto amor por ele, que, se acontecer de encontrar alguém que o faça mais feliz do que eu esteja fazendo, está autorizado a me deixar e seguir com essa pessoa para construir sua felicidade ao lado dela.

Espantada com a frase que parecia ser sincera, Marisa comentou entre os dentes:

– Não acredito que você fale isso para ele....

– Falo sempre e não em tom de ameaça. Falo, antes de tudo, como uma amiga que quer a sua felicidade verdadeira e que será mais feliz em vê-lo bem com outra do que vê-lo triste na minha companhia.

Não suportaria uma vida ao lado de alguém que tivesse que me abraçar, me amar, me acariciar de maneira forçada ou artificial.

Diante das palavras de Gláucia, Marisa não sabia o que dizer. Seus pensamentos não tinham um rumo certo para seguirem adiante ou retroceder. Ela mesma já não sabia o que falar para que a conversa voltasse ao tom original. Pensara em levar Gláucia a revelar parte de sua intimidade e, em realidade, passara a perceber não apenas as virtudes reais da oponente, mas, sim, como haveria de ser difícil a luta para conquistar-lhe o noivo.

A noiva de Glauco parecia tocada por uma força espiritual que lhe produzia uma torrente de ensinamentos elevados aos ouvidos de Marisa, pouco acostumados a esse tipo de conceitos por ter se conduzido, durante toda a vida, pelos caminhos vulgares da maioria das pessoas, pouco aprofundadas em sentimentos verdadeiros, repetindo sempre as antigas reações do orgulho ferido em busca de vingança.

E como Gláucia era uma jovem esclarecida no sentido das questões espirituais, aproveitou a oportunidade em que Marisa se queixava das modificações de comportamento de Marcelo para informar-lhe sobre tais realidades também.

Aproveitando o silêncio da outra, Gláucia continuou, dizendo:

– E isso, Marisa, sem falar nas influências externas e invisíveis que nos fazem mudar de comportamento sem explicações.

Marisa ainda estava tão absorta nas palavras revolucionárias que haviam caído no íntimo minutos antes, que não entendera a amplitude das novas revelações.

– Co... como é... como é que é, Gláucia? Que negócio é esse de influências externas invisíveis? Micróbios voadores podem estar fazendo Marcelo mudar de comportamento?

– Não, Marisa – disse Gláucia, sorrindo diante do despreparo da outra.

Estou falando de influências exteriores e invisíveis, mas não quero dizer micróbios. Estou falando de Espíritos que nos influenciam, às vezes, de tal maneira, que nós mudamos de comportamento sem nos darmos conta de que nos estamos permitindo tais mudanças.

Endireitando-se na cadeira, Marisa arrepiou-se, exclamando:

– Credo, Gláucia, macumba não é dos meus assuntos prediletos.

Marisa usara essa expressão porque, no passado, já se valera de certos rituais africanos para tentar obter certa classe de vantagens, conhecendo, por isso, as possíveis interferências do mundo invisível sobre o mundo físico.

– Nem dos meus, Marisa. Não estou falando de macumba, nem

de magia, nem de demônios, mas, sim, da ação de Espíritos ignorantes que se valem de nossas fraquezas para nos induzirem a condutas que eles também desejam tanto quanto nós.

— Mas isso existe mesmo? Você sempre me pareceu muito inteligente para acreditar nessas coisas.

— Tudo o que nós não conhecemos nós tememos, minha amiga. O conhecimento das relações espirituais e da nossa condição de Espíritos imortais nos beneficia muito para que possamos agir dentro de certos padrões, que nos defendem a vida pessoal dos ataques das entidades menos esclarecidas, porque nos coloca em sintonia com forças elevadas que vibram em outras dimensões que são inacessíveis aos ataques das sombras.

— Mas como é que isso pode estar atuando sobre nossas vidas pessoais? Eu sempre fui uma boa pessoa, Marcelo nunca fez nada de errado, pelo menos que eu saiba. A gente até vai à missa de vez em quando!

— Sim, Marisa, existem leis que explicam como é que essa influência acontece e isso não depende das nossas aparentes boas intenções, muito menos de quantas vezes fomos nas cerimônias religiosas. Não existem amuletos que nos defendam de tais influências a não ser nossas próprias vibrações, que mais não são do que a expressão de nossos pensamentos e sentimentos.

— Como assim?

— Tudo o que pensamos, o que sentimos, o que falamos e o que fazemos indica a natureza evolutiva de nossa alma. E se ela está sintonizada com coisas elevadas, emitiremos forças elevadas que atrairão Espíritos amigos para nossa companhia. Mas se fazemos o contrário, ao longo do nosso dia, nos irritando, pensando coisas más, sentindo coisas inferiores, desejando ou fazendo coisas mesquinhas para os outros, nossas vibrações se mesclam com sombras e com imagens horríveis que sinalizarão nossos desejos e nos facultarão a companhia de entidades igualmente perversas, a nos explorarem as tendências inferiores e produzirem em nós uma estimulação para que aqueles defeitos sigam sendo exteriorizados em nosso comportamento.

Assim acontece com a pessoa que, tendo certa inclinação para a bebida alcoólica, não deseja colocar um controle em seu impulso, dominando sua vontade. Aos poucos, vai permitindo que alguns sócios invisíveis se acerquem para fazê-la beber sempre um pouquinho mais. E como ela imagina que está atendendo apenas ao próprio gosto pela bebida, vai permitindo que as doses aumentem, que uma garrafa suceda à outra, até que a embriaguez a domine por completo e, dessa forma, se torne instrumento fácil de ser conduzido por entidades inferiores.

Alguns se tornam violentos dentro de casa. Outros são usados no trânsito para a produção de acidentes que matam outras pessoas, outros são explorados no vício por adversários invisíveis até que se vejam reduzidos à sarjeta, à mendicância ou à enfermidade. Tudo isso porque os próprios interessados se permitiram agir pelo rumo da permissividade e da vivência dos próprios desejos que não quiseram ou souberam refrear ou dominar adequadamente.

Dessa forma também se dá com todos os demais vícios, inclusive com as questões da sexualidade, da gula, dos excessos em todas as áreas, na mentira, na fofoca, na violência, desde que isso seja fraqueza de caráter da pessoa invigilante.

Nenhum Espírito terá o poder de obrigar qualquer de nós a nos tornarmos aquilo que não queremos, de um dia para a noite, a não ser nos surtos da mediunidade desequilibrada a que se permitem certas pessoas que, sem saber como se controlarem nas influências espirituais que a mediunidade explica, assumem comportamentos estranhos, ainda que transitórios, como se uma outra personalidade tivesse assumido o comando daquele corpo.

Excetuadas estas questões, em que o transe mediúnico abre espaço na mente da pessoa despreparada a fim de que a influência de uma outra entidade se faça mais ativa nos atos e palavras que aquele corpo passa a externar, a não ser nesse caso, as demais influências sobre os encarnados se manifestam de maneira sutil, primeiramente. Se os encarnados não as identificam e se permitem viver tais convites, essas influências vão se tornando mais fortes, como uma erva daninha que não foi arrancada assim que brotou no solo fértil. O encarnado, então, vai deixando que ela cresça, retornando aos mesmos comportamentos que vão drenando sua vontade de resistir, agora estimulado não apenas por seus gostos, mas, igualmente, pelos gostos de seus sócios invisíveis que o intuem para que repita sempre aquele ato ou consuma aquele produto que, eles próprios – Espíritos sem braços físicos – já não podem mais fazê-lo sem a ajuda dos encarnados.

A erva daninha vai se robustecendo, ficando maior e mais enraizada nas próprias tendências do encarnado, que não suspeita de que já não mais está agindo sozinho.

E na medida em que o tempo passa e as atitudes vão se tornando mais repetitivas, passa a ocorrer algo que se chama de simbiose, uma mistura das vontades entre o encarnado e o Espírito, numa perfeita associação, neste caso para as coisas ruins. Aí, nesse ponto, o encarnado pode mudar muito de comportamento e não perceberá a que ponto já chegou, sempre achando que são os outros que estão diferentes.

Por isso é que essa questão também não pode ser deixada de lado na abordagem do problema de Marcelo, que, de uma forma ou de outra, pode ter permitido que as influências perniciosas tenham estabelecido uma linha de ação em seu psiquismo e o estejam explorando, fazendo-o mudar o rumo de sua vida.

Atarantada com todas estas informações, Marisa não sabia como reagir e, então, perguntou, algo assustada:

– Mas como é que a gente se protege de tudo isso, se não conseguimos enxergar essas coisas ao nosso lado?

– Essa pergunta é muito comum nos leigos, Marisa. Eles pensam que existe um amuleto mágico que os torne invulneráveis a tais influências, mas isso não existe.

No passado, íamos às igrejas e, se o padre nos absolvia os pecados, voltávamos para casa levinhos e prontos para continuar pecando mais um pouco, porque o pecado nos produzia prazer.

Pensávamos em nos livrar da carga da culpa sem desejarmos alijar de nossas costas a carga da vontade de continuar errando.

Mas quando entendemos as leis espirituais, passamos a ver que a única maneira de não nos permitirmos ceder a esse assédio é modificarmos nosso caráter, alterarmos nossas inclinações, melhorarmos nossas ideias, mudarmos nossos sentimentos para outros mais elevados e, então, nossa sintonia afastar-se-á dos níveis inferiores para galgar lugares mais elevados e estabelecer contato com Espíritos mais puros, que nos amam e nos ajudam a superar nossos problemas através de caminhos retos e conduta digna.

Aquilo tudo era um verdadeiro tapa na cara de Marisa que, sem deixar Gláucia perceber, interpretava tais ensinamentos partindo de seu próprio ponto de vista, interessado em usar a noiva para surrupiar-lhe o noivo, o que motivou um mal-estar em seu íntimo, obrigando-a a dar por encerrada aquela conversa que começara com um objetivo e se transformara em um verdadeiro alerta para seus desejos mais escusos.

– Ah! Gláucia, esse assunto me assusta. Quem sabe se, com seus conselhos, consigo conversar um pouco com Marcelo e as coisas se modifiquem para melhor. Desculpe o tempo que tomei e obrigada por ter-me atendido, explicando-me essas coisas.

– Ora, Marisa, é um prazer poder escutar você e dividir algumas coisas em que acredito. Se por acaso as coisas não melhorarem com Marcelo, procure-me, novamente, porque nessa questão de companhias espirituais, talvez a sua ida a um centro espírita ajude muito na melhora de suas vibrações e no amparo tanto ao seu esposo quanto às possíveis entidades que o estejam influenciando. Eu conheço um que é muito bom e que não tem nada disso que as pessoas temem, por desconhecerem o que é o espiritismo de Allan Kardec. Se precisar, me ligue e eu vou com você, está bem?

– Tudo bem, Gláucia. Vou pensar em tudo e, qualquer coisa, lhe telefono novamente. A única coisa que lhe peço é que não comente esse assunto com ninguém, nem com Glauco, porque não quero que Marcelo acabe sabendo do tema de nossa conversa até que eu defina o que desejo fazer. E você sabe como os homens são solidários, uns com os outros, não?

– Claro, Marisa. Seu segredo irá comigo para o túmulo, como você me está pedindo. Mas não se esqueça do auxílio espiritual para resolver essa questão, antes de qualquer rompimento da sua união com seu marido, está bem?

– Combinado.

10

AS VIVÊNCIAS DE GLÁUCIA E GLAUCO

Diante de tudo o que havia aconselhado, pode o leitor imaginar que Gláucia estivesse apenas teorizando em relação à maneira de se conduzir nas horas difíceis do afeto. No entanto, as suas palavras vinham revestidas de suas próprias experiências nesse campo.

Em realidade, ela e Glauco já vinham se relacionando desde os tempos do final da adolescência e demonstravam possuir um sentimento sincero e recíproco.

No entanto, essas impressões durante o ingresso de ambos na fase adulta sofreram um abalo muito sério.

Assim que Glauco ingressou na Universidade, as novas companhias masculinas, o novo ambiente e as inúmeras presenças femininas ali encontradas fizeram com que os pensamentos do rapaz se modificassem acerca do antigo namoro.

Amigos novos convidavam-no para aventuras diferentes e, na sua condição de universitário, não poderia deixar de corresponder.

Iludido pela nova etapa em sua vida que lhe conferia certa importância social, Glauco se deixara levar pelo véu da vaidade, relegando a segundo plano o relacionamento com Gláucia que, apesar dos protestos, ia sendo colocada de lado pelo então namorado.

Tal fase em suas vidas havia ocorrido já há mais de dez anos e exigiu da jovem um amadurecimento acelerado para que, gostando de Glauco como gostava, pudesse superá-la, ajudando o imaturo companheiro.

Envolvido pelos amigos que sempre lhe exigiam a companhia sem a presença da namorada de tanto tempo, Glauco passara a comparecer a festas noturnas, conhecendo novas mulheres e se deixando enredar em comportamentos complicados dos quais teria grandes problemas em sair.

Gláucia sofria as consequências dessa reviravolta, procurando conversar seriamente com o namorado, que sempre negava qualquer alteração de comportamento, dizendo que aquilo era implicância dela.

Já chegavam aos seus ouvidos notícias alarmantes que lhes eram transmitidas por amigas, por pessoas conhecidas, dando conta de terem encontrado o namorado nos braços de outras moças, fora o noticiário que morria na boca de vários outros amigos comuns que, sabendo da nova conduta irresponsável de Glauco, evitavam alardeá-la para não ferir a jovem namorada.

Gláucia, nessas ocasiões, se revoltava contra aquilo que considerava uma falta de respeito para consigo mesma, não adiantando as conversas com o namorado, suas negativas e nem suas promessas de que as coisas voltariam ao que eram antes.

Os compromissos da faculdade, as provas, os estudos, tudo isso tomava tempo de sua atenção, sem falar – justificava-se ele – das intrigas de meninas que se ofereciam descaradamente e que se viam recusadas por seu interesse masculino.

Essa era a fonte das inúmeras fofocas a respeito de seu procedimento. Nada mais do que isso.

Gláucia, naturalmente ferida, sabia que tudo não podia ser invenção de meninas frustradas e que Glauco estava, sim, escondendo a realidade.

Sofrendo em silêncio, deliberou pedir ajuda à sua mãe que, à distância, acompanhava a modificação da rotina da filha que, apesar de estudante universitária em outra instituição, se recusava a adotar o mesmo estilo de vida do namorado.

Gláucia fora nascida e criada em uma família de pessoas que se ligavam ao Espiritismo cristão e, dessa forma, desde a meninice, hauria os princípios límpidos e simples de uma fé sincera e baseada no raciocínio, o que lhe produzia muita consolação e explicações para vários de seus problemas pessoais e de relacionamento.

Assim, revestiu-se de coragem para conversar com sua mãe a respeito do namorado.

Ouvindo-a com atenção, no sigilo do confessionário do coração maternal, Dona Olívia, sua genitora, deixou que a filha desabafasse tanto pelas palavras quanto através das lágrimas de um coração que sofria e que, de forma consciente, estava concluindo que o rompimento seria indispensável para que aquela situação mentirosa tivesse um fim.

Depois de ter escutado as dores da filha sem interromper seu relato nem se deixar levar pelo pieguismo de vê-la como a mais infeliz das jovens, como acontece com certos pais em relação aos que causam sofrimentos aos seus filhos, contaminando-lhes o bom senso, Olívia tomou a palavra, começando a responder às dúvidas de Gláucia:

– Filha, vou lhe fazer algumas perguntas simples. Você me responda como se estivesse respondendo para você mesma, está bem?

– Sim, mãe, está bem.

– Você ama Glauco?

Surpreendida logo na primeira indagação, Gláucia titubeou em responder, obrigando Olívia a esclarecê-la melhor.

– Filha, não me refiro a esse Glauco que está aí, nessa vida aventurosa. Estou me referindo ao rapaz que tem virtudes e valores que você conhece há muito tempo.

Afinal, vocês namoram há anos e esse relacionamento permite que seus sentimentos o tenham conhecido tanto quanto ele a você, não é?

Entendendo o que a mãe queria dizer, Gláucia respondeu:

– Mãe, ele é uma pessoa linda, cheia de bons sentimentos, alguém que sabe ajudar as pessoas e fazer por elas sempre o melhor.

Com relação a mim, sempre me ajudou em tudo, nunca usou de violência ou agressividade, foi sempre companheiro em minhas crises e amigo nas horas difíceis. Nunca conheci alguém melhor. Por isso é que estas coisas que está fazendo me doem tanto, porque parece que não é ele.

...

Sim, mãe, apesar de tudo, eu o amo.

Feliz com a resposta honesta, Olívia partiu para a segunda.

– Por tudo o que ele já lhe disse, por aquilo que já aconteceu entre vocês, você acha que ele a ama?

– Ah! Mãe, eu achava... mas agora,... são tantas as novidades... que não estou mais sabendo de nada.

Entendendo a dúvida da filha, Olívia continuou:

– O que quero saber, Gláucia, é se o que ele construiu com você será fácil de ele construir com qualquer outra, por aí.

– Bem, mãe, intimidades a senhora sabe que qualquer mulher sabe dar para conquistar o ser desejado. No entanto, estou certa de que o carinho, a afetividade, a maneira amiga e compreensiva de tratá-lo, as conversas abertas e francas que sempre tivemos, as aventuras que vivemos juntos, isso tudo estou segura de que vai muito além dos contatos físicos passageiros.

– E se ele encontrasse alguém que lhe desse tudo isso que você lhe ofereceu e, por isso, fosse melhor do que você na vida dele, como interpretaria esse fato?

– Ah! Mãe, vai ser difícil ele encontrar outra assim... – disse sorrindo, meio encabulada, meio convencida.

Sua mãe sorriu diante da autoconfiança positiva que a filha demonstrava, o que era um bom sinal para aquele momento.

– Mas vamos fazer de conta que ele encontre uma superGláucia por aí, mais bonita, mais amiga, mais calorosa, mais companheira, mais tudo que você.

– Ora, se existisse uma pessoa assim, mais tudo do que eu, ele seria um idiota se não ficasse com ela...

– Do mesmo jeito que você, minha filha, se encontrasse um superGlauco dando sopa, seria uma outra tola se o deixasse escapar, não é?

– É, mãe, seria sim.

– Pois bem, Gláucia. Até aqui não estamos concluindo nada. Só estamos estudando o terreno onde seu afeto está posto para que possamos saber como agir melhor.

– Tudo bem, mãe.

– Já vimos que você o ama apesar das tolices que está fazendo e que, provavelmente, será difícil que ele encontre alguém que o ame como você, ainda que possa estar com algumas aventurazinhas com certas aventureirazinhas de plantão, coisa, aliás, que existe desde que o mundo é mundo, porque se todos estão à procura de alguém interessante e que lhes faça a felicidade, elas também.

Assim, Gláucia, se você termina o relacionamento por estar magoada, isso pode produzir algo bom para você, num primeiro momento, mas também pode favorecer que o seu namorado se veja livre para continuar na ilusão de uma vida diferente e estimulante que vai durar um bom tempo, já que a nova situação universitária vai lhe fornecer um grande arsenal de emoções novas e, até que se canse de tais aventuras para se lembrar das boas coisas que tinha com você, talvez já tenha que estar casado com alguma aventureirazinha grávida por aí. O velho golpe ainda funciona muito bem, Gláucia, e ainda há muitos jovens se vendo presos no visgo dos prazeres desenfreados, mesmo que tenham se permitido vivê-los apenas para dar vazão à curiosidade ou à excitação de um momento. Por isso, tantas famílias desajustadas, começadas pelas facilidades do sexo sem responsabilidade no afeto, mas, sim, fundamentadas na atitude equivocada de certas mulheres, com a ideia de prender o parceiro pelo útero e não pelo coração.

Se observarmos bem, Glauco está enfermo da afetividade. Essa doença ataca muitos rapazes como ele que, imaturos para certas transformações, se permitem certas condutas para se sentirem integrantes de certos grupos. Lembra, Gláucia, quando a gente ia levar você para a escola todos os dias e, depois de uma certa idade, você pedia para a gente te deixar a uma quadra de distância, porque não queria que suas amiguinhas a ridicularizassem pelo fato de sua mãe ou seu pai levá-la até a porta da escola?

Recordando suas birras no carro na hora de ir à aula, Gláucia sorriu meio envergonhada e abanou a cabeça, concordando com a mãe.

– Então, da mesma forma, Glauco está se sentindo muito importante e, no meio do baile de novidades que a vida está lhe oferecendo, você é a companhia antiga, meio fora de moda, como um vestido que se repete em cada ocasião festiva, por falta de outros diferentes.

Nem precisa dizer que isso é doloroso de se ouvir porque eu sei que é assim. Mas esta é a nossa avaliação do que está acontecendo com Glauco. Ele não deixou de ser aquele jovem que você conheceu e ajudou a construir com o seu carinho. Está, entretanto, envolvido por uma febre que o faz ver as coisas de maneira equivocada, inclusive em relação a ele próprio.

Então, se você o abandona, estará abandonando um doente no meio da crise, o que poderá produzir-lhe uma acentuada piora.

É como se o pai deixasse o filho febril ao desamparo porque a criança passou a ser muito birrenta ou nervosa.

Ora, minha filha, a criança com febre fica birrenta, nervosa, irrequieta, agressiva até. Se os pais não a tolerarem nessa fase, como é que poderão reconduzir esse filho à saúde, quando o terão novamente dócil, amigo, feliz e brincalhão?

Por isso, acho que não é o momento de você destruir o que os anos foram sedimentando com paciência e carinho. Ao contrário, essa é a hora para colocar em teste todo esse alicerce que você e ele lançaram no solo da experiência a dois.

Tanto ele vai descobrir coisas a respeito quanto você poderá avaliar o grau de profundidade.

Ouvindo a mãe, serena e experiente, Gláucia ponderou:

– Mas, mãe, desse jeito as coisas vão continuar no mesmo caminho... Se é uma doença, como é que vai ser para ajudar?

– Sim, minha filha, esta é uma sábia pergunta. Inicialmente, você vai engolir seu orgulho ferido como os pais engolem as irritações do filho doente para poderem cuidar dele melhor.

Depois, a sua capacidade de demonstrar afeto por Glauco terá que ser testada ainda mais, porque, sem ser melosa, sem ser pegajosa, sem forçar as coisas, você vai parar de reclamar e, sempre que for possível, vai aproveitar as horas desfrutadas ao lado dele para se fazer suave e amiga, não permitindo que o azedume, que a irritação ou a indignação consumam os minutos que deverão ser vividos na oferta do seu mais sincero carinho.

Não veja Glauco como aquele que a está traindo. Veja-o como o companheiro que está temporariamente iludido. Para trazê-lo à realidade, é preciso recordar-lhe as boas coisas do relacionamento de vocês para que não aconteça de você passar a fazer o papel da bruxa velha e rabugenta, enquanto que as outras, fiquem com o papel fácil da fada boazinha.

— Mas só isso? Não tem um tratamento de "choque" que possa dar efeito mais rápido?

Um atropelamento, uma tijolada na cabeça, contratar alguém para lhe dar uma surra... – disse Gláucia, com um meio-sorriso no rosto.

Acompanhando a sua veia humorística, a mãe respondeu:

— Esse tipo de choque não é bom, Gláucia, porque pode acontecer de acabar sobrando, para a bruxa rabugenta, um Glauco estropiado, paralítico, aleijado, já que esse tipo de homem as "fadinhas esvoaçantes" não vão querer saber de cuidar.

E nós estamos querendo salvar o Glauco por inteiro e não aos pedaços.

— Tudo bem, mãe, já entendi....

— Mas você tem razão quando pergunta sobre um tratamento paralelo...

— E tem? – perguntou a filha, mais animada.

— Sim, minha filha. A gente sabe a interferência negativa que certas entidades produzem na vida das pessoas que se deixam arrastar por tendências e fraquezas, ajudando-as a se perderem nos caminhos tortuosos a que se permitiram. Assim, antes que se tenha que adotar alguma outra postura mais grave e que possa chegar ao rompimento por sua parte, filha, vamos usar essa forma de medicar Glauco por ambos os lados. O seu carinho sem cobranças e as nossas orações constantes lá no centro serão a nossa forma de tratamento de choque. Você dá uma "tijolada" usando a sua doçura e o seu carinho, lembrando-se de Glauco como aquele rapaz que você conhece e que existe por baixo desse doidivanas, e nós vamos ao centro, levar o pedido para que os Espíritos lhe possam "dar uma surra" de bons fluidos, afastando as más companhias invisíveis e, assim, restaurando-lhe o equilíbrio através do amparo magnético, mesmo à distância.

— E a senhora acha que funciona? – perguntou a filha, ansiosa.

— Se funciona com tantos outros, minha filha, por que não vai ser eficaz com Glauco, que sempre foi um bom rapaz, demonstrando seus bons sentimentos e a generosidade de seu coração?

Além do mais, lá existem reuniões onde as entidades que perturbam as pessoas são atendidas para que sejam esclarecidas sobre sua real situação, alertadas de sua conduta equivocada e convidadas a seguirem por outros caminhos que lhes produzirão melhores resultados. Isso gera uma grande transformação tanto na vida dos Espíritos ignorantes quanto na dos encarnados que estavam influenciando diretamente.

Vamos começar a trabalhar nas duas frentes, Gláucia, e por isso, gostaria que fosse comigo algumas vezes ao centro para que sua presença também servisse de centro emissor a benefício de Glauco, uma vez que vocês dois estão diretamente unidos por laços fluídicos que facilitam o processo de ligação mental e energética.

E isso vai possibilitar, ao mesmo tempo, que você seja reabastecida de energias positivas para a continuidade das lutas do afeto sincero, que não pode descer ao lodaçal das reações mesquinhas e destruidoras.

Você também precisará de forças para não se deixar abater pelas atitudes descontroladas do companheiro doente e, por um tempo, precisará interpretá-lo mais como seu filho do que seu parceiro.

Estamos combinadas?

E entendendo o que a mãe queria lhe dizer, Gláucia enxugou as últimas lágrimas que insistiam em cair pela face jovem e bonita e concordou com a genitora sobre a ida à casa espírita.

※※※

Enquanto isso, do lado de Glauco, as aventuras o estavam consumindo no cipoal de novas experiências e novos desgastes.

A euforia das baladas, a novidade de novos corpos, as sensações lascivas das companhias quentes e superficiais faziam dele um pequeno boneco nas mãos experientes de mulheres vividas, apesar de jovens.

Parecia que Glauco desejava encontrar em cada moça um pedaço de Gláucia, uma forma de falar, um estilo de ser, um contorno físico parecido, sem que isso lhe ficasse claro no pensamento.

Ele sabia que estava se conduzindo de maneira equivocada e, para tentar contornar esta situação moralmente ilícita, sempre revelava a todas as novas companhias de noitada a sua condição de rapaz comprometido.

Era uma forma de preservar um pouco da própria sanidade,

relembrando a todos os que o envolviam a sua condição de indisponibilidade.

Se quisessem uns momentos de euforia em sua companhia, tudo bem. No entanto, que soubessem todas elas que ele estava seriamente envolvido com uma outra mulher.

Dessa forma, tentava ele manter uma certa atmosfera de responsabilidade afetiva, usando Gláucia como um escudo protetor de seu caráter que, temporariamente infantilizado pelas novidades que estava vivendo, desejava desfrutar-lhes os benefícios sem desejar envolver-se intensamente com elas.

As mulheres que o circundavam, no entanto, jogavam um outro jogo. Elas sabiam que "água mole em pedra dura, tanto bate até que fura". E se uma pessoa interessante como Glauco procurava manter tais envolvimentos clandestinos, apesar do relacionamento sério que sempre dizia ter, isso indicava que ele não estava plenamente feliz com a namorada, o que abria espaço para os oferecimentos de carinho das novas candidatas, a tolerarem a secundariedade, até que se fizessem tão importantes na vida dele que assumissem o "status" de estrela principal.

Nesse joguinho, no entanto, havia uma das mulheres que, mais afoita, menos paciente e mais determinada na conquista do rapaz, houvera se valido de outros meios para tentar conseguir seu interesse.

Usando de artifícios que a intimidade temporária possibilitava entre eles, conseguiu pequeno lenço, que o próprio Glauco lhe oferecera para secar o choro que encenara para provar o seu afeto pelo rapaz. E de posse do lenço, procurou acercar-se de uma casa suspeita, na qual pessoas sem noção dos compromissos espirituais que estavam acumulando sobre si mesmas, realizavam trabalhos de magia com a finalidade de "amarrar" o bom partido, conquistando-lhe, finalmente, as atenções.

Glauco não sabia de nada, mas a jovem interessada, depois de ter se encantado com as intimidades vividas em poucos encontros, imaginara ter encontrado o rapaz com quem deveria passar o resto de seus dias, precisando, assim, vencer suas resistências afetivas.

Assim, a moça buscou recursos naquele ambiente onde se prometia trabalhos para todo tipo de interesses, sobretudo aqueles que desejavam perverter a ordem das coisas, interferir no destino das pessoas e produzir alterações no rumo dos fatos.

Para isso, valia-se de um consórcio espúrio e ilícito com o plano espiritual inferior, para que, fornecendo a tais entidades certos recursos energéticos que ainda lhes abasteciam os vícios, delas obter o apoio aos projetos pessoais, a interferência direta para que seus objetivos fossem alcançados.

O lugar onde se realizavam estas reuniões estava cheio de pessoas e o padrão das vibrações era o pior que se podia pensar.

No entanto, o velho desejo de impor sua vontade sobre a vontade dos outros, fazia com que todos os presentes aguentassem os momentos grotescos a que se viam submetidos uma vez que, desejando servir-se dos favores de tais Espíritos, tinham que suportar-lhes a companhia, pessoalmente, através dos médiuns ou "cavalos" como se chamavam nos rituais que faziam.

Homens que desejavam afastar do seu caminho certos adversários ou conquistar postos importantes. Mulheres que queriam destruir a vida das inimigas no afeto tanto quanto aquelas que desejavam se fazer querer pelo sentimento de homens até então indiferentes, pessoas que queriam solucionar problemas materiais da forma imediata e fácil, todos ali se valiam do comércio com o mundo invisível, com a ilusão de que poderiam burlar a lei do Universo e atalhar caminho até o objeto de seus desejos, adulterando vontades, corrompendo a lei de Justiça e enganando a Sabedoria Divina.

Nesse meio de forças inferiores e animalizadas, o lenço de Glauco acabou indo parar, exatamente através daquela que dizia desejar-lhe a companhia para sempre. Essa jovem, de Espírito determinado e frio, tinha o perfil das víboras manipuladoras que medem os prós e os contras e se arriscam nas lutas de conquista quando vê possibilidades de sucesso, tudo empenhando para que não se vejam amargando no fracasso de seus planos.

Seu pedido, na verdade, era o de ter Glauco para si ou, então, de ele não ser feliz com mais ninguém.

As entidades inferiores ali presentes, estabelecendo o preço do serviço, disseram que se comprometeriam com ela no atendimento de seu pedido, desde que ela se mantivesse fiel a eles.

Essa fidelidade não representava, apenas, trazer-lhes as coisas e pagar os valores pedidos. Ia mais longe, na adoção de condutas ritualísticas dentro de sua intimidade, tanto quanto na participação em algumas das cerimônias que, periodicamente, se realizavam naquele local.

Se não participasse, todo o esforço poderia ser frustrado e o dinheiro e o tempo poderiam ser perdidos.

Assim, a obstinada jovem aceitou tais exigências, desde que eles garantissem o sucesso de seu pleito.

Tal compromisso foi fácil de obter e, a partir daí, a jovem se viu a eles ligada de uma forma direta e pessoal.

A partir de então, a ação negativa sobre Glauco se fez mais intensa.

Não que o lenço tivesse poderes destruidores. No entanto, as pessoas se sentem mais vinculadas a objetos que trazem a tais cerimônias, confiando que, por causa deles, será mais fácil a ligação com seus proprietários.

Pensam com mais ardor, com mais determinação e acham que a "magia" realizada sobre o objeto surrupiado da vítima poderá tornar mais eficazes os efeitos pretendidos.

Por isso, as entidades assalariadas pelos baixos teores de energia que labutavam naquele ambiente indigno de qualquer denominação, se fizeram acercar de Glauco, acompanhando seu passos e acelerando seus desejos invigilantes, na utilização de suas fraquezas para empurrarem-no na direção da jovem que os contratara para tais atividades.

Durante muitos meses, Glauco se vira confundido por tais influências. Desacostumado à elevação de pensamentos, afastado das boas influências de sua namorada, acabara se permitindo afundar nos prazeres sexuais ao lado da jovem produtora de euforias, manipuladora de seus sentidos, excitadora de seus desejos, sempre em conluio com as referidas entidades inferiores.

Muitas delas passaram a fazer parte das orgias que os dois vivenciavam, nos encontros clandestinos que patrocinavam. Nesse período de maior decadência, Glauco procurou afastar-se de Gláucia ainda mais, alegando maiores compromissos na faculdade.

Essa foi justamente a época em que Gláucia estava iniciando as medidas de tratamento diretas e indiretas que havia traçado desde a conversa com sua mãe, e foi exatamente nesse período mais crítico da vida doente do rapaz que as duas passaram a envolvê-lo com redobrado carinho, nas ocasiões em que conviviam por algumas horas e nas preces sucessivas, tanto no centro espírita quanto nas realizadas na intimidade de seus corações.

As inúmeras entidades que se dedicavam ao trabalho de envolvimento de Glauco passaram a ser identificadas nas reuniões mediúnicas da casa espírita e, graças à ação dos benfeitores amigos, foram sendo canalizadas para médiuns que lhes serviam de pontes de ligação com o mundo real, tendo despertados os sentimentos mais profundos e, assim, passando a entender a inutilidade daquele comportamento, do ponto de vista da produção de coisas boas para eles próprios.

Com o passar do tempo, tudo foi sendo contornado e as pressões espirituais negativas sobre Glauco acabaram sendo neutralizadas.

O rapaz não cedia.

A demora de sua rendição aos seus encantos produziu ainda mais ansiedade e violência na moça que o desejava com ardor, levando-a a se valer de cartas anônimas endereçadas a Gláucia, nas quais denunciava seus encontros com o namorado, dando endereços e horários para que ela pudesse constatar com seus próprios olhos, missivas essas que vinham carregadas de uma energia pervertida, como se fosse uma bomba magnética pronta a explodir tão logo fosse aberta pelo destinatário.

Ainda assim as coisas não produziam o efeito que ela queria.

Então, num gesto de desespero para fazer valer seus planos nefastos, a jovem se apresentou grávida, com exames positivos e tudo mais, para forçar Glauco a assumir uma posição.

Não sabia ele que tal gravidez havia sido decorrência de um relacionamento com outro rapaz, homem com quem a moça procurava aventurar-se para se vingar da indiferença de Glauco, mantendo uma vida promíscua como forma de satisfazer seu Espírito ávido por prazeres.

Sabendo que essa seria uma forma quase infalível, apresentou-se ao rapaz com a aparência fragilizada, como se estivesse com medo do futuro, e lhe comunicou o seu estado de surpreendente gravidez.

Isso foi o bastante para desesperar o moço que, desde que passara a se sentir mais aliviado das pressões espirituais negativas, buscava, agora, uma forma de afastar-se desse perigosa mulher, que se lhe tornara verdadeira sombra, perseguindo-o com seu desequilíbrio afetivo em todos os momentos de seu dia.

Gláucia, amparada na prece, nas palavras de estímulo constantes de sua mãe e no trabalho de sustentação que a casa espírita lhe fornecia através de palestras e passes de recuperação, mantinha-se firme e imperturbável, sentindo que a luta estava por terminar.

Quando os efeitos no comportamento de Glauco já se faziam visíveis, porquanto o rapaz começara a regressar mais ao convívio antigo, como alguém que começa a despertar da farra, no dia seguinte ao da bebedeira, com as dores próprias do excesso, dona Olívia chegou em casa com uma notícia boa e um alerta.

– Filha, nossos amigos espirituais nos mandam avisar através de uma das médiuns mais experientes lá do centro que devemos estar atentas porque a perturbação está no fim, mas é justamente agora, que as provas serão as mais difíceis para nós.

– Ah!, mãe, Glauco já está me procurando, voltando a ser como aquele que eu conheci. Será que tudo vai piorar novamente?

– Não creio, minha filha. Só acho que, como ele se envolveu com o erro, os que defendem o mal sempre tentam uma última e decisiva reação, o que pede de nós maior equilíbrio e confiança no bem que escolhemos para ajudar Glauco a sair desse mundo de sofrimento e decepção.

– Sim, mãe, eu entendo o recado.

– E se as trovoadas finais são muito barulhentas, alegremo-nos por nos avisarem que são as derradeiras. Depois disso, o Sol voltará a brilhar.

– Tomara, mãezinha. Tomara que seja assim, para poder ter sossego no afeto novamente.

E foi assim que, depois de ter passado quase dois anos nessa maratona de leviandades, Glauco, arrependido e menos infantil, certa noite pediu a atenção de Gláucia e, entre o choro dos desesperados e a vergonha dos falidos, abriu o coração com aquela que, até aquele dia, havia sido a sua única verdadeira amiga. Relatou-lhe todas as aventuras, todas as mentiras, todos os momentos de engano que vivera, falou da sua posição leviana diante das novidades, desejoso que estava de conhecer melhor as aventuras da vida, depois de uma adolescência vivida ao lado dela. Relatou os equívocos, os maus amigos, as emoções turbulentas e, por fim, revelou as ameaças da jovem que lhe apresentara os exames de paternidade, alegando que ele era o responsável por aquilo.

Em seu relato, deixou claro que nada mais o prendia à jovem arrojada, mas, agora, arrependido, não queria que Gláucia ficasse sem saber de tudo o que lhe estava acontecendo.

A jovem namorada chorava de emoção e tristeza, ao ver como um rapaz, com todas as virtudes que ele possuía, se vira envolvido em tantas equivocações, influenciado por tantas forças negativas que nem ele mesmo sabia que agiam sobre sua vontade débil.

Ao mesmo tempo, a confissão representava o regresso do companheiro fiel, arrependido pelos desatinos, a caminho de se transformar em um homem mais sábio, menos vulnerável, menos tolo.

Glauco não pedia que o aceitasse de volta. Apenas confessava seus erros diante de alguém que o conhecia profundamente e que, não sabendo entender a si mesmo nem como chegara tão baixo, pedia a sua ajuda para se reerguer, ainda que fosse como simples amiga, se ela não visse mais condições de ser sua companheira como no passado.

Naquele instante, Gláucia sentira como sua mãe estava certa. Como Glauco estivera doente do afeto, além de perturbado na própria capacidade de escolha, diante das influências nocivas das vibrações inferiores que o mal e a ignorância sabem produzir.

Sim, aquele era o golpe final das forças trevosas, golpe esse que, no entanto, o devolvia aos seus braços mais maternais do que nunca.

Não, aquela era a hora do reencontro, não a da vingança.

Então, Gláucia abraçou-o e disse:

– Glauco, você não imagina como meu sofrimento, neste momento, se transforma em ventura e, somente agora, eu posso entender o que significou o regresso do filho pródigo à fazenda de seu pai, como nos fala o Evangelho.

Você é o meu amigo, meu companheiro, meu verdadeiro amor e

esteja certo de que, se eu pude passar por isso tudo sozinha, agora que estamos juntos novamente, não vai haver nenhum problema que não possa ser enfrentado e vencido. Entendo o seu medo em me revelar a verdade, mentindo para não me ferir. No entanto, não se esqueça de que, sempre que a verdade nos foge, ficamos vulneráveis à mentira do mundo que produz muito mais malefício do que qualquer outra arma que o homem tenha inventado.

Daqui para a frente, você já sabe que pode me falar qualquer coisa, por pior que seja, porque eu saberei ouvir sem desejar feri-lo. Com relação a essa moça, não sabemos se o que diz é verdade.

Por isso, nem pense em obrigá-la a tirar o filho do ventre, filho esse que, se for seu, você vai assumir mesmo que não se una à mãe. Agora o tempo vai dizer se a gravidez é verdadeira e, depois que nascer, os exames poderão informar com exatidão se o filho lhe pertence mesmo.

Tenha serenidade. Marque um encontro com ela e, se você aceitar, nós dois estaremos lá, juntos, para que tudo fique esclarecido.

Surpreso com tal postura, Glauco disse não ser mais necessário nenhum encontro. Que iria falar com a moça por telefone mesmo e dizer que tudo estava acabado entre eles e que, se realmente ele fosse o pai, depois do nascimento e dos exames, ele assumiria a paternidade, informando ainda que Gláucia sabia de tudo e que o apoiaria em qualquer decisão que tomasse.

Foi assim que Glauco retomou a consciência e o equilíbrio, passando a ser o mesmo rapaz de antes, só que melhorado na maturidade, enquanto que Gláucia ganhara um verdadeiro amigo e confidente que não lhe ocultava as menores coisas do seu dia, por prazer em compartilhar com ela todas as suas experiências pessoais.

Como o leitor pôde entender, Gláucia não falara a Marisa apenas sobre uma teoria de compreensao. Falara de tudo aquilo que aprendera, vivendo-a na própria carne.

11

LETÍCIA E A SOLIDÃO

Enquanto tudo isso acontecia com Marisa e Gláucia, naquele final de semana, os Espíritos inferiores trabalhavam com Sílvia e Marcelo para que os planos trevosos pudessem ter continuidade.

Além do mais, Letícia seguia com seus sentimentos estimulados pelo interesse do colega de escritório, dedicando-se ao estudo do caso específico que ele lhe havia submetido à apreciação.

Seu desejo de solucioná-lo, modo pelo qual poderia demonstrar sua capacidade profissional a superar, em parte, a ausência de outros atributos exteriores, dominava seus pensamentos.

Ao mesmo tempo, devaneios e mais devaneios faziam parte de suas horas naquele final de semana, quando a solidão, acompanhada pela música suave e pela carência afetiva se uniam em uma explosiva combinação para o coração que sonha em se ver correspondido.

Antes, a afetividade de Letícia por Marcelo era algo existente no mundo platônico, sem qualquer possibilidade de ser concretizada no mundo real. No entanto, depois que o rapaz passou a procurar seus conselhos, envolvido pela onda de perfume inebriante, pelo modo gentil e pelas palavras elogiosas, esta possibilidade de migrar do sonho para a realidade passou a dominar os pensamentos da jovem.

Ela sabia que ele era casado, mas, até aí, o que a impedia de se fazer notar?

Ele mesmo havia dito que ela não devia se preocupar, porque sua esposa não se importava com o assédio feminino. Ouvindo esse tipo de informação, a astúcia da mulher criou o cenário de uma esposa indiferente, relegando o marido a plano secundário, o que facilitava em muito as suas chances.

De outra parte, não foi ela quem foi procurá-lo e, sim, o contrário. Ela bem que estava no seu canto, cuidando de sua vida, sem se permitir qualquer tipo de aproximação do rapaz, até porque imaginava que nunca poderia ter alguma chance com ele.

Letícia, assim, reunindo todos os indícios, se via alimentada pela esperança de prosseguir na sua cartada de envolver Marcelo e de lhe conquistar o afeto, ainda que isso não fosse além de alguns contatos mais íntimos, coisa que, se acontecesse, já possibilitaria que ela se fizesse sentir pelo homem desejado e, quem sabe, favoreceria que o mesmo se sentisse abalado ou colocasse em dúvida em suas escolhas íntimas.

Assim, no sonho de mulher solitária em tarefa de conquista, Letícia passou em revista as roupas que possuía em seu armário, tirando de circulação aquelas que julgava ultrapassadas para o trabalho de sedução, dando preferência às mais vistosas, que melhor realçassem seus atributos femininos e que provocassem o interesse do homem desejado, naqueles processos que as mulheres bem sabem manipular, num mundo dominado pelos homens ainda deveras animalizados em seus instintos.

Com isso, Letícia se municiava de novas aquisições para compor o cenário adequado que trazia em mente, de forma a possibilitar a adesão de Marcelo ao processo de sedução que ela iria iniciar.

E ainda que seus dois perseguidores invisíveis tivessem determinado ao terceiro, Gabriel, o Aleijado, que ali permanecesse com a finalidade de observar e estimular seus desejos e inclinações, o que se podia observar é que Letícia se mantinha nesse padrão de pensamentos e ideias por si mesma, sem nenhuma interferência da referida entidade que, com tal cooperação, sequer se manteve ali por muito tempo, tendo se ausentado para dedicar-se a outras coisas.

Como se pode observar, Letícia se entregava ao poder criativo das próprias ideias, sem a inspiração negativa ou maliciosa de nenhum Espírito, valendo que o leitor querido possa compreender que a ação negativa ou positiva do mundo invisível não se impõe às pessoas, adulterando-lhes a vontade. Ao contrário, como já se referiu antes, é um processo de sugestão sutil ao qual o encarnado adere segundo seus desejos mais íntimos e suas intenções mais ocultas, sempre ligadas à busca do prazer, à satisfação de seus interesses ou à vivência de suas fraquezas.

A partir dessa adesão, as entidades passam a colaborar com o processo de indução, sutil a princípio. Com o passar do tempo, à medida que tais Espíritos vão se assenhoreando da vontade do encarnado, e que vão se instalando na casa mental do ser que influenciam, naturalmente passam a agir com maior liberdade, adotando um processo de simbiose, que mescla a sua vontade com a daquele que os hospedam, o seu pensamento com o dele, de forma a que não se consegue mais, com facilidade, identificar qual é o pensamento de um e qual é o do outro.

Letícia estava ali, encantada com os próprios sonhos, sem a participação direta ou constrangedora de nenhum Espírito, enquanto que, numa outra parte da cidade, Sílvia estava na aventurosa relação com seus dois comparsas, dando vazão aos seus instintos mais inferiores, que ambos exploravam como quem se diverte às custas de uma criança euforizada, produzindo o envolvimento e extraindo as energias de baixo teor que tal tipo de intercâmbio é capaz de gerar.

＊＊＊

Queremos lembrar a nossos queridos leitores e leitoras, que a sexualidade é uma das mais belas e potentes fontes de energia realizadora de que o ser humano se vê dotado.

No entanto, não a sexualidade que é representada pelos órgãos físicos, localizada nos instrumentos biológicos, desenvolvidos pela evolução para a multiplicação da espécie.

A força e o poder criador se radicam na estrutura do psiquismo de cada ser, no qual as relações energéticas traçam as linhas da afetividade e que, por comandos diretos, estimulam os demais centros biológicos na produção das células responsáveis pelo processo da procriação.

As ações de tais órgãos e centros são extremamente mais mecânicas do que se supõe e, por isso, não é na região genésica que se radicam as fontes sublimes do potencial criador. Tal estrutura está vinculada à mente e ao sentimento das pessoas de tal maneira que, quando a vida, nos seus processos de reparação ou resgate impõe ao indivíduo a solidão como forma de experiência refazedora, a sexualidade e as forças que a representam podem ser transferidas da ação procriadora de corpos para a ação plasmadora de ideais, fecundada nas inspirações superiores da alma, a serviço da transformação do mundo e do reequilíbrio de si mesmo.

Assim, quando alguém se veja na condição compulsória de isolamento afetivo, atendendo aos imperativos da jornada evolutiva, isso não impede que se transforme em uma geradora ou um gerador de filhos, que não se representarão por seres corporais, mas, sim, por construções idealistas na área da arte, do saber, da ciência, do devotamento ao próximo, deixando fecundados não com o sêmen biológico, mas, sim, com a semente espiritual os caminhos por onde passou, pelo exemplo de dedicação e renúncia.

Dessa maneira, cada pessoa no mundo é um potencial transformador das estruturas emocionais, usando para tanto todas as forças que lhe estão disponíveis e, além daquelas que o próprio organismo físico concentra em suas células, as que lhe chegam através da ligação com a força cósmica do Universo, na absorção dos princípios regeneradores e abastecedores de que o Princípio Cósmico Universal é rico por excelência.

As pessoas que se veem compelidas a uma vida de solidão e isolamento no afeto poderão usar tais forças disponíveis para canalizá-las na realização de obras do bem nos diversos setores da vida, respeitando em seus semelhantes os compromissos afetivos já firmados, ao invés de criarem armadilhas para que eles se vejam enredados por sensações, interesses ou condutas que poderão complicar a vida de ambos, que é o que costuma acontecer.

Sem se conformarem com a condição solitária que a vida lhes assinalou com a sua concordância – concordância esta que correspondem, na verdade, à solicitação pessoal, antes do renascimento físico – muitas pessoas passam a se martirizar nos processos de busca desesperada por uma companhia, insatisfeitas com a lição solicitada que propiciaria um amadurecimento maior da questão da responsabilidade afetiva. E como as facilidades do mundo e a irresponsabilidade das relações têm promovido uma promiscuidade cada vez maior entre os seres humanos em busca de aventuras, sem nos referirmos, ainda, às pressões sociais que pesam sobre os que se mantêm solteiros, como que a fazê-los se sentir como seres extraterrestres ou problemáticos, aquilo que deveria ser aproveitado como uma experiência produtiva, acaba transformada pela pessoa em um martírio vergonhoso e insuportável, abrindo espaço em seus pensamentos mais secretos para as estratégias de conquista, a adoção de posturas sedutoras e perigosas, a repetição dos equívocos de outras vidas quando a sexualidade foi usada como armamento a atrair e destruir os sentimentos alheios.

Como o leitor pode perceber, muitas vezes, a causa da solidão em uma vida se radica na irresponsabilidade afetiva vivenciada em outras existências.

De tanto viciar o centro do afeto com aventuras superficiais do sentido ou da sexualidade depravada através de comportamentos que a aviltaram, homens e mulheres solicitam, em uma nova vida física, uma jornada desértica na afetividade, durante a qual, sentindo a falta de uma companhia, redirecionam o impulso primitivo para a esfera mais elevada dos sentimentos, reprogramando seu psiquismo para que a leviandade outrora experimentada não faça mais parte de suas opções naturais.

Mas, ao invés de se conduzirem por tal trajeto, com a opção de modificarem o mundo íntimo e o mundo ao seu redor com gestos de devotamento oferecidos a causas nobres, boa parte dos assim considerados exilados do afeto se perdem novamente, relembrando os antigos processos de sedução, saindo à cata de experiências envolventes e estimulantes, com as quais vão revivendo os antigos vícios, procurando companhias exatamente em lugares em que não encontrarão, senão, aproveitadores de suas carências, prontos a abusarem de seus sentimentos famintos e, logo depois, descartá-los no vazio de um prazer físico que acaba rapidamente e frustra aqueles que esperavam alguma coisa a mais do que isso.

Dessa forma, forçando a situação, muitas pessoas que poderiam estar se recuperando e se fazendo queridas de seus irmãos menos felizes, passam a se ajustar em processos dolorosos a homens levianos, a mulheres exigentes e caprichosas, a pessoas que jogarão com seus sentimentos, explorando suas forças para, logo a seguir, dificultar-lhes a vida com exigências sem fim, representando, dessa maneira, a triste, mas justa expiação que aquele indivíduo acabou impondo-se, quando poderia ter escolhido outro tipo de atividade criadora que, nas belezas do ideal realizado, o manteria livre para seguir pelos caminhos que melhor escolhesse.

A teoria que costuma imperar nos dias de hoje é aquela que, simplificada no ditado popular, inverte seus termos dizendo:

"Antes mal acompanhada (o) do que só".

E se, de alguma sorte, é compreensível tal opção, isso não quer dizer que ela não venha a produzir seus malefícios próprios, dos quais aquela pessoa poderia estar livre se tivesse entendido o caminho que poderia desenvolver ao conduzir-se pela fórmula antiga do ANTES SÓ DO QUE MAL ACOMPANHADA (O).

Esse era o caso de Letícia, de Sílvia e de Camila, além de ser o problema da própria Marisa que, unida a Marcelo por sentimentos superficiais e de interesse, no fundo, dele já estava separada há muito tempo.

Por isso, seja na forma que for, todo aquele que, para se ver feliz, se aventura a produzir o rompimento de outras relações, se permite destruir as próprias relações com comportamentos levianos, desrespeita os compromissos do afeto assumidos livremente, se vale das carências dos outros para usá-las na conquista de bens materiais ou situações que ambicione, se aproveita da solidão alheia para desfrute do prazer sem compromisso, se relaciona de forma vil para compensar o vazio do coração, sem respeitar os sentimentos dos demais que utiliza como alimento sem lhe poder corresponder com sinceridade, não importa, seja qual for a forma pela qual alguém pretenda ser feliz às custas da dor de outro, isso produzirá os efeitos de sofrimento e de responsabilidade que o obrigarão a uma futura reparação, arcando cada um com a quota de deveres correspondentes aos sofrimentos que infringiu.

Daí, então, queridos leitores, serem muito graves, porque das mais tristes, as dores que podemos produzir com nossas condutas irresponsáveis, tanto na área do afeto quanto na área da sexualidade, uma vez que isso não se resumirá a uma relação física, com a contração muscular, com a expressão transitória de um prazer biológico, com a produção de hormônios. Isso representará uma ligação de Espírito a Espírito, com reflexos na estrutura da mente, na construção de sonhos, na criação de expectativas, na desestruturação de outras vidas e outras relações, que poderão, dependendo do grau a que chegarem, ser responsáveis pelo desajuste do equilíbrio da psique de alguém, a produzir processos obsessivos, ideias fixas, autodestruição moral e, até, suicídios, infelizes estradas não apenas para aqueles que escolheram ou se deixaram transitar por elas, mas, sobretudo, para aqueles que ajudaram a construí-las na vida de seus semelhantes.

12

O CENTRO DE MENSAGENS

Duas entidades luminosas, em um centro de informações localizado em plano superior aos níveis vibratórios mais próximos da crosta terrena, recebiam as últimas notícias das regiões umbralinas onde todos estes eventos ocorriam.

Era um local destinado à captação de todas as emissões energéticas com origem nos pensamentos e emanações articuladas em forma de oração pelos encarnados sobre o mundo e, igualmente, daqueles Espíritos sem o corpo físico que estagiavam na escura e densa região astral, imediatamente ligada aos interesses materiais mais grosseiros. Sintonizavam, pois, tanto com os que se achavam em aflições quanto com aqueles que para lá se dirigiam em tarefas salvadoras, no encalço de amigos, parentes ou tutelados que ali demonstrassem algum tipo de transformação, sempre expressada na modificação de seu potencial magnético e pelo tipo de energia emitida.

O centro de mensagens daquele núcleo de trabalhos congregava uma infinidade de servidores espirituais, dando um destino apropriado a cada uma das inúmeras ligações magnéticas identificadas, desde a sua procedência, o seu emissor, as suas condições, os seus compromissos pessoais, o estado atual de compreensão, os níveis magnéticos positivo ou negativo, o teor de sua manifestação – se em forma de pedido, de clamor, de rogativa, de imposição, de louvor, de agradecimento, de reclamação, de lamúria, etc. – seu estágio expiatório de provação, de tarefa – se se tratava de alguém ligado pessoalmente com aquela colônia espiritual, tudo isso era observado pelos trabalhadores espirituais que tinham a seu cargo a recepção, organização e encaminhamento aos canais competentes de todos os tipos de ligação mental partidas dos seres humanos em estágio no planeta terreno, naquela região sob sua competência e responsabilidade.

Assim, com pequena ficha em suas mãos, cujas reduzidas dimensões não faziam supor o tão grande volume de informes e descrições que continham, o instrutor espiritual tecia comentários com o companheiro de tarefas, ambos diretamente ligados aos problemas de nossas personagens.

– Como pode ver, meu caro Magnus, o Presidente está se esmerando em buscar vingança contra seus antigos comparsas.

– Sim, nobre instrutor, a velha e repetida fórmula que vêm mantendo os seres humanos enredados em si mesmos pela incompreensão do poder libertador do perdão.

– Muito bem observado, Magnus. Quando os homens entenderem o quanto o perdão vivenciado com sinceridade é fonte de consolação e de bênçãos para aquele que o fornece, abreviarão uma enormidade de sofrimentos que se enraízam em cada um que, mais do que não esquecer, cultiva a dor pessoal como um fungo venenoso no próprio coração.

– Mas você acha, instrutor Félix, que chegará a ocasião em que as pessoas conseguirão captar a importância dessa conduta íntima? São tantos séculos, para não dizermos milênios, em que cada um se permite cristalizar a resposta agressiva, herdada dos seres primitivos de onde evoluímos... – comentou Magnus.

– Você acaba de tocar o assunto mais importante de nossa trajetória. Nós evoluímos, meu filho. Um dia também estivemos dividindo o mesmo espólio fumegante conquistado em guerras que mataram, escravizaram e feriram a muitos, mas que, irremediavelmente, abriram abismos dentro de nossa alma, de culpa, de remorso, de angústias. E tanto quanto as peças de ouro e prata que carregávamos para nossos tesouros, tivemos que guardar, no escrínio de nossa consciência, os gritos desesperados de nossas vítimas, as lágrimas de crianças trucidadas pelos nossos cavalos ou carros de combate, as maldições de tantos que morriam por causa de nossa volúpia de poder.

Chega sempre, Magnus, o momento em que tudo isso pesa demais dentro de nós. Dessa forma, primeiramente a criatura precisa cansar de carregar esse fardo para que pense em se livrar dele e adotar outro tipo de carga menos difícil.

E para isso, o tempo é aliado indispensável.

Conosco também foi assim e, como você pode ver, vencemos, ao menos em parte, nossos equívocos.

E na questão da vingança encontramos uma das mais baixas manifestações do primitivismo em nosso ser essencial. Quando feridos, somos defrontados com nossos atos de ontem, a ferirmos nossas vítimas, a destruirmos e causarmos dores sem conta a tantos quantos estivessem em nossa frente, interpondo-se entre nossas ambições e nossos objetivos. Por isso, os ataques que temos que suportar são decorrência da Lei de Causa e Efeito, que se originou da liberdade de agir, produzindo os resultados que se voltam contra o agente, tanto no bem quanto no mal.

No entanto, quando nos prendemos à vingança, ao remorso, à mágoa, depois de termos recolhido a nossa cota de dor, como herança de nossos atos perante o Tribunal da Justiça Celeste, estamos agindo, novamente, com a mesma liberdade de outrora e, ao invés de conseguirmos melhorar um pouco as coisas, nos endereçamos por segunda vez à condição de algozes de nós mesmos por desejarmos ver o sofrimento daquele que nos fez sofrer.

Repetimos a conduta infeliz, demonstrando pouco ou nada termos aprendido com os efeitos funestos de nossas atitudes destrambelhadas. Se pedimos ou arquitetamos vingança, demonstramos ser igualmente belicosos e não estarmos preparados para a compreensão de princípios mais elevados de viver.

Para evoluirmos em processo vertical em direção da superioridade precisamos abdicar, desistir, renunciar ao animal interior que pede o revide pela agressão recebida, porquanto nos níveis superiores da vida, a condição espiritual se dirige no rumo da angelitude e, por mais que busquemos maneiras de vislumbrar os anjos de nossas tradições religiosas, jamais os encontraremos a pedir vingança para seus inúmeros sofrimentos, muitos dos quais, ao contrário, deixaram suas imagens heroicas de renúncia e devotamento, retratados que são até hoje com as cicatrizes gloriosas, conquistadas no martírio inocente, rogando perdão para os seus algozes.

Sem desejar interromper os ensinamentos de Félix, Magnus pensava em tudo o que ouvia, alinhavando ideias na direção da questão afetiva que lhes cabia avaliar.

E sem que precisasse das palavras articuladas do amigo aprendiz, o benevolente instrutor se manifestou, acertadamente, sobre a questão, dizendo:

– E em relação ao sentimento, meu filho, as questões da violência e da vingança são ainda mais candentes do que em relação às guerras torpes de conquista.

No sentimento, os homens guerreiam. Armam estratégias de batalha, se municiam com um arsenal inumerável, adotam fantasias ou disfarces para melhor enganar as suas vítimas, disputam cada palmo do território conquistado, exercitam-se para estar em forma, fazem propaganda de sua causa para atrair o apoio moral dos seus companheiros, atiram suas armas sem medo nem dó, desprezam as vítimas de seus ataques e se apossam, quando pensam ter vencido, do prêmio decorrente de seus esforços, como algo que lhes pertencesse por direito, como acontecia ao vencedor de outrora.

Mas aquele que perde, em geral, inconformado com a derrota, geralmente se entrincheira no ódio, na desastrosa mágoa corrosiva e, por sua vez, articula o contragolpe, se possível mortal, a ser desferido contra seus oponentes.

Nessa atmosfera se acham todos os que são considerados homens e mulheres nas lutas da conquista afetiva, guerreiros que, em nome de um amor que dizem nutrir, espalham ódios, divisões, enganos, mentiras, agressão, más palavras, calúnias, jogando com a afetividade alheia para obterem alguma vantagem pessoal.

E quando atingem seus objetivos, depois de destruírem relações estáveis, depois de atearem fogo ao sossego de outros relacionamentos, passam a ter que suportar as exigências da nova conquista, agora sob sua tutela, ao mesmo tempo em que precisam administrar o ódio dos perdedores e as suas estratégias de ataque para destruírem a nova situação afetiva implantada.

Por isso, muita gente, depois de abandonada pelo companheiro ou companheira, adotando a postura da vingança, ao invés de reconstruir sua vida em outras bases mais luminosas e limpas, entregando os que partiram ao destino que os irá educar, se compromete a fazer a infelicidade dos que fugiram ao compromisso.

Muitos dizem: se não for para ser feliz ao meu lado, não será feliz ao lado de ninguém. Se não é para estar comigo, vou mover céus e terras para acabar com eles. Não pensem que vão me deixar aqui, na solidão, enquanto vão ficar sorrindo de felicidade por aí, como dois pombinhos apaixonados, isso é que não.

Se o abandono os feriu como efeito de um pretérito comprometido na área do afeto, quando suas outras vidas passadas testemunharam suas condutas irresponsáveis, produzindo, agora, o sofrimento da solidão para aprenderem o amargor de tal comportamento, ao adotarem o caminho da vingança, voltam a cair na mesma condição de agressores, de espalhadores do mal, de semeadores de tragédias.

E isso é assim em todos os setores da vida.

O Presidente, como você pode ver, está estendendo seus tentáculos de vingança porque se viu traído.

Para isso, está usando seu potencial de inteligência e organização, imaginando que o mundo se esgote em seu quintal e que o Universo não seja dirigido por forças Soberanas e Justas. Por mais que pareça estar no caminho de conseguir seus intentos, chegará o momento em que precisará enfrentar as forças de Deus, representadas não mais por um exército de anjos empunhando espadas flamejantes, mas, sim, pelas leis que governam a vida e que não reconhecem a vingança como uma das manifestações do Criador.

E, na paciência com que administra as sandices dos humanos imaturos, o Criador, pelas mãos do Venerável Mestre Jesus, busca nos educar através dos espinhos que plantamos.

Você pode imaginar outro método mais justo e sábio de nos fazer despertar senão o de nos surpreendermos com os efeitos de nossas próprias escolhas?

Por isso, que a expressão Pedagogia é muito bem aplicada quando se refere ao modo como o Pai encaminha seus filhos para a evolução, porquanto em sua raiz grega original, pedagogo é o CONDUTOR DE CRIANÇAS.

Crianças como nós, birrentas, caprichosas, teimosas, mas capacitadas para nos tornarmos anjos um dia.

Buscando ampliar os aprendizados daquela hora, Magnus indagou do instrutor sobre até que ponto o Presidente continuaria a agir sem que as forças do bem se interpusessem em seu caminho.

– Bem, meu filho, as estratégias de Deus são um pouco diversas daquelas que os homens tolos costumam usar, porquanto o Criador não se importa em perder algumas batalhas, desde que ganhe a guerra. E até hoje não me consta nenhuma Guerra em que o Bem tenha sido derrotado.

O Presidente está contando com as forças que encontrou em seus próprios aliados, sem se aperceber de que seus esforços estão desgastando suas próprias estruturas. Somente quem se liga à fonte do Universo se mantém sempre abastecido e harmonizado para lutar sem ser levado à exaustão.

Todos os outros tipos de lutas são, apenas, a manifestação do mal a consumir-se a si próprio e a espalhar ferimentos na carne ou na energia dos próprios maldosos. Por isso, deixando que se entretenham com suas pequenas estratégias, Deus os está ajudando a que se cansem de brincar com a pólvora do mal, exatamente por se queimarem com suas explosões imprevisíveis.

Além do mais, a ação do Bem está sempre por cima de tudo, vigiando os efeitos desse processo sobre cada um dos envolvidos e, tão logo algum deles demonstre ter modificado seu rumo de pensamentos e sentimentos, estaremos prontos a atendê-los diretamente.

E você não pode se esquecer dos trabalhadores devotados que estão a campo para ajudar em todos os ambientes, suportando os choques vibratórios mais intensos para nos trazerem os feridos e cansados da luta que apresentem a rendição incondicional, arrependendo-se das antigas posturas de crueldade e vingança.

Há representantes do Bem em todas as partes e, se de imediato, pode parecer que o Mal está galopando enquanto o Bem rasteja, é porque as pessoas não imaginam que o cavalo em que o Mal galopa está amarrado pelas rédeas que o Bem produziu.

Na hora certa elas serão puxadas e as coisas serão restabelecidas, com o maior número de salvados que for possível conseguir.

Essa estratégia também é usada no meio dos homens quando desejam desbaratar um grande núcleo do crime organizado.

Muitas vezes, se prendem o primeiro corrupto que encontram pela frente, alertam todos os demais, que fogem como ratos prestes a serem capturados, frustrando a ação policial.

Por isso, muitas operações dos representantes da Justiça Humana já têm adotado esse outro modo de proceder. Vão dando corda aos integrantes da quadrilha que, pensando-se seguros em sua conduta, vão demonstrando como é que funciona a sua organização criminosa, quem é que obedece, como é a escala de comando até que se possa entender quem é o seu chefe e quem o está sustentando. Assim, passam-se meses, anos até, nessa luta paciente de escutar suas comunicações, seguir com discrição os seus passos, observar sua estrutura de funcionamento em pleno ato criminoso, filmar suas ações, documentar seus golpes e, na hora certa, organizar o cerco com uma grande quantidade de força intimidatória e desbaratar o bando inteiro, colocando-o nas prisões e encerrando o esquema do crime.

Ao invés de se ocupar com o pequeno ratinho que roía a corda do navio, a ação inteligente acaba apreendendo o próprio navio, onde estão todos os ratos, incluindo o próprio capitão do barco.

O Bem sabe agir e, esteja certo, Magnus, tudo está sob sua supervisão integral.

Entendendo as afirmativas do instrutor, sempre sereno e oportuno em suas palavras esclarecedoras, saíram ambos do ambiente onde o trabalho de recepção das orações continuava sem interrupção, dando sequência às suas atividades de amparo àquele contingente de almas que recorriam à fonte do Universo para que, de uma forma ou de outra, exercitassem suas ligações com a Bondade do Pai, ainda que, muitas vezes, através da oração, pedissem a vingança divina contra algum de Seus próprios filhos.

※ ※ ※

Enquanto isso, na superfície da Terra, nossas personagens se preparavam para uma nova semana de atividades do viver, inigualável fonte de experiências e aprendizagem que garantirá a todos eles noções mais exatas sobre as responsabilidades do afeto e os efeitos diretos de suas escolhas.

Letícia se esmerava na vestimenta mais provocante, sem chegar ao exibicionismo.

Marcelo se direcionava, agora, para a aproximação de Sílvia.

Sílvia, alimentada pelas vibrações lascivas, estaria diante daquele cuja imagem lhe teria estimulado os prazeres íntimos nos sonhos e sensações do final de semana.

Marisa, atribulada com o planejamento de sua estratégia, a fim de se tornar melhor e mais atraente do que Gláucia, a mesma que lhe havia revelado a autorização que dava ao noivo para que a trocasse por outra, se essa outra se apresentasse em condições de fazê-lo mais feliz.

No entanto, enquanto Gláucia deixara bem claro que seu interesse era pela felicidade do noivo, Marisa se preocupava em conquistá-lo com vistas à felicidade dela própria, resumindo esse esforço em uma apresentação física mais interessante, mais exuberante, mais chamativa, improvisada sobre a antiga maneira egoísta de se conduzir, como criança que quer tudo para si, sem medir as consequências de seus atos para conquistar.

Camila seguia com seu proceder rotineiro, gostando do joguinho de sedução que começara com Marcelo, no qual se colocava no centro das atenções do rapaz, jogando-lhe as migalhas tão apreciadas pela vaidade masculina, representada por alguns elogios e por uma certa forma frágil de ser, posicionando-se na dependência das atenções do rapaz.

Leandro, Alberto e Ramos se mantinham em suas rotinas normais, ao passo que o Departamento Trevoso, que se edificava na atmosfera fluídica daquele suntuoso escritório, estava cada vez mais concorrido nos trabalhos de vingança que eram solicitados por Espíritos infelizes e insensatos, afastados da compreensão das verdadeiras leis da vida e que, depois de atendidos, se viam vinculados ao mal que haviam requerido.

Somente Glauco e Gláucia não estavam envolvidos nessa trama sórdida, protegidos pela inocência e pelas formas mais elevadas de entenderem as coisas do Espírito.

Como pode perceber o leitor querido, tudo isto estava acontecendo, envolvendo a ambos, sem que de nada suspeitassem.

Certamente poderão pensar que se trata de uma injustiça e que o Bem deveria protegê-los contra as ações clandestinas do Mal.

E, como vocês poderão perceber, o Bem sempre protege a todos, mas, mais do que isso, procura ensinar a cada um dos que o aceitam, que os Bons devem demonstrar que aprenderam a usar a Bondade como a maior proteção de si mesmos.

Nesse sentido, Glauco e Gláucia estavam indo no bom caminho.

13

SÍLVIA E OS PLANOS DE MARISA

A nova semana teve início normal para todos os envolvidos no drama da vida, cada um dos quais se deixando levar por seus interesses pessoais na conquista de seus objetivos.

Como já havia sido explicado antes, Marcelo teria que se dedicar, nestes próximos dias, aos ajustes referentes à aproximação de Sílvia, sem que isso pudesse ou viesse a atrapalhar suas promissoras relações com Camila, a bonitona e desejável advogada, nem com Letícia, a feia inteligente e acessível.

Marcelo, dentro de sua experiência masculina, sabia que nenhuma mulher aprecia ser colocada em plano secundário em relação à outra que, por mais próxima que lhe pareça, jamais vai deixar de ter o perfil de uma potencial concorrente, mesmo que na simpatia ou nas atenções amigas de um rapaz.

Por isso, ele procurava sempre se manter discreto em público, para que nenhuma delas pudesse imaginar que seu envolvimento com as outras estivesse acontecendo de forma tão direta como ele pretendia. Afinal, depois de alguns anos de relacionamento formal no andamento dos casos no escritório, isso poderia atrapalhar seus planos por denunciar, por si só, um comportamento suspeito e anormal.

Para evitar tais constrangimentos, Marcelo dedicara-se à chegada matinal no mesmo horário que Camila, ocasião em que as coisas estavam sempre mais calmas e o ambiente mais vazio.

Somente os funcionários mais imprescindíveis ali se encontravam, organizando as coisas para o funcionamento diário. Nestas ocasiões, Marcelo e Camila se permitiam os diálogos mais íntimos, como se um processo de cortejamento suave e delicado estivesse se estabelecendo entre eles, para alegria do rapaz.

No entanto, assim que as rotinas internas se tornavam mais movimentadas, ambos sabiam que deveriam se recolher aos seus trabalhos pessoais para evitarem maiores comentários ou suspeitas prejudiciais, já que aos donos do escritório, não era conveniente que nenhum de seus funcionários se envolvesse afetivamente porque isso passaria a possibilitar a formação de grupos divergentes da orientação principal, com a formação de aliados e comparsas no local de trabalho, como era o entendimento dos seus líderes, Alberto e Ramos.

Estimulavam a disputa, a inveja recíproca, a competição para manter todos eles dentro de suas baias jurídicas, como animais controlados por suas próprias ambições, reclusos no estreito limite de seus objetivos de sucesso, tendo todos os outros como potenciais adversários, o que os transformava em inimigos cordiais, somente.

Então, as atividades continuavam iguais naquela nova semana de trabalho, com a exceção de que Marcelo precisava arrumar uma forma de se acercar de Sílvia.

Assim, informando-se com uma das diversas secretárias sobre as atividades daquele dia, descobriu que somente Sílvia tinha uma audiência marcada no fórum central, ocasião em que, aproveitando a chance, oferecer-se-ia para levá-la até o local.

Improvisada estratégia que poderia, pela simplicidade e pela coincidência da atividade profissional, ser encarada como coisa normal, sem levantar qualquer suspeita, ao mesmo tempo em que facilitaria a aproximação entre os dois, nos diálogos que o trajeto possibilitaria.

Marcelo, então, atento à oportunidade favorável, observava de seu ambiente de trabalho a chegada da colega que, por força de seus compromissos familiares, era a que mais tarde dava entrada ao escritório.

Tão logo percebera os movimentos e ruídos em sua sala, deixou o tempo passar e, como quem não quer nada, dirigiu-se ao corredor de distribuição das salas e, desejando colocar-se à disposição das colegas, falou para que todas o ouvissem:

– Hoje irei ao fórum ali pelas catorze horas. Se alguém precisar de "carona", estarei disponível...

Dando um tom de brincadeira que tornava simpática a sua oferta aos ouvidos de suas amigas, nenhuma delas demonstrou qualquer interesse em atender-lhe ao oferecimento, o que motivou-lhe a insistência.

– Quer dizer que, justamente quando eu venho com meu carro e que me disponho a gastar gasolina com mulheres tão bonitas, fazendo a inveja de muitos homens por aí, sou descartado por elas? Vou interpretar tal indiferença como a manifestação do bom gosto de vocês três que, obviamente, não desejam ser vistas ao lado de alguém tão desinteressante como eu, não é?

Atendendo ao comentário autodepreciativo, Camila e Letícia protestaram dizendo que não tinham nenhum compromisso no fórum e que não poderiam se ausentar porque precisavam atender a clientes justamente naquele horário.

A única que nada respondeu foi Sílvia.

Vendo o seu silêncio, Marcelo dirigiu-se à porta de sua sala e, impecavelmente trajado, com o cabelo penteado à moderna, perfume inebriante, encostou-se no batente, estampando no rosto o semblante de um garoto desprezado pelas outras e disse:

– Todas as suas amigas, Dra. Sílvia, apresentaram uma justificativa para me recusarem a companhia. Só falta a senhora... – disse com cara pidonha.

Sílvia, olhando para aquele rapaz atraente, com o perfil meio escondido atrás do batente, o perfume másculo começando a chegar até ela, em um relance momentâneo de seu subconsciente, aflorou em sua lembrança a sensação do sonho de final de semana.

Efetivamente, até aquele instante, ela não se recordava de nada, não tendo a mínima noção do que lhe havia sucedido nas horas de orgia em que se vira envolvida não por um, mas por dois Marcelos. No entanto, naquele exato instante, a figura do rapaz, seu tom de voz, seus modos meio de menino desconsolado fizeram o suficiente para despertar de seu mais profundo sentir as recordações daqueles momentos excitantes.

Numa fração de segundos, Sílvia lembrou-se de que havia sonhado com Marcelo durante o final de semana. Mais do que isso, flashes do envolvimento vinham-lhe à mente com clareza perturbadora, fazendo com que, a partir daquele instante, ela passasse a se interessar por aquele representante do sexo masculino que sempre estivera na sala ao lado da sua e para o qual ela jamais dera nenhum valor.

Para certificar-se de tais sensações e poder alimentar aquele sentimento tão envolvente que a lembrança secreta do sonho erótico lhe produzia, sorriu, misteriosa, e, olhando para Marcelo, respondeu:

– O que não faço para salvar um jovem assim, abandonado, das dores da recusa que minhas colegas produziram em seu coração...

– Aleluia – disse o rapaz, eufórico. Ainda não preciso entrar em depressão como já estava me vendo obrigado, pela indiferença das outras.

– Não, Marcelo, eu o salvarei dessa tragédia emocional. No entanto, para que eu vá com você, imponho a condição de que pare de me chamar de Doutora ou de senhora, porque se for assim, prefiro ir de metrô a ir em sua companhia.

– Tudo bem, Dra...., quer dizer, Sílvia... – brincou Marcelo. Às treze horas saímos daqui, está bem? Sabe como são os congestionamentos...

– Por mim, tudo bem, não irei para casa almoçar, mesmo.

Marcelo deixou passar o último comentário de Sílvia, contendo-se no desejo de oferecer-lhe um almoço ou um lanche, o que poderia complicar suas relações com as duas outras, levantando suspeitas ou ciúmes.

Depois de se despedir de Sílvia, passou pelas salas de suas amigas e, em tom de brincadeira, informou-lhes que já tinha companhia para sair e que, por isso, dispensava-as do convite que havia feito, uma forma brincalhona de mexer com a vaidade feminina, sem perder a oportunidade de parecer garboso.

Todas riram de suas maneiras menos formais e imaginaram que ele deveria ter tido um ótimo final de semana com sua mulher para se encontrar naquele estado de "graça".

Assim que o horário se mostrou favorável, Marcelo bateu à porta da sala de Sílvia que, desde o momento da conversa se esforçava para reviver os detalhes dos sonhos que tivera, nas lembranças erotizantes que mantinha arquivadas em sua mente.

Ao seu lado, o trio de entidades perseguidoras se mantinha a postos, sendo que o Chefe lhe impunha as mãos nos centros cerebrais para facilitar a visualização dos arquivos oníricos, Juvenal manipulava certos centros genésicos para produzir um grau de excitação física favorável e o Aleijado observava a ação dos dois, como se estivesse aprendendo as técnicas de interferência na vontade dos encarnados.

Graças a esse tipo de cooperação, Sílvia conseguira reconstituir boa parte das imagens mentais que tinha gravado durante as duas noites, facilmente assimiladas por terem sido produzidas pela companhia das duas entidades negativas, suas velhas conhecidas de aventuras ilícitas nos períodos do sono físico.

Quando Marcelo chegou à porta, Sílvia já tinha sido trabalhada por eles para que, mais do que simples companhia durante um percurso, ela tivesse a disposição e o interesse despertados para o estabelecimento de uma estrada que favorecesse a intimidade entre eles, sobretudo porque, acostumada a aventuras desse tipo, dando preferência aos homens casados, para evitar os desagradáveis apegos emocionais, Marcelo se apresentava com o perfil dos potenciais bem apessoados candidatos.

Desceram para a garagem e, em breve, ganhavam a rua que, naquele dia, estava repleta de veículos, tornando o trânsito lento e maçante, se não fosse a oportunidade da conversação.

Assim que se puseram a caminho, Sílvia começou a conversa, fingindo calma e naturalidade.

– Marcelo, eu não vi nenhuma audiência marcada para você no fórum. Por que precisa ir para lá, hoje?

Surpreendido pela pergunta inocente, desferida sem segunda intenção, Marcelo precisou improvisar uma desculpa que lhe parecesse convincente, a fim de que não levantasse suspeitas sobre seus planos.

– Sabe o que é, Sílvia, uma pessoa conhecida minha está com problemas jurídicos e não está contente com o advogado que lhe acompanha a causa. Por isso, ontem, ao telefone, pediu-me que avaliasse o andamento do processo que, por não se tratar de um feito que tramite em segredo de justiça, possibilitará que eu o analise e lhe apresente um parecer isento sobre o modo como está sendo conduzido.

– Ah! Esses clientes traidores que sempre estão tentando dar o golpe em seus advogados, pelas costas... – falou Sílvia, avaliando a conduta de Marcelo que, de forma clandestina, estaria julgando o comportamento de outro colega.

E o que é pior, Marcelo, que para isso se valem sempre de um outro colega que, por desejar ganhar o dinheiro, sempre deprecia o trabalho para substituí-lo no posto, ainda que precise continuar fazendo a mesma coisa que o outro fazia.

Observando a argúcia da advogada experiente, Marcelo procurou levar a coisa para o lado do dever familiar que o obrigava a atender, longe de pretender roubar a causa para seu patrocínio.

– É, Sílvia, este mundo está desse jeito mesmo, com as pessoas devorando-se mutuamente, para que sobrevivam. No entanto, não tinha como me escusar desse pedido porque se trata de um meio-parente, recomendado por meus pais, que recorreu a mim porque era o único advogado mais próximo do caso, em quem acreditaria com isenção.

No entanto, eu já lhe disse que não assumiria o caso em hipótese alguma, o que me permitiria maior liberdade na opinião sobre o mesmo.

Entendendo os escrúpulos de Marcelo e, para fustigá-lo um pouco mais, Sílvia respondeu:

– Claro, Marcelo, seus cuidados são muito éticos e louváveis, mas não nos esqueçamos de que os advogados sempre possuem bons amigos advogados, igualmente muito competentes, e que, com muita alegria, poderão ser indicados para o caso desde que, de bom grado, aceitem dividir os honorários com aquele que lhes conseguiu a causa, não é assim que fazemos?

– Ora, Sílvia, quanta desconfiança pelo fato inocente de ir ao fórum sem ter audiência. Você está desejando transformar este percurso em uma audiência de instrução e julgamento?

Sorrindo do humor de Marcelo, Sílvia reconheceu que havia chegado o momento de amenizar as coisas e torná-las mais favoráveis.

– Nada disso, Marcelo, estou treinando a sua capacidade de pensar com rapidez, já que sempre o admirei pelo talento jurídico nas defesas das causas do nosso escritório, mas nunca pude ter o prazer de conversar com você mais intimamente como agora.

– Ora, não seja por isso, vamos conversar então, porque o tempo nos é favorável, enquanto o trânsito, não.

– Eu sempre deixei que as preocupações profissionais me tomassem o tempo de cada dia e, por isso, reconheço que nunca pude prestar maior atenção em você, como pessoa (queria dizer como homem, mas usou uma estratégia menos direta). Espero que possamos nos aproximar mais vezes, porque a atividade que desempenhamos é muito maçante e desgasta nossas forças, mantendo-nos sem alimento recíproco na convivência diária.

– Isso é verdade, Sílvia, ainda que você consiga isso através do relacionamento familiar que, de uma forma ou de outra, compensa a aridez da vida, não é?

Entendendo que Marcelo fizera tal referência sem segunda intenção, apenas como algum argumento, Sílvia continuou, aproveitando a deixa:

– Ah! Marcelo, isso quando as companhias que temos nos preencham o coração e os ideais, o que não é meu caso. Meu filho já está entrando na adolescência e meu marido está bem longe de ser o melhor companheiro para minhas necessidades.

Percebendo que o assunto caminhava naturalmente para um processo de revelações espontâneas, Marcelo procurou colocar-se à disposição para qualquer desabafo, sem parecer intrometido.

Então, comentou, genérico:

– É verdade, Sílvia, as pessoas passam, muitas vezes, por verdadeiros desertos no sentimento, ainda que acompanhadas por outros que estejam ao lado delas constantemente.

– É isso mesmo, meu amigo... solidão a dois é pior do que qualquer outro tipo de solidão.

Nessa hora, o rapaz percebera que encontrara a forma mais fácil de se fazer interessante à mulher debilitada que tinha ao seu lado. Sabia que nenhuma delas recusa o ombro amigo que saiba escutar suas queixas.

Não supunha que, por detrás de algumas verdades que Sílvia lhe dizia, estava a astúcia da fêmea acostumada aos jogos da sedução que, entendendo a psicologia masculina, sabia manipulá-la para dela retirar os frutos que desejasse.

Realmente, o envolvimento de Sílvia com seu esposo, desde os idos tempos das aventuras juvenis, era mais de formalidade oficial do que de afeto verdadeiro. Cada um usava o outro nos momentos favoráveis, mas, nas horas do dia, dependendo das ofertas disponíveis, ambos se entendiam com os estranhos e estranhas da forma que lhes aprouvesse, sem dramas de consciência nem complexos de culpa, apenas garantindo a integridade moral do ambiente onde viviam, recusando-se a levar eventuais "casos" para o interior da própria casa.

Isso tornava a relação entre ela e seu marido mais uma "aventura suportável" do que uma verdadeira união sincera, mantida entre a mentira e a promiscuidade, em decorrência da existência do filho comum, agora com doze anos de idade, carente tanto da companhia da mãe quanto da do pai.

Não percebiam os dois que o filho precisava muito mais da afetividade verdadeira de ambos, mesmo que separados, do que da formalidade familiar, constituída de maneira mentirosa, a fingir uma estabilidade que era torpedeada por eles, todos os dias, na conduta irrefletida e desrespeitosa mantida fora das paredes domésticas.

Jamais lhes passara pela mente que o filho, mais cedo ou mais tarde, se defrontaria com o estilo de ser de ambos os genitores, que amava como os dois seres mais corretos e dignos que conhecera. E quando essa imagem se desfizesse graças às descobertas cruéis dos relacionamentos espúrios de ambos, o equilíbrio emocional da criança a caminho da idade adulta poderia sofrer sérios abalos, comprometendo seus dias do futuro e gerando adulterações de comportamento baseadas nas frustrações sofridas diante do desabamento de seu mundo moral, com a redução de seus ídolos afetivos à condição de imagens quebradas.

Por isso, as opiniões de Sílvia a respeito de seu relacionamento conjugal, de certa forma, expressavam a verdade de seus sentimentos, atestando uma amargurada solidão que ela tentava combater com conquistas e relacionamentos infiéis que, por um pouco, a mantinham satisfeita, ainda que frustrada.

No entanto, a experiente mulher não estava tocando nesse assunto para obter um conselho que lhe resolvesse o problema. Essa questão, ela já trazia equacionada em sua mente, aceitando, na vida dupla, como mãe de dia e prostituta noturna, a forma normal de ser.

Sílvia usava essa estratégia porque sabia que é muito difícil encontrar o homem que não se sentisse atraído por uma mulher que se demonstrasse frágil na afetividade, carente em seus desejos, incompreendida em suas relações.

Esse sinal, sobretudo em uma mulher como ela, aparentemente

segura de si, dona de uma vasta experiência profissional, mais velha do que Marcelo, sem, no entanto, ter perdido o frescor da juventude feminil, beirando a faixa dos trinta e quatro anos, era um sinal de alarme a soar no íntimo dos representantes do sexo oposto, indicando-lhes que ali estava alguém favorável, disponível às suas atenções e pronta a responder positivamente às suas carícias, se o homem soubesse agir de maneira paulatina e correta.

Sem perceber esse jogo e, porque ele próprio estava amargando esse tipo de relacionamento já há alguns meses, desde quando Marisa passara a agir de forma diferente em relação a ele mesmo, Marcelo se permitiu levar pela armadilha emocional e, vendo a brecha da intimidade abrir-se ainda mais, exclamou surpreso:

– Puxa, Sílvia, eu jamais imaginei que você, assim tão segura, tão convicta de sua capacidade, aparentando tanta autossuficiência, no mais profundo de seu ser, também tivesse esse tipo de sentimentos...

Aquele "também" foi a próxima pista que Sílvia constatou nas entrelinhas e a fez agir com agilidade, respondendo, fingindo desinteresse:

– Sim, Marcelo, estou segura de que muita gente passa pela mesma dor moral que eu. Porém, como eu também, se esconde por detrás destas roupas da moda, dos uniformes sociais, das etiquetas em voga, sempre tentando mostrar uma realidade que não corresponde à verdade de seus sentimentos.

E fico feliz em poder falar isso com você porque os homens, em geral, parecem compreender melhor a nós, mulheres. Entre nós, somos muito críticas e desconfiadas umas das outras, a ponto de temermos nossas próprias amigas, algumas das quais que, sem qualquer escrúpulo, jogarão seu charme sobre nossos companheiros e aceitarão dormir com nossos maridos assim que virmos as costas, somente para demonstrarem como são mais competentes do que nós nas artes da conquista.

É bom poder falar com alguém que, ainda que não esteja passando por problemas como os meus, ao menos pode escutá-los sem prejulgamento ou sem desejar roubar meu marido... espero eu, não é, Marcelo?

Entendendo o comentário provocador, o rapaz deu uma risada bem humorada e, para desanuviar o tom da conversa, falou:

– Não se preocupe, Sílvia, de seu marido e de qualquer homem não desejo nenhuma aproximação, a não ser a da hora do pagamento dos meus honorários.

Rindo com as referências do motorista, Sílvia semeou o comentário:

– Também, você deve ter uma linda mulher a esperá-lo todos os dias, se é aquela que eu conheci na nossa festa, anos atrás...?

– Sim, Marisa é uma excelente companheira, cheia de vida e de beleza, ainda que, de vez em quando, tenhamos nossas diferenças como acontece com todo o casal.

Marcelo, nestas alturas, não desejava trilhar o caminho dos homens igualmente carentes, para que não parecesse presa fácil de ser conquistada. Ao contrário, sabia que, quanto mais ele se demonstrasse satisfeito no relacionamento com Marisa, mais despertaria o desejo de Sílvia em competir com a esposa, mantendo seu interesse na luta e na aproximação com ele próprio.

Lembrando das boas fases, quando o relacionamento íntimo de ambos era bastante criativo, Marcelo acrescentou:

– Poucas vezes encontrei mulher mais interessante e excitante do que Marisa.

– Que maravilha... o primeiro marido que conheço que fala bem da esposa longe de sua presença... Pensei que essa raça estava extinta da Terra – riu, maliciosa, com uma ponta de inveja.

O trânsito mais fácil, agora, possibilitava o avanço rápido até o destino que, uma vez atingido, impediu a continuidade da conversa. Marcaram um ponto de encontro para o regresso.

Antes de se despedirem, no entanto, como que para semear Marcelo com uma semente fértil, no sentido de favorecer seu interesse, Sílvia revelou, misteriosa:

– Sabe, Marcelo, isso nunca tinha me acontecido antes, mas enquanto estamos aqui, conversando, me ocorreu que, neste final de semana, sonhei com você...

– Ah é? Não me diga... Isso deve ser uma maldição para você...

– Ora, Marcelo, não brinque com isso porque estou falando sério... – reafirmou Sílvia, com certa intimidade.

– Então conte o que foi que você sonhou – intimou o rapaz, cheio de curiosidade.

– Agora, não, seu apressado. Depois da audiência continuamos a conversa, porque estou atrasada.

– Tudo bem, Sílvia, vou cobrar de você essa revelação, que tem a ver comigo também.

Despediram-se, sorrindo, indo um para cada lado.

Ambos, no entanto, seguiam com os pensamentos cheios de ideias interessantes a respeito do colóquio que haviam tido.

Marcelo, identificando Sílvia como uma mulher em busca de carinho, e ela, repetidas vezes tendo que sacudir a cabeça para retirar de seus pensamentos as imagens tentadoras de um Marcelo que a tomava nos braços e correspondia nos anseios femininos mais íntimos, fruto da lembrança do final de semana.

Além do mais, se Marcelo se referia à esposa como uma mulher apta a lhe produzir excitantes sensações, isso fazia dele um amante experiente também, além de estimular em Sílvia a ideia de superar a mulher nas atenções e euforias masculinas.

Por fim, o sonho não revelado garantiria, para o regresso, um bom pedaço de conversa, não podendo ser descartado como outra forma de aprofundar aquele contato, tornando-o mais sedutor e interessante para que acabasse despertando em Marcelo os mesmos desejos que ele lhe havia despertado durante as noites anteriores.

***

Enquanto isso, Marisa procurava, agora, esmerar-se em atitudes que lhe gerassem uma forma de se fazer interessante para Glauco.

Inicialmente, começara uma busca pelos gostos do rapaz. Como consultor de empresas, ele tinha seu foco de interesses em números, bolsas de valores, estratégias de marketing, balanços, procedimentos administrativos, orientações gerais para empresários e pessoas que desejavam ingressar no ramo.

Lembrando-se disso, ocorreu-lhe a ideia de estabelecer um contato pessoal com o rapaz, com a desculpa de valer-se de suas informações para ingressar no ramo empresarial ou, pelo menos, ver se isso valeria a pena.

Em realidade, qualquer que fosse a orientação, positiva ou negativa, valeria a pena por permitir que ela e Glauco se encontrassem a sós, como uma cliente que procura um amigo para pedir conselhos. Em sua companhia, depois de lhe expor suas dúvidas, saberia levar as coisas para o lado mais afável e menos comercial, mantendo os canais de comunicação entreabertos por esse rumo.

Mais rápido ainda, conseguiu na agenda do marido o telefone da empresa de Glauco e, telefonando para o escritório, solicitou da secretária uma entrevista de consultoria com o rapaz, apresentando-se com seu nome de solteira para não levantar suspeitas sobre sua identidade. Além do mais, as relações de Glauco com Marcelo não eram de uma intimidade maior, resumindo-se aos encontros de final de semana e alguns amigos comuns que serviam de ponte entre eles.

Isso os mantinha próximos sem fazer com que se tornassem grandes amigos.

Marcada a entrevista para a consulta empresarial, competia a Marisa, agora, apresentar-se para a mesma com seriedade e respeito, porquanto à sua chegada, Glauco naturalmente a identificaria como a esposa de Marcelo e, por óbvios motivos, a trataria com exageros de respeito e distância.

Por isso, não se aventuraria com trajes exóticos ou com conduta não condigna com essa condição, para não demonstrar interesses diferentes daqueles que expressava.

E se as coisas se apresentassem favoráveis, depois dos primeiros entendimentos, levaria a Glauco as mesmas notícias que apresentara a Gláucia, como forma de colocá-lo a par da situação e de solicitar algum tipo de aconselhamento.

A data da entrevista, entretanto, era mais distante do que ela própria desejava. Só havia espaço em sua agenda para daí a dez dias.

Nesse tempo, Marisa se dedicaria a planejar a estratégia de seus passos e aprofundar-se um pouco na compreensão dos mecanismos de mercado, como alguém que pretende abrir uma pequena loja para venda de bijuterias em um Shopping da cidade.

Alguns termos contábeis, noções de custos, organizações gerais ela precisaria dominar para não parecer justamente aquilo que, de verdade ela era: uma tola com uma boa desculpa para se aproximar do homem alheio.

14

SÍLVIA, MARCELO E OS ESPÍRITOS

O regresso do fórum marcava a retomada das conversas entre Marcelo e Sílvia, sendo que, experiente como era, a moça não tocou no assunto do sonho, já que desejava deixar no ar a informação para despertar a curiosidade do rapaz.

Marcelo, acostumado às artimanhas femininas, fingiu ter esquecido a revelação, como alguém que não lhe dera muita importância, para também avaliar em Sílvia o grau de sua ansiedade em revelar o conteúdo do sonho mencionado.

O assunto girou em torno da audiência de Sílvia, enquanto que a Marcelo coube apresentar o resumo fictício do inventado processo, bem como a sua avaliação sobre o desempenho do profissional que o havia proposto ao juízo.

Ambos, no entanto, avaliavam com ansiedade o terreno que estavam pisando, a respeito um do outro.

Já a meio do caminho, Marcelo não se conteve e, tocando de leve o joelho de Sílvia, num gesto de delicada intimidade, perguntou:

— E então, Sílvia, você não vai me contar o sonho?

— Ah! O sonho... – disse ela, aparentando esquecimento. Se você não me pergunta, eu mesma já não me lembrava disso.

— Sim, as mulheres costumam se esquecer facilmente das coisas pouco importantes. Além do mais, um sonho comigo há de ser facilmente esquecido porquanto não deve ter sido, lá, muito interessante.

Entendendo as referências autodepreciativas de Marcelo como uma forma de conquistar a sua simpatia para mais facilmente revelar o conteúdo de sua experiência durante o repouso físico, Sílvia manteve o mistério, dizendo:

– Marcelo, eu não posso lhe revelar o sonho de forma clara, porquanto entre nós não existe liberdade nem intimidade para que possamos descrever certas coisas que uma mulher e um homem realizam nas horas mais quentes de seus encontros.

No entanto, posso lhe afirmar que, para surpresa minha também, já que não esperava algo tão interessante e agradável com alguém com quem nunca tive maior aproximação, ter sonhado com você como sonhei foi das melhores coisas que me aconteceram nestes tempos, de forma que, quem sabe um dia, se acabarmos ficando mais próximos, eu lhe revele o conteúdo plenamente.

Entendendo que tais expressões se referiam a um sonho de conteúdo provocante, Marcelo se sentiu envaidecido nas fibras masculinas, respondendo a Sílvia:

– Mas isso não é justo. Eu entendo seus pudores e concordo com eles, mas nós somos adultos, Sílvia. Não quer dizer que isso vai nos comprometer um com o outro. É só um sonho. Vamos lá. Conte-me para que possa desfrutar desse momento interessante também.

– Você também acha interessante? – perguntou ela, com segundas intenções.

Marcelo entendera a referência e, procurando ser respeitoso sem ser grosseiro a estabelecer um juízo masculino sobre a mulher que tinha ao seu lado, respondeu:

– Claro, Sílvia. Como não poderia achar interessante um momento de intimidade com alguém tão atraente, mesmo que seja em sonho que esse encontro tenha acontecido?

Sentindo que Marcelo estava mordendo a isca, a mulher se fez envergonhada pelo elogio direto, e disse:

– Sabe, Marcelo, existem coisas que, depois de uma certa idade, a gente não costuma mais escutar dos homens, nem mesmo de nossos próprios maridos. O que acaba de me dizer tem um valor muito maior do que você pode pensar.

E imaginando que Sílvia estivesse apenas falando de maneira genérica, Marcelo procurou aumentar-lhe a autoestima, acrescentando:

– Ora, Sílvia, com todo o respeito, se os homens não lhe homenageiam os atributos pessoais, o problema não é com você. ... É com eles, que devem estar cegos.

Com tais referências, Marcelo pretendia fazer-se simpático, além de, naturalmente, favorecer-se nas intenções de Sílvia que, escutando-lhe a palavra gentil, certamente consideraria melhor suas disposições em lhe revelar suas experiências oníricas.

– Obrigada, Marcelo, você é muito gentil e, como forma de guardar este momento especial para os sentimentos de mulher que suas palavras produzem em mim, vou fazer de conta que elas correspondem à verdade.

– Mas isso não é um faz de conta, Sílvia. Você é uma mulher muito atraente mesmo, exuberante, com uma postura que poucas mulheres possuem e que, de uma forma indiscutível, causa um impacto sempre que se apresente em qualquer local.

– Você acha mesmo isso, Marcelo? Não me engane só para que eu lhe revele meu sonho. Afinal, você tem uma mulher linda e sua avaliação parte desse ponto de vista, ou seja, do seu gosto apurado em relação a pessoas do sexo oposto.

– Claro, Sílvia, não estou aqui para comprar a sua boa vontade só para me revelar suas experiências noturnas. Como homem, acostumado a avaliar a beleza feminina, posso lhe dizer que somente os que não sabem apreciá-la podem deixar de reconhecer a sua atração e elegância.

– Sabe, Marcelo, no mesmo andar do nosso escritório existe uma outra mulher que também atrai os olhares masculinos e é muito elegante. Ela é simpática, sorridente, alegre, e se veste com um primor. Você não a conhece?

– Ora, Sílvia, falando assim, não me lembro de ninguém com esse perfil.

– Ah! É a doutora Úrsula, uma médica aposentada que está beirando os 80 anos e, como você falou, é igualmente atraente e elegante.

– Mas, mulher... você está difícil hoje, não? – falou Marcelo, demonstrando contrariedade bem humorada.

– Afinal, Marcelo, com meus trinta e quatro anos, não sou mais nenhuma jovenzinha bem modelada e com o corpinho zero quilômetro.

Chegando ao ponto em que Sílvia desejava, por fim, afirmou Marcelo, decisivo:

– Tudo o que falei a seu respeito, Sílvia, me referi a você como mulher desejável, como aquela que é capaz de atrair olhares masculinos e inspirar pensamentos impublicáveis, coisa que, estou certo, a doutora Úrsula não é mais capaz de fazer.

Agora foi a vez de Sílvia tocar o joelho do motorista com um pequeno aperto de sua mão quente e suada, diante daquele diálogo mais temperado entre ambos.

– Sabe, Marcelo, além de gentil, você sabe conquistar o interesse de uma mulher. Vamos fazer assim: você tem algum compromisso na tarde da próxima quarta-feira?

Sem entender aonde Sílvia queria chegar, respondeu:

– Não, Sílvia, estou mais livre esta semana.

– Então, como tenho outra audiência neste horário, algo que é mais rápido do que a de hoje, gostaria de convidá-lo para vir comigo ao fórum e, assim, longe do escritório, a gente conversa melhor e poderei lhe contar tudo. Você aceita meu convite?

Não podendo perder a oportunidade de se aproximar daquela que lhe parecera a mais difícil das três colegas de escritório, Marcelo não titubeou:

– Tudo bem, Sílvia, aceito o convite para a próxima quarta.

– Mas, dessa vez, eu vou com o meu carro e você será meu passageiro.

– Combinado. Uma vez de cada um.

– Ah! Gostaria, se não fosse incômodo, que me desse o número de seu telefone celular para que me comunicasse diretamente, caso aconteça algum imprevisto e eu precise desmarcar nosso encontro.

– Sem problemas, Sílvia. Tenho aqui comigo meu cartão, que possui o telefone no qual você me encontra pessoalmente.

– E sua mulherzinha, não vai achar ruim de eu estar ligando no seu celular? – perguntou Sílvia, meio irônica meio brincando.

– Fique tranquila, Sílvia, Marisa não se incomoda, porque sabe que tenho compromissos profissionais e preciso atender quem me procure.

E aproveitando para retribuir na mesma moeda, Marcelo indagou, ousado:

– E o seu marido, não vai estranhar em ver, por acaso, a sua mulher transportando em seu carro um outro homem?

– Ora, Marcelo, meu marido e nada é a mesma coisa. Como já lhe falei, não somos quase nada um para o outro. Ele tem a sua vida e eu tenho a minha. Dessa forma, nos entendemos bem. Fique tranquilo quanto a isso.

– Está bem, já não está mais aqui quem perguntou.

O carro acabara de dar entrada no estacionamento subterrâneo onde Marcelo tinha uma vaga. Antes de saírem do carro, Sílvia lhe disse, alegre:

– Marcelo, não imagina como foi bom ter estado com você nestas horas. Jamais pensei que sua companhia me fosse tão agradável. Obrigada.

E assim dizendo, aproximou-se do rapaz, na penumbra do subterrâneo e lhe depositou um beijo no rosto, na primeira vez em que ela se permitira tal tipo de cumprimento.

O rapaz, meio sem jeito, meio feliz, abraçou-a, respeitoso, e respondeu:

– Posso dizer a mesma coisa a seu respeito, Sílvia. Foi muito bom e haverá de ser igualmente muito agradável nosso próximo encontro. Não se esqueça, no entanto, do sonho que você deve me contar como prometeu.

– Claro, Marcelo, não me esqueço de minhas promessas. Contar-lhe-ei todos os detalhes.

Saíram do carro e retornaram ao escritório mantendo a mesma postura de antes, para que a intimidade ali nascida não ficasse conhecida de mais ninguém. Isso já era uma postura quase que instintiva de todos os que trabalhavam naquele lugar.

Fingir amizade na superfície, mas não se permitir qualquer tipo de demonstração de um afeto ou de uma ligação maior entre si.

***

Nenhum dos dois sabia, mas, dentro do carro, as três entidades perturbadoras, destacadas diretamente pelo Presidente da Organização, ali se achavam: o chefe no comando, Juvenal a lhe assessorar diretamente e o repugnante Aleijado a lhes acompanhar no aprendizado negativo.

Em cada lance da conversação, em cada acento de malícia ou de fingida ingenuidade, o Chefe ensinava os dois aprendizes como é que se conseguia manipular o pensamento de cada pessoa, valendo-se de suas tendências pessoais a fim de conseguir enredar cada uma na armadilha urdida para os fins obscuros.

Enquanto cada personagem falava, fios tenuíssimos de energia pardacenta saíam da mente do Chefe e se conectavam aos centros cerebrais de Sílvia e de Marcelo, através dos quais, suas intuições podiam atingir em cheio os centros do pensamento, ao mesmo tempo em que, com antecipação, lhe permitiam saber qual o teor das ideias de ambos.

Com esse conhecimento prévio das coisas, o Chefe podia melhor manipular os interesses e o rumo das conversações, na direção que lhe parecesse mais adequada, visando os fins colimados e estabelecidos pela direção da Organização.

Juvenal já se encontrava mais adestrado do que Gabriel, o Aleijado, buscando cooperar com o Chefe, assim como o subalterno subserviente e bajulador deseja cair nas graças de seu superior.

O Aleijado observava demonstrando interesse em aprender.

Para ele, no entanto, faltavam certos requisitos que só o tempo de observação poderia favorecer. O Chefe, no entanto, reconhecia que o seu grau de feiura e deformidade seria uma arma muito importante para os momentos de produzir um choque nos encarnados, através do encontro deles, durante o sono, com uma entidade tão aviltada na forma exterior.

Esse medo era capaz de apavorar e desorientar qualquer um mais despreparado e, por isso, Gabriel correspondia a uma eficaz arma a ser disparada no momento correto, com fins específicos, o que fazia com que o Chefe tolerasse a sua quase inutilidade, sabendo que, na hora certa, ele lhe poderia compensar pelos benefícios que propiciaria no desequilíbrio daqueles que lhes cabia atacar.

E quando o carro finalmente estacionou na garagem, todos desceram, incluindo os Espíritos, cada um tomando o rumo que lhes competia.

As entidades, entretanto, assim que se apresentaram nas dependências escuras do complexo Departamento Trevoso que se construía sobre o escritório terreno, foram informadas de que o Chefe deveria comparecer com urgência perante o Presidente da Organização, para prestar contas de como andava o processo de perseguição iniciado já há algum tempo.

Olhando para os dois que lhe seguiam os passos, o Chefe exclamou, um pouco preocupado:

– Bem, pessoal, o maioral quer falar com a gente. Temos que fazer nossa viagem até o gabinete. Informem que já recebemos a convocação e que, brevemente, estaremos atendendo, só dependendo de uns detalhes que providenciaremos imediatamente, para que partamos.

O Departamento que lhes servia de base de ações junto a Marcelo, Marisa e outros recebeu-lhe a comunicação e tratou de enviar mensageiro rápido para o Presidente ser informado de que, em breve, sua convocação seria atendida pelo grupo de perseguidores.

Enquanto se ausentasse do ambiente, o Chefe procurou dar algumas ordens para serviçais do próprio Departamento que lhe estavam à disposição, para que não fosse diminuída a carga de pressão sobre os integrantes de sua trama persecutória.

Afinal, o responsável não pretendia que algo saísse errado enquanto estivesse fora.

Além do mais, dois dias depois deveria estar a postos para o novo encontro de Marcelo com Sílvia.

Estabeleceram o reforço da vigilância no lar da referida moça, buscando afastar dali tudo o que lhe embaraçasse o caminho e, ao contrário, estimulando-lhe a excitação feminina com as lembranças detalhadas do sonho de dias atrás.

Junto a Camila, a ação negativa continuava a fazê-la imaginar as vantagens da companhia de Marcelo todas as manhãs, além de lhe dar certeza de que o rapaz se interessava muito por suas concessões na confiança, na conversa sobre os processos de espionagem levados a efeito pelo Dr. Leandro, tanto quanto sua perspicácia feminina sabia aquilatar o quanto Marcelo se encantava com sua beleza física, o que a fizera tornar-se ainda mais cuidadosa com suas roupas e com a maneira através da qual se exibia para o rapaz, fingindo ocultar aquilo que, efetivamente, permitia ser visto pelo olhar embevecido de Marcelo.

Já com Letícia, a jovem ansiosa, os sentimentos que nutria por ele eram o combustível a lhe mobilizar as atitudes, sendo facilmente manipulável pelas intuições espirituais inferiores que se valiam de suas carências e sonhos de mulher para idealizar o relacionamento com o colega de trabalho.

Todos estavam cercados, ao mesmo tempo em que Alberto e Ramos, sempre acompanhados por Leandro e Clotilde, lideravam aquele lugar, que poderia ser o altar do direito, no culto da verdade real, no desenvolvimento dos valores sociais adequados, na recusa ao patrocínio das causas indecentes, dos clientes indignos, mas que se tornara, apenas, uma máquina caça-níqueis, valendo-se das desgraças do mundo para enriquecimento próprio, como as aves de rapina que se projetam sobre suas vítimas para lhes arrancar a carne, antes mesmo que estejam definitivamente mortas.

15

OS DETALHES DA ORGANIZAÇÃO

Lá estavam os dois Espíritos, inferiorizados pela ignorância, na mesma antessala, aguardando o diálogo que o Presidente mantinha com o Chefe.

O prédio onde se localizava a sede diretiva daquele agrupamento, localizado nas zonas vibratórias mais inferiores e densas que renteiam o ambiente dos homens encarnados, era um conjunto mal organizado de salas e corredores, todos ocupados por entidades de igual inferioridade, algumas responsáveis por organizar ataques aos encarnados, outras como subordinados diretos da presidência, para assessorar e planejar a ação da Organização.

Desse centro trevoso, como de vários outros que existem, similares, partiam ligações com muitas instituições governamentais e políticas, bem como com seus representantes terrenos, aqueles homens que, deixando o idealismo do Bem de lado, se permitiram entregar às aventuras mesquinhas das negociatas e ganhos pessoais, os quais passavam a ser assessorados por equipes de entidades inferiores, provenientes de variadas organizações, entre as quais esta a que nos referimos.

Além do mais, ela mantinha departamentos espalhados por alguns pontos, lugares de contato direto com Espíritos infelizes que lhes procuravam o serviço e, graças aos quais, conseguiam arrebanhar mais e mais trabalhadores para a mesma e sempre interminável função de influenciar os homens para o mal, através dos processos obsessivos, de intuição negativa, de acompanhamento, vigilância e de proteção para aqueles que representavam seus interesses materiais na Terra.

Interessante perceber que as diversas dependências de tal edifício, se é que o podemos chamar assim, eram preenchidas por uma decoração estranha, sem os cuidados estéticos normais, não possuindo nenhum atrativo para representar o gosto pelo belo, limitando-se a espalhar móveis e objetos pelos espaços que se mantinham iluminados por fontes de luz parecidas com as tochas abastecidas com betume, usadas pelos habitantes de cavernas. Nas paredes de alguns aposentos de trabalho, desenhos ou telas ostentando imagens grotescas de tétrico gosto, geralmente envolvendo atos sexuais ou apresentando a nudez como fonte de exploração no que ela pudesse representar de mais pornográfico.

Ao mesmo tempo, perambulando pelos corredores e salas, um cortejo de homens e mulheres disformes e desajustados, aparentando a condição de mendicância vestindo andrajos, à primeira vista, sem noção clara da própria condição de desajuste ou repugnância.

Ao lado dos que trabalhavam ali com funções mais ou menos definidas, tais entidades desocupadas eram ali admitidas como aqueles que servem de corte bajulatória dos poderosos, representando algo parecido com as antigas populações dos palácios terrenos de todos os tempos, quando se procuravam as proximidades do poder para dele poderem usufruir em alguma medida e influenciar as decisões.

Assim, muitas mulheres ali se mantinham transitando de um lado para o outro, usando do corpo que julgavam ainda possuir para atrair a atenção das "autoridades" ou para favorecerem os interessados em algum negócio escuso, como forma de lhes facilitar o acesso às salas mais importantes.

Ofereciam-se porque se orgulhavam de conhecer o caminho para a obtenção dos favores dos maiorais. Por isso, tais entidades se apresentavam vestidas com diversos estilos de roupagens. Algumas trajavam-se à moda francesa do tempo dos Luizes, outras, de acordo com as cortes italianas, inglesas, alemãs de tempos idos, ao lado de muitas com roupas modernas, denotando terem sido mulheres que viveram na esfera dos interesses políticos em épocas mais recentes.

Invariavelmente, todas tinham o mesmo padrão de conduta indiscreta, arrojada e promíscua, o que as caracterizava por um tônus de energia típico de seus pensamentos e sentimentos esfogueados. Todas, igualmente, buscavam valer-se da seminudez para conquistar a atenção dos mais importantes, ao mesmo tempo em que se permitiam comportamento íntimo com qualquer estranho que lhes parecesse interessante.

Para a visão dos bons Espíritos, aquele era um circo dos horrores, uma vez que todas eram quase cadáveres que caminhavam para lá e para cá, desejando ser sedutoras e atraentes. As roupas se tinham transformado em andrajos sujos e repulsivos, e as partes expostas de seus corpos traziam as marcas da decomposição ou já deixavam aparecer a estrutura de ossos, como se aqueles Espíritos ainda possuíssem corpos densos como os dos seres encarnados na Terra.

Para eles, no entanto, cuja visão se cristalizava no clima mental em que ainda viviam, o ambiente de interesses políticos, de influências e poder, todos se viam em perfeito estado e se permitiam as relações físicas como se nada lhes houvesse acontecido, a não ser a transferência de um lado para o outro da vida.

Sabiam que já não mais faziam parte do mundo dos homens, mas tinham tal influência sobre eles que julgavam ainda compor a mesma realidade, como se estivessem do outro lado da mesma moeda material.

Por isso, a conduta desse agrupamento de Espíritos não se limitava aos processos de perseguição ou influenciação dos encarnados. Estendia-se ao desfrute das mesmas sensações físicas que houveram desenvolvido ao longo de suas vidas vazias e fúteis, quando orbitavam o poder para sugar-lhe as benesses e deixar-se sugar pelos poderosos, sempre interessados em belos corpos e aventuras arrojadas.

As relações íntimas que ali se propiciavam envolviam tanto as hétero quanto as homossexuais, uma vez que para tais entidades as balizas morais não representavam óbices para a conquista de seus objetivos.

Além disso, com base nas mesmas tendências humanas, grupos de Espíritos, que se valiam das fragilidades emocionais dos encarnados, deles se aproximavam para fustigar-lhes as inclinações da sexualidade, buscando enredá-los nas atitudes depravadas, quando a excitação ou a volúpia pelo prazer assumiam o comando das consciências para, logo mais, cederem lugar à culpa pelo comportamento degenerado, o que acabava por produzir as brechas mentais e emocionais de que tais Espíritos necessitavam para assediar, psicologicamente, aqueles que assim se permitissem degenerar, vampirizando-lhes as forças físicas como já o faziam com Sílvia.

Por tais motivos, aquele centro de Espíritos impuros era um núcleo de funções variadas, sempre voltado para explorar as fraquezas dos encarnados sobre os quais se fixavam, seja para conseguirem continuar a manipular as coisas do mundo, para extraírem vantagens através desse consórcio negativo, para perseguirem com sede de vingança, seja para protegerem os seus representantes físicos encarnados, aqueles que lhes serviam diretamente para o controle das instituições humanas, por estarem em sintonia com o mal.

As inúmeras dependências, portanto, eram uma tal mistura de pessoas, objetos, sujeira e mau cheiro, que alguns dos próprios Espíritos atrasados que serviam aos interesses da Organização não suportavam permanecer em seu interior por muito tempo.

Era amedrontador, para muitos deles, demorar-se mais do que o necessário no seu interior.

Sabiam, muitos deles, que ali havia armadilhas espalhadas por todos os lados, expondo os mais incautos ou menos maliciosos a riscos desnecessários.

Entidades abrutalhadas e violentas se postavam, como guardas ríspidos e agressivos, com a nítida função de intimidar os mais exaltados e aqueles que desejassem forçar a situação.

A única parte do prédio que se apresentava com uma certa limpeza ou ordem relativa era aquela que se avizinhava do gabinete central, de onde o Presidente comandava a Organização.

A estrutura administrativa era pouco desenvolvida.

O Presidente, que tinha poderes ilimitados sobre tudo e sobre todos, se servia de alguns, que escolhia pessoalmente pelas afinidades no mal e pela simpatia dos gostos e inclinações, para fazê-los Chefes e enviá-los a missões de sua estrita confiança, tanto dentro da estrutura daquele edifício quanto fora da instituição.

Era ele quem escolhia também os dirigentes dos "departamentos", extensão da Organização junto aos encarnados, geralmente localizada nas próprias estruturas vibratórias das construções físicas que mantinham na Terra, como era o caso do escritório de Alberto e Ramos.

Em todos, o Presidente fixava seus escolhidos, mas, como forma de manter o terror e o medo controlando tudo, os Chefes tinham autonomia para agir em todas as situações com carta branca, tornando-se, igualmente, espiões e fiscais da presidência por onde passassem. Gozando de tais poderes, reconhecidos como íntimos do comandante daquela estrutura, eram cortejados e temidos por todos os que faziam parte daquela Organização, situação esta que muito os agradava e da qual tiravam sempre o melhor proveito, fosse no aproveitamento abusivo das concessões na área do relacionamento íntimo com as diversas entidades, homens ou mulheres, que se lhes atiravam nos braços, oferecidos, fosse na perseguição de outras que se apresentassem no caminho de seus interesses pessoais, usando de sua influência negativa para afastá-las ou puni-las.

Eram os que administravam, em nome do Presidente, a maioria dos diferentes setores de atuação da organização no mundo dos homens, prestando contas de todas as suas atitudes e dos processos sobre os quais tinham responsabilidade.

Qualquer erro ou falta era punido severamente com a destituição imediata e com punições de natureza física, o que representava uma humilhação para quaisquer dos Chefes que, a partir daí se veriam ridicularizados por todos aqueles que haviam humilhado antes, não deixando de ser, por isso, uma punição redobrada.

Assim, tudo faziam os Chefes para não se permitirem falhas, inclusive exigindo a mesma conduta de seus subordinados imediatos.

Essa máquina funcionava muito bem, graças aos impulsos inferiores dos próprios encarnados que a ela se ajustavam com facilidade e perfeição.

Além deles, os próprios Espíritos, pouco elevados e descuidados da oração e da melhoria dos sentimentos, acabavam atrelados a tal organismo para a obtenção dos favores de que necessitavam com a condição de se entregarem a si próprios como pagamento pelas concessões negativas nos serviços que solicitavam.

Por isso, depois que tinham seus casos aceitos e atendidos, tais Espíritos, que solicitavam os préstimos da Organização, tinham que aceitar trabalhar para ela nos seus mais diversos setores. Para preparar tantos novos servos ou quase escravos, dispunha de grupos de entidades inteligentes e conhecedoras dos processos hipnóticos que, submetendo os novos candidatos às suas terapias, ganhavam um controle sobre o pensamento e a vontade de tais Espíritos invigilantes que, daí para a frente, sofriam um tipo de lavagem cerebral com base na culpa, na dívida que contraíram e passavam a aceitar a escravização às determinações da Organização.

Eram informados de que os que não obedecessem sofreriam

as punições atribuídas aos maus pagadores, uma vez que ali estavam depois de terem recebido os favores que haviam solicitado, pelo preço que tinham concordado em pagar, livremente.

Eram esclarecidos de que ninguém conseguia fugir da instituição e que, aqueles que o haviam tentado, haviam sido recapturados e submetidos a torturas arrepiantes.

Tudo isto, na verdade, era uma intimidação psicológica através da qual as entidades hipnotizadoras que serviam à Organização mantinham submetidas à sua as vontades tíbias dos que se atrelavam ao mal.

Em realidade, inúmeros Espíritos já haviam conseguido evadir-se da zona de influências negativas em que tal instituição atuava, jamais tendo regressado para seu seio. No entanto, tais notícias não eram divulgadas entre os seus membros que, para que continuassem na mesma condição de dependência e temor, recebiam a informação de que os fugitivos haviam sido recapturados e estavam isolados, recebendo os castigos que mereciam pela conduta leviana e irresponsável.

Assim, com base na mentira, faziam os serviçais acreditarem que não havia como fugir dali e, ao mesmo tempo, mantinham o império do terrorismo, a intimidar qualquer atitude semelhante.

Ao lado dos hipnotizadores, havia os Espíritos planejadores, cuja inteligência esmerada era a fonte das estratégias de atuação nas diversas áreas de influência daquela Organização.

Depois, havia o grupo das entidades responsáveis pela segurança, composto de criaturas violentas e frias, submissas cegamente às ordens superiores.

A seguir, o grupo das entidades executoras junto às vítimas invigilantes, estabelecendo os processos de perseguição obsessiva, mesmo sobre aqueles contra os quais pessoalmente nada tinham a cobrar. No entanto, aquilo era como um trabalho a ser feito que se achava sob sua responsabilidade e que, se não fosse cumprido, poderia ocasionar-lhe sanções pessoais desagradáveis.

Como ferramentas importantes nos processos obsessivos, havia o grupo das entidades ovoides que eram ajustadas pelos executores nas áreas físicas ou mentais dos encarnados para lhes produzir alucinações auditivas ou visuais, para drenagem de suas forças vitais, para o sugestionamento de dores ou doenças fictícias que se tornavam reais, ainda que não detectadas nos exames médicos.

Como se pode ver, era uma estrutura complexa que aqui não estará sendo mais detalhada para que o leitor não venha a impressionar-se negativamente, imaginando que se trata de um poder que supere o Poder Divino e que se deva temê-lo como alguma força maléfica indestrutível e irresistível.

Noticiamos para que os encarnados possam estar alertas para esse tipo de agremiação que, em verdade, não diverge muito das que já, há muito tempo, existem no ambiente material humano, nas grandes quadrilhas de criminosos de todos os tipos, organizados para melhor coordenarem as ações ilícitas, obtendo os maiores ganhos possíveis.

Não há muita diferença entre os dois tipos, até mesmo porque os Espíritos que compõem Organizações maléficas são do mesmo padrão daqueles encarnados que se atiram com volúpia sobre as riquezas alheias. Por serem de idêntico padrão, tais encarnados, quando perdem o corpo físico, muitas vezes se agregam a instituições similares que estão no mundo invisível inferior, dando continuidade ao mesmo tipo de conduta que tinham quando no corpo físico.

Por tudo isso é que Juvenal e Gabriel, o Aleijado, apesar de fazerem parte daquele ambiente, se sentiam tão desconfortáveis quando esperavam na antessala, aguardando o Chefe, sob a vigilância de dois homenzarrões mal-encarados.

Poder-se-ia dizer que traziam os pelos arrepiados, se pelos tivessem sobre a pele, só por estarem ali, apesar de pertencerem à mesma Organização.

No interior da sala da presidência, ocorria o seguinte diálogo:

– Como estão as coisas no caso que tenho interesse? – perguntou o Presidente, sério e determinado.

– Ora, meu senhor, estão indo muito bem. Já conseguimos alterar as disposições de Marisa que, por isso, influenciou Marcelo que, em decorrência, aceitou as nossas sugestões de desbancar Leandro e, para tanto, definiu como melhor estratégia, aproximar-se das três colegas a fim de, com isso, conseguir o que almeja para reconquistar o interesse da esposa.

– Muito bem. Segundo minhas previsões, então, mais alguns meses e tudo estará solucionado como desejo.

– Sim, Presidente, acredito que em dois meses tudo já esteja no ponto que o senhor espera para o golpe final.

– Ótimo. No entanto, as coisas com Glauco não andam com a mesma velocidade, não é?

Pigarreando pela surpresa inesperada, o Chefe retrucou, procurando parecer seguro de si:

– É que nós nos dedicamos, primeiramente, aos que estavam mais inclinados a nos aceitar as sugestões, meu senhor. Já estabelecemos um primeiro contato com Gláucia e Glauco e, em breve, Marisa estará se avistando com ele, ocasião em que pretendemos nos fazer mais diretamente presentes em seus pensamentos.

– Ele é muito importante para que nossos planos funcionem perfeitamente, Chefe, e espero que você não me decepcione já que tenho plena confiança em sua competência.

– Obrigado, Presidente. Esteja certo de que isso não vai acontecer, porque estou cuidando do caso pessoalmente.

– Assim espero também.

– Estarei utilizando alguns recursos de provocação mais poderosos a partir da próxima semana, quando todos os envolvidos já terão se permitido, segundo observo, cair sob o nosso controle mais intenso.

– Os recursos que possuímos estarão sempre à disposição de nossos objetivos e, para usá-los, basta solicitar, como você sabe fazer, e eles não lhe serão negados – disse o Presidente.

Você sabe do meu pessoal interesse neste caso, e não deixarei de utilizar todas as forças para chegar aonde desejo.

Entendendo a poderosa vontade de seu interlocutor, o Chefe calou-se, abanando afirmativamente a cabeça e, com isso, a entrevista foi dada como encerrada.

Deixando o ambiente, convocou seus dois auxiliares e partiu de regresso aos gabinetes suntuosos do escritório, não sem antes avistar-se com os responsáveis pelos processos obsessivos mais intensos, aos quais informou que necessitaria receber a cooperação deles no aprofundamento de suas ações de convencimento – como costumavam chamar o processo obsessivo – visando o sucesso naquele caso de interesse pessoal do Presidente.

Acertado os modos mais adequados para que a tarefa continuasse dentro dos planos previstos, eis que, algum tempo depois, os três se encontram junto das nossas personagens novamente, observando-as e procurando certificar-se de que tudo está andando dentro do previsto.

***

Enquanto isso, Félix e Magnus conversavam, buscando o entendimento das questões que tinham sob a análise.

Na verdade, as duas luminosas entidades dispunham de recursos pessoais para se fazerem presentes no interior de tais Organizações e assistir suas reuniões sem que pudessem ser observados pelos seus integrantes, já que as diferenças vibratórias de ambos em relação aos que nela viviam lhes impunha uma invisibilidade natural, decorrência da falta de capacidade dos outros Espíritos em se sintonizarem com energias mais purificadas de que ambos eram portadores.

– Você está vendo, meu filho, como as almas não se modificam pelo simples fato de terem deixado o envoltório carnal entregue aos vermes da Terra?

– Sim, instrutor. É triste esta constatação, mas não resta dúvida que isso é a Verdade sob os nossos olhos.

– E por mais que Deus ofereça para todos os seus filhos os tesouros celestes da beleza, da compaixão, da fraternidade, ainda a maioria lhe dispensa as concessões para se aferrarem aos instintos de vingança, de ódio, de cobiça e do crime com os quais complicam a própria vida.

Quanto lhes abreviaria o sofrimento um simples gesto de perdão sincero, esquecendo a ofensa. Como lhes seria positivo o fato de se deixarem levar pelo convite do Bem, partindo para a transformação pessoal com a mudança dos sentimentos.

Uma simples lágrima que derramassem, nos cansaços do Mal, nos desgastes do crime repetido, na frustração de décadas ou séculos de malograda existência na viciação poderia modificar-lhes o rumo do destino, uma vez que a menor demonstração de arrependimento lhes facultaria a ajuda que Deus lhes estende constantemente, mas que não entendem, não enxergam ou não querem receber.

Magnus escutava, com atenção e interesse e, aproveitando as referências de Félix, acrescentou:

– E o mais interessante é que os encarnados também aceitam esse tipo de influência negativa, quase que sem nenhuma diferença dos que não têm mais o corpo físico.

– Muito bem lembrado, Magnus. As mesmas afirmativas valem para os encarnados que, sem qualquer cuidado com o pensamento, com as palavras, com os sentimentos e as atitudes, se associam aos Espíritos que lhes observam as inclinações para lhes servirem de instrumentos ativos no mesmo plano baixo dos desejos inferiores ou no plano superior dos ideais nobilitantes.

Tudo é uma questão de direção ou de escolha pessoal, meu filho.

Se Marisa não tivesse aceitado as sugestões inferiores das entidades que se imiscuíram em seu mundo íntimo porque encontraram espaço em sua leviandade e futilidade pessoal, não teria modificado seu comportamento com o marido e nada disso estaria acontecendo agora.

A mesma coisa ocorre em cada lar, quando as pessoas não cuidam dos assuntos, dos comentários negativos.

Cada palavrão desferido por uma boca frouxa, acostumada aos xingamentos como forma de desafogo, é comparável a um caminhão de lixo que verte sua caçamba no interior do ambiente, repercutindo, não apenas nas vibrações escuras que ficam reverberando pela atmosfera do lar, como atingem a cada um dos seus integrantes, na medida de suas sensibilidades, produzindo mal-estar, revolta, depressão, sofrimento, lágrima, raiva, ou desencadeando nova onda de palavras chulas que os outros possam atirar-lhe em forma de revide verbal ou mental.

Não bastando isso, a degeneração fluídica que uma única expressão é capaz de iniciar, pode abrir as portas da estrutura familiar para o ingresso de um sem número de Espíritos inferiores que, posicionados nos arredores, acompanhando outras pessoas na calçada, ou mesmo perambulando sem rumo na rua, se veem atraídos por aquele choque magnético que eles identificam como uma assinatura fluídica inferior a atraí-los para o ambiente no qual encontrarão os hábitos e assuntos a que se afeiçoaram.

Desse jeito, a casa vai sendo ocupada por todo tipo de entidades sofridas ou maldosas que, por sua vez, saem em busca de seus amigos e os trazem para a nova moradia, piorando o estado geral da vibração coletiva, produzindo um aprofundamento dos problemas psíquicos de seus membros, empesteando os fluidos ali existentes, e assessorando aqueles com os quais mantenham uma afinidade maior, por causa dos hábitos mentais descontrolados ou invigilantes de um único de seus moradores.

Ouvindo tais advertências, Magnus considerou, interessado:

– Mas se só um dos membros pode causar tamanho estrago no ambiente da família, como ficam aqueles que não merecem tal tipo de companhia, mas que vivem ao lado desse indivíduo complicado pelo desequilíbrio emocional e pelo destempero verbal?

– Bem, meu filho, a lei é Justa e Sábia. Todos aqueles que se mantenham em elevação de pensamentos e sentimentos e que não se permitam ingressar na onda de vibrações inferiores são as salvaguardas do lar, mantendo as balizas luminosas que o defenderão e que, acesas pelo devotamento e pelo equilíbrio dos que zelam por sua estrutura límpida, receberão esses componentes desajustados como um doente a ser medicado pelo hospital da família equilibrada.

No entanto, o que costuma acontecer, em grande parte dos casos, é que a regra da laranja funciona invariavelmente.

Sem entender direito a referência bem humorada, Magnus sorriu e perguntou:

– Regra da Laranja? Nunca escutei falar dela!

– Ora, meu amigo, claro que já escutou. É aquela que fala que uma laranja estragada no meio da caixa costuma acelerar o apodrecimento das demais.

Lembrando-se de que já conhecia, Magnus balançou a cabeça e deixou que o instrutor continuasse:

– Assim, graças à regra da laranja, a maioria dos membros da família que se vê na condição de possuir, entre seus integrantes, uma pessoa difícil, intransigente, faladeira, mentirosa, intrigueira, maledicente, xingadora, ao invés de manter a qualidade dos valores e virtudes elevadas, prefere resvalar para o mesmo padrão de insanidade e, assemelhando-se à laranja podre, começa a apodrecer igualmente, tornando mais escancarado o ambiente da casa aos invasores que poluem os pensamentos e sentimentos, instaurando o desajuste geral como lei de convivência.

Por isso é que o mundo espiritual não se cansa de aconselhar a oração em família, semanalmente, como fonte de reequilíbrio e de higienização das vibrações do ambiente, atividade esta que deve ser feita de maneira natural com aqueles que aceitem dela participar.

– Mas o simples fato de se orar em família, pode servir tanto ao equilíbrio da casa?

– Você nem faz ideia de como isso é benéfico.

Já que estamos em aprendizado, Magnus, visitaremos um núcleo familiar que, estando alerta para as advertências de Jesus do Orai e Vigiai, nos servirá de laboratório para a observação sobre tais benefícios.

Observando o ambiente degenerado daquele prédio onde a Organização se reunia, o instrutor rematou:

– Naturalmente que aqui, qualquer entidade que se apresentasse com a ideia de oração seria imediatamente seviciada, arrastada para algum calabouço escuro ou submetida a nova seção de hipnose por parte das inteligências maldosas que aqui atuam. Para este tipo de ambiente, a oração não representaria senão uma ameaça a ser banida com o banimento do seu defensor. Além do mais, estamos diante de um grupo de desequilibrados, que assim se apresentam exatamente porque se afastaram da ligação com Deus há muito tempo.

Mas no ambiente familiar onde não há um predomínio acentuado do mal, qualquer tipo de vibração elevada é capaz de encontrar repercussão positiva nas inteligências invisíveis que lhe guarnecem as fronteiras, não podendo nos esquecer de que cada encarnado é seguido de bem perto por um Espírito protetor que lhe é necessariamente superior em evolução. Assim, ainda que a maioria dos familiares não encontre tempo ou não tenha disposição em participar da oração em família, todas estas entidades assim cooperarão para que o seus benefícios possam ser sentidos pelos seu integrantes, indistintamente, da mesma forma que qualquer morador de uma casa se beneficia com o odor agradável de um frasco de perfume que um único de seus membros tenha destampado para odorificar o ambiente coletivo.

Vamos até esse lar porque hoje é dia de oração e eu desejo que você possa observar o lugar antes que tenha chegado o horário que marca o início da reunião para a prece semanal em família.

Deixaram, assim, as dependências trevosas da Organização e partiram em direção ao referido agrupamento familiar, onde iriam observar os benefícios da elevação de sentimentos através da prece.

16

A PREPARAÇÃO PARA O EVANGELHO EM FAMÍLIA

Não tardou muito para que ambos os Espíritos amigos pudessem se ver no lar de Olívia, a mãe de Gláucia, onde mais à noite se realizaria o encontro familiar com a finalidade de realizarem a oração coletiva.

O período da tarde mal acabara de iniciar-se e, no mundo invisível, as atividades espirituais se mostravam intensas.

Aquele pequeno reduto doméstico, simples sem ser paupérrimo e confortável sem ser luxuoso, causaria espanto a algum mais desavisado que, de um momento para o outro viesse a vislumbrar as inumeráveis tarefas que ali eram levadas a cabo.

Trabalhadores de todos os matizes se incumbiam de monitorar a qualidade do ar atmosférico, ionizando todos os cômodos da residência para garantir o grau de pureza necessário a fim de que os processos espirituais tivessem a eficiência mais avultada possível.

Ao mesmo tempo, inúmeros trabalhadores preparavam o ambiente invisível que correspondia ao lar terreno, isolando com faixas luminosas certas áreas destinadas às entidades que seriam trazidas pelos seus mentores ou tutores para que ouvissem a leitura e os comentários do Evangelho da noite.

Outro grupo de Espíritos amigos se valia de seu poder luminoso para isolar, em uma outra faixa da residência, as entidades sofridas que acorriam àquele pouso de equilíbrio com a finalidade de encontrarem um consolo para suas dores, cientificando-se de que não possuíam mais o corpo carnal.

Mais além, aparelhagem espiritual de delicada constituição se mantinha isolada para que os Espíritos, na medida de suas necessidades, pudessem manipular os fluidos necessários para a formação de quadros fluídicos, muitas vezes acompanhando com imagens os textos evangélicos ou os comentários mais inspirados dos participantes, ocasião em que se observava a participação direta das entidades benfeitoras que os assessoravam.

Ao redor da residência, um conjunto de guardas espirituais se mantinha atento, valendo-se de grandes cães que, por seu porte avantajado, impunham um temor a qualquer visitante não convidado que desejasse ingressar no ambiente sem a permissão necessária.

Reservava-se espaço, igualmente, para os Espíritos que acompanhavam os encarnados que participariam do culto do Evangelho, os quais eram recolhidos com muita fraternidade para que ficassem ouvindo, não se permitindo que exercessem a influência costumeira sobre os membros mais desavisados ou invigilantes da família.

Nessas ocasiões, muitos desses Espíritos perturbadores, sabendo que poderiam ser isolados de seus acompanhantes, tudo faziam para impedir que eles comparecessem à reunião, criando embaraços múltiplos, fazendo com que ocorrências físicas atrapalhassem aquela pessoa na chegada oportuna ao lar, induzindo-a a escolher a via de trânsito mais congestionada, ou que pessoas os procurassem de última hora para conversarem sobre inutilidades ou, até mesmo, provocando mal-estar súbito, sono, cansaço, para que o encarnado não se sentisse animado a participar da reunião.

Então, quando nada disso dava resultado por causa da determinação e da responsabilidade do participante que buscavam atrapalhar, ao se aproximarem do ambiente, acompanhando aquela pessoa, alguns desses Espíritos desistiam de entrar porque a diferença vibratória era imensa e, atemorizados pelas forças do Bem, preferiam manter-se afastados, na rua, a se aventurarem nas perseguições lar adentro.

Isso favorecia sobremaneira os encarnados que, depois de suas lutas diárias aumentadas pela pressão psíquica que sofriam, finalmente conseguiam um pouco de paz interior e equilíbrio mental para o reequilíbrio indispensável.

Entretanto, o lar de Olívia não era um ambiente especial, diferente de qualquer lar terreno, ou isento dos problemas normais de qualquer família. Era uma casa que, em nada, se diferenciava das milhares de moradias que existem, a não ser pelo interesse que demonstravam alguns de seus membros pela elevação de pensamentos e sentimentos através da boa conduta, da palavra compassiva e da oração sincera. No entanto, no rol dos problemas comuns, encontrávamos os mesmos cenários de outros tantos grupos familiares.

João, seu marido, era um homem pouco sensível para certas coisas, ainda que se apresentasse como um bom pai de família. Não entendia das coisas espirituais e se mantinha ligado a Deus à sua maneira, sem acreditar piamente nem descrer de forma sistemática. Quando sua saúde periclitava ou seus problemas materiais se tornavam maiores, recorria às orações como forma de encontrar um amparo naqueles desafios que o fustigavam. No entanto, quando tudo ia bem, muitas vezes deixava de participar para se dedicar à partida de futebol que se costumava transmitir naqueles dias e horários ou ao noticiário sobre as tragédias e os problemas do dia. Para isso, dirigia-se ao seu quarto, onde se mantinha fechado, deixando o ambiente da copa disponível para a realização da oração coletiva.

Gláucia, filha mais velha do casal, de longe era a mais íntima colaboradora de sua mãe, com suas orações e ideais, já que desde jovem aprendera os mais belos conceitos espirituais nas palavras pacientes de sua genitora, inclusive nas piores crises que enfrentara, quando encontrara serenidade graças às orientações sábias de seus conselhos maternais.

Luiz era o irmão mais novo, segundo e último filho do casal Olívia e João. Era um rapaz agitado, na efervescência da vida e cheio de aventuras na cabeça.

Lutava para conseguir o melhor trabalho e estava sempre envolvido em mudanças bruscas no rumo que seguia, tentando novos campos, dedicando-se a muitas coisas simultaneamente.

Sua instabilidade emocional era patente, já que sua pouca maturidade espiritual colaborava para que se mantivesse ansioso e instável, dependendo muito do equilíbrio materno e das conversas que tinha com a irmã, nas horas em que isso se apresentasse possível.

Gláucia procurava aconselhá-lo sobre as questões afetivas, valendo-se de sua posição de mulher mais velha e com maior compreensão espiritual, informando seu irmão a respeito das leis espirituais e suas repercussões na vida a fim de alertá-lo para as armadilhas que a observância cega dos costumes da "maioria mundana das pessoas" costumava produzir no caminho dos que os adotam como hábitos próprios.

Luiz gostava de escutar a irmã, mas não fazia muita conta em seguir seus conselhos.

Sempre se envolvia com muitas garotas e, cada final de semana se dispunha a testar a sua masculinidade em companhias diferentes, conseguidas nas festas de embalo, nas baladas diversas onde a escuridão, a música ensurdecedora, a bebida alcoólica fácil e, não raro, as drogas diversas faziam o coquetel do desajuste pessoal e emocional, terminando sempre em uma noite de aventuras nos locais destinados aos encontros íntimos modernos, vulgarmente conhecidos pelo nome de motéis.

Assim, com exceção de Gláucia e Olívia, os dois outros integrantes do ambiente familiar eram homens pouco ligados às questões do Espírito e às transformações indispensáveis para a manutenção do equilíbrio doméstico.

João e Luiz ficavam fora de casa durante o dia, em trabalho profissional. Gláucia se mantinha fora no período da tarde, quando exercia a atividade de professora de crianças em uma escola particular, enquanto Olívia se dividia entre os trabalhos domésticos e suas obrigações como costureira, recebendo em casa as tarefas a serem cumpridas, que lhe eram enviadas por uma confecção de grande porte existente nas redondezas.

Além disso, ajudava na casa espírita como voluntária, atendendo os que chegavam, através da entrega de mensagens à entrada do salão de palestras, ao mesmo tempo em que ajudava como doadora de fluidos magnéticos e dialogadora nas reuniões de conversação espiritual com entidades aflitas.

Mantinha-se em constante elevação de pensamentos e suas vibrações suaves eram um poderoso atrativo para Espíritos amigos que desejassem encontrar um ambiente de paz e consolação, sempre existentes ao seu redor.

Dessa forma, no ambiente físico daquela casa de família, naquela hora do dia só Olívia se encontrava. Depois de terminadas as tarefas com a louça do almoço, sentara-se junto à máquina de costura para dar conta de sua cota diária de serviço.

Félix e Magnus observavam a indescritível atividade espiritual naquele pequeno núcleo familiar na superfície do mundo, contrastando com a calmaria física que dominava seu interior, no plano carnal.

– Eu nunca imaginei que uma casa como esta pudesse comportar uma tal obra de assistência por parte dos Espíritos amigos. Afinal, isto aqui não é um centro espírita!

– Sim, Magnus, e nem deve ser um centro espírita. A Casa Espírita deve se localizar em ambiente desabitado, sempre que isso for possível, a fim de que não ocorram interferências de um plano da vida no desempenho das atividades do outro e vice-versa. Sempre que acontece tal identidade, ou seja, sempre que os encarnados fundam um centro espírita na própria residência, isso pode parecer bom num primeiro momento. Todavia, por mais que o amigos invisíveis possam envolver a todos em uma atmosfera de elevação, nem sempre as próprias pessoas desejam se manter elevadas. Além disso, quando as pessoas vão a uma casa espírita, depois da reunião elas se afastam, mas os Espíritos necessitados que lá foram internados por algum motivo sério permanecem para a continuidade de seu tratamento. No entanto, quando a casa espírita se confunde com o lar físico das pessoas, tais Espíritos não encontram o ambiente de neutralidade indispensável para a sua recuperação, mantendo-se imantados aos médiuns, sensitivos e participantes da reunião, de tal maneira que esse contato pode acabar se tornando nocivo, inclusive, para a saúde e para o equilíbrio físico-mental dos que ali vivem.

Demonstrando acendrado interesse nas lições, Félix continuou:

– Agora, meu amigo, diferente é o caso da reunião familiar destinada à oração singela e sincera. Há tantas necessidades no mundo e tão carentes estão os Espíritos superiores de mais instituições devotadas ao trabalho de amor pelos aflitos, dos dois lados da vida que, uma vez surgindo alguém interessado no cultivo das boas lições e das santificantes vibrações de consolação, estabelecendo esse trabalho com a responsabilidade que se espera de gente séria, os seus amigos invisíveis não medem esforços para que, durante os rápidos minutos da reunião singela, muitas criaturas encontrem a ajuda que buscam, além, é claro, de promoverem a ajuda imediata aos próprios integrantes da família que se reúne.

Daí estarmos vendo toda esta intensa atividade. Realmente, esta pequena habitação se parece, sim, com uma instituição espírita, ainda que tenham tido o cuidado de não se permitirem as rotinas de uma Casa Espírita regular, como preceituam os postulados da Doutrina Kardeciana.

Assim, como você vê, tal reunião não se destinará apenas aos quatro membros desta família e ao quinto integrante, na condição de noivo de Gláucia. Nosso Glauco, atendendo aos convites da amada noiva, sempre que pode, comparece ao grupo, na oração semanal que realizam. Não se trata, igualmente, da transformação do culto do lar em uma reunião pública para a qual toda a vizinhança ou a parentela venha a ser convidada. Glauco, na verdade, já é quase um integrante da família e, além disso, está intimamente ligado aos destinos e objetivos espirituais que se desenvolvem nesta pequena comunidade. Assim, nada mais justo do que participar de seus encontros íntimos para que se integre plenamente aos trabalhos do Espírito e ao crescimento nos conceitos importantes da alma.

Além do mais, Glauco é dotado de algumas faculdades mediúnicas que estão sendo desenvolvidas pelos seus amigos invisíveis que, nestas ocasiões, se aproveitam do ambiente, das energias amorosas dos integrantes da família e aplicam-se a melhorar suas percepções, preparando-o para os desafios que o futuro lhe reserva, nas tarefas do Bem com as quais se comprometeu antes do renascimento, a serem desenvolvidas plenamente na Casa Espírita, no momento adequado.

E tão grande se fazem as necessidades dos desencarnados de um modo geral que, de forma eficaz e muito objetiva, os responsáveis espirituais pelo trabalho se esforçam em buscar o maior número de participantes invisíveis para que escutem as orientações das palavras generosas e sábias que o Amor de Jesus propicia a todos nós, levando-as consigo após o término da reunião.

Ouvindo tais revelações, Magnus aventurou a pergunta natural:

– Mas o aumento das entidades necessitadas ao redor da moradia não pode criar maiores perturbações nos que ali vivem? E se os encarnados ficam sabendo disso, essa descoberta não poderá fazê-los imaginar que a oração vai atrair mais seres sofredores, prejudicando as energias do interior do seu lar, o que os levaria a recusarem-se a realizá-la?

— O ambiente é perfeitamente preservado pelas medidas salutares que os dirigentes espirituais adotam para a devida proteção. Além do mais, Magnus, estamos falando de um lar com pessoas de boa vontade e que estão empenhadas na melhoria moral, como é o caso de Olívia, Gláucia e Glauco. Agora, quanto ao fato de os seus moradores temerem a invasão de sua casa e, assim, deixarem de realizar o Evangelho semanal, isso só se pode considerar plausível no caso de pessoas pouco preparadas onde a ignorância das leis espirituais e a falta do bom senso produza algum tipo de comportamento anacrônico como esse. Na verdade, filho, os encarnados são os maiores produtores de perturbação para si próprios. Seja na rua, no trabalho, nas relações sociais e mesmo nas horas de lazer, seus sentimentos desregrados são incontáveis portas de entrada para entidades de todos os padrões de inferioridade e sofrimento.

Bastando-se a si mesmos para produzirem tal tipo de cortejo trevoso à sua volta, a oração em família é a única forma mais acessível de conseguirem amparar a tais necessidades de sossego, ajudando as entidades que trouxeram de suas aventuras irrefletidas.

Com relação a estes outros que são trazidos pelos seus tutores e mentores espirituais, esta presença se acha isolada no ambiente, não sendo causadora nem da piora nem da ocorrência de mais problemas. Os geradores de problemas, invariavelmente, são os encarnados invigilantes.

Estes Espíritos, tão logo seja encerrada a reunião, serão encaminhados para os respectivos ambientes, não restando aqui o menor resquício vibratório que lhes possa atestar a passagem. Ao contrário, das emoções que se despertaram no íntimo de tais Espíritos infelizes, das preces que aprenderam ou se lembraram de fazer, dos encontros com entes amados que os buscavam há muito tempo, restará no ambiente familiar a sensação de gratidão por todos os que compõem este pequeno grupo, gratidão que se elevará aos planos superiores como atestados de amor incógnito daqueles que se melhoraram nos encontros realizados nesta família. Isso cairá sobre todos os seus componentes como bênçãos de equilíbrio e de paz.

Nenhum temor, pois, deve revestir o sentimento dos que vivem em uma casa guarnecida pelas boas obras, que se traduzirão sempre em bons fluidos para todos os que dela participam.

Além disso, há a alegria dos mentores superiores, dos

trabalhadores do Bem, dos servidores da Verdade que podem, aqui, encontrar serena pousada de refazimento, aprendizado e ajuda, tal qual se pode sentir feliz a alma que, observando a fome de um ente querido, se surpreende ao encontrar um local onde esse mesmo ser amado encontra a comida de que necessite. A gratidão do faminto haverá de se unir à superlativa gratidão daquele que o amava tanto e que conseguiu vê-lo amparado, graças à ajuda espontânea de um desconhecido que se tenha feito fraternal para com ele.

Pensando melhor no que estava aprendendo com a conversação, Magnus colocou o dedo indicador no queixo, num gesto todo seu, a atestar a surpresa diante do raciocínio revelador e ponderou:

– Estou me lembrando da conversa do Presidente com o Chefe, que acabamos de presenciar. Recordo-me de que eles disseram que o processo estava atrasado em relação a Glauco e que o Chefe poderia se valer de outros recursos para acelerar as influências. Observando isso, agora, será que poderíamos estabelecer alguma correspondência direta entre a dificuldade de acesso a Glauco e a sua participação neste trabalho de oração coletiva?

– Muito bem observado, meu filho. Colocar as informações em funcionamento em nossa mente é aproveitar o estudo para desenvolver a maturidade. Certamente que não me esqueci do comentário daqueles dois irmãos nossos, infelizes nos engodos que o mal lhes está proporcionando. E com relação aos efeitos deste ato de devoção que é o Evangelho no Lar, sobre os seus integrantes, deixarei que a sua observação pessoal, logo mais à noite, possa responder a esta questão, sem que eu precise me adiantar nesse sentido.

Dessa forma, as duas entidades ali permaneceram no aguardo do início do estudo do *O Evangelho Segundo o Espiritismo* no lar de Olívia, entrando em contato com os Espíritos responsáveis pela organização e colocando-se à disposição para cooperarem da maneira como pudessem ser úteis às necessidades daquela hora.

※ ※ ※

– O presidente nos cobrou maior empenho no caso de Glauco – falou o Chefe, dirigindo-se aos dois comandados. Prometi que estaríamos agindo com rapidez e, por isso, solicitei a concessão de maiores reforços para o processo de interferência direta sobre ele.

— É, mas você não falou que há "anjos" metidos nesse meio, falou?

— Claro que não, Juvenal. Acha que sou idiota? – respondeu o Chefe, com um gesto de indignação. Se falo isso, ele pode pensar que estamos intimidados. Disse apenas que estávamos atuando, primeiramente, nos que eram mais facilmente influenciáveis, o que não deixa de ser verdade. E agora, que as coisas estão indo bem com os verdadeiros idiotas, iremos nos dedicar mais ao "casalzinho luminoso".

— E como é que vamos proceder, eu o e aleijadão aqui? – perguntou o grosseiro Juvenal ao Chefe, na frente de Gabriel, o aprendiz bisonho.

— Bem, como estamos treinando o rapaz, não poderemos contar muito com ele, a não ser no espantar os Espíritos dos vivos e dos mortos. No entanto, as coisas já estão arranjadas e, hoje mesmo, seremos procurados por emissários da Organização que se incumbirão de fazer as ligações indispensáveis para que Glauco e Gláucia não se vejam esquecidos de nossa influência.

Você deve ir se informar de onde ele estará hoje, para que possamos atacar o mais rápido possível.

Dizendo isso, ordenou que Juvenal e Gabriel se dirigissem até o local de trabalho de Glauco para obterem informações sobre a sua rotina noturna, período em que parecia sempre ser mais fácil a ação das entidades trevosas sobre os encarnados que, desvinculados da preocupação do trabalho diário, se permitiam os excessos das "happy hours", das aventuras divertidas nas quais os abusos surgiam como válvula de escape para as emoções reprimidas, entre outras.

— A noite é uma fabriquinha de horrores – exprimiu-se Juvenal, irônico, no que foi acompanhado pela risada divertida de Gabriel, demonstrando ansiedade para perguntar como é que funcionava aquele processo de interferência no mundo dos "caveiras vestidas", como costumavam referir-se aos seres encarnados.

— Ora, Aleijado, vai tranquilo que hoje você vai receber uma aula do Chefe, para aprender como é que as coisas acontecem no mundo dos mortos vivos, aqueles que pensam que estão vivos, mas estão mais mortos do que nós, os verdadeiramente vivos.

— Credo, que confusão, Juva, morto com vivo, não entendi nada.

– Ora, como não? Quem está vivo é quem manda e quem está morto é quem obedece. Nós colocamos as coisas na mente dos imbecis e eles obedecem, achando que são donos da verdade e das próprias vontades. Quer coisa mais de morto do que isso? São uns bonecões sacolejando seus esqueletos por aí, bancando os importantes, os bacanas, escondendo-se atrás de copos e maços de cigarro, drogas e prazeres, dos quais somos nós os que mais gozamos, sugando tudo aquilo que eles nos oferecem. Se você perceber bem, eles são como vaquinhas que nos dão o leite de cada dia sem que precisemos pagar nada por ele.

Basta achar o cara certo e dizer-lhe o que deseja escutar que, a partir daí, fica fácil que nos sirva até o esgotamento. Quem é que está morto e quem é que está vivo?

Olhando o amigo que se divertia com os conceitos que manipulava para seu entendimento, Gabriel sorriu meio encantado e falou, desconjuntado:

– É mesmo, Juva, pensando desse jeito, até que a gente é mais esperto do que eles, né?

– Claro, seu bobão... é por isso que nós temos que atacá-los e afastá-los de tudo o que possa abrir seus olhos para a sua condição real, porque cada um que nos abandona, deixa de nos servir como fonte de alimentos. Assim, temos que prejudicar todas as pessoas que se dedicam a esse negócio de falar com os defuntos, perturbando suas vidas, atrapalhando seus negócios, fazendo tudo para que se desequilibrem e desistam de seguir com essa coisa de esclarecimento, de aprendizado, de reforma íntima.

– É isso mesmo – concordava Gabriel, para agradar o amigo que estava se exaltando.

– Se esse negócio de passeata e manifestação funcionasse por aqui, sairia com uma faixa escrita "MATEMOS OS MÉDIUNS", "FOGO NOS CENTROS ESPÍRITAS", "MORTE AOS FALSOS CORDEIROS", para fazermos um movimento que nos defenda o direito de nos alimentarmos dos vivos que nos querem servir por gosto próprio.

Imagine, Aleijado, o que seria de nós se todas as pessoas parassem de beber, de fumar, de usar drogas, de roubar, de abusar do sexo, onde é que nós ficaríamos, como nos sentiríamos se as nossas vaquinhas abandonassem os nossos currais e fossem embora? E o nosso leite, nosso queijo, nosso filé mignon, nossos prazeres, onde ficariam? Esse movimento de esclarecimento das consciências é um verdadeiro atentado aos nossos mais sagrados interesses pessoais e não podemos permitir que isso avance sem fazer algo para parar com essas loucuras. Se acreditam no Bem e nesse negócio de Jesus, que escolham um outro mundo, desses que estão pendurados por aí, e que se mudem para lá, deixando para nós este, que já nos pertence há muito tempo.

Vão fingir bondade em outro lugar.

Enquanto conversavam, chegaram ao local onde Glauco se encontrava e, para sua surpresa, foram recebidos por um Espírito amigo que o protegia.

– Boa tarde, meus irmãos, o que desejam com Glauco?

– Boa tarde coisa nenhuma, fantasminha camarada – falou, insolente, Juvenal, que assumira a liderança diante da inexperiência de Gabriel.

Estamos aqui para saber de Glauco e o que ele vai fazer da vida hoje à noite, porque temos um encontro marcado.

Sem demonstrar irritação nem intimidar-se com a postura arrogante, a entidade amiga não se fez de rogada e informou:

– Glauco estará, como sempre, na casa da noiva, onde desfrutará da companhia da família.

– A família dos bordoada? Que bom! O Chefe vai gostar de saber. Muito obrigado pela informação, alminha penada... – falou Juvenal, arrastando Gabriel junto de si, em retirada do local.

– Que negócio é esse de família bordoada, Juva?

– Ah! É a família que está sempre levando bordoada e quase nunca se equilibra no arame. A "veinha e a moçoila" são as únicas que aguentam o tranco. Mas os dois marmanjos são os maiores idiotas que já conheci.

De vez em quando nos encontramos com eles nas nossas festas de embalo e curtimos algumas emoções enquanto estão dormindo.

Vai ser bom encontrar esse povinho para a operação de hoje.

Não entendendo muita coisa, Gabriel perguntou:

– Quem era aquele que você chamou de fantasminha e que negócio de operação é esse que vai acontecer hoje?

– Ora, aleijão, aquele era o espantalho de plantão. Os anjos têm dessas coisas. Ficam protegendo seus escolhidos e como uns espantalhos ficam plantados ao lado deles para que, onde estiverem, não possam ser atacados diretamente por nós.

– Mas o carinha parecia inofensivo! Nem ficou assustado com a minha feiura...

– É que eles são muito bem treinados para essa tarefa, como acontece lá na Organização. Agora, quanto à operação, é aquela que nós vamos fazer hoje à noite, junto ao bobão apaixonado, o mesmo cara que quase conseguimos afundar alguns anos atrás e que só se salvou por causa da lambisgoia de sua noiva e da presença desses espantalhos por perto. Dessa vez, no entanto, não vai haver espantalho que resista a nosso ataque. Vamos informar o Chefe de como as coisas estão favoráveis para nós.

Informado a respeito, o Chefe exultou e, mais do que depressa, tomou as providências para que, no local onde moravam Gláucia e sua família, as entidades hipnotizadoras se apresentassem para o trabalho mais direto sobre ele e, se possível, sobre a noiva.

✳ ✳ ✳

Dentro dos planos espirituais inferiores, pretendiam implantar os corpos ovoides na estrutura mental de Glauco, valendo-se de algum momento de invigilância de seus pensamentos.

Como já estavam acostumados a fazer, esperavam que o encarnado se permitisse alguma irritação, diminuindo o padrão de suas ideias, ou então, exploravam as naturais tendências maléficas que as pessoas se permitiam ativar, quando seus desejos lhes aconselhavam atitudes pouco elevadas.

Entre as técnicas que esses Espíritos perturbadores usavam e usam, normalmente, está a de intuir alguém da família a sintonizar algum programa de televisão que apresente um tema polêmico ou ultrajante que sirva mais facilmente para diminuir o equilíbrio emocional ou que se torne o estopim para uma discussão coletiva e, tão logo ela se instale, magnetizem essas entidades ovoides perturbadoras do equilíbrio junto aos encarnados que se deixaram desequilibrar, imantando-as aos centros energéticos e aos condutos nervosos da medula, com a finalidade de interferirem lenta, mas eficazmente, no equilíbrio das suas vítimas.

A televisão, assim, comparecia nesse momento como um grande aliado para a instauração do clima de terrorismo, de medo ou de desajuste por ser a porta de entrada dos pensamentos distorcidos, favorecendo a invigilância dos encarnados passivos diante das mensagens que veicula, abrindo espaço mental para que tais Espíritos trevosos possam realizar suas proezas obsessivas.

Ressaltamos, aqui, que os programas televisivos têm a mesma função em relação à melhoria dos que os assistem. Servem também de canal para os bons Espíritos ajudarem os encarnados, através da boa mensagem, da beleza do ensinamento, do conselho favorável, quando tais matérias estejam disponíveis nos programas de vídeo que, por ela, sejam veiculados.

Com as ideias positivas que tal programação também possibilita, pode surgir como antídoto dos processos de abatimento, de desesperação, porque apresenta aos telespectadores um alimento que pode lhes estimular as virtudes íntimas.

Todavia, quando se permite enveredar pela semeadura de lixo moral, emocional e cultural, o mesmo veículo se transforma em gerador de distúrbios mentais na maioria das pessoas invigilantes que, ou se revoltam ou se desesperam com aquilo que assistem ou que apreendem, abrindo espaço para que os Espíritos negativos, plantonistas do mal, se valham dos caminhos tortuosos do desequilíbrio e instalem nos encarnados os processos de obsessão e perseguição que podem levá-los aos mais tristes desajustes da emoção, da mente e, a médio ou longo prazo, da saúde física.

Assim acontece com todos os meios de divulgação, funcionando como meios de semeadura de ideias e imagens no íntimo das pessoas.

Tão poderosa é a notícia, na forma de som ou imagem, que os meios de comunicação já se dão ao cuidado de evitar a divulgação de notícias sobre suicídios, uma vez que constataram que, todas as vezes que se divulgaram tais notícias, um surto de suicídios acometera a coletividade que consumira a informação, permitindo-se receber as influências sugestivas das entidades perturbadoras de seu equilíbrio, a induzir o aumento das tentativas de autodestruição e o acúmulo de vítimas dessa tragédia moral.

Esse é o mecanismo natural que tais entidades se utilizam para iniciar um processo obsessivo ou ampliá-lo, precisando sempre da aceitação tácita da vítima, que não deverá reagir contra a indução ao mau pensamento, ao mau sentimento ou à condição de autopiedade.

Estabelecida a discussão, a irritação, a indignação, a rebeldia, o rancor, tudo isto facilita que tais entidades, agora alimentadas pelas emissões energéticas inferiores, estabeleçam as conexões dos fios magnéticos com a mente e com os canais nervosos de suas vítimas, deixando que os desequilíbrios se instalem e que as consequências se acumulem sobre suas energias atacadas e drenadas por esses sugadouros magnéticos.

Mas se o encarnado se mantém em vigilância constante e não aceita tais provocações porque já lhes conhece o risco e sabe que são armadilhas perigosas para seus pensamentos, estes Espíritos inteligentes não se dão por vencidos. Muitas vezes, então, passam a atacar seus familiares, alguns dos quais, afastados muitas vezes de qualquer princípio moral mais elevado ou do conhecimento das leis espirituais, passam a ser usados como instrumentos de irritação, de desajuste do grupo, de perda do equilíbrio, até que aquele encarnado que é o alvo principal dos ataques, cansado de tais distúrbios e dos tormentos no meio dos quais se vê colocado, acaba se entregando à perturbação, perdendo a paciência, se irritando e, ao diminuir a própria vigilância acaba abrindo espaço para a ação dos invisíveis e horríveis perseguidores.

Esse era o método que o Chefe iria demonstrar junto a Glauco, valendo-se da ajuda dos hipnotizadores e dos corpos ovoides que ele pretendia imantar em sua estrutura vibratória.

Aquela noite do Evangelho no Lar seria muito interessante e instrutiva para todos.

17

O MOMENTO DA ORAÇÃO COLETIVA

Uma hora antes do início da reunião familiar, podia-se observar a operosa agitação dos trabalhadores do mundo invisível, organizando a chegada das entidades diversas que iriam participar como ouvintes, em seus respectivos lugares, isolados magneticamente do ambiente, para que suas emanações inferiores não comprometessem o teor energético da reunião.

Outros trabalhadores cuidavam dos Espíritos que seriam submetidos aos tratamentos variados, recolhidos das proximidades, inclusive das casas dos vizinhos, enquanto que não faltavam aqueles que se dedicavam a trazer à reunião as entidades que perturbavam os próprios moradores do lar onde a oração se realizava. Naquela noite, os encarnados que se uniriam para as preces costumeiras de todas as terças eram, além de Olívia, seu marido João, que aceitara participar porque, de algum tempo para cá estava apresentando fortes dores no joelho e, segundo acreditava, a oração podia ajudar a melhorar seu sofrimento.

Gláucia e Glauco seriam os outros dois integrantes da reunião.

Luiz, o filho mais novo, não viria, ainda que fosse esperado por todos, uma vez que, pouco sintonizado com as coisas espirituais, as entidades que o perturbavam haviam criado certos embaraços pessoais que se fariam impeditivos de sua presença no momento da oração.

Os membros da família, no entanto, ainda não sabiam de tal ausência, permanecendo na expectativa de sua chegada iminente, até momentos antes do horário marcado.

No mundo invisível, os Espíritos responsáveis pela defesa do lar e que faziam ronda externa já se postavam em todos os ângulos, acompanhados dos enormes cães que já citamos e que comandavam com precisão.

Além do mais, possuíam instrumentos de descarga magnética para qualquer eventualidade mais grave, inclusive para enfrentar a tentativa de invasão de entidades desequilibradas, caso se apresentassem em grupo volumoso.

Transformada em centro luminoso, a residência de Olívia passou a ostentar o brilho que atraía muitos aflitos da região espiritual circundante. Assim, como medida de reforço protetivo, foram levantadas barreiras magnéticas externas, que se pareciam com campos elétricos concêntricos, fixados a diversas distâncias, tendo o lar como o centro. Tais defesas tinham uma função igualmente seletora, permitindo a passagem de Espíritos com vibrações menos agressivas, mas mantendo afastadas as entidades mais violentas, que se viam impedidas de continuar se aproximando na medida em que atingissem o campo elétrico com o qual as suas próprias vibrações reagissem, produzindo o efeito repulsivo. No entanto, aquelas entidades que traziam as vibrações menos agressivas, podiam ir andando na direção daquele foco luminoso, até que atingissem a fronteira energética que lhes obstasse seguir adiante, sendo importante realçar que, em todas estas faixas, Espíritos guardiões se postavam para manter a direção e para avaliar eventuais atendimentos de emergência, inclusive para garantir que os Espíritos mais abrutalhados não impedissem os menos grosseiros de seguirem adiante, enquanto que eles não conseguiam passar.

Essa peregrinação de sofredores se dava porque, como já se falou, com a aproximação dos trabalhos da noite, a casa deixara de ser apenas moradia de pessoas, mas, graças à ação magnética intensa, tanto das entidades desencarnadas trabalhadoras do Bem quanto dos corações harmonizados de Olívia, Gláucia e Glauco, aquele núcleo transformara-se em pequeno Sol rutilante, a brilhar na escuridão noturna e atrair a curiosidade de inúmeros Espíritos perdidos, aflitos, perambulantes sem rumo, que imaginavam ali estar a saída para suas dificuldades ou o caminho para a melhoria de suas situações.

Como os Espíritos mais primitivos não podiam se aproximar do centro em função de sua condição repulsiva e das barreiras energéticas que não lhes permitia a passagem, ficavam tentando impedir que os outros seguissem adiante, o que obrigava que vários trabalhadores da segurança permanecessem nesses diversos pontos de passagem dos limites de seleção fluídica, garantindo o acesso dos que desejassem, apesar da contrariedade dos rebeldes que se viam impedidos de seguir.

No ambiente físico, cada encarnado, além do Espírito protetor que lhe acompanhava a jornada terrena durante toda a encarnação, possuía uma equipe de mentores, responsável pela estrutura de sua sensibilidade para aquela reunião.

Quinze minutos antes de darem início, Olívia colocou sobre a mesa os copos e a garrafa com água que serviria de veículo para os fluidos medicamentosos específicos que as entidades amigas usariam para a continuidade dos tratamentos. Ao mesmo tempo, convidou os demais integrantes da reunião para se sentarem à mesa, providenciando o desligamento temporário dos telefones e suas extensões, além de solicitar a João, o marido, que desligasse a televisão que ele assistia, interessado nas novidades sempre velhas, referentes aos resultados esportivos de seu time de futebol predileto.

– Espera um minutinho, Olívia, já estou indo... – respondeu o marido, preso ao interesse fútil e vão que o desviava do caminho do esclarecimento pessoal por mantê-lo iludido com as quinquilharias da vida, como alguém que pode chegar à mina de ouro, mas que, ao longo do caminho, vai se distraindo como as pedrinhas da estrada, parando nas barraquinhas que lhe fornecem prendas de vidro e distrações, se esquecendo que a jazida de ouro está mais adiante.

– Não demore, querido, já estamos todos aqui, só falta você.

– E o Luiz, ele ainda não chegou – falou João, querendo ganhar mais um tempinho.

– Ele não vai chegar. Se fosse vir, já teria chegado. Só você é que está faltando – falou Olívia, carinhosa, em tom de convocação, enquanto olhava para Gláucia e Glauco à sua frente, com o ar de quem se refere à condição desinteressada do marido.

Entendendo que João precisava de uma ajudazinha, Alfonso, o mentor espiritual dirigente e responsável pela reunião, entidade de elevada condição, com um pequeno gesto determinou que um dos ajudantes do trabalho, que se prendia àquela família já há algumas décadas, tomasse as medidas para acelerar a chegada do marido, a fim de que a reunião não sofresse atrasos desnecessários.

Discretamente, o Espírito amigo se dirigiu ao quarto onde João se deixava levar pelas cenas de jogadas futebolísticas, como se aquilo fosse a coisa mais importante do mundo e, sem nenhum teor de violência, mas, até, com uma carga de humor, falou em voz alta:

– É, meu amigo, você já está alguns séculos atrasado. Precisa se lembrar disso e não desperdiçar mais seu tempo com tolices.

Dizendo isso, a entidade colocou suas mãos na área do joelho dolorido de João e, com um movimento rápido, como se o estivesse apertando, produziu uma descarga magnética que atingiu a sua sensibilidade física como se uma agulha tivesse lhe penetrado as fibras da carne.

– Ai, que dor no joelho! – exclamou João, levando a mão imediatamente ao local, recordando-se de que estava doente naquela área de seu corpo.

E nesse exato instante, desinteressou-se pelo esporte e lembrou-se de que mais valia orar para pedir a melhora do que ficar ali, sem nada produzir de bom para si mesmo.

Desligou a televisão e dirigiu-se, meio manquitolando, para a copa onde os outros o esperavam.

Depois de acomodar-se, Olívia diminuiu a luz circundante, deixando apenas pequeno foco vindo da cozinha, colocou uma música suave e, então, solicitou que Gláucia fizesse a oração que, com a entonação amorosa de sua alma, foi simples, breve e espontânea.

A seguir, sem ter a necessidade de aumentar a luminosidade porque sua posição à mesa permitia a clareza suficiente para a leitura, Glauco iria ler o livro escolhido para as meditações. Para tanto, Olívia pediu que seu marido abrisse O *Evangelho Segundo o Espiritismo* ao acaso e o transferiu ao futuro genro, que procederia à leitura de alguns parágrafos, de forma clara e pausada, para que todos entendessem.

No meio desse "todos", encontravam-se as entidades invisíveis que haviam sido trazidas para o aprendizado.

Antes do início da leitura, os Espíritos que os orientavam e dirigiam, explicaram que deveriam abrir bem seus ouvidos espirituais para não perderem nenhuma lição porque ela versaria sobre o capítulo mais longo do Evangelho, o capítulo quinto, aquele que fala das aflições.

Glauco, então, depois que João abriu ao acaso, leu o trecho que lhe correspondia:

"CAUSAS ATUAIS DAS AFLIÇÕES

As vicissitudes da vida são de duas espécies, ou, se assim se quer, têm duas fontes bem diferentes que importa distinguir: umas têm sua causa na vida presente, outras fora dela.

Remontando à fonte dos males terrestres, se reconhecerá que muitos são a consequência natural do caráter e da conduta daqueles que os suportam.

Quantos homens tombam por suas próprias faltas! Quantos são vítimas de sua imprevidência, de seu orgulho e de sua ambição!

Quantas pessoas arruinadas por falta de ordem, de perseverança, por má conduta e por não terem limitado seus desejos!

Quantas uniões infelizes porque são de interesse calculado ou de vaidade, com as quais o coração nada tem!

Quantas dissensões e querelas funestas se teria podido evitar com mais moderação e menos suscetibilidade!

Quantos males e enfermidades são a consequência da intemperança e dos excessos de todos os gêneros!

Quantos pais são infelizes com seus filhos, porque não combateram suas más tendências no princípio! Por fraqueza ou indiferença, deixaram se desenvolver neles os germes do orgulho, do egoísmo e da tola vaidade que secam o coração; depois, mais tarde, recolhendo o que semearam, se espantam e se afligem pela sua falta de respeito e ingratidão.

Que todos aqueles que são atingidos no coração pelas vicissitudes e decepções da vida, interroguem friamente sua consciência; que remontem progressivamente à fonte dos males que os afligem, e verão se, o mais frequentemente, não podem dizer: Se eu tivesse, ou não tivesse, feito tal coisa eu não estaria em tal situação.

A quem, pois, culpar de todas as suas aflições senão a si mesmos? O homem é, assim, num grande número de casos, o artífice dos seus próprios infortúnios; mas, ao invés de o reconhecer, ele acha mais simples, menos humilhante para a sua vaidade, acusar a sorte, a Providência, a chance desfavorável, sua má estrela, enquanto que sua má estrela está na sua incúria.

Os males dessa natureza formam, seguramente, um notável

contingente nas vicissitudes da vida; o homem os evitará quando trabalhar para seu aprimoramento moral, tanto quanto para o seu aprimoramento intelectual.

A lei humana alcança certas faltas e as pune; o condenado pode, pois, dizer-se que suporta a consequência do que fez; mas a lei não alcança e não pode alcançar todas as faltas; ela atinge, mais especialmente, aquelas que prejudicam a sociedade, e não aquelas que não prejudicam senão aqueles que as cometem. Mas Deus quer o progresso de todas as suas criaturas; por isso, ele não deixa impune nenhum desvio do caminho reto; não há uma só falta, por pequena que seja, uma só infração à sua lei, que não tenha consequências forçadas e inevitáveis mais ou menos tristes. De onde se segue que, nas pequenas, como nas grandes coisas, o homem é sempre punido pelo que pecou.

Os sofrimentos que lhe são a consequência, são para ele uma advertência de que errou. Eles lhe dão a experiência fazendo-o sentir a diferença entre o bem e o mal e a necessidade de se melhorar para evitar, no futuro, o que lhe foi uma fonte de desgostos. Sem isso, não teria nenhum motivo para se emendar e, confiando na impunidade, retardaria seu adiantamento e, por conseguinte, sua felicidade futura.

Mas a experiência, algumas vezes, vem um pouco tarde. Quando a vida foi dissipada e perturbada, as forças desgastadas e quando o mal não tem mais remédio, então, o homem se põe a dizer: Se no início da vida eu soubesse o que sei agora, quantas faltas teria evitado; se fosse recomeçar, eu faria tudo de outro modo; mas não há mais tempo!

Como o obreiro preguiçoso, diz: Eu perdi minha jornada, ele também diz: Eu perdi minha vida.

Mas da mesma forma que para o obreiro o Sol se ergue no dia seguinte e uma nova jornada começa, permitindo-lhe reparar o tempo perdido, para ele também, depois da noite do túmulo, brilhará o Sol de uma nova vida, na qual poderá aproveitar a experiência do passado e suas boas resoluções para o futuro."

Terminada a leitura, Olívia pediu que comentasse sobre seu entendimento a respeito.

Procurando fazer-se o mais autêntico possível, Glauco buscou a lição para si mesmo, ao invés de colocá-la no terreno abstrato dos comentários teóricos.

— Pelo que entendi, D. Olívia, nós somos os que agravamos nossos males, desnecessariamente. Se é verdade que existem coisas que temos que passar para nosso aperfeiçoamento moral, muitas vezes criamos dificuldades que não estão no nosso programa, como alguém que procura sarna para se coçar.

E, cada vez que leio este trecho, lembro-me de mim mesmo, tempos atrás, do sofrimento que passei e que fiz passar a todos vocês por minha leviandade, nos períodos da faculdade, encantado com as bobagens de uma vida sem profundidade. Naturalmente que as companhias me ajudaram a errar, mas, em realidade, o erro foi escolha minha, da minha imaturidade. Com certeza, não precisava passar por tudo aquilo, arriscando meu futuro e minha felicidade. Para mim, esta lição é sempre muito bem vinda, sobretudo no dia de hoje quando me correspondeu a leitura do Evangelho. Não desejo fugir das próprias responsabilidades que a lição clara me recorda e, por isso, sou eu o exemplo vivo de tais exortações.

Reconhecendo a dor íntima que aquela confissão lhe deveria estar causando, mas, avaliando o teor da honestidade de Glauco, Olívia esperou que ele terminasse e acrescentou:

— Graças aos seus erros, meu filho, é que hoje temos este homem virtuoso que despertou de seu íntimo por causa das próprias quedas e arrependimentos. Se nosso passado não fosse o conjunto de equívocos que costuma ser, Glauco, nós estaríamos muito mais vulneráveis no presente às armadilhas da vida que, pegando-nos de surpresa, fatalmente nos arrasariam nos desejos nascentes do Bem.

Quando erramos e queremos sair do equívoco, as forças do Amor nos estendem suas mãos doces e orientam nossos passos na subida.

Mas enquanto isso não acontece, enquanto nos comprazemos no mal, enquanto não nos cansamos de gozar a vida, as coisas não estão maduras para que aconteça a nossa eclosão.

Geralmente, meu filho, sem o sofrimento, continuamos perdendo tempo.

— Eu é que o diga... — falou João, ao ouvir as palavras da esposa e recordar-se do que acontecera momentos antes, sorrindo meio sem graça.

— Como assim, pai, por que "você é que o diga"? Indagou Gláucia, surpresa com a observação meio engraçada do pai.

– Ah! Minha filha, você sabe como são as coisas e como seu pai gosta de um futebolzinho.

– Sim, pai, nós sabemos...

– Então. Vocês estavam me esperando e eu não queria perder alguns lances muito legais que a TV estava mostrando. Estava quase que contrariado em ter que sair dali, justamente no melhor da coisa.

– A gente sabe como você é, meu marido – falou Olívia, sorrindo para ele.

– É, mas do nada, repentinamente, senti uma pontada tão forte no meu joelho que, imediatamente, esqueci o envolvimento dos lances e me lembrei da dor e do meu problema. Nessa hora, o futebol já não tinha mais nenhuma graça e, então, desliguei a televisão sem reclamar e vim para cá. Como vocês veem, estou aqui sem reclamação por causa da dor do joelho... porque se dependesse só de mim, talvez estivesse sentadão na cama, vendo uma bola ser chutada de um lado para outro.

Entendendo a confissão espontânea do dono da casa, os demais integrantes da mesa sorriram e Gláucia completou, dizendo:

– Eu estive perto de aumentar as aflições de nossas vidas e da minha própria, Glauco, quando pensava em passar com um trator sobre você, naquela época.

Meu sofrimento, por causa da minha imaturidade, também iria servir para me complicar a vida, se eu não tivesse tido o conselho de mamãe, a me alertar para AGIR, ao invés de REAGIR.

Foi graças a essa escolha adequada que pude entender o que se passava com você, pude aprender sobre as nossas inclinações pessoais, sobre a ação das entidades espirituais que nos induzem para o Bem tanto quanto para o caminho do erro.

Se eu não tivesse sofrido dessa forma, buscando uma solução para tudo aquilo, estaria ainda na condição de uma mulher manipuladora, vingativa, ao invés de ter melhorado e amadurecido na compreensão do afeto verdadeiro.

Quanto entendi o significado do Amor Real, aprendi que ele não depende de ninguém, nem mesmo do ser amado. É um valor que existe em cada um de nós e que se oferece como um tesouro, disponibilizando-o ao ser amado, mesmo que este não o deseje nem o aproveite.

Foi naquela época, Glauco, quando tudo estava tão confuso, que descobri o quanto o amava de verdade e, por isso, resolvi mudar em mim as inclinações ruins para que eu não colaborasse em perdê-lo.

Se eu não tivesse passado por aquilo e tido a orientação desse cristianismo espírita, fatalmente seria hoje uma mulher infeliz, frustrada, arrependida, cheia de saudades de você, fazendo a infelicidade de algum outro homem com quem me relacionasse para não ficar sozinha na vida.

Então, além de você, acho que seríamos outros quatro infelizes, porquanto meus pais, da mesma forma, não iriam ficar bem ao me verem abatida.

Os comentários positivos de todos, ainda que se voltassem para seus próprios defeitos, eram um bálsamo para seus corações, além de representarem uma postura autêntica que assumiam para si mesmos autorizando, por parte do mundo espiritual que testemunhava a conduta verdadeira, a mobilização de potenciais energéticos para que fossem aplicados a benefício de todos.

Por isso, Glauco foi fortalecido moralmente, com a implantação de uma energia revigorante nos centros cerebral e emocional, ficando envolvido por uma luminosidade azulada que lhe transmitia calma à consciência e um calor agradável ao coração.

Gláucia, igualmente, teve seus sentimentos enriquecidos por uma descarga vibratória partida da entidade amiga que cuidava dela, numa energia vibrante que lhe transmitia uma força e uma sensação de invencibilidade moral ainda muito mais estimulante no Bem.

João, ao se confessar distanciado do interesse na própria elevação, preferindo a televisão à prece coletiva, revelação esta que poderia ter ocultado de todos os presentes, foi envolvido pelas forças mais luminosas que ali se postavam, ajudado por médicos espirituais, amparado por amigos de outras eras, ao mesmo tempo em que, Alfonso, o dirigente da reunião, voltando-se para aquele cooperador benevolente que se ocupara em trazer João à própria realidade, momentos antes do início da reunião, recomendou-lhe:

– Vai, agora, querido Sebastiãozinho, atende nosso amigo que está crescendo para a realidade. Você, que soube como trazê-lo através da dor que desperta os adormecidos, saberá também como ajudá-lo através da sensação do Amor Verdadeiro.

Emocionado, Sebastiãozinho se aproximou e, afagando-lhe os

cabelos, passou a aplicar passes na região do joelho para que suas dores pudessem ser aliviadas por algum tempo.

Regressando, depois, afirmou ao mentor espiritual:

– Fiz o trabalho, mas não retirei todos os focos para que João continue a nos ser dócil às sugestões.

– Fez muito bem, meu amigo. Para certas pessoas, livrá-las de todos os sofrimentos seria conduzi-las a um sofrimento maior e mais grave. Com alguns estrepes no pé, impedimos que um indivíduo imaturo caia no precipício – respondeu, aprovando a ação de Sebastião.

Olívia, a pessoa encarnada de maior hierarquia espiritual daquele pequeno núcleo, via com satisfação os comentários e, como a mais preparada pela vida para amar acima de todas as coisas, emitia raios de uma luz pura e emocionante, que se desprendiam de seu peito de tal forma que, aos olhos dos Espíritos que ali se congregavam, em nada se parecia à humilde costureira, à trabalhadora anônima do lar, àquela que suportava as leviandades do filho e as infantilidades do marido. Parecia um ser diáfano, desfrutando da felicidade de ver seus seres amados aprendendo a ser melhores e a vencer seus obstáculos.

Com os comentários ali emitidos, uma infinidade de Espíritos sofredores, refletindo sobre suas próprias condutas, deu vazão às lágrimas de arrependimento, sinceras e espontâneas. Não mais um acusador, um diabo terrificante, um ser poderoso e amedrontador que os julgasse. Não. Era a voz da consciência que despertava de dentro deles, apontando as faltas que haviam esquecido ou de que não queriam se lembrar.

Enquanto recebiam a atenção dos enfermeiros espirituais que os acompanhavam, um outro trabalhador do mundo invisível, responsável pela supervisão da segurança procurou Alfonso, o mentor do grupo para lhe trazer uma notícia importante.

– Fale, Carlos! – respondeu, afavelmente, o Espírito responsável.

– Estamos com o principal obsessor de Luiz nas linhas mais próximas da casa. Podemos permitir a sua entrada? Faço esta consulta por conhecer o seu interesse pessoal a respeito do rapaz e daqueles que o acompanham.

Demonstrando imensa satisfação com a notícia, apesar de saber que se tratava de uma entidade extremamente inferiorizada, organizou, na área destinada aos obsessores da família, um campo de energias mais intenso a fim de que esse irmão ficasse contido e não pudesse ser visto com clareza pelos outros Espíritos sofredores que, fatalmente, se perturbariam com a sua aparência.

Depois de tudo organizado, avisou para que Carlos providenciasse o seu ingresso no local.

Ao ser trazido, parecia que a entidade perturbadora vinha envolvida em uma rede fluídica que retinha seus movimentos e o fazia algo entorpecido, evitando que se revoltasse durante o transporte.

Quando foi colocado na câmara protetora, a rede se desfez naturalmente, como se se incorporasse ao campo de energias positivas que o envolviam.

Ali a entidade permaneceria recolhida, recebendo as vibrações mais elevadas do campo magnético que o circundava, até que tivesse melhores condições de compreensão e disposição para o diálogo.

Nada ali se fazia com violência ou brutalidade. Todos os Espíritos esmeravam-se para atender a dor alheia com a sacralidade de quem se aproximava de um altar, como se cada entidade assim o representasse.

Vendo tal conduta por parte de todos, Magnus comentou, baixinho, junto ao instrutor Félix:

– Como são todos tão bem tratados, até mesmo os mais terríveis, não?

– Quando nos lembramos de que estamos cuidando de criaturas divinas, Magnus, recordamos que, ao tratarmos com cada um deles, estamos tocando em uma parte do próprio Deus, meu filho.

Muitos procuram Deus nos lugares, nas coisas, nas igrejas, nas cerimônias, e se esquecem de encontrá-Lo na pessoa daqueles que Ele pôs no mundo.

Poderemos guardar respeito para com roupas, objetos, pertences de alguém que tenha sido importante personagem na sociedade e que já tenha partido para o lado da vida verdadeira.

No entanto, nada se equipara à convivência com os parentes consanguíneos dessa personalidade importante, nada se compara ao contato com aqueles que conviveram e descenderam deles, não é?

Assim acontece também conosco em relação a Deus, meu filho. Podemos enaltecer as obras da natureza, a perfeição das estrelas, a grandeza dos oceanos, a sabedoria das fórmulas matemáticas, a exatidão das leis cósmicas. No entanto, quando estamos com cada pessoa, estamos com os descendentes diretos do Criador, aqueles que são dotados de Suas próprias virtudes, a fim de que se desenvolvam e possam se tornar tão grandes quanto o Pai os permita ser.

Não importa que sejam rebeldes, maldosos, ignorantes. Para nós, são pedaços de Deus tanto quanto um filho recém-nascido de um rei poderoso será sempre um príncipe, mesmo que precise de papinhas e de fraldas.

A reunião seguia, simples e rápida, com mais alguns breves comentários entre os presentes encarnados.

Depois que o obsessor de Luiz, o filho ausente, foi acomodado, assim que se preparavam atividades para a magnetização da água que estava posicionada no centro da mesa, escutou-se, fora do ambiente, exaltada gritaria.

Sem perder a serenidade, Alfonso, deixando a tarefa interna a cargo de seus inúmeros auxiliares, solicitou a companhia de Félix e Magnus e, juntos, dirigiram-se até as linhas de defesa externas.

– Fui comunicado por nossos serviços superiores de informação, que estaríamos submetidos a um ataque mais intenso no dia de hoje. Por isso, solicitei que me acompanhassem, porquanto tal iniciativa de nossos irmãozinhos inferiorizados no mal está vinculada ao mesmo processo que ambos acompanham. Esse também foi o motivo pelo qual, hoje, mais do que costuma ser nos dias normais, reforcei a guarda usando os animais que puderam ver nas cercanias, um fator bastante positivo no sentido da intimidação pacífica.

– Sim, Alfonso, entendemos a sabedoria e a necessidade de suas medidas preventivas – afirmou Félix, acostumado a esse tipo de problemas.

– Vamos ver do que se trata, efetivamente.

Quando chegamos à primeira linha de defesa, aquela que ficava mais distante do centro de orações familiares, pudemos ver um amontoado de Espíritos, todos eles desejando passar, mas impedidos de fazê-lo.

Entre eles estavam nossos três conhecidos, o Chefe, Juvenal e Gabriel, acompanhados por outros quatro magnetizadores que haviam vindo diretamente da Organização para darem início ao processo de influenciação mais profundo sobre Glauco.

Vendo as medidas protetoras que a guarda adotara antes que tais Espíritos invadissem, bloqueando a passagem não apenas dos que compunham aquele grupo, mas, sim, de todos os que desejavam seguir aproximando-se do foco central, o responsável por aquele setor da vigilância apresentou-se para responder ao mentor.

— Eu sou o responsável por esta parte das defesas, mentor Alfonso. E no momento em que tais Espíritos se apresentaram, agressivos e arrojados, para não ter que disparar os dardos magnéticos imobilizadores, em vista da carga de entorpecimento e do susto que produzem tanto nos que são alvos quanto nos que estão ao redor, deliberei bloquear toda a passagem, fechando o círculo de forças e impedindo o ingresso de qualquer irmão, já que o volume dificulta o trabalho de seleção e, depois que passam por aqui, é sempre mais difícil reconduzi-los de volta.

— Você está absolutamente certo, Servílio. Suas medidas indicam o perfeito preparo que você possui para a liderança de nossas linhas primárias de defesa. Agir na defesa não significa abusar da força como exibição de poder. Certamente eles lhe dariam menos trabalho se você os tivesse atingido com a carga imobilizadora. No entanto, como dar exemplos de amor se as nossas primeiras opções forem as armas?

De que vale ter conquistado alguma compreensão das coisas se, ao primeiro desafio, voltamos ao machado, à espada e à metralhadora? Teríamos deixado de ser os mesmos bandidos do passado? Claro que não, meu filho. Você agiu corretamente e suas medidas protetoras correspondem ao sentido do Amor Divino que tudo faz, primeiro, para que não soframos e, somente quando não deixamos outras opções, acabamos entregues a nossa própria incúria.

Vamos conversar com eles para saber o que desejam.

E dizendo isso, Alfonso entrou em oração fervorosa para que sua vontade, perfeitamente adestrada, lhe conferisse a condição de visibilidade necessária para que todos ali pudessem perceber a sua presença.

Assim que seu perispírito começou a adensar-se, uma exclamação de espanto tomou conta dos Espíritos ali contidos.

Ao mesmo tempo em que Alfonso se fazia mais denso aos olhares acostumados apenas ao ambiente fluídico elevado, aos olhos das entidades abrutalhadas ele surgia como que numa túnica translúcida e diamantina, espalhando raios azulados na direção da multidão.

Elevando a mão em sinal de cumprimento geral, dirigiu-se a todos:

– Meus irmãos em Deus, sabemos que os propósitos dessa visita não são os melhores e, por isso, a escuridão de seus projetos barrou a sua passagem rumo ao destino.

Ouvindo-lhe as revelações fulminantes, o Chefe vociferou:

– Eta corja de fuxiqueiro que existe por aí! Até os anjos já estão se valendo deles para nos espionar.

Sem dar importância alguma para os comentários irônicos e provocadores, Alfonso continuou:

– Este ambiente abençoado por Deus e protegido pelo Amor de Jesus sempre se sentirá honrado em recebê-los, desde que haja, no íntimo daquele que pede passagem, uma sincera intenção de aprendizado e de transformação.

Do contrário, seus propósitos malignos são, para vocês mesmos, o maior obstáculo que os impede de seguirem para a frente.

Vendo que não poderiam vencer aquelas barreiras sem as indispensáveis modificações, o Chefe respondeu, entre amedrontado e irritado:

– Viemos visitar um velho amigo e é assim que nos recebem?

– Estão procurando por Glauco, que é também nosso irmão querido. O que desejam com ele?

– Ora, queremos abraçá-lo também, como vocês. Ele já nos pertenceu há algum tempo, já foi dos nossos e temos saudades. Porventura isso é algum crime no Céu?

– Nossa disposição é a de amá-lo e fazer-lhe o Bem. E a de vocês é a mesma? Amá-lo e fazer-lhe o Bem? – falou Alfonso, firme e calmo.

O silêncio foi a resposta.

– Vejo que a amizade e a saudade que dizem devotar a Glauco não estão abastecidas nem com o Amor nem com o Bem, porquanto o silêncio de vocês bem o atesta.

Vendo que isso não facultaria a passagem, um dos hipnotizadores, acostumado às tarefas de convencimento por meio de sua capacidade intelectual, pediu a palavra e, respeitosamente, falou sereno:

— Nobre mensageiro de defesa, reconhecemos as diferenças que existem na forma de nossa amizade para com o mencionado indivíduo. No entanto, consultamos sua sabedoria solicitando, se não o ingresso de todos os que aqui estamos, ao menos de uma pequena comissão que pudesse se acercar dele para que, atendendo aos próprios desejos de Glauco, que já esteve muito ligado a todos nós, lhe entregássemos o que viemos trazer. Afinal, não compete a cada um aceitar ou não aquilo com que se sintonize?

A argumentação lógica e irretorquível da entidade trevosa surpreendia a todos nós, menos a Félix e a Alfonso, acostumados com estas estratégias.

Enquanto Alfonso escutava a manifestação do Espírito inteligente, Félix, invisível como Magnus a todos eles, aproximou-se do mentor e, tendo tarefas espirituais a desempenhar junto do grupo a que se ligava Glauco, através do pensamento hipotecou a Alfonso toda a cooperação e vigilância indispensáveis para o caso, se ele, o dirigente dos trabalhos julgasse oportuno o atendimento da solicitação de referidas entidades.

Recebendo-lhe o apoio no imo da alma, sem alterar sua aparência, Alfonso respondeu, sereno e firme:

— Esta é a oportunidade luminosa em suas vidas. Sua inteligência e sagacidade demonstram que já não há mais ingenuidade a justificar suas quedas. Neste ambiente não há espaço para o que vieram fazer nem para alvoroços e desajustes. Se querem entrar, mesmo um pequeno grupo, terão que se disciplinar segundo nossas próprias regras. Caso contrário, submeter-se-ão às consequências decorrentes de atos indignos. Quanto a Glauco, ele não está encarcerado em uma redoma por nós construída. Está livre para agir como bem lhe pareça. No entanto, advertimos aos que entrarem para que se conduzam com dignidade porquanto não haverá espaço para brincadeiras ou manobras. Só entrarão aqueles que vieram com tarefas específicas junto a Glauco.

Então, o Chefe apontou para seus dois comparsas e para os outros quatro Espíritos responsáveis pela instalação dos ovoides junto ao corpo físico do rapaz.

Convocando Servílio, solicitou que deslocasse uma escolta para o acompanhamento pessoal do grupo de sete entidades trevosas que havia solicitado o ingresso no ambiente, reforçando a adoção de medidas de contenção e de choque magnético, caso se fizesse necessário.

Para os sete integrantes do grupo inferior, aquele parecia ser o primeiro sucesso nas suas estratégias de penetração.

Conseguiram burlar a primeira linha de defesa e, agora, estavam sendo levados para o núcleo onde Glauco se escondia deles.

Quando chegassem lá, talvez tudo estivesse mais fácil.

– Que mentor mais idiota, esse Alfonso – falou baixinho o Chefe a Juvenal, que o seguia de perto, amedrontado, querendo parecer forte.

Vai nos levar escoltado até àquele que vamos atacar.

À medida que a aproximação ia acontecendo, as forças elevadas que se irradiavam de dentro do lar eram tais que os sete integrantes passaram a sentir os choques elétricos, o que fez com que Alfonso determinasse a criação de um campo de proteção magnética ao redor das sete entidades, a fim de graduar para menos o teor de energia que os atingisse, uma vez que poderiam perder os sentidos e não era esse o desejo tanto dos invasores, agora convidados, quanto dos anfitriões.

Além do mais, essa proteção os isolava dos outros Espíritos sofredores que, contados em mais de duas centenas a compartilhar a reunião dos quatro encarnados, era maciçamente composta por Espíritos infelizes em processo de recuperação, recuperação essa que poderia ser prejudicada pelo encontro com entidades maléficas e amedrontadoras, fazendo-os supor que tais Espíritos malignos ali estivessem para buscá-los, novamente.

Aos olhos dos sete Espíritos que compunham o pequeno grupo escuro e denso, além de Glauco e dos outros três participantes encarnados, apenas um reduzido número de entidades trabalhadoras espirituais podia ser divisado no ambiente, além, é claro, do próprio Alfonso.

A reunião se encaminhava para o seu término, quando, então, se costumava fazer a oração final com as vibrações destinadas aos aflitos de todo tipo de aflições, sempre realizada por um dos seus integrantes.

Nesse momento, aquele Espírito trevoso que parecia ser o mais capacitado dentre os sete, na condição de hipnotizador experiente, solicitou de Alfonso a autorização para acercar-se de Glauco e lhe fazer a entrega do presente que haviam trazido.

Tratava-se de uma espécie de sacola que continha três corpos ovoides que deveriam ser instalados no jovem.

Demonstrando o controle da situação, Alfonso lhe respondeu:

– Meu irmão, nosso Glauco, como já lhe disse, não é nosso prisioneiro. Você poderá acercar-se dele, desde que se comprometa a não forçá-lo ou violentar-lhe a vontade.

– Acato suas determinações. No entanto, precisarei buscar meios de entregar-lhe o presente, ainda que o faça sem violar a disciplina da reunião. Somente assim é que saberemos se Glauco vai aceitar ou não a encomenda.

– Estaremos observando sua tentativa e, dentro de nossos critérios, você pode agir como bem entenda.

Dizendo isso, Alfonso estendeu a mão ao hipnotizador para que ele pudesse sair do casulo vibratório, que mais se assemelhava a uma bolha de acrílico escuro, a proteger os seus componentes dos raios luminosos de fora e, ao mesmo tempo, proteger os de fora da visão desagradável que eles representavam.

Suportando o choque fluídico com a adestração de sua vontade, o hipnotizador se acercou de Glauco que, naquele exato momento, iria dar início às vibrações amorosas que encerrariam a reunião naquele dia.

Tinham decorrido vinte e cinco minutos desde a prece inicial.

Olívia, intuída por Félix, houvera solicitado ao rapaz que realizasse a oração para que todos os aflitos do mundo se sentissem amparados pelas forças daquela súplica, levando em consideração o esforço do futuro genro em se confessar moralmente um devedor aos olhos de todos, como o fizera naquele dia.

Ao mesmo tempo em que sugerira tal escolha, o instrutor Félix passara a vibrar, sustentando o campo de forças de Glauco para que pudesse irradiar as energias mais puras e equilibradas de seu coração, porquanto a partir daquele momento ele próprio estaria sendo bombardeado pelas cargas nocivas da entidade visitante.

Foi, então, interessante observar o que ocorria.

O Espírito hipnotizador se postara atrás de sua cadeira e, impondo as mãos sobre seu cérebro, passara a irradiar, como estava acostumado a fazer em inúmeros processos perturbadores, uma massa viscosa e penetrante que se destinava ao interior do cérebro físico do rapaz.

Alfonso e Félix observavam, cada um em um patamar vibratório, o desempenho da entidade maligna, mantendo posição de respeito e isenção, além da natural oração com que acompanhavam as rogativas de Glauco, solicitando a Jesus que ajudasse o jovem naquele momento de testemunho pessoal.

O rapaz, envolvido pelo ideal elevado da oração, se punha de pensamento e sentimento na direção do Alto, e sua mente apaziguada pela confissão de suas quedas e pelo desejo de melhorar-se, não possuía nenhuma tomada mental vulnerável ou disponível, naquele momento, para a absorção dos fluidos pestilentos.

A luz que se arrojava a partir de seus centros cerebral e emocional repelia intensamente a carga negativa, enquanto que os ovoides, colocados sobre a mesa com os fios magnéticos que partiam de sua estrutura a se assemelharem aos cabelos da Medusa do mito grego, igualmente iam sendo banhados pelas emissões de todos os presentes, acusando estranhas transformações.

Quanto mais via baldos seus esforços, mais o hipnotizador se desdobrava para que o malfadado presente acabasse conectado aos centros inteligentes do encarnado. No entanto, sem o apoio dos outros amigos que se achavam contidos no recipiente de energia, não tardou para que o hipnotizador escolhido, que era o mais capacitado dentre os outros que o seguiam na condição de torturadores magnéticos, apresentasse sinais de esgotamento.

A prece de Glauco não diferia em nada das orações espontâneas que pedem pelos aflitos da Terra, pelos doentes, pelas viúvas e órfãos, pelos entes hospitalizados, pelos desamparados da sorte, pelos bandidos e prostitutas, pelas pessoas que pensam em se matar, enfim, por todos os irmãos de humanidade.

No entanto, era feita com uma tal sinceridade que, do seu coração, os raios safirinos de luz atestavam a profunda verdade com que tais palavras eram proferidas.

As lágrimas naturais molhavam suas pálpebras, sem que, nem de longe, imaginasse o que estava acontecendo naquele ambiente, naqueles poucos minutos.

Nunca poderia pensar que as forças amorosas de Félix e Alfonso o abasteciam de inspiração e sentimento para que, com eficácia e bondade pudesse exprimir-se naquela hora tão especial para os destinos de todos.

Durante o tempo em que a prece durou, Glauco fora alimentado no coração pelos ideais que nutria e pelas forças do Bem dos mentores amigos. Ao mesmo tempo, a entidade negativa ia lhe bombardeando o pensamento com as cargas deletérias que trazia, alternando-as com a ação hipnotizadora que tentava fazer Glauco se lembrar das antigas cenas de leviandade, fazendo circundar sua atmosfera com formas pensamento de mulheres despidas a lhe provocarem a memória.

No entanto, parece que Glauco não as percebia, tal era o seu estado mental elevado.

Sem conseguir mais se manter, antes de perder por completo o controle sobre si mesmo, a entidade trevosa afastou-se para não cair, vitimada por uma vertigem, como que buscando apoio em alguma coisa que contivesse a sua queda.

Encontrou os braços de Alfonso que, sem qualquer tom de vitória, perguntou:

– O meu amigo (chamava de "amigo" porque tais entidades, geralmente, se revoltam quando são tratadas de "irmão ou irmã") aceita um pouco de água?

Vendo-se nas mãos da luminosa entidade, o hipnotizador tentou refazer-se a fim de manter a postura e não parecer derrotado.

– Estou bem, é apenas uma tontura passageira.

– Sim, nós sabemos. Desejamos o seu bem. Aceite um pouco da água que o ajudará a refazer-se da tontura.

Sem poder negar o seu estado, o Espírito perturbador, transformado em perturbado, ingeriu o conteúdo do copo e se sentiu invadido de uma sensação absolutamente nova para ele.

Parecia estar voltando a ser criança.

Sentia uma vontade de buscar o colo materno que sempre se fizera acolhedor e amigo e do qual estava afastado já há muitas décadas, perdido nos tormentos daquele tipo de trabalho no mal.

E enquanto estava agindo assim, sem entender de onde lhe

vinham as ideias de um passado tão velho, mas uma sensação tão inesquecível e nova, para a surpresa de todos os que ali estavam, inclusive dos próprios dirigentes, uma pequena estrela desceu do teto, como se tivesse furado o telhado e sua luz, pequena a princípio, começou a crescer e a se transformar num corpo de mulher, mais uma madona antiga, vestida de luzes prateadas como se, antes de chegar à Terra, houvesse passado nas redondezas da lua e tomado por empréstimo a sua claridade.

Materializou-se aos nossos olhares espirituais, bem no meio da mesa física onde estava a garrafa de água que todos iriam usar logo a seguir, sem que nenhum dos encarnados pudesse perceber, visualmente, a sua presença.

– Guilherme, meu filho, quanta saudade tenho de seus braços pequeninos.

E sem entender como aquilo era possível, a perversa entidade, agora vencida e desgastada pelo mal que buscara praticar, encantada pela visão magnífica daquela que lhe dominava o sentimento desde os tempos da reencarnação na antiga Germânia, pôde apenas exprimir-se, aos gritos de desespero, antes da crise de choro convulsivo:

– Mãe, ...mãezinha, você não me esqueceu?

Abraçando-o como quem abraça o maior tesouro que existe, a sublime entidade tomou-o em seu colo e respondeu:

– Como poderia ter esquecido daquele que é o meu próprio coração e que tenho buscado em todos estes séculos? Você ainda não conhece o tamanho do Amor, Guilherme, se pensa que poderia tê-lo esquecido.

– Mas... eu sou um monstro, mãe! Veja no que me transformei longe de você!

Entendendo aquele momento difícil, mas necessário, para que o filho despertasse para si mesmo, a generosa entidade não tentou desfazer-lhe as impressões, mas, ao contrário, reafirmou-lhe:

– Essa é a prova maior do meu amor, filho, aquele que faz o coração da mãe não ver as deformidades daquele que ama e dedicar-se a ele como se ele fosse a criatura mais perfeita do mundo.

Sabe, Guilherme, por que você é tão precioso para mim?

Vendo a pergunta direta, a entidade, vencida, abanou a cabeça, sem forças para responder.

– Porque você me foi dado por Deus, meu filho. Você é um presente do Pai para meu coração. Para sempre.

Raios de uma tempestade que se unissem naquele momento não conseguiriam iluminar aquele pequeno círculo com um poder e uma rutilância maiores.

A emissária superior olhou, agradecida, para todos os quatro integrantes daquela família, que se reuniram para uma breve prece de menos que trinta minutos.

Vendo a garrafa d'água colocada sobre a mesa, exatamente no local em que ela se encontrava, endereçou seu foco de emissão fluídica diretamente para o recipiente, e como se ela se achasse na altura de seu outrora existente útero materno, transportando a força de seu coração para aquele centro que lhe marcava, simbolicamente, o novo nascimento do filho perdido, abençoou aquele líquido com a gratidão e a felicidade que só o coração materno sabe dar, depois que recupera a joia perdida, a ovelha que se desgarrara.

Parecia que o Sol se havia acendido no interior do recipiente de vidro pobre, contagiando todas as moléculas de água com um padrão de forças absolutamente renovado e energizado, fazendo vibrar cada molécula com especial tonicidade, transformando-as, todas, em reais mensageiras de esperança e harmonia para as células de todo o organismo que as ingerisse, ainda que em pequena quantidade. Poderíamos afirmar que tal processo se pareceria, grosseiramente, ao enriquecimento de urânio que se realiza em laboratórios e mecanismos complicados visando as explosões atômicas, mas ali produzido pelo sentimento elevado de um Espírito Superior, com finalidades benéficas e pacíficas

Depois, voltando-se para o filho, perguntou se aceitava ir com ela.

Então, num gesto quase infantil, a entidade, que se havia transformado ao lembrar-se infância distante, agarrou-se aos seus braços de mãe desvelada como a não desejar mais sair dali.

Voltavam a unir-se e o desejo dele era de não mais perder a fonte de seus afetos mais profundos.

Entendendo que havia chegado o momento da despedida, a entidade nobre, proveniente dos planos superiores, dirigiu-se a Alfonso, num olhar emocionado, no qual a lágrima suave externava os mais belos discursos de agradecimento e, humilde, solicitou:

– Meu filho, recolhe-os e prepara-os em meu nome, porquanto eu os virei buscar para que, juntos, reprogramemos nossos destinos.

Entendendo que a safirina entidade se referia aos Espíritos ovoides que ali estavam, Alfonso acenou com a fronte iluminada e respondeu:

– Serão nossos filhos até que possam voltar a ser vossos.

Despediu-se a nobre entidade, levando consigo o hipnotizador astuto e frio, aquele mesmo filho perdido que, depois de longos séculos houvera reencontrado.

Ao mesmo tempo em que isso acontecia, os outros seis Espíritos, isolados na redoma fluídica, não sabiam o que fazer, aterrorizados que estavam com a partida do seu líder.

Desesperados por imaginarem que ficariam presos naquele ambiente, temiam, por outro lado, a perda de um dos mais importantes membros e as negativas repercussões na Organização, que os perseguiria até o fim do mundo.

Voltando-se para eles, Alfonso perguntou, amável:

– Vocês também estão convidados a seguir o mesmo caminho deste nosso irmão que acabou de reencontrar a felicidade.

Por que não aceitam o convite? Desejam continuar a entrega dos presentes?

Na gritaria dos desesperados, todos, inclusive os outros hipnotizadores, se puseram a pedir que fossem levados para fora, que pudessem ser libertados e deixados em paz.

– Está bem, meus irmãos. A paciência de Deus é inesgotável. No entanto, nunca se esqueçam de que o Amor não os abandonará nunca e que a vergonha do mal que fizemos será muito mais escura do que qualquer vingança de qualquer organização trevosa.

Então, Alfonso autorizou que os guardas levassem todos de volta ao exterior e, assim, pôde dar por encerrado o trabalho daquela noite, ao mesmo tempo em que os encarnados dividiam a água bendita.

Foi quando Félix escutou Magnus dizer-lhe:

– Ah! Que vontade de beber dessa água.....

– Eu também – respondeu o instrutor, sorrindo.

Depois de levadas de volta ao exterior, as entidades perseguidoras saíram em disparada afastando-se aos xingamentos, como se tivessem sido ludibriadas, como se não houvessem sido, eles próprios, os que ali se apresentaram para fazer o mal.

Como todas as criaturas medíocres, também procuravam acusar os outros, colocar a culpa nas "torpezas" do Bem, nas artes maliciosas dos "Anjos", maneira pela qual ocultavam suas fraquezas, suas debilidades de caráter.

Assustados com o destino do mais experiente dentre todos os hipnotizadores, os três outros que o acompanhavam regressaram à sede da Organização e, agindo discretamente, nada revelaram aos seus superiores acerca da verdade, preferindo afirmar que haviam sido dispensados pelo outro que os liderava, o qual optara por se manter junto à vítima encarnada, dando os últimos retoques no processo de ligação das entidades ovoides. Assim combinados, os três procuraram evitar as consequências pessoais negativas, deixando que o acaso fizesse a sua parte nas revelações da deserção do companheiro mais experiente.

De forma semelhante agiu o outro trio, aquele que se apresentava mais ligado às personagens que, obedecendo aos conselhos do Chefe, acertaram que tais insucessos não seriam revelados por eles mesmos, já que não desejavam ser responsabilizados pelos comandantes por aquele rotundo fracasso.

Além disso, no dia seguinte deveriam estar a postos para não perderem as oportunidades junto a Marcelo e Sílvia, ocasião em que poderiam obter o sucesso prometido ao Presidente, deixando as notícias más para que outros se fizessem portadores.

18

LUIZ, SUA SEXUALIDADE E SEU OBSESSOR

Observemos o que se passara no lado espiritual da vida em relação a Luiz, naquelas horas dedicadas à oração familiar, tanto quanto nas que se seguiram ao seu encerramento.

Depois de distribuída a água balsamizada pela nobre entidade que viera recolher o precioso tesouro de seu afeto, na figura da perturbadora entidade hipnotizadora que ali acabara por redescobrir a si mesma, os integrantes do grupo familiar passaram às conversações normais, encaminhando-se, a seguir, cada um para suas atividades pessoais, sem qualquer diferença, a não ser, o bem estar que guardavam em suas almas.

João voltou para sua televisão, Olívia foi tratar de ultimar algumas costuras para o dia seguinte enquanto que Glauco e Gláucia se sentaram na sala para poderem conversar melhor sobre certas coisas da vida a dois.

Enquanto isso, prosseguiam no plano espiritual daquele lar as atividades do mundo invisível, no encaminhamento das diversas entidades aflitas que haviam sido trazidas para a participação daquele momento de oração em família, ao mesmo tempo em que os obsessores de cada um dos integrantes da casa eram retidos em ambiente separado, para que fossem atendidos individualmente por amorosas entidades que conversariam com eles.

Em realidade, os mais atacados pela perseguição dos Espíritos perturbadores eram João e o seu filho Luiz.

Sobretudo este último, carregava consigo graves processos

obsessivos, ainda que, à primeira vista, pudesse ser encarado como uma pessoa tida como normal pelas atitudes, que não diferiam da maioria dos da sua idade.

Era um rapaz bem apessoado, na flor da idade e que cultivava os hábitos sociais considerados tão comuns entre os adultos jovens, sejam os do consumo alcoólico, sejam os das aventuras sexuais descompromissadas.

Dono de uma personalidade forte, não gostava de prestar contas a ninguém daquilo que fazia e, ainda que respeitasse a postura de seus pais, era zeloso da ideia de que, em sua vida, era ele quem mandava.

A única pessoa que parecia exercer certo poder de influência benéfica sobre ele era a irmã mais velha, Gláucia que, usando seu carinho e a maneira compreensiva que desenvolvera ao longo de seu amadurecimento como mulher, conquistara as suas atenções e se fazia escutar, ainda que não tivesse nenhum poder sobre a personalidade impetuosa do irmão.

O rapaz trabalhava e tinha seus recursos pessoais que lhe garantiam viver segundo sua vontade e seus desejos.

Dentro de casa, procurava ser sempre o mesmo, com a conduta mais ou menos padronizada, segundo os ensinamentos da educação recebidos de seus genitores.

No entanto, longe deles e na companhia de amigos, parecia transformar-se, permitindo que as inclinações negativas que existiam em seu Espírito pudessem libertar-se sem quaisquer amarras, dando vazão aos seus instintos mais primitivos.

Essa vida dúbia lhe causava vários problemas psicológicos já que, ao mesmo tempo em que gostava do modo de ser que mantinha fora do lar, não queria que seu conceito ou seu perfil de integridade acabasse manchado na mente de seus familiares.

Por isso, recusava-se sistematicamente a acompanhar Gláucia e Glauco em algum tipo de passeio por lugares públicos, receando que o encontro com outras pessoas viesse a denunciar-lhe a conduta moral oscilante.

Ao estabelecer esse padrão de comportamento, Luiz permitira ser influenciado por entidades aproveitadoras, vampirizadoras das forças vitais dos encarnados invigilantes, sócias nos seus prazeres e aventuras, estimulando suas tendências inferiores para delas extrair maior gama de sensações que não conseguiriam obter de outra forma, depois que a morte física lhes tirara o corpo carnal.

Eram os antigos viciados, pervertidos e irresponsáveis de todos os tempos que, sem desejarem empenhar-se no esforço do crescimento e da transformação pessoal, passavam a acompanhar aqueles encarnados que fossem sensíveis às suas influências, coisa que, para acontecer, precisava contar, naturalmente, com a afinidade de gostos e desejos íntimos entre as duas partes.

Luiz era uma dessas fontes a propiciar a tais entidades o pagamento em gozos e sensações animalizadas pela eventual proteção que passavam a lhe dar.

Entre elas estava a mais viciada de todas, aquela entidade que havia sido trazida à reunião daquela noite e que ficara isolada das vistas dos demais.

Era um Espírito de horrível feição e de vibrações extremamente aviltadas pelas práticas sexuais desregradas.

Atuando na estrutura afetiva afrouxada pelos costumes e induzida pelas imagens veiculadas nos diversos meios de comunicação, que impulsionam as pessoas constantemente para os apelos do erotismo e pensamentos aventurescos na área das sensações, esse Espírito inferiorizado mantinha ligações muito profundas com Luiz, ligações estas que a cada dia mais se estreitavam, estando numa fase de quase simbiose, onde já não mais se distinguia quem é que mandava, quem é que queria, quem é que pensava.

E nesse panorama, o invigilante Luiz, que se permitira agir dentro daquilo que julgava ser sua inalienável liberdade de escolha, não admitindo a influência de nenhum dos seus parentes queridos que tanto o amavam, alegando sua condição adulta e ser dono de seu próprio nariz, era, na verdade, um joguete dos Espíritos trevosos, praticamente associado ao obsessor invisível, que lhe sugeria ações perniciosas, mas extremamente excitantes, e era obedecido com prazer.

Isso fizera com que Luiz passasse a buscar a satisfação física não apenas nos envolvimentos sexuais com outras jovens, falenas iludidas pelas sensações físicas, a facilitarem a troca das energias de maneira leviana e sem compromissos mais profundos.

Além delas, Luiz acabara aceitando participar de reuniões libertinas, onde o sexo coletivo representava a essência do encontro, nas expressões primitivistas dos contatos íntimos sem limites, a envolverem tanto a hétero quanto a homossexualidade.

Nestas ocasiões, conhecera homens com os quais passara a se relacionar regularmente, entregando-se, inicialmente por curiosidade, às vivências homossexuais, experiências estas que, no seu caso específico, passaram a se tornar mais constantes e repetidas em face da novidade que representavam para suas práticas sexuais, já então tornadas rotineiras e sem graça, nos encontros fortuitos com inúmeras mulheres. Além disso, envolvido pelas vibrações da entidade obsessora, Luiz pensava obter, na homossexualidade ocasional, as mesmas respostas estimulantes que a vivência heterossexual permitia aos encarnados.

※※※

O prazer, em todas as áreas da vida, estimula, satisfaz e, nas áreas mais frágeis da personalidade, abre espaços a excessos que causam dependências e tolerâncias, como uma droga qualquer.

Quando o ser humano entende a sua condição de Espírito que deve comandar a matéria, ele consegue dominar os impulsos que se apresentem e que poderiam, pelo abuso, tornarem-se nocivos.

Mais ainda, a consciência lúcida da pessoa é capaz de escolher, graças ao grau específico de maturidade espiritual, o melhor caminho para viver sua vida de acordo com seus projetos.

No entanto, no mundo acelerado em que todos estão se permitindo viver, as contingências emocionais têm sido objeto de exploração intensa, graças ao interesse econômico de manter as almas atreladas aos vícios que, uma vez implantados no modo de ser, favorecem aqueles que os exploram e estimulam em busca dos lucros financeiros que tanto ambicionam.

Por isso é que será sempre um bom negócio facilitar e tirar partido da viciação no consumismo, no uso de drogas tidas como socialmente aceitáveis, das outras drogas, do jogo, da prostituição, da gula. Em face desse comportamento afrouxado, as pessoas sem vontade própria continuarão sempre a se manter dependentes daqueles que as exploram, fornecendo-lhes, em troca, o dinheiro e o respectivo poder que tanto apreciam.

Dessa forma, no aspecto da sexualidade, os mesmos mecanismos da viciação e da tolerância são encontráveis, a fazerem com que a criatura de vontade mais frágil nessa área se permita procurar a satisfação constante e desmedida dessa inclinação, ao mesmo tempo em que a repetição do ato vai roubando ao seu agente, cada vez que o pratica, parte da carga emocional, parecendo que a satisfação antiga já não é a mesma com a mesma ação.

Isso leva, então, pessoas que começam a se tornar dependentes psicológicas da satisfação sexual a buscarem inovações em suas práticas, apimentando as relações para retornarem ao antigo potencial de satisfação. Por um tempo, se sentem complementados pelas novas aventuras, mas, novamente, o mecanismo da tolerância se apresenta, tornando rotineira e sem graça aquela novidade, a pedir uma nova carga de transformações, na tentativa de manter o mesmo nível do prazer.

E nessa jornada espiral descendente, as criaturas permitem-se experimentar outras e outras formas de relação, até que cheguem àquelas consideradas como tabus na sociedade preconceituosa em que vivemos.

Passando a linha dessa "social normalidade", a pessoa acrescenta aos processos da satisfação sexual a ideia de ruptura com os paradigmas aceitáveis do grupo, empurrando-se para a área da ilegalidade moral, com os complexos de culpa daí decorrentes, explorados pelos Espíritos obsessores que os acompanham nessa queda e que, daí, podem melhor dominar os seus pupilos com as intuições do tipo: Agora que você chegou até aqui, não dá mais para voltar a ser a pessoa certinha que você era. Você chegou na lama. Agora não pense em sair porque ninguém mais vai acreditar em você. Você nunca prestou mesmo... agora é tarde para sair do lodo. Aproveite e relaxe...

Essas intuições negativas, manipuladas no íntimo da consciência do indivíduo pelas entidades inferiores e inteligentes, colocam a pessoa numa fase de sofrimentos morais profundos, confrontando os afetos e os conceitos morais recebidos da família, com as condutas devassas e extremamente contrárias a tais conceitos que se permitiu viver. Daí, alguns resolvem romper os laços familiares com o afastamento dos seres queridos, alegando necessidade de maior liberdade para viver uma vida sem a observação mais direta ou, então, optam por uma vida dupla, buscando manter duas ou mais máscaras para os diversos momentos de suas experiências pessoais.

Naturalmente que, aqui, não estamos generalizando as diversas questões que envolvem a homossexualidade, pretendendo reduzi-las apenas a este perfil.

Estamos dando a explicação espiritual para o caso de Luiz, o rapaz que, viciando-se na experimentação do prazer sexual, como alguém que resolve permitir-se o uso de drogas, estimulado por suas tendências pessoais e pela indução mental de entidades, passa a não mais se satisfazer com as respostas obtidas pela mesma quantidade de substâncias ingeridas, obrigando-se a consumir maiores quantidades até que se veja compelido a trocar de produto por um outro mais potente.

Trocando de experiências sucessivamente, Luiz acabara ingressando na área da homossexualidade, ainda que não se sentisse, efetivamente, homossexual.

Isso lhe produzia conflitos extremamente dolorosos, dignos de verdadeira compaixão, porque já não era mais a área da ilicitude socialmente aceitável, ainda que censurável. Agora, Luiz se envolvia com condutas que, se fossem descobertas, o estigmatizariam, colocando-o na faixa do isolamento social, da ridicularização perante os amigos e da vergonha perante a própria família.

Assim, sua consciência, a partir de então, estava mais vulnerável aos ataques dos Espíritos perseguidores e cultivadores dos prazeres, aí incluídos Espíritos femininos que, desejando recapitular os excessos delituosos a que se permitiam no passado, aproximavam-se dele para aumentar sua vontade de se relacionar com outros homens.

Tais influenciações se davam através dos condutos magnéticos que estavam implantados no centro cerebral de Luiz, ligado ao prazer físico, tanto quanto eram efetuadas através das imagens mentais que lhe eram avivadas do subconsciente, poluindo seus pensamentos com as cenas provocantes, com as sugestões prazerosas, envolvendo outros homens. Tais Espíritos femininos, acercando-se dele, desejavam satisfazer-se sexualmente usando as sensações de Luiz e extraindo de tais relação as forças vitais que lhes trouxessem as antigas satisfações da perversão sexual.

Pode você, leitor querido, perguntar-se por que tais Espíritos não se acercavam de mulheres em relações vulgares ou promíscuas com os homens.

No entanto, é exatamente isso que também acontece.

São Espíritos que buscam a satisfação onde ela se ofereça, não importa a condição dos encarnados. Acontece que, na posição de Luiz, irmão de Gláucia e futuro cunhado de Glauco, as entidades organizadoras da perseguição a que nos estamos referindo, nele encontraram as tendências similares às de Sílvia, para a indução negativa. No entanto, diferente desta, que já possuía bem definida a sua opção heterossexual, Luiz se apresentava vulnerável, a buscar sempre mais prazer, como se isso fizesse parte natural da estrutura humana a não merecer nenhum tipo de contenção, nem social nem pessoal.

Então, sem se saber objeto da atenção da Organização trevosa, passara a ser acompanhado por representantes dela que, observando sua fraqueza de caráter, planejaram e executaram os passos necessários para levá-lo ao caminho que, agora, trilhava.

Agindo deliberadamente, os enviados do Presidente implantaram em Luiz as ligações magnéticas que lhe influenciavam as ideias e, como o rapaz era de personalidade altiva, tida como independente, dono de seu nariz, as entidades amigas que o aconselhavam a seguir no caminho do equilíbrio nada podiam fazer contra as inclinações negativas de seu modo de ser, repelindo sistematicamente, as boas intuições. Por mais que o intuíssem a não agir de forma tão invigilante, tão desequilibrada na heterossexualidade, tão viciosa na busca incessante dos prazeres, eram sempre rechaçados por ele que, em seus pensamentos, invariavelmente, preferia dar ouvidos às sugestões das entidades maliciosas que lhe enalteciam a masculinidade, a necessidade de aproveitar as mulheres fáceis disponíveis, a cultivar o prazer como regra da vida e prática normal das pessoas saudáveis, até que ele se visse dependente do sexo, necessitando de experiências cada vez mais audaciosas. Deixando, então, que Luiz colhesse os espinhos de suas escolhas, tais Espíritos amigos permitiram que vivenciasse as lições amargas que ele preferira viver e que, fatalmente, o reconduziriam à consciência de si mesmo através do caminho doloroso.

***

Assim, naquela noite do Evangelho no Lar, o referido Espírito obsessor, aquele que coordenava a ação dos demais que atacavam o rapaz, inclusive das inúmeras almas femininas depravadas que o hipnotizavam nos momentos do prazer, havia sido trazido ao encontro familiar envolvido naquela já mencionada rede magnética, permitindo a Alfonso que, terminada a reunião, pudesse conversar com ele, de forma direta.

O diálogo não seria muito longo porquanto o Espírito, depois de ouvir as advertências do instrutor, seria novamente liberado da influência benéfica que o mantinha recluído em si mesmo, para que continuasse a seguir sua trajetória, segundo seus próprios desejos.

– Meu filho – falou Alfonso, sereno.

– Não tenho pai... – respondeu, insolente.

– Mas, por isso mesmo, quero que saiba que, nas carências de seu coração, a partir de hoje, eu o adoto como filho de minh'alma.

– Conversa mole... prefiro ser órfão a ser seu filho.

– Não importa, vai chegar o momento em que entenderá a importância de ter um pai, um amigo sincero e desinteressado.

– Qual é a sua, me chama de filho e me deixa preso aqui? Que pai você pensa que é?

– Você não é nosso prisioneiro, Jefferson..

– Como sabe o meu nome? Você é feiticeiro? Nunca o vi!

– Como estava lhe falando, filho, você não é nosso prisioneiro e, sim, nosso convidado. Depois que conversarmos, você será levado de volta para o mundo lá fora, onde sua consciência vai lhe aconselhar nas rotas a seguir.

– Já tenho meus planos. Não preciso de consciência. Perseguirei meus objetivos até o fim.

– No entanto, Jefferson, suas atitudes estão a produzir o mal no caminho de seus semelhantes. Você sabe disso...

– E daí, não é assim a vida? Quem pode mais, chora menos. Além do mais, eu estou endividado e, dessa forma, estou pagando meus compromissos.

– Contraindo maiores dívidas com Deus?

– Sei lá. O que sei é que meus cobradores são muito mais perversos do que eu.

– Ah! Quer dizer que você sabe que está sendo perverso também.

– Não é que eu seja, mas que eu tenho que ser. Além do mais, não estou fazendo nada além do que aquele bobalhão também gosta e quer fazer. Você deve saber do que estou falando.

– Sim, meu filho, Luiz está crescendo e, nesse esforço, está errando para aprender.

– Que nada, meu. Ele está bem grandinho, capaz de fazer cada coisa, que você nem acredita....

– Mas tudo isso, Jefferson, corresponde às condutas de um Espírito infantil, nas experiências da vida que lhe aclararão novos horizontes de aprendizagem. Além do mais, não é só a curiosidade dele que o tem movido. A sua influência também tem correspondido a uma grande cota de culpa nos erros dele, meu filho.

– Que nada, a gente só aplaude....

– Você sabe que não é só isso. E as mulheres que o envolvem, que fantasiam seus sonhos noturnos, que despertam certas vontades com a volúpia de suas influências... vocês o estão induzindo ao erro e, dessa forma, perante Deus, tornam-se igualmente culpáveis pelo erro.

– Ora, então manda esse Deus vir defender o carinha....porque eu estou me defendendo..

– É exatamente isso que está acontecendo aqui, Jefferson. Deus está se ocupando de Luiz sem se esquecer de você. Por que então, não combinamos que, por alguns dias, vocês possam dar uma trégua a ele, para que vejamos se, por si próprio, Luiz procura tais envolvimentos?

– Que trégua que nada... Ele já nos chama e nos pede participação nas suas noitadas....

– Bem, meu filho, como você disse e eu estou lhe explicando, Deus começa a defender seus filhos sempre pelos caminhos do perdão, do amor, do amparo coletivo.

– Tudo bem, escolha dele....

– Depois que nós não aceitamos, as consequências de nossos atos se voltarão contra nós.

– Está me ameaçando... papai... – falou a entidade, irônica e dura.

– Não, meu filho, estou lhe contando como são as coisas fora de seu mundo de prazeres esgotantes.

– Tudo bem, devidamente anotado... posso ir embora, agora?

– Pode. No entanto, não se esqueça de tudo aquilo que falamos. Para a consideração de Deus e de sua Justiça, você está, a partir de agora, devidamente avisado sobre sua conduta e as consequências.

Quando precisar de mim, me chame. Eu sou Alfonso, para servi-lo.

Fazendo uma cara de desinteresse, Jefferson abanou a cabeça sem responder.

Foi, então, conduzido pelos trabalhadores espirituais para o ambiente externo, onde pôde dar seguimento aos seus interesses e atitudes, agora não mais pelo caminho da ignorância do mal praticado, mas, sim, do da responsabilidade pelos atos realizados.

* * *

Longe dali, Luiz estava deitado, sozinho, em um quarto barato, de onde, minutos antes, havia saído um rapaz com o qual havia se envolvido nas emoções transitórias e frustrantes de um relacionamento passageiro e indiferente.

Afastada a influência perniciosa de Jefferson, Luiz passara a meditar em sua vida, nas coisas que estava fazendo, a que ponto tinha se permitido chegar, pensando no lar ao longe e nas reações da irmã se soubesse sobre o seu comportamento.

Aliás, tais pensamentos dolorosos tinham-se tornado mais constantes, desde o momento em que, em uma dessas empreitadas em busca de aventuras e companheiros, fora flagrado em atitude suspeita por Glauco, que buscava informações sobre certa rua da cidade e resolvera obtê-la de um casal dentro de um carro estacionado em local público, casal esse que, apesar dos beijos que trocavam, era composto por um desconhecido e pelo próprio Luiz.

Glauco, ao presenciar a cena reveladora, desconversara e, apesar de nitidamente transtornado pela surpresa, pediu desculpas, como se não desejasse atrapalhar o encontro de ambos, afastando-se para não agir de forma brusca ou impensada.

Desde então, Luiz passara a evitar os encontros familiares onde Glauco se faria presente.

Já se havia passado mais de um mês dessa situação e Glauco, sem pretender fazer o sofrimento de seus sogros e da própria irmã, resolvera nada revelar a respeito do cunhado, guardando para si a constatação, para ele decepcionante.

No entanto, Luiz não sabia qual seria a sua conduta e, por isso, preferira passar a evitá-lo, o que só aumentava sua angústia pelo medo de que, a qualquer dia, suas aventuras homossexuais viessem a cair no conhecimento dos familiares.

O afastamento de Jefferson, naquele dia da oração coletiva, permitira que os Espíritos luminosos envolvidos nos tratamentos espirituais daquele grupo familiar se aproximassem de Luiz para ajudá-lo no redirecionamento de suas atitudes.

Eram momentos rápidos, que tais amigos invisíveis precisavam explorar ao máximo, a fim de que conseguissem, ao menos, criar uma atmosfera psíquica dissintonizada das influências diretas de Jefferson.

Não seria fácil, no entanto, já que ambos se entrelaçavam fluidicamente, o tratamento demandaria tempo das entidades amigas e deveria estabelecer-se sobre os dois que se envolviam nessa trama, Jefferson e Luiz.

19

RETOMANDO O CONTROLE SOBRE O ENCARNADO

Realmente, não tardou muito tempo, depois de ter sido reconduzido à via pública, para que Jefferson se apresentasse ao lado de sua vítima, como que a buscar retomar o processo de influenciação.

As primeiras tentativas se fizeram infrutíferas.

Luiz, favoravelmente impressionado pelas emissões magnéticas de elevado teor desfechadas a seu benefício pelos Espíritos generosos que o estavam amparando, não aceitou o abraço fluídico que Jefferson lhe estendera.

A entidade, percebendo que algo havia acontecido, passou a vociferar como se falasse sozinha, desafiando seres que ela não via, gritando:

— Pois vocês não pensem que vão conseguir ganhar esta, "facinho" desse jeito. Ah! Isso é que não vão.

Este imbecil me pertence e será meu instrumento para tudo o que eu deseje praticar. Se está com peso na consciência, isso não vai durar mais do que algumas horas. Ainda hoje voltarei a cuidar do meu patrimônio.

Daquele local de vibrações pesadas e desagradáveis, Jefferson saiu, deixando Luiz com seus pensamentos sintonizados em outra faixa, uma faixa de energias positivas.

Mobilizando os seus contatos com outras entidades grosseiras e maléficas, conseguiu induzir uma jovem prostituta que fazia ponto naquela região e se valia das mesmas habitações, para que viesse até a porta do quarto, como a verificar se estava sem ocupantes.

Seus trajes minúsculos e provocantes e a exuberância de suas formas seriam a isca que Jefferson usaria para retomar a sintonia com Luiz.

Não se haviam passado mais do que trinta minutos, então, quando o rapaz escutou suaves batidas na porta. Procurou compor-se adequadamente e foi atender.

Assim que abriu, deparou-se com o rosto curioso da jovem que, desejando saber se o quarto estava disponível, investigava sobre seus ocupantes.

Ao mesmo tempo, Jefferson se postava ao lado de Luiz para retomar a influência no domínio de seus pensamentos e desejos.

– O que você quer? – perguntou o rapaz, pensando se tratar de alguém que estivesse desejando tirar-lhe o quarto. Já paguei por este apartamento...

– Ah! Tudo bem, moço, não queria incomodar. Só estava vendo se havia alguém aqui dentro.

– Sim, agora você já viu....– falou secamente... com raiva da situação.

E enquanto estava se irritando com a presença da jovem e esbelta mulher em trajes sumários, Jefferson se associou à sua mente e exclamou, imperativo:

– Se você não é "gay", por que não aproveita e mostra isso com a mocinha? Veja como ela é bonita e está aí, oferecida...

Luiz não escutou as expressões vulgares da entidade, mas, no fundo de seus pensamentos, uma ideia lhe brotou, aliviando o peso de suas culpas.

– Puxa, nada melhor do que manter uma relação heterossexual para limpar-me do contato promíscuo que acabei de ter. Assim, pelo menos, posso me sentir normal....

– Isso mesmo, mostre que você é macho, que é homem, que não está no rol dos que viraram a casaca... – respondia, mentalmente, a entidade, influenciando seus interesses sexuais.

Veja como ela é sedutora e provocante....

E enquanto falava isso, em uma fração de segundos, a entidade passou a acariciar a região genésica do rapaz, como a estimular suas forças sexuais para despertar seu interesse no envolvimento com a moça.

Sentindo-se provocado em sua masculinidade e desejando provar para si mesmo que não se enquadrava no rol dos homossexuais, Luiz passou a olhar a moça com outros olhos e, adocicando a voz, alongou a conversa que, momentos antes, se preparava para terminar, com o fechamento da porta no rosto da jovem.

– Puxa, será que eu não a conheço? Você é tão bonita... está sempre por aqui?

Sabendo usar sua beleza como isca para ganhar a vida, a jovem percebera o interesse do rapaz e, de imediato, aceitou o pequeno joguinho que, segundo suas experiências pessoais, ela bem sabia onde iria terminar.

– Passo por aqui, de vez em quando, mas não me lembro de tê-lo encontrado.

– Prazer... meu nome é Luiz – disse o rapaz, estendendo a mão para a moça.

– Prazer, Luiz, meu nome é Carla...

– Entre um pouco....

– Ah! Não quero incomodar... – respondeu a moça, fazendo um pouco de charme.

– Você não incomoda, Carla. Ao contrário, só pode me dar prazer....

E dizendo isso, Luiz puxou a moça, delicadamente, para o interior do quarto, onde, por mais algum tempo ambos permaneceriam para os contatos íntimos e superficiais, durante os quais todo o cuidado dos amigos invisíveis se perderia e Jefferson restauraria as ligações magnéticas com o seu associado de prazeres.

Quando os dois se despediram, já se podia perceber claramente que ambos, o encarnado Luiz e o desencarnado Jefferson, em verdadeira simbiose, estavam novamente integrados reciprocamente, sem se poder dizer quem é que falava ou agia.

Sentindo-se feliz consigo mesmo, Luiz aceitara a companhia do Espírito obsessor que o manipulava facilmente, valendo-se de sua fragilidade sexual a fim de usá-lo como arma na realização de seus planos.

— Viu como você é homem? — afirmava, mentalmente, a entidade inteligente.

— Sim, eu não sou "gay"....apenas me divirto, de vez em quando....

— Isso mesmo... diversão é só diversão... — repetia a entidade, concordando com seus pensamentos.

E não pretendendo perder a chance de tal entrosamento, Jefferson apresentava a Luiz a ideia de abordar Glauco para esclarecer aquele flagrante no qual se vira envolvido.

— E você, sendo homem, como é que Glauco vai ficar com a imagem de um cunhado maricas? Ele pode usar isso para denegrir você, falar de você para todo mundo, jogar seus parentes contra você...

Imediatamente, nos pensamentos de Luiz, a figura de Glauco brotou do fundo de suas lembranças, identificando-lhe o rosto assustado e surpreso que, involuntariamente, externara nos rápidos minutos em que puderam se ver, naquela noite de jogos sexuais no interior do carro, estacionado em rua sem movimento.

— Sim, o maldito Glauco está pensando que me tem em suas mãos....— pensava o moço, perturbado em seu equilíbrio.

— Claro, Luiz, ele vai acabar com sua vida, revelando sua conduta para os seus amigos... Você vai deixar que isso aconteça? — manipulava suas ideias, o Espírito perturbador.

Identificando como suas as ideias que lhe chegavam ao pensamento, como se estivesse falando consigo próprio, Luiz continuava.

— Maldita hora em que minha irmã se arrumou com esse cara. Agora, sentindo-se dono de um segredo, pode pensar tirar o proveito que quiser, imaginando que pode me usar. Isso é que não....

Em sua personalidade arrogante, orgulhosa e altiva, Luiz começava a assimilar a ideia de ir até seu cunhado para colocar as coisas em pratos limpos.

Naturalmente que teria que admitir a sua presença naquele local suspeito, mas, de qualquer forma, poderia inventar um motivo plausível para aquele encontro e, sem atinar para o inexplicável da situação, arrumaria uma desculpa para aquele descuido, para aquela experiência passageira, sem maiores repercussões em sua vida.

Não poderia ficar fugindo do cunhado a vida inteira, como se tivesse cometido algum grave delito.

Iria procurar Glauco e, de homem para homem, conversariam. Obviamente, odiava aquela situação e essa necessidade de entrevistar-se com o cunhado que sabia de suas práticas clandestinas.

— Isso mesmo, Luiz, você acabou de provar a si próprio que é tão macho quanto qualquer outro homem. Não tem que temer nada nem ninguém. Além do mais, Glauco também é uma pessoa cheia de defeitos e fraquezas, não sendo justo que se sinta mais do que você! — falava-lhe Jefferson ao pensamento.

— Glauco não é mais do que ninguém... — pensava Luiz, respondendo aos termos mentais sugeridos pelo Espírito trevoso. — Eu me lembro do trabalhão que deu para Gláucia, quando ele se envolveu com uma mulherzinha qualquer que, segundo correu notícia na época, tinha até engravidado dele.

Como é que um cara desses vai querer botar banca pra cima de mim?

Todas estas justificativas corriam por conta da imaturidade de Luiz e das influências de Jefferson que, aproveitando-se da leviandade do rapaz, fazia seus sentimentos migrarem da sua condição de agente leviano para o terreno de vítima.

Deliberou, então, procurar Glauco em algum lugar distante de sua casa para, passados mais de um mês daquele flagrante inusitado, conversar com o futuro cunhado, de homem para homem.

Luiz voltava para casa, naquela noite da oração familiar, chegando depois que Glauco já tinha se despedido e seguido para seu apartamento.

— Esperamos por você, meu filho, achando que fosse dar tempo para sua participação em nossa prece — falou Olívia, carinhosa.

— Ah! Mãe, os compromissos me impediram... mas quem sabe, da próxima, eu consigo chegar.

— Tudo bem, Luiz, esperaremos pela próxima. No entanto, não se permita viver sem um apoio espiritual, sem algum alicerce mais nobre, porque a vida é traiçoeira e as relações sempre cheias de armadilhas e espinhos.

– Certo, mãe. Na próxima semana vou tentar.

Sabendo que não era do perfil de seu filho aceitar reprimendas, Olívia se deu por satisfeita e deixou que Luiz se dirigisse para o quarto, visando o repouso da noite.

Nos próximos dias, Jefferson, que estava a serviço da Organização, prepararia no íntimo das emoções e pensamentos de Luiz o ambiente necessário para que fosse instrumento adequado no envolvimento de Glauco nas teias da perseguição espiritual, ainda que o noivo de Gláucia, há pouco, tivesse se saído muito bem durante a tentativa da implantação dos corpos ovoides em sua atmosfera vibratória.

A partir de então, na mente de Luiz, o cunhado seria o objeto de seus pensamentos inferiores, no desejo de não mais permanecer sob o domínio do temor de se sentir revelado, principalmente quando pensava que sua condição de heterossexual deveria prevalecer numa luta constante e sofrida entre suas condutas homossexuais e o medo da repressão ou repulsa social. Com base nesse temor, que Jefferson fazia crescer com a ação intuitiva a envolver os pensamentos de sua vítima, Glauco surgia como a pior ameaça à sua tranquilidade, porque seria capaz de acabar com a sua farsa.

Por isso, a mente do rapaz seguia bombardeada pelas intuições escravizantes do Espírito com quem sintonizava, jogando com suas tendências sexuais, empurrando-o ora para a homo ora para a heterossexualidade.

Jefferson, então, organizava a ação das entidades sedutoras, Espíritos de homens e mulheres que, qual chusma de viciados, estavam sempre dispostos a se valerem das energias de Luiz para o abastecimento de seus próprios anseios de gozo.

A noite do rapaz, assim que o corpo adormecesse, se via povoada por encontros eróticos, clandestinos e excitantes, com comportamentos arrojados e alienantes, manipulados pelos Espíritos que Jefferson conduzia, nas diversas práticas obsessivas.

20

CAMILA, SÍLVIA E MARCELO

Logo que amanheceu, os Espíritos perseguidores estavam a postos para a implementação de todos os detalhes do plano.

Em sua casa, Sílvia se esmerava em sua arrumação para mais um dia de trabalho, não se esquecendo, entretanto, de caprichar um pouco mais já que aquele não seria um encontro comum em sua rotina.

Por sua vez, Marcelo se entretinha com as notícias de Camila, aquela com quem, todas as manhãs, se permitia estabelecer o clima de paquera e envolvimento, sendo que a moça sabia valer-se de sua beleza evidente, fazendo-se mais dengosa e aproveitando a inclinação do colega na direção de seu jogo.

– Mas você está cada vez mais irresistível, Camila. Cada nova manhã fica mais difícil não reconhecer suas virtudes de beleza e seus atributos femininos. Não sei como é que você consegue driblar os homens que a procuram.

– Ora, Marcelo, não é assim, seu exagerado. Aliás, não adianta ser homem e procurar a mulher. É necessário que a mulher se interesse por ele também, o que não é o caso. Sua companhia tem sido, para mim, o único alimento masculino que tenho encontrado, agradável, suave, interessante e, muitas vezes, me pego pensando em nossas conversas, em nossos encontros aqui, todas as últimas manhãs e me pergunto por que é que, antes, não éramos mais próximos.

– É verdade, Camila, também me penitencio de ter deixado tanto tempo passar para descobrir suas virtudes escondidas, tão perto de minha sala, e que me fariam sentir tão bem em desfrutar da sua agradável convivência. Acho que são as coisas do escritório, o peso dos processos, a escravidão aos prazos, os interesses materiais aos quais nos entregamos, além, é claro, dos esquemas que os nossos chefes sempre montaram para que, apesar de estarmos por perto, nos mantivéssemos distanciados, quase como adversários.

– Você também já percebeu isso, Marcelo?

– Claro, faz tempo. E quando você me contou do Leandro metendo-se em suas pastas e fiscalizando seus casos, isso só veio confirmar minhas suspeitas. Acho que essa conduta antiética deveria ser desmascarada em uma de nossas reuniões.

– Eu também penso a mesma coisa, Mar – como Camila passara a chamar Marcelo, na intimidade.

– Só temos que tomar cuidado porque, ele e os chefes são como unha e carne. Qualquer deslize nosso e estamos fritos.

– É, eu também acho. Só digo que admiro muito a coragem que você tem em se permitir reconhecer essa estrutura viciada que, de longe, havia identificado, mas que, covarde e meio desligada para essas coisas, não me atrevia a comentar com ninguém.

– Ora, Camila, não estamos mortos e sabemos observar as coisas à nossa volta não como quem está dormindo acordado. Já concluí que somos vítimas de uma manipulação diária, da qual nossos superiores extraem muitos benefícios materiais e certo prazer de nos controlar direta e indiretamente.

– É, vendo as coisas desse modo, também concordo.

Deixando o assunto correr em outra direção, Camila comentou:

– Nossa, Mar, você está mais perfumado do que de costume. Parece que vai ter uma audiência com a Rainha da Inglaterra, de tão bonito que está hoje! Desse jeito, quem não resiste são as mulheres. Aposto que tem audiência no fórum, hoje.

Ficando um pouco enrubescido, Marcelo confirmou:

– Sim, sua danadinha. Tenho uma audiência logo no começo da tarde. Agora o perfume é novo, comprado ontem e estou usando para ver se tenho sorte na audiência. Vai que pego alguma juíza solteira, dessas substitutas novinhas e interessantes... Acaba gostando do perfume e, quem sabe, fica mais simpática para o meu lado.

– Ora, Marcelo, você sabe que as autoridades costumam ser muito sérias e não se deixam levar por esse tipo de influência.

– Claro, Camilinha, eu estou brincando.

– Além do mais, se continuar fazendo as coisas com essas segundas intenções, vou começar a ficar com ciúme e contratar um detetive para seguir você. Afinal, além de ser casado, você é MEU colega de escritório e preciso defendê-lo de muitas lambisgoias perigosas que andam por esse fórum.

Imagine se sua mulher o vê desse jeito.

Aproveitando a deixa, já que o clima entre eles ganhava intimidade constante, Marcelo exclamou, aparentando sofrimento:

– Ah! Minha mulher! Bons tempos aqueles em que ela me notava. Não sei, Camila, mas parece que estamos na pior fase de nossa união. Ela não me procura mais e não aceita que eu me acerque para lhe fazer o menor carinho.

– Nossa, Mar, sua esposa deve estar doente. Como é que pode? Desperdiçar um pedaço de ... que dizer, como é que pode não aproveitar de um marido tão bonitão e atraente como você?

– Não sei, mas é isso que já há mais de um mês está acontecendo.

– Não quero ser pessimista, mas já pensou se ela não arrumou algum paquera por aí?

– Já pensei em tudo. No começo, fiquei indignado com sua postura, mas achei que fosse uma fase dessas que as mulheres costumam passar, dando uma série de desculpas evasivas. Depois, fui tendo que me acostumar e, por mais que procurasse alguma justificativa, ela sempre negava estar tendo qualquer outro interesse. Acho que está me pressionando para conseguir vantagens materiais que até hoje não pude lhe dar. A única coisa que me ajudou a vencer esta etapa difícil por que estou passando foi a sua companhia, Camila, suas atenções para comigo, como alimento afetivo, que me têm abastecido já há mais de um mês.

– Nossa, Mar, não sabia que as coisas estavam assim, tão periclitantes. Por que não me falou antes?

– Ora, Ca, eu não queria lhe aborrecer nem desejava que você pensasse que estava me aproximando por estar carente, em busca de carinho.

Então, a jovem e bela advogada, levantando-se de onde estava sentada, veio na direção de Marcelo que, de pé, se punha a observar o panorama externo. Chegando mais perto dele, Camila o abraçou como alguém que deseja consolar um outro companheiro aflito e em dificuldades afetivas.

Sabia, também, que o momento era oportuno para que seus gestos de carinho se fizessem mais efetivos, aconchegando o coração do rapaz que parecia, igualmente, cobiçado por ela.

A aproximação fez com que o perfume de Marcelo se tornasse mais penetrante e, enquanto seus braços envolviam os ombros do rapaz e seu rosto colado ao dele, pôde sussurrar aos seus ouvidos, com carinho na voz adocicada:

– Mar, não se deixe entristecer. Estou aqui do seu lado, querido.

Com aquele gesto espontâneo, Marcelo não sabia o que fazer, se desfrutá-lo ou manter a postura responsável de homem casado. O certo é que a emoção desse período de solidão afetiva aflorou-lhe no olhar dolorido e nas lágrimas que ficavam represadas em seus olhos.

Sabendo das carências masculinas, Camila afastou o rosto para olhá-lo de frente, mantendo os braços a envolver-lhe o dorso. Enquanto isso, Marcelo a envolvera pela cintura, correspondendo ao amplexo.

Vendo seus olhos úmidos, Camila se sentiu tocada no carinho feminino que mistura a sensação de mulher com a de mãe e, sem dizer nenhuma palavra, encostou seus lábios nos de Marcelo que, sem mais dúvidas, entregando-se à beleza daquela mulher exuberante e carinhosa, dedicou-lhe caloroso beijo, mantido em sigilo pela porta fechada do escritório dela.

Correspondida com a mesma ardência, a moça se deixava levar pelo calor do afago que Marcelo lhe oferecia, esquecendo, ambos, naquele momento, as condições peculiares de marido e de colegas de escritório. Ali estavam, na verdade, dois corações carentes de afeto, perdidos num mar de concreto e papéis, interesses e jogos, tentando sobreviver no meio das ondas de indiferença e desamor que encontravam por onde passavam.

Aqueles momentos pareceram eternizar-se nos afagos e trocas de carinho.

No entanto, retomando o controle da situação e sem ser ríspido, Marcelo afastou-se, dizendo:

– Nossa, Camila, desculpe-me. Não desejava invadir sua

intimidade desse jeito. Você tem sido uma excelente companheira, a única com quem tenho condições de desabafar e revelar minhas dores. Não quero perder isso que é muito precioso para mim. Não pense que estou me aproveitando de você.

Surpresa com aquele comportamento pouco comum nos homens que conhecia, sempre arrojados e agressivos, tentando arrastá-la para os encontros íntimos sem qualquer respeito por sua vontade, Camila respondeu, encantada:

– Ora, Mar, não pense nisso. Somos adultos e eu estava muito interessada em saber como é que você beija. A culpa é desse seu maldito ou bendito perfume...

As palavras de Camila, longe de desestimulá-lo, mais ainda lhe caíram como gasolina na fogueira de seus sentimentos provocados.

– E o que você achou do meu beijo? Estou aprovado no vestibular?

– Nossa, Mar, há muito tempo não conheço alguém que seja tão agradável e provocante. Você não está só aprovado no vestibular como também já está diplomado na faculdade.

– Exagerada ou mentirosa... – respondeu ele.

Para provar que não estava nem exagerando nem mentindo, Camila aproximou-se novamente e, provocativa, repetiu o mesmo gesto de carinho, que foi igualmente correspondido.

– Você viu como não é mentira nem exagero? Obrigada por me dar essa sensação tão maravilhosa de plenitude, Marcelo. Já faz muito tempo que não sinto isso com ninguém.

Envaidecido, o rapaz tentou se desculpar:

– Sabe, Camila, você é um mulherão lindo, e eu estou numa péssima fase em meu casamento. Essa combinação é muito explosiva. Não quero que me veja como uma pessoa leviana e sem escrúpulos, me aproveitando das mulheres que estão ao meu lado.

– Nem pense nisso, Mar. Eu é que o ataquei e você não pôde se defender. Está bem assim? Para mim, nada mudou entre nós. Ao contrário, as coisas só estão melhores porque não precisamos fingir coisas um para o outro.

– Concordo com você, Ca. Agora, deixe-me sair daqui antes que faça coisas muito piores com você... – falou Marcelo, continuando o joguinho de sedução.

– Ou melhores – respondeu Camila, astuta e provocadora.

– É... ou melhores – respondeu ele, fechando a porta e enviando um beijinho no ar para a moça.

Entrando em sua sala, Marcelo estava suando e buscando forças para manter o controle.

Deveria estar preparado para Sílvia que, naquela tarde, prometera lhe revelar o teor do sonho durante o caminho que fariam até o fórum. Na verdade, a audiência não era de Marcelo e sim, dela, Sílvia. Não desejou, entretanto, dizer a Camila que o novo perfume era por causa desse novo encontro com a outra colega.

Quando, mais tarde, Sílvia chegou ao escritório, mais esfuziante do que de costume, passou pela sala de Marcelo para mostrar-se e observar a reação do colega, relembrando o encontro:

– Oi, Dr. Marcelo, bom dia!

– Bom dia, Dra. Sílvia, como passou de ontem?

– Muito bem, preparando-me para a audiência de hoje.

– Que bom... mas só para a audiência? – perguntou ele, desejando relembrá-la do assunto que permitiria que se aproximassem, conforme a promessa que havia feito.

– Claro, Marcelo, para que mais me deveria preparar? – falou ela, mantendo o jogo de desconversar a fim de produzir maior interesse nele.

– Bem, que seja assim, então. Mas, dessa forma, acho que você não vai mais desejar a minha companhia, não é?

– Como não, Marcelo... estou me lembrando, agora, neste instante, que me preparei para mais uma coisa que tem a ver, exatamente, com você...

– Ah! Como é bom a gente ter boa memória, Dra. Sílvia. Na advocacia, esse é um fator essencial para o sucesso.

– É verdade, Marcelo. Às treze horas, iremos para o fórum, no meu carro.

– Tudo bem, Sílvia. Irei almoçar e já a esperarei no estacionamento.

– Combinado.

Do lado de lá da vida, as três entidades obsessoras estavam felizes com os encontros que suas influências conseguiam promover, estimulando o sentimento de Camila, a carência de Marcelo e o arrojo de Sílvia.

Sobre as duas advogadas e o colega, tanto quanto sobre Letícia, as ações intuitivas que os Espíritos inferiores promoviam eram eficazes e facilmente assimiladas por suas inclinações íntimas, como uma esponja absorve a água que se lhe é projetada.

O horário fixado chegara e, então, Sílvia e Marcelo se viram na direção do fórum para a audiência que ela dizia ter, naquela tarde.

No entanto, durante o trajeto, Sílvia advertiu-o de que precisaria passar em um outro local, antes de irem para o compromisso jurídico, pelo que Marcelo não deveria estranhar o caminho diferente que fariam.

Assim, sem mais nem menos, a conversa retornou ao sonho, enquanto o carro deslizava pelas ruas da agitada cidade. O trânsito novamente congestionado não importava a Sílvia. Marcelo, então, aproveitando a demora, começou o assunto.

– E então, Dra. Sílvia, você está me devendo alguma coisa, não é? – falou brincando com intimidade.

– Claro, Marcelo, e eu costumo pagar muito bem as minhas dívidas.

Então, começou a relatar o sonho, falando do clima, das situações do ambiente, do modo como ela havia encontrado o rapaz, descrevendo-o com suas roupas diferentes e seu perfume provocante. Relembrou que ele estava tão envolvente que, durante vários momentos, ela teve a impressão de que eram dois Marcelos e não apenas um.

Essa conversa começou a produzir os efeitos que Sílvia desejava. No entanto, ela reservava os detalhes mais picantes para o momento exato.

O rapaz, acostumado a ser homenageado por suas virtudes sedutoras, dava asas à própria imaginação, criando imagens mentais com as palavras que ia arquivando, reproduzindo as cenas que Sílvia ia descrevendo.

No entanto, o carro corria, mas as coisas mais excitantes ela não tinha revelado, procurando manter o controle do jogo e guardando o melhor para o final.

– Desculpe se estou falando de certas coisas com você, Marcelo, mas elas fizeram parte desse sonho que tive e, como insistiu tanto, não vi outra alternativa senão revelar uma parte do que aconteceu. Não desejo parecer vulgar. Afinal, sei que é casado e deve gostar muito de sua esposa. Não quero constrangê-lo.

– Ora, Sílvia, não há constrangimento entre duas pessoas adultas que se respeitam e se admiram. Além do mais, este tipo de sonho é comum na vida de todas as pessoas e, pelo que ouvi até aqui, não vejo nada de mais no que aconteceu.

– Sim, Marcelo, mas é que o mais interessante eu ainda não contei nem sei se devo revelar a você... Estou um pouco insegura quanto à sua reação.

– Puxa vida, Sílvia, parece que se esqueceu da nossa conversa de antes de ontem? Nada que possa me revelar vai alterar em mim a admiração que tenho pela sua condição feminina e, em momento algum, me deixarei levar por qualquer pensamento que não corresponda à sua efetiva condição de mulher invejável.

– Apesar de estar velha, Marcelo, você me acha desejável?

– Velha, você, Sílvia? Ora, não há espelho em sua casa?

– Já passei dos trinta e, como você sabe, não desperto mais o desejo em meu marido...

– E como já falei, é porque ele deve estar com catarata ou com algum problema de visão, Sílvia.

– Você acha que ainda sou interessante?

– Se eu dissesse o que penso sobre isso, eu é quem correria o risco de parecer indecoroso ou desrespeitoso com você. Não vai me contar o resto do sonho?

E enquanto esperava uma resposta, estimulada por seus últimos comentários viris, Sílvia deu entrada em um Motel que já conhecia e, para surpresa de Marcelo, respondeu:

– Claro, Marcelo, vou contar o que está faltando. Mas quero que seja num local mais confortável, no qual meus relatos possam ser mais do que palavras, a fim de que você conheça pessoalmente, aquilo que teve a oportunidade de conhecer somente em meus sonhos.

Sem saber o que fazer, naquele instante de definições quanto aos seus verdadeiros interesses, Marcelo quis ser gentil sem ser grosseiro, porquanto poderia estragar todos os seus planos de conquista.

— Mas aqui, Sílvia? Além do mais, há o seu marido e a minha esposa...

— E é por isso, Marcelo, que este é o lugar ideal. Somos adultos e se você está tão interessado no sonho assim, é porque também tem desejos de conhecê-lo em minha companhia.

Além do mais, não pense que farei disto um motivo de chantagem pessoal. Afinal, como ambos somos casados, tudo aquilo que o compromete, compromete a mim igualmente.

E se é verdade que sou interessante como acabou de dizer, sem desejar ser indecoroso ou desrespeitoso, agora poderemos nos entender sem dificuldades maiores.

A masculinidade de Marcelo estava sendo colocada à prova naquele instante. Como dizer que não tinha desejado a intimidade, depois de todas aquelas conversas picantes e insinuações elogiosas? Como falar que ela havia mal interpretado suas palavras? Como negligenciar as atenções de uma mulher tão importante para seus planos fugindo, agora, como uma criança amedrontada diante do momento em que, fatalmente, teria que comungar a intimidade daquela mulher experiente, acostumada a ver a vida pelo lado do prazer fácil dos encontros clandestinos?

— Você não está mais desejando conhecer o sonho? — falou Sílvia, sem ironia, aparentando certa decepção nas palavras.

— Claro que quero, Sílvia. É que me surpreendi com a nossa chegada aqui, pensando que deveríamos estar indo ao fórum para a audiência.

— Não, querido, a audiência foi desmarcada ontem e, para não estragar nosso encontro, deixei de comentar com você. Podemos entrar, então? Temos a tarde inteira para conversarmos sobre o sonho.

Vendo que não tinha outra escolha, depois que se permitiu levar até aquela situação na qual sua virilidade seria desafiada, Marcelo engoliu em seco e respondeu, querendo parecer empolgado:

— Bem, se é assim, então, vamos ao sonho...

E pensando com seus botões, lembrando-se da indiferença da sua esposa a quem culpava, agora, por aquela conduta que se permitiria junto ao corpo de outra mulher, exclamou para si próprio:

– ... e seja o que Deus quiser.

✻ ✻ ✻

Ah! Queridos leitores, se estivéssemos mesmo interessados naquilo que Deus deseja, raramente nos meteríamos em situações tão perigosas e infelizes quanto as que os dois protagonistas do encontro clandestino se permitiram.

Para os dois amantes, ambos sem amor, sem carinho e sem intenção de fazer a felicidade do outro, aquele encontro era apenas o exercício de uma excitação física e um negócio corporal, cujas energias desperdiçadas na formação de um compromisso negativo entre ambos corresponderia, fatalmente, a dores maiores, produzidas pelos seus desatinos e que acabariam recaindo sobre eles mesmos.

Deus deseja que nos respeitemos e que nos amemos com bases elevadas de sentimentos.

Se Marcelo soubesse, mesmo, o que Deus queria, não teria se permitido agir como vinha agindo, envolvendo-se com Camila, atraído por sua beleza física e seus modos delicados, não morderia a isca da sedução que Sílvia lhe apresentava nas revelações de um sonho erótico, manter-se-ia no trabalho honrado, sem planejar dar o golpe em Leandro, conquistando-lhe o lugar, derrubando-o do posto para subir nos conceitos da esposa.

Assim, para eles todos valia a mesma lição do Evangelho que Glauco havia lido naquela reunião do dia anterior.

Quantas aflições são causadas por nós mesmos, nas escolhas erradas que fazemos todos os dias, nas condutas inconvenientes que adotamos em nossas jornadas pessoais, envolvendo outras criaturas em nossos interesses menores, usando-as como degraus para nossa subida.

Marcelo, agora, estava afundando um pouco mais a cada dia. E nesse processo de descida moral, sua consciência ia sendo vendida aos seus interesses materiais de conquistas transitórias.

Por isso, que Jesus nos ensinou, de forma poética, simples e direta:

"De que vale ao homem ganhar o mundo inteiro se, para isso, ele perder a própria alma?"

21

AS CONSEQUÊNCIAS DO SEXO IRRESPONSÁVEL

O encontro de ambos naquela tarde fora o estabelecimento de um precedente bastante significativo para os dias futuros.

Isso porque, na sua volúpia de extravasar as emoções vividas durante o sonho, Sílvia se fizera extremamente calorosa enquanto que Marcelo, por alguns instantes bastante envolventes, se sentira na antiga condição de virilidade admirada pela companhia que lhe partilhava o mesmo leito.

Na ausência de Marisa, as emoções físicas, elevadas à categoria de verdadeira avalanche nos sentidos mais íntimos daquele rapaz, ainda governado pelas forças da sexualidade em plena exuberância, faziam de Sílvia um verdadeiro ímã a polarizar-lhe, agora, os desejos masculinos de gozo e prazer, interferindo, a partir daí, na sua avaliação pessoal acerca dos rumos a serem dados à sua união conjugal.

Realmente, cometera o deslize de romper os laços da confiança que, até então, vinha mantendo com aquela que se lhe fizera a esposa e parceira nas aventuras da sexualidade.

No entanto, desculpava-se a si próprio, alegando que não fora ele quem criara aquela situação; que, na verdade, estava sendo rejeitado pela indiferença da esposa e que, de qualquer sorte, não poderia ficar naquela condição de abstinência pelo resto da vida. Afinal, já fazia mais de um mês que não mantinha nenhum relacionamento íntimo com ela, percebendo-a cada vez mais afastada, sem alegar qualquer motivo para aquela conduta.

A partir de então, Marcelo passara a agir na condição defensiva, valendo-se de sua capacidade argumentativa para desculpar-se diante do deslize, inclusive criando suposições sobre uma possível infidelidade da mulher como base para se permitir a sua própria conduta infiel.

Tendo a consciência clara a respeito da traição física decorrente de seu envolvimento íntimo com outra mulher, suas defesas vibratórias se viram torpedeadas pelo complexo de culpa despertado, depois de passada a fase da euforia da diversão a dois, pela lembrança de que deveria retornar para casa, rever a mulher, dormir ao seu lado naquela noite.

Para Sílvia que, como já se explicou, estava acostumada a esse tipo de comportamento leviano, sem se importar mais com os efeitos da traição no interior de seus sentimentos, a conduta leviana não fazia mais qualquer diferença, uma vez que se permitira chafurdar no lodaçal dos sentidos mais inferiores, até mesmo para esconder suas frustrações afetivas, decorrentes de antigos sentimentos não correspondidos, de posturas indecorosas do passado. Restava-lhe como resquício moral, apenas, o sentimento materno em relação ao filho, agora um adolescente, que nem de longe pensava nas aventuras da mãe, ainda que soubesse avaliar que seus pais não eram o exemplo de casal feliz e harmonioso.

O pequeno Alexandre não fazia ideia de que a mãe se permitisse a conduta de prostituta de alto padrão, encontrando-se, fortuitamente, com qualquer tipo de homem para satisfazer suas tensões e ansiedades na área do prazer físico.

No entanto, da mesma maneira que Marcelo se sentiu correspondido por aquela mulher experiente, mais vivida que a própria esposa, Sílvia admirou-se de seu encantamento com o colega do escritório, igualmente bastante inovador e arrojado, entendendo-se de forma surpreendente e bastante intensa, sobretudo por se considerar que se tratava do primeiro encontro íntimo entre ambos. Na verdade, pareciam velhos conhecidos nas aventuras arrojadas da ginástica sexual.

Nem Sílvia, nem Marcelo, desejavam ter mais do que uma tarde de prazeres secretos. No entanto, em ambos os casos, teriam eles que administrar uma força que nascia na intimidade de seus Espíritos e que, mesmo que fingissem nada ter acontecido, como haviam combinado ao final daquele encontro, a troca de energias realizadas naqueles momentos lhes havia abastecido de sensações e emoções de que ambos se sentiam famintos, além, é claro, dos processos de envolvimento espiritual que eram produzidos e instalados, a partir daquele momento, nos centros cerebrais de Marcelo, unidos aos de Sílvia e controlados pelos Espíritos que os manipulavam como se fossem dois bonecos sem vontade própria.

Através dos fios tenuíssimos de energia escura e penetrante, a ação do Chefe se poderia fazer mais imperativa, principalmente agora que, contando com a queda moral de Marcelo, fácil lhe seria mantê-lo no padrão dos culpados, bloqueando, a partir de então, quaisquer esforços para que se tornasse melhor ou que rompesse a cadeia de encontros ilícitos, corrigindo o rumo de seus passos.

Poucas horas de prazer físico lhes garantiam alguns anos de perturbação instalada, na sintonia mental que abriram em suas emoções para que as forças desequilibrantes do mal pudessem instalar seus emissores e receptores magnéticos na acústica da mente através dos quais, com muita facilidade, poderiam manipular as sensações e desejos dos dois, atraindo-os ainda mais um para o outro.

Além disso tudo, ambos agora contavam com um arquivo de novas imagens intensas e sensações excitantes em seus Espíritos, cenas e impressões que seriam usadas como um acervo erótico a ser manipulado pelos Espíritos perseguidores no interior de suas mentes, despertando a vontade de novos encontros, a excitação das aventuras vivas e a noção de que os dois amantes se completavam física e emocionalmente.

Esse mecanismo de influenciação do mundo espiritual negativo, no entanto, não era do conhecimento dos dois aventureiros que, cada um à sua maneira, procurava retornar à sua rotina, fazendo de conta que tudo não tinha passado de uma ida ao fórum, realmente.

Em sua sala do escritório, Marcelo não conseguia realizar nenhum trabalho intelectual naquela tarde.

Sua mente estava poluída pelas emoções descontroladas, pela volúpia experimentada e, ao mesmo tempo, pela ideia de como se conduzir quando do regresso ao lar.

Certamente, não iria abordar tal assunto com a esposa indiferente. Melhor deixar as coisas caírem no esquecimento para que, dessa forma, nenhum problema novo viesse a surgir, perturbando ainda mais o relacionamento já conturbado de ambos.

Marcelo, ao mesmo tempo em que se encantara com o desempenho de Sílvia, buscava, na memória, recordar-se das emoções vividas na companhia da mulher legítima, nas mesmas aventuras íntimas há algum tempo negligenciadas.

Era uma tentativa de resguardar o lugar que a esposa possuía em seus sentimentos, sacudindo a cabeça para livrar-se da intromissão das imagens da recente aventura que, manipuladas pelo Chefe e por Juvenal, insistiam em penetrar-lhe a intimidade sem qualquer pedido de licença, como se a casa mental de Marcelo lhes pertencesse.

Na sua sala de trabalho, Sílvia, por sua vez, se deleitava com as emoções experimentadas e com a satisfação feminina ao sentir as forças sexuais ativadas e extravasadas com a mesma pessoa que lhe tornara real o sonho erótico dos dias anteriores.

Estava satisfeita, por um tempo.

No entanto, intimamente ligada ao grupo de Espíritos que a dirigiam, em breve voltaria a sentir necessidades de alimentar-se na mesma fonte de prazeres, não conseguindo tirar Marcelo de seus pensamentos como era comum fazer, antes, com os homens com quem se aventurava.

Naquele instante, entretanto, cumpria aproveitar a sensação de euforia, fechar os olhos e deleitar-se com as lembranças excitantes.

✳ ✳ ✳

Nenhum dos dois, leitor amigo, tinha noções de que o sexo não se localiza nos órgãos genitais.

Para as manifestações mecanizadas da vida biológica, o corpo carnal esculpiu os respectivos instrumentos que permitem o exercício mecânico da sexualidade. No entanto, na estrutura íntima de cada ser, o sexo acontece na dimensão da mente, estabelecendo-se, então, os seus contornos de força magnética permutada, alimento compartilhado nos atos da afetividade que, de qualquer forma, independem das constituições morfológicas para que possam ser exteriorizados.

Renascendo na condição masculina e feminina, ao longo de suas jornadas evolutivas, cada Espírito deve amadurecer nas duas esferas entre as quais orbita, polarizando-se a sexualidade biológica em cada renascimento, naquele padrão de masculino ou feminino dentro do qual deverá exercer as vivências que lhe cabem nas aquisições de experiência e maturidade.

Assim, a afetividade é o laço que une os Espíritos e que, na sua vertente sexual morfológica, pode ser expressada através dos encontros íntimos, nos quais os órgãos físicos dão a oportunidade do compartilhar gametas, sensações, estímulos, sonhos, prazeres, realizando a parte que lhes cabe na manifestação da sexualidade biológica, ajudando na perpetuação da espécie, além de facultar a aproximação de criaturas, nos processos do conhecimento íntimo e da criação de vínculos.

Por isso, não é em decorrência da liberação dos hormônios ou secreções compartilhados que os seres humanos se veem atrelados aos parceiros com os quais comungam tais momentos de intimidade.

Durante tais atos, se entre ambos existe afinidade de emoções, ocorre intensa troca de energias fecundantes e estimulantes, no nível vibratório de seus Espíritos, saciando-os naqueles desejos de reconhecimento, de segurança afetiva, de calma interior, de serenidade na autoestima.

Exatamente por ser algo muito maior do que simplesmente um processo de procriação de novos corpos, nas junções mecânicas de gametas, os encontros íntimos devem ser aqueles que sirvam para estas trocas de boas energias, para as quais, mais do que os compromissos legais ou humanos, deve estar observado o sentimento sincero como condição indispensável para que aquele ato não seja, apenas, um encontro de músculos e carnes e, sim, um contato de prazer que envolva a alma como um todo, nas criações lúdicas, nas alegrias divididas entre dois Espíritos que se querem, muito mais do que apenas dois corpos que se procuram.

Poderão muitos, afeiçoados ao chamado "amor livre" como meio de satisfação de necessidades que dizem ser biológicas, defender a realização do sexo pelo sexo, como forma de extravasamento de suas necessidades reprimidas.

Reconhecemos que, numa sociedade que está sedenta por novidades, com uma juventude agitada e ansiosa, infelizmente, tal procedimento é uma realidade nos dias de hoje, com pessoas que se permitem todo tipo de convivência sexual promíscua e sem vínculos no afeto, vivendo verdadeiras orgias nas quais os envolvidos, muitas vezes, se mascaram para que não sejam reconhecidos, ou se mantêm em ambientes penumbrosos para que não estejam em situação constrangedora com outros que identifiquem.

No entanto, quando ainda existe algum princípio moral dentro daqueles que se permitem tais comportamentos, depois que passa a exaltação dos sentidos de um tipo de aventura carnal insana como essa, costuma eclodir em suas consciências uma sensação amarga, uma vergonha do que fizeram, uma repulsa por si mesmos.

Muitos se obrigam a longos banhos por meio dos quais desejam limpar-se por fora da lama íntima, abrindo espaço em seus pensamentos para os complexos de culpa e sofrendo com a possibilidade de que essa vida dúbia lhes seja descoberta pelos amigos ou familiares, aumentando-lhes a inquietação.

Outros amortecem as fibras da própria consciência, considerando essas orgias como normais em uma sociedade sem regras morais claras, aceitando as práticas sexuais da maioria como maneira de atender aos mecanismos do automatismo carnal, sempre recorrendo ao velho chavão do "A CARNE É FRACA", frase que utilizam como esconderijo para as próprias torpezas.

No entanto, em nenhum desses casos, os Espíritos encarnados que se permitem práticas promíscuas, que se dediquem à da troca de casais, a multiplicidade de parceiros, às aventuras extraconjugais, à homossexualidade, à bissexualidade, conseguem isolar-se dos processos angustiosos de uma afetividade não correspondida.

Em todos os casos, o motivador dessas buscas costuma ser, no fundo, o estado de carência ou insatisfação das criaturas, ansiosas por construírem relacionamentos estáveis ao lado daquelas pessoas com quem compartilhem o prazer físico, ponto comum que poderá, quem sabe, transformar-se em início de afinização ou em um relacionamento que valha a pena ser vivido.

Os problemas afetivos do presente correspondem, invariavelmente, a compromissos enraizados nas práticas de outras vidas, repercutindo, hoje, em mecanismos de frustração, de transtornos mentais ou emocionais, em dificuldades de relacionamento.

Algumas pessoas se veem obrigadas ou escolhem se manter solitárias, não se deixando enveredar pelos caminhos difíceis dos envolvimentos físicos confusos. Para essas criaturas, tais circunstâncias correspondem ao regime que reequilibra a emoção desajustada, como aqueles que são impostos às pessoas que precisam reconquistar a saúde através das terapias de contenção, transformando-se em períodos de necessária reflexão diante dos compromissos do passado.

A afetividade mal experimentada em nossas antigas jornadas, corresponde a um processo de adulteração de nossos centros de energia correspondentes, impondo-se, então, para muitos que o viveram de maneira desregrada, cerceamentos temporários para que se reequilibrem, preparando-os para as futuras aquisições no terreno do Amor Verdadeiro o qual tem, nas trocas sexuais, um dos instrumentos de sua exteriorização.

Trata-se, então, de processos de educação ou reprogramação das inclinações do Espírito faltoso de outras épocas que, como num processo de isolamento temporário, precisa fortalecer-se nas bases de uma afetividade sadia, para que, mais tarde, possa construir o sólido edifício de suas novas aquisições na área da emoção.

Assim, a solidão, nestes casos, funciona como um período de observação a manter a pessoa em uma espécie de quarentena, que tanto serve para protegê-la de si mesma quanto para proteger os outros de sua presença provocante ou ameaçadora. Os períodos de estiagem afetiva a que algumas pessoas se veem compelidas pela vida ou a que se permitem como escolha pessoal têm essa função, a purificar seu entendimento e prepará-las para coisas mais belas que o futuro lhes reserva.

Entretanto, toda conduta de alguém que, com a desculpa de não tolerar o isolamento, de não ser capaz de vencer a solidão, de precisar dar vazão às necessidades da carne, o leve a usar seu semelhante como mercadoria, como oportunidade de desafogo, como objeto de prazer para, logo a seguir, descartá-lo à margem da estrada, corresponderá a uma responsabilidade assumida perante aquele que foi usado, física ou emocionalmente, que foi tratado como um simples instrumento de prazer físico.

Na condição de nosso irmão ou irmã com sentimentos e sonhos, torna-se credor daquele que o usou a fim de que possa encontrar reparação futura pelas mesmas mãos que os exploraram.

Por isso, ao invés de nos permitirmos agir ao sabor das tentações produzidas por músculos bem torneados ou corpos bem esculpidos que nos atraiam a atenção ou o desejo, lembremo-nos de estabelecer com os seus proprietários uma relação saudável e sincera, que nos permita o envolvimento responsável, ainda que não definitivo, sem lesões afetivas produzidas pela leviandade sem limites.

Quando são verdadeiras e emocionalmente sadias, lastreadas na afetividade autêntica, as manifestações da sexualidade mental poderão ser transportadas também para o campo das exteriorizações físicas, construindo relações amorosas envolventes e sólidas, que não serão perturbadas por nenhum tipo de ameaça, de tentação, de novidade que, ao contrário, são sempre perigosas para aqueles que não se fixaram em uma relação afetiva segura e honesta com o parceiro ou com a parceira de seus momentos de intimidade.

Tanto para Marcelo quanto para Sílvia, as trocas energéticas realizadas ao nível da mente de ambos seriam as forças que causariam as necessidades futuras de reencontro e novo reabastecimento, como acontece com muitas pessoas infelizes no afeto, mas presas a uniões legais, a buscarem forças e compensações emocionais no contato com outros, fora dos limites da união formal.

Quando Marisa deixou de corresponder às necessidades de afeto, demonstradas na rotina de sua convivência pela esfuziante relação física, Marcelo passou a sofrer, sem entender como, desse desabastecimento vibratório nas forças mentais ligadas às trocas afetivas e, para resgatar tal carência energética, passou a procurar uma forma de voltar a ser admirado pela mulher que amava, ainda que fosse um amor à sua maneira sexual.

Não ligada a Marcelo pelos laços de um Amor Verdadeiro, Marisa facilmente se viu atraída pelo sonho de estar ao lado de outro homem que lhe pudesse gerar um maior sentido de ganho, de complementação, o que a fez abrir-se interiormente para a ideia de conquistar Glauco, o rapaz que lhe dominara a atenção, principalmente depois que os Espíritos perturbadores usaram a sua fraqueza de caráter que tão bem conheciam para estabelecerem a confusão dos seus sentimentos, usando a mesma técnica usada com Sílvia.

Se entre marido e mulher houvesse uma ligação afetiva saudável e verdadeira, não haveria fome interior que compensasse a aventura que, agora, estavam vivendo exatamente para tentar supri-la.

Eminente amigo espiritual, escrevendo à Terra sobre tal questão, deixa muito clara, ao referir-se às forças sexuais, a sua natureza de sustentáculo da alma.

Textualmente, encontramos os ensinamentos: (1)

"... até que o Espírito consiga purificar as próprias impressões, além da ganga sensorial, em que habitualmente se desregra no narcisismo obcecante, valendo-se de outros seres para satisfazer a volúpia de hipertrofiar-se psiquicamente no prazer de si mesmo, numerosas reencarnações instrutivas e reparadoras se lhe debitam no livro da vida, porque não cogita exclusivamente do próprio prazer sem lesar os outros, e toda vez que lesa alguém abre nova conta resgatável em tempo certo.

Isso ocorre porque o instinto sexual não é apenas agente de reprodução entre as formas superiores, mas, acima de tudo, é o reconstituinte das forças espirituais, pelo qual as criaturas encarnadas ou desencarnadas se alimentam mutuamente, na permuta de raios psíquico-magnéticos que lhes são necessários ao progresso.

...entre os Espíritos santificados e as almas primitivas, milhões de criaturas conscientes, viajando da rude animalidade para a Humanidade enobrecida, em muitas ocasiões se arrojam a experiências menos dignas, privando a companheira ou o companheiro do alimento psíquico a que nos reportamos, interrompendo a comunhão sexual que lhes alentava a euforia e, se as forças sexuais não se encontram suficientemente controladas por valores morais nas vítimas, surgem, frequentemente, longos processos de desespero ou de delinquência."

E logo mais, falando da Enfermidade do Instinto Sexual, a mesma entidade amiga nos ensina: (2)

"As cargas magnéticas do instinto, acumuladas e desbordantes na personalidade, à falta de socorro íntimo para que se canalizem na direção do bem, obliteram as faculdades, ainda vacilantes, do discernimento e, à maneira do esfaimado, alheio ao bom senso, a criatura lesada em seu equilíbrio sexual costuma entregar-se à rebelião e à loucura em síndromes espirituais de ciúme ou despeito. À face das torturas genésicas a que se vê relegada, gera aflitivas contas cármicas a lhe vergastarem a alma no espaço e a lhe retardarem o progresso no tempo.

---

(1) e (2) (Trecho extraído do livro *Evolução em Dois Mundos,* de autoria espiritual de André Luiz, psicografado por Francisco Cândido Xavier – capítulo 18, primeira parte)

(...)

Compreendamos, pois, que o sexo reside na mente, a expressar-se no corpo espiritual e, consequentemente, no corpo físico, por santuário criativo de nosso amor perante a vida e, em razão disso, ninguém escarnecerá dele, desarmonizando-lhe as forças, sem escarnecer e desarmonizar a si mesmo."

Nas palavras esclarecedoras, deixamos você, leitor querido, para que a meditação sadia e serena o inspire nas abordagens pessoais a respeito de tão importante e profundo tema, que não pode ser reduzido apenas ao exercício indiscriminado de uma liberdade que termine por prender o liberto às algemas pesadas dos desajustes, construídos pela excessiva utilização dessa mesma liberdade, ferindo e atormentando a outros e a si mesmos.

De um simples e clandestino encontro em um quarto afastado, os liames fluídicos ali entrelaçados produzirão, dependendo da sinceridade dos sentimentos envolvidos, frutos doces ou dolorosos espinhos que educarão os aventureiros para que se melhorem, seja pela vivência amorosa verdadeira ou pela dor da consciência culpada.

Por isso, no caso de nossas personagens, não era apenas Marcelo que podia surgir diante da lei como um agente desajustado pela infidelidade a que se permitira.

Marisa surgia, também, igualmente responsável pelos caminhos que escolhera para pressionar o marido na modificação de seu comportamento social.

Ambos precisariam resgatar tais fraquezas de caráter.

Com Sílvia, com seu marido, com Camila e com todas as pessoas que se permitam usar a afetividade como arma, como instrumento de sedução, como negócio comercial, como ferramenta de conquistas sociais, como moeda de troca, como poder dominador, como chantagem pessoal, essas consequências, NECESSARIAMENTE, também se darão. Daí a urgência da renovação de nossa conduta afetiva e o repensar de nossa forma de viver, retomando o sentido lúcido do Amor Responsável e, ao mesmo tempo, verdadeiramente feliz.

22

A VEZ DE LETÍCIA

Nos dias que se seguiram, as relações afetivas entre os membros do escritório permaneciam latentes, ocultadas pela conduta dissimulada de todos, principalmente de Marcelo que, envolvido emocionalmente com Camila, aquela que o atraía pela beleza exterior, tanto quanto enroscado fisicamente com Sílvia, aquela que se demonstrara excelente amante, precisava cuidar-se para não se trair nas demonstrações de intimidade que os encontros fortuitos nos corredores do local de trabalho naturalmente propiciavam.

No entanto, as duas mulheres nem imaginavam que Marcelo estava mantendo um relacionamento próximo com ambas, até porque, tanto Sílvia quanto Camila igualmente estavam se utilizando do rapaz para seus próprios objetivos pessoais.

Ao lado das duas, a terceira advogada, Letícia, continuava no desejo de se aproximar do rapaz, agora com a desculpa de ser-lhe a solucionadora dos problemas jurídicos.

Ao longo daquela semana, nos momentos que se fizeram favoráveis, a jovem procurara Marcelo para lhe informar sobre o andamento de suas pesquisas e que, em breve, estaria a dar-lhe uma posição sobre o que aquilatara a respeito da situação.

Marcelo, pensando tanto em Camila quanto em Sílvia, quase se surpreendeu com a manifestação de Letícia, custando algum tempo em recordar-se de que ela também estava inserida no horizonte de seus planos para a conquista do posto que pertencia a Leandro.

De acordo com suas avaliações, o envolvimento físico que estava começando a ter com as duas outras mulheres não era adequado, porquanto poderia acabar prejudicando seus objetivos. No entanto, o encantamento que Camila lhe causava era difícil de ser controlado, ao mesmo tempo em que o calor tórrido dos momentos passados com Sílvia lhe produziam inesquecíveis lembranças.

Ao menos Letícia não se envolvera diretamente com ele, o que representava uma boa situação a ser explorada mais pacientemente, com as emoções não tão à flor da pele.

– Marcelo, preciso falar com você sobre o caso que está comigo para estudo e que, acredito, já tenho a solução.

– Tudo bem, Letícia, agora me recordo melhor. Afinal, já faz algum tempo e, com tantos outros problemas na cabeça, acabei me esquecendo desse.

– É, eu sei como são estas coisas – respondeu Letícia, desejando ser compreensiva com o esquecimento do moço desejado.

– E então, excelentíssima doutora, o que é que você apurou sobre o caso?

Entendendo que Marcelo imaginava conversar sobre o assunto naquele local de trabalho, o que conspirava contra as intenções de aproximação da moça, Letícia, hábil, respondeu:

– Ora, Marcelo, os documentos estão comigo, em minha casa. Não tenho como expor o que apurei aqui, sem eles. Estava querendo que você fosse até lá, aproveitando o final de semana, se não se importar. Então, com calma, lhe explico tudo o que consegui levantar e qual seria a melhor solução para a questão.

Marcelo não pretendia usar seu final de semana em contatos profissionais, uma vez que procurava sempre afastar-se dos problemas do escritório nos momentos de lazer que a vida lhe propiciava.

No entanto, lembrando-se de seus planos iniciais, julgou ser descortês deixar Letícia sem uma resposta depois que ele próprio lhe havia solicitado a cooperação, além de, igualmente, ser aquela uma boa oportunidade para acercar-se do pensamento e da forma de ser da última de suas três amigas.

Além disso, ele conhecia o temperamento da jovem e sabia que era muito exigente com as coisas do trabalho, sendo natural que ela mantivesse uma postura profissional quando o assunto se tratava da solução de um caso jurídico que fora submetido à sua avaliação.

Qualquer recusa poderia soar como coisa irresponsável, além

de ser uma falta de respeito para com todo o esforço intelectual que Letícia havia empenhado.

Desse modo, não lhe restou outra opção senão concordar com o convite, dizendo-lhe, entretanto, que, como ainda estavam na quinta-feira, combinariam, no dia seguinte, os detalhes do encontro que ficara definido para a tarde do sábado próximo, na casa da jovem.

Acertados para a tão esperada reunião, Letícia preparou-se tanto para demonstrar seus dotes intelectuais como também para insinuar-se através da discreta exibição de seus dotes físicos, com o esmero de seus trajes e a informalidade de sua postura, já que o encontro se daria em seu próprio apartamento.

Diferente daquela mulher que se apresentava no escritório em trajes formais e rosto circunspecto, em seu próprio território Letícia preparava uma surpresa para o rapaz, ocasião em que se colocaria mais à vontade, ainda que não vulgarizada por uma conduta leviana ou roupas devassadas. Deixaria o cabelo molhado e solto dar-lhe a impressão de frescor e intimidade, além de cuidar-se para que o ambiente conferisse ao encontro um quê de informalidade agradável, com a música suave, a meia-luz, perfume difundido pela atmosfera, etc, como se essa fosse a rotina em que Letícia vivesse todos os dias.

Cuidou, igualmente, da bebida agradável ao paladar de Marcelo, como, também, de conseguir algum prato saboroso que pudesse ser oferecido, de momento, como chamariz para a sua permanência no ambiente por mais tempo, através de um jantar aparentemente improvisado para os dois.

Na mente da jovem, a única dentre as três que, realmente, nutria por Marcelo um sentimento de afeto sincero e confiado, aquela seria a grande chance de ter o homem de seus sonhos secretos e platônicos assim tão próximo de sua influência.

Sem sequer imaginar o que estava ocorrendo no íntimo de Letícia, Marcelo não fixava muito sua atenção na mais jovem das três advogadas, preferindo oscilar entre as lembranças daqueles dois beijos calorosos trocados com Camila e das ardorosas sensações das intimidades mantidas com Sílvia.

Por isso, o rapaz não se lembrou de que, no dia seguinte, sexta-feira, não estaria no escritório, ausentando-se em viagem profissional para cidade próxima, a fim de atender a um conflito de família, em uma reunião de trabalho que, por certo, duraria todo o dia.

Ficara, então, pendente de confirmação dos detalhes finais, o encontro agendado com Letícia para a tarde do sábado, para o qual a jovem já tinha se organizado magistralmente e que, se não se concretizasse, geraria imensa frustração em seu sentimento apaixonado.

Por isso, no dia seguinte, ao tomar conhecimento de que Marcelo não apareceria no escritório, Letícia tratou logo de buscar uma forma de entrar em contato com ele, para deixar certo o encontro de "trabalho" que havia agendado para o dia imediato.

Valendo-se, então, do celular cujo número lhe havia sido dado pelo próprio Marcelo, ligou para a confirmação necessária. No entanto, fosse pela situação geográfica do local onde se dava a reunião, fosse pela sua natural condição de desligado para não atrapalhar as discussões familiares sempre tensas e cheias de problemas, o certo é que Letícia não conseguira localizar Marcelo pessoalmente, não lhe ocorrendo outra coisa a não ser deixar um recado na secretária eletrônica de seu celular:

– Marcelo, sou eu, Letícia. Conforme combinamos anteriormente, estou esperando-o para nosso encontro no meu apartamento, na rua Florianópolis, nº 135, no sábado, a partir das dezesseis horas. Já avisei o porteiro do prédio que você chegará em seu carro a fim de que ele possa ser estacionado na garagem. Espero por você para conversarmos sobre o nosso caso. Qualquer problema, me ligue, tá?

Letícia, que estava ansiosa, tendo-se preparado tanto para aquele momento, agora permanecia apreensiva, correndo o risco de não conseguir realizá-lo, caso Marcelo dele tivesse se esquecido.

Sentia-se um pouco ridícula, como toda pessoa apaixonada que espera pelo encontro sonhado, correndo o risco de parecer uma tola pelo descaso da pessoa a quem se devotava com sinceridade.

Passou toda a sexta-feira indisposta, entre a possibilidade de encontrar o rapaz no dia seguinte e a de se ver esquecida por ele, perdendo toda a preparação realizada.

Duas horas depois do primeiro recado, Letícia não conseguiu se controlar e, novamente, ligou para ver se conseguia falar pessoalmente com Marcelo, sem imaginar qual o problema que estaria impedindo-o de atender à ligação:

– Marcelo, é Letícia novamente, meu querido. Desculpe insistir, mas como estou sem celular e como você não me respondeu à primeira ligação, estou saindo mais cedo e, por isso, qualquer coisa que precisar falar comigo, ligue em casa que estarei por lá. Se não me telefonar, considero nosso encontro marcado e espero por você. Um beijo, Letícia.

Depois de usar sua saída do escritório como desculpa para tentar lhe falar novamente, Letícia resolveu ir embora, dar vazão à sua ansiedade à distância dos olhos curiosos que, certamente, poderiam notar em seu comportamento os traços de insatisfação, nervosismo e quase descontrole que estavam tomando conta de sua alma.

Em casa, buscou relaxar um pouco, tomando um banho longo, com o cuidado de ficar bem atenta ao telefone.

A noite chegou e ainda não havia notícias do rapaz.

Pensou em jogar tudo fora. Em cancelar o encontro, em devolver a pasta do processo sem qualquer resultado, em falar uns desaforos para o moço, como se tudo o que estivesse acontecendo fosse um comportamento deliberado que ele produzira para fazê-la sofrer.

Certamente que tal suposição era equivocada, mas, carente e despreparada para os encontros onde poderia demonstrar sua fragilidade afetiva, a situação inesperada de ver perdidos todos os seus esmerados esforços lhe causava uma quase revolta no Espírito caprichoso e pouco acostumado a derrotas.

– Calma, Letícia, calma. Às vezes não aconteceu nada de mais. Quem sabe está tudo certo e ele não teve como se comunicar com você até agora? – dizia a jovem em voz alta para que ela própria escutasse.

Deixou-se ficar diante da televisão, assistindo aos programas que se sucediam, sem prestar atenção em nada.

Cada dia que passara, desde o primeiro dia que encontrara Marcelo, se transformara em uma longa gestação de um sentimento guardado há muito tempo e da possibilidade de se aproximar daquele que ela, mais do que admirar, cobiçava como alguém muito interessante.

Lá pelas vinte e duas horas, o telefone tocou.

Ela pulou assustada do sofá, onde o sono já se apresentava, no hipnotismo televisivo.

– Alô... quem fala?

— Letícia, ... sou eu,... a ligação está muito ruim. Estou saindo de uma reunião e, somente agora é que pude ver seus recados....

— Ah! Marcelo, tudo bem, logo imaginei que você devia estar muito ocupado. Estava quase dormindo, desculpe. — falou Letícia, desejando demonstrar despreocupação.

— Desculpe ligar nessa hora...

— Tudo bem, estava preocupada com o nosso encontro, Marcelo. Ficamos de deixar acertado para amanhã e não sei se vamos poder nos encontrar. O que você acha?

— Por mim, Letícia, tudo bem. Gostaria de resolver logo o assunto pendente e de tirar de você o peso desse problema. Pode ser às dezesseis e trinta?

— Pra mim é ainda melhor, Marcelo. Apenas gostaria que viesse sem muita pressa porque o negócio é um pouco complicado e, para explicar, pode demorar. Inclusive, já providenciei alguma coisa para a gente comer, enquanto trabalhamos no assunto. Tudo bem, pra você?

— Ótimo, Lê... pra mim melhor ainda.

— OK! Então, não esqueça de avisar em casa que você vai demorar.

— Bem lembrado... preciso levar alguma coisa? Algum vinho, algum refrigerante, algum petisco?

— Nada, Marcelo. Só traga a boca e a inteligência de sempre... falou Letícia brincando.

— Só vou precisar da boca porque a sua inteligência dá duas da minha... — respondeu brincando.

— Que nada, Marcelo, amanhã veremos como tudo tem solução.

— Marcado, então.

— Boa noite, Marcelo, e cuidado com a volta. Já está tarde e eu não quero adiar essa conversa jurídica com você.

— Deixe comigo, Letícia... Se eu não chegar aí, amanhã, no horário, pode me procurar no necrotério... Esse é o único motivo que vai me impedir de ir.

— Pare de brincadeiras macabras, Mar. Se cuida mesmo, hein? Espero você!

– Beijos, Lê.

– Até amanhã, Marcelo.

As últimas frases de Letícia ganharam a vida e o brilho de alguém que está acabando de se despedir de um ser muito querido, com quem se preocupa profundamente e sobre o qual se está colocando todos os sonhos e os dias do futuro, nos planos de um novo destino.

Essa era a emoção com que Letícia estava encarando aquele momento de aproximação.

Para seu coração solitário, o rapaz era o alimento doce e suave que lhe satisfaria todos os sonhos de mulher.

Não que o desejasse seduzir como mulher, como fizera Sílvia, nem que tivesse interesse em envolvê-lo nas teias do jogo afetivo para que o manipulasse, como Camila estava acostumada a fazer com os homens.

Letícia tinha carinho por ele, o que a levava a manter seus pensamentos sonhadores alimentados com as cenas naturais propiciadas pelos diversos casais de namorado que conhecia, indo ao cinema de mãos dadas, trocando carinhos sinceros, passando o final de semana juntos, viajando e desfrutando das belezas naturais, tirando fotografias e tendo o que contar para as amigas, nas expansões normais de seus sentimentos femininos.

Mais do que a intimidade física, igualmente agradável quando vivenciada com quem se ama, o desejo de Letícia se prendia ao prazer de ter uma companhia com quem pudesse se entender e de quem poderia cuidar como um patrimônio pessoal e intransferível.

Não pensava sobre os compromissos matrimoniais que Marcelo ostentava, uma vez que, como acontece sempre com as pessoas egocêntricas, a satisfação de seus sonhos e caprichos sempre vem antes e está acima das dores ou tristezas que tal satisfação possa produzir na vida de outras ou outros concorrentes.

A existência do relacionamento conjugal de Marcelo era, quase, mais um estímulo do que um obstáculo.

Para ela, se o rapaz não a conhecesse, jamais poderia lhe conceder alguma chance. Além do mais, quem lhe garantia que Marcelo era feliz com a mulher?

Não percebeu, ela mesma, uma certa melancolia quando ele se

referiu aos problemas que enfrentava na companhia da esposa? Que ela se apresentava como uma pessoa individualista e que ele só tinha tranquilidade quando ela se ausentava de casa?

Aquelas palavras não lhe saíam da cabeça, motivadoras de todos os seus esforços para se tornar alguém interessante nos interesses de um homem insatisfeito com a mulher escolhida.

– Todo mundo tem o direito de errar e o direito de começar com outra pessoa, – pensava Letícia consigo mesma.

E se a mulher é tão indiferente assim com o pobre do Marcelo, porque é que fica ocupando o lugar e não libera o cara para ser feliz com outra?

***

Esquecia-se, Letícia, de que, em decorrência do desvirtuamento do sentimento, a finalidade principal dos cônjuges, em muitos relacionamentos, não era mais a de fazer o outro feliz. Ao contrário, era a de não deixar o outro ser feliz, se isso representasse vê-lo ao lado de outra pessoa.

Quantas uniões não estão orbitando no escuro espaço da incompreensão e do desafeto, graças à criminosa conduta de um ou de ambos que, não desejando ser instrumento de produção da felicidade do parceiro, se torna empecilho de qualquer tentativa para que tal felicidade seja construída por ele.

– Se você não for feliz comigo, não o será com mais ninguém...

Tenebrosa frase que é tão comum na mente e no sentimento de tantas criaturas, homens e mulheres, e que está por detrás de muitos crimes passionais, tragédias familiares, décadas de perseguições e séculos de obsessões tenebrosas no lado espiritual da vida.

Orgulho ferido, vaidade machucada, egoísmo insatisfeito, todos os piores defeitos estão por detrás de um sentimento deturpado dessa natureza, a denunciar os seus cultivadores como pessoas imaturas, crianças no afeto, desequilibrados da alma, a merecerem tratamento para desajustes mentais quando não façam jus, igualmente, aos corretivos da justiça dos homens, pelos delitos e perseguições, crimes e desassossego que causam na vida das pessoas que perseguem, com o declarado desejo de infelicitá-las e cerceá-las de toda e qualquer tentativa de recomeço com outrem.

***

Marcelo, logo depois de ter falado com Letícia, desligou o celular sem se preocupar em apagar o recado de sua caixa postal.

Chegou em casa tarde da noite, encontrando Marisa já adormecida, como passara a ser normal acontecer.

Ele mesmo, depois que iniciara o envolvimento emocional com as outras colegas, igualmente se deixara abastecer pelas lembranças agradáveis que arquivara, fosse do contato com Camila, fosse com a recente experiência sexual esfuziante com Sílvia.

Marisa já não lhe atraía mais a atenção.

De verdade, começara a perceber um outro universo feminino que existia fora do casamento e que, realmente, era mais empolgante do que aquele que a esposa passara a lhe proporcionar, com seus caprichos e com sua indiferença.

Tomou um banho para descansar e deitou-se para dormir, preferindo o quarto de hóspedes para não acordar Marisa que, à sua chegada, mostrava-se sempre mal humorada quando despertada por seus ruídos.

E esse afastamento vinha bem a calhar no ambiente culpado de sua consciência, agora comprometida com a infidelidade física e mental com as duas mulheres.

– Foi Marisa quem quis que fosse assim. A culpa não é minha, é dela – repetia Marcelo para si próprio, como alguém que deseja transferir a responsabilidade de seus atos clandestinos para a esposa indiferente, no mecanismo de defesa natural das pessoas que não assumem por si mesmas a própria conduta.

Dormiu pesado e acordou tarde, na manhã de sábado.

Sabia que Marisa costumava sair cedo e só voltava no período da tarde. Às vezes, almoçavam juntos, nos velhos tempos. Mas depois, quando as coisas começaram a mudar entre eles e como a companhia de Marcelo parecia irritar a esposa, que passara a ocupar seu tempo em cursos e em academias de ginástica para que adiasse o regresso ao lar, os encontros escassearam ainda mais.

Em realidade, Marisa também estava buscando caminhos para tornar mais reais seus planos pessoais, no sentido de atrair a atenção de Glauco.

Marcelo, então, tratou de alimentar-se frugalmente, tomou um banho e, um pouco antes da hora prevista, saiu de casa para o encontro com Letícia, desta feita, bem mais elegantemente vestido. Afinal, bem ou mal, bonita ou não, iria estar na companhia de uma mulher a quem seus encantos poderiam produzir uma aproximação amistosa, sem qualquer pretensão que fosse amorosa.

Na pressa ou na emoção dos preparativos, no entanto, Marcelo esqueceu em casa o telefone celular, ocultado por um porta-retratos para trás do qual deslizara, inadvertidamente, quando o rapaz depositara seus objetos pessoais sobre o móvel aparador da entrada, na noite anterior.

Dirigiu-se para o endereço que sabia localizar com facilidade, por já ter sido informado por Letícia, nas conversas amistosas do escritório.

Conforme combinado ao celular, o porteiro do prédio, depois de consultar a proprietária do apartamento, permitiu que Marcelo ingressasse na garagem, indicando-lhe o local para o estacionamento. Não demorou muito e Marcelo subiu ao andar respectivo, onde o esperava uma outra Letícia.

Lá estava a mulher mais ansiosa do prédio naquela tarde.

O apartamento estava agradavelmente iluminado e decorado com sobriedade, com indiscutível bom gosto.

Som ambiente demonstrava o zelo de sua moradora, nas músicas leves e suaves que deslizavam pelos ouvidos.

No ar, uma fragrância sutil atraía a admiração do olfato, na combinação adequada entre visual agradável, audição harmoniosa e olfato atrativo.

E à sua frente, Marcelo tinha uma outra mulher.

Letícia estava transformada.

Buscando externar sua admiração e espanto, quis voltar ao hall dos elevadores, informando que deveria ter-se equivocado de apartamento.

— Ora, Marcelo, cala a boca e vê se entra logo, seu moleque brincalhão.

— Nooooooosssssssaaaaaaa, Letícia, é você mesmo? – perguntou, admirado, o jovem, surpreso com o novo estilo.

— Claro que sou eu, seu engraçadinho. Quem você esperava? A madame Min? – referindo-se, Letícia, à bruxa das histórias em quadrinhos de Walt Disney.

Percebendo que seu espanto poderia ser mal interpretado, Marcelo emendou:

— Jamais comparei você àquela bruxa, Letícia. Mas estou tão acostumado a vê-la de cabelo preso, repuxando o rosto, com as roupas formais de advogada, que nunca imaginei que, um dia, substituiria aquela imagem da minha retina.

— E então, – perguntou a moça, provocando – pelo menos a surpresa valeu a pena? Ou esperava que eu fosse recebê-lo vestida de advogada?

— Nossa, claro que valeu... Se eu soubesse que ia ser assim, tinha vindo mais cedo, para poder desfrutar desse momento em que posso conhecê-la sem aquela máscara profissional que nós todos temos que usar todos os dias.

— Como os palhaços na hora do picadeiro, né? – afirmou Letícia, fechando a porta.

— É isso mesmo, Lê. Às vezes, penso que parecemos os próprios, tendo que viver na corda bamba e fazer os clientes rirem de nossas estripulias, para conseguir arrancar-lhes alguns aplausos depois de terem deixado seu dinheiro na bilheteria.

Assim começara o encontro em que Letícia, já conquistando as primeiras vitórias na consideração de Marcelo, esmerar-se-ia para que ele se sentisse atraído e provocado por sua agradável companhia.

Não que Marcelo tivesse se apaixonado pela amiga de trabalho. Na verdade, ela não conseguira atingir, toda arrumada, a beleza natural que Camila possuía, mesmo desproduzida.

Só que o inusitado de observar Letícia mais à vontade, com o cabelo solto e escorrido pelo rosto, dando-lhe um certo ar angelical, lhe retirava toda aquela imagem de distância e afastamento que a postura formal de advogada produzia nos diversos homens que conviviam com ela, inclusive nele.

Pela primeira vez, pôde reconhecer na jovem, efetivamente, uma beleza física que era digna de nota.

E a conversa durou muito tempo, rodando pelos assuntos filosóficos da postura dos advogados no mundo dos interesses escusos, passando depois, pelos detalhes da casa que Marcelo passara a observar e Letícia ia lhe explicando, chegando aos discos que ela possuía, deixando para mais tarde as questões jurídicas que haviam sido a desculpa para aquele encontro.

Era tudo o que Letícia desejava.

Marcelo admirava a vida pessoal daquela moça que, perdida no meio dos processos e casos no escritório, nem de longe parecia ser a mesma pessoa que ali se encontrava, desarmada, quase frágil, à sua disposição.

Esse ar de abandono, de demonstração de debilidade, era um componente poderoso na provocação do instinto viril de Marcelo que, interessado em aproximar-se de Letícia, percebia que ela era mais interessante do que podia aparentar.

No entanto, já lhe bastavam as duas outras como problemas para administrar. Assim, tratou de afastar seus pensamentos de qualquer desejo masculino, para se concentrar nos objetivos que o haviam levado até lá.

Da mesma maneira, Letícia não pretendia oferecer-se diretamente a Marcelo. Desejava provocar o seu interesse, mexer com seus pensamentos, não desejando vulgarizar-se ao nível das mulheres desesperadas por companhia, que se entregam ao primeiro homem que se lhes pareça mais conveniente.

Por isso, teve o cuidado de não dar a Marcelo a impressão de que fora para conquistá-lo que ela criara aquela armadilha.

O encontro seguia, atraente e estimulante, quando, já depois de terem comido algo para espantar a fome, depois de já aberto o vinho saboroso com o qual Letícia pensava tornar Marcelo mais solto e liberado nas emoções e conversas, o rapaz percebeu que não trazia o telefone celular que, normalmente, usaria para avisar a esposa que demoraria mais do que o previsto.

Sem dificultar as coisas, Letícia sugeriu que ele usasse o aparelho de seu apartamento para chamar o número de seu celular a fim de tentar localizá-lo.

Aceitando a sugestão, Marcelo procedeu à chamada para o próprio telefone celular que, depois de alguns toques, foi atendido por Marisa:

– Oi, Marisa, tudo bem? Você já chegou?

– Claro, Marcelo, se não, como é que estava atendendo ao seu celular?

– É verdade, desculpe a idiotice da pergunta. É que saí e, somente agora me dei conta de que esqueci o telefone. E como não sabia onde isso poderia ter acontecido ou mesmo se o havia perdido, resolvi ligar para localizá-lo.

– É isso mesmo... Ele está aqui em casa. Estava atrás do porta-retratos da entrada. Só ouvi quando ele tocou.

– Menos mal. Estou ligando para avisar que estou em uma reunião de trabalho e vou chegar mais tarde. Se quiser jantar comigo hoje, não vai dar.

– Ah! Tudo bem, Marcelo. Eu já jantei por aqui mesmo e estou assistindo a um filme na TV. A hora que der sono, vou dormir porque estou cansada. Quando você chegar, não faça muito barulho, tá legal?

– OK. Tchau, Marisa.

– Tchau, Marcelo.

A despedida seca foi notada por Letícia que, mais do que depressa colocou mais vinho no copo do rapaz.

Sabia ela que a referida bebida era muito potente para, juntando-se ao clima formado pelos demais detalhes, conferir ao ambiente o teor de poesia que é próprio do começo de muitos romances.

Por sua vez, a indiferença de Marisa ao telefone parecia uma senha para Marcelo se deixar levar pelas frustrações emocionais, liberando-se de qualquer defesa do laço formal que o unia à esposa. Assim, numa forma de revidar a indiferença da esposa com a possível e nova infidelidade, passou a sentir que estava no melhor ambiente para deixar acontecer qualquer tipo de situação.

Era como se estivesse se vingando da mulher indiferente, pressupondo que a mesma o estava traindo, igualmente, única explicação para sua mudança de comportamento em relação a ele próprio.

– Nenhuma pergunta sobre onde é que eu estava, sobre como é que estava, com quem estava... – pensava o rapaz, justificando a indiferença da mulher como demonstração de sua falta de afeto ou de seu desprezo para com ele.

Ao lado dele, aproveitando-se do seu estado de pré-ebriedade, os Espíritos do Chefe e de Juvenal, observados pelo Aleijado, estavam a postos, mobilizando suas forças espirituais nos quadros fixadores dos sentimentos contrariados, para que Marcelo se achasse, efetivamente, desprezado como homem, despertando-lhe ainda mais o sentimento de carência, ao mesmo tempo em que Letícia era provocada nos pensamentos aventurosos de se ver nos braços daquele atraente rapaz, como sempre sentira no mais profundo e secreto de seus anseios.

Enquanto o clima ia se tornando cada vez mais favorável aos sentimentos embutidos nos dois corações carentes, do outro lado da cidade, na casa de Marcelo, Marisa se surpreendia duplamente.

Depois que descobriu o telefone celular do marido, uma irresistível curiosidade lhe assaltou o pensamento.

Por que não averiguar as ligações que constavam de seus contatos pessoais?

– Ora, ele nem vai saber que estive aqui pesquisando seus compromissos. Afinal, é sempre bom a gente dar uma olhadinha escondida nos segredos alheios...

E com esse pensamento, Marisa acessou a caixa postal do celular de Marcelo, que ainda trazia os dois recados de Letícia.

A leitura dos recados fez enrubescer a esposa, na interpretação maliciosa daquele encontro.

Além do mais, havia um terceiro recado de que nem mesmo Marcelo tinha ciência e que, na voz de Sílvia, declamava um singelo trecho de poesia, como a dizer como haviam sido agradáveis os momentos vividos intensamente naqueles dias anteriores, mensagem essa que vinha acobertada pelo anonimato, da mesma forma que parecia ter sido originada de um telefone público.

Somente Marcelo poderia identificar-lhe a voz e, para que não se levantasse suspeitas sobre sua procedência, fora originado, como se disse, de número de telefone inacessível à identificação do responsável pela ligação.

Sim, era indiscutível que Marcelo estava tendo um caso com duas mulheres e os três recados em seu telefone eram a prova de que ela necessitava para tornar verdadeiros aqueles argumentos fictícios inventados para Gláucia tanto quanto para apresentar perante Glauco, no dia de sua entrevista.

No seu pensamento, tudo estava se encaixando.

E era o idiota do marido quem lhe estava permitindo ter todas as desculpas para se apresentar como vítima da traição.

Ela saberia muito bem usar esse trunfo.

Tanto que, usando mecanismos adequados, conseguiu reproduzir a gravação dos recados em pequena fita magnética que passou a guardar consigo como a prova ou o indício claro de seus verdadeiros motivos para afastar-se do marido.

Depois disso, uma maquiagem mais carregada produziria a impressão da insônia, das olheiras pronunciadas a demonstrarem o "verdadeiro" sofrimento da esposa traída.

A estas alturas, no apartamento de Letícia, Marcelo e a jovem já se permitiam a intimidade que o vinho e a carência afetiva acabam favorecendo, sempre que a noção da consciência responsável é afastada naqueles momentos decisivos das vidas humanas.

Entre beijos e carícias, Letícia se entregava a um Marcelo fraco no afeto que, inspirado por tantas novidades naquele apartamento agradável, não pensara nas difíceis consequências daquele envolvimento que, a seu ver, era apenas o encontro de corpos, mas que, para o coração de Letícia, significava a perspectiva de uma nova etapa em sua vida afetiva.

23

OBSERVANDO DO ALTO E ENTENDENDO OS FATOS

Como se pode observar, naquela semana, os Espíritos inferiores tinham atuado em várias frentes com a finalidade específica de tecer uma teia envolvente que viesse a enredar todos os nossos invigilantes personagens.

Luiz havia sido afastado da boa influência.

Marisa, naquele sábado, encontrara, na agenda de recados de seu marido Marcelo, as três mensagens, duas de Letícia e uma outra anônima, produzida por Sílvia, as quais, direta e indiretamente, apontavam para a prevaricação do esposo.

Ao mesmo tempo em que, como esposa, se sentira surpresa, isso lhe soara como uma boa oportunidade para dar seguimento aos seus desejos de sedução de Glauco, apresentando-se como vítima da traição do marido e não como aquela que lhe dera causa.

Por isso, ao final da noite, quando Marcelo regressara do apartamento de Letícia ainda com as emanações alcoólicas a interferirem em seu equilíbrio consciente, Marisa optara por nada falar nem lhe fazer nenhuma cobrança, deixando-o entregue aos próprios desajustes, dando-lhe corda à vontade para que, no exato momento, pudesse enforcá-lo pela melhor maneira.

Antes de se retirar para dormir, a esposa deixara o celular visível ao lado de um bilhete, sobre a cama onde Marcelo passara a dormir, nas noites em que chegava muito tarde.

– Querido, aqui está o seu celular, que encontrei escondido atrás do nosso porta-retratos.

Não faça barulho porque estou muito cansada.

Marcelo, acostumado com aquela rotina de indiferença, nada desconfiara sobre o fato de seus recados já terem caído no conhecimento de sua esposa, uma vez que não era hábito de ambos a investigação das ligações em seus aparelhos celulares pessoais.

Assim, depois que saiu do banho no qual procurava acordar melhor para avaliar o que havia feito com Letícia em seu apartamento acolhedor, Marcelo resolvera escutar as mensagens existentes na sua caixa postal, surpreendendo-se não com as duas que Letícia havia gravado, mas com as palavras melosas que ele sabia pertencerem a Sílvia, arrojada e provocante.

Ao ouvir-lhe a voz e o teor sedutor da mensagem, Marcelo deu-se pressa em apagar seu conteúdo comprometedor, tanto quanto as duas que Letícia havia produzido com a finalidade de confirmar o encontro do final de semana.

Já Marcelo, naquela noite, se perdia em tentar equacionar o envolvimento amoroso e íntimo que passara a estabelecer com as três moças que compunham seu grupo de trabalho no escritório.

Começara a se apaixonar pela bela Camila. Depois, descobrira em Sílvia um verdadeiro furacão na intimidade e, por fim, encontrara Letícia, uma flor delicada, a revelar-se do interior da casca em que se escondia, frágil e com medo de se expor, revelando sua verdadeira personalidade.

Por mais que tentasse colocar seus sentimentos em ordem, não sabia para que lado caminhar. Além do mais, ainda possuía o relacionamento com Marisa, o que significava tripla traição e enganação quádrupla.

Com exceção da esposa que, por seu comportamento estranho e hostil não lhe causava mais nenhuma atração ou interesse, Marcelo se interessava pelas outras três mulheres, cada uma por um motivo diferente.

Com Sílvia, sentia-se potente e viril, compartilhando o prazer pelo prazer ao lado de uma mulher experiente no assunto.

Com Camila, sentia-se sedutor e galante, enaltecido em sua vaidade por apresentar-se como o conquistador de uma mulher de beleza invejável.

Com Letícia, sentia-se forte e audaz, como um herói que chega para salvar a doce e ingênua donzela, solitária e sonhadora nos sentimentos, desejosa de se entregar ao seu cavaleiro, no compromisso definitivo de um afeto romântico e longamente esperado.

Com as três, havia pactuado manter a discrição no local de trabalho e o respeito aos seus espaços pessoais, afastando qualquer tipo de suspeitas comprometedoras.

No entanto, não poderia adiar por muito tempo o plano de atingir Leandro com o golpe que o tiraria do posto de confiança de Alberto, visando conquistar-lhe o lugar.

Camila era sua aliada confessa, ao mesmo tempo em que, graças à intimidade com as outras duas, não lhe parecia difícil conseguir-lhes o apoio, principalmente depois de tudo o que aconteceu.

Sabia, no entanto, que tudo estaria perdido se, entre elas, a notícia de seu envolvimento físico com todas acabasse conhecida, o que representaria uma péssima novidade, arrasando com seus planos de ascensão.

Agora, a subida na empresa já não era mais para encantar Marisa. Era uma forma de ser importante para, finalmente, reconhecer-se melhor do que os demais e afirmar-se profissionalmente perante as mulheres e homens que ali trabalhavam em regime de constante competição.

Naquela noite, Marcelo, Sílvia, Marisa, Letícia, Camila e Luiz estariam assumindo suas posições no drama que iriam produzir, não por causa da ação das entidades negativas que os intuíam, mas por causa da maldade, da astúcia, da invigilância com que se conduziam na vida. Nesse sentido, adotando as atitudes mais nefastas para si próprios, se tornavam ferramentas destrutivas nas mãos de entidades inteligentes e igualmente nocivas, que, da mesma forma, os usariam.

No fundo, entretanto, todos estavam em processo de crescimento, tanto os encarnados quanto os Espíritos ignorantes, ainda que tal evolução viesse a se realizar através das dores profundas e das decepções da alma, abrindo ferimentos que somente a noite do séculos poderia cicatrizar.

No plano invisível, depois que o sábado se despedia e o domingo dava os primeiros sinais no horizonte, reuniam-se no astral inferior todos os encarregados do processo obsessivo daquele grupo.

Perante o Presidente da Organização, teriam que prestar contas de seus atos, incluindo-se aí, não apenas o Chefe e seus ajudantes, mas Jefferson e os representantes do Departamento que administrava as ações negativas do escritório onde nossas personagens trabalhavam.

Além do mais, de forma direta e agressiva seriam cobrados pela perda do chefe dos hipnotizadores, perda essa que já havia sido noticiada ao Presidente e que lhe havia causado profundos dissabores, que não foram atenuados mesmo com a revelação dos inúmeros sucessos obtidos com os encarnados que estavam se deixando manipular tão bem, em seus desejos e sensações pervertidas.

A reunião do grupo seria bastante tensa e ameaçadora, sobretudo porque, com as notícias sobre o progresso do plano, o Presidente marcara para as próximas semanas a intensificação dos processos de perseguição, com a finalidade de atingir seus objetivos pessoais, objetivos estes ainda desconhecidos de todos os seus auxiliares, mesmo dos mais chegados.

A verdade é que todos os integrantes desse movimento, obedientes ao comandante trevoso, estavam sendo utilizados por ele para a conquista de suas metas de destruição e vingança que buscava com determinação.

Ao lado dessa reunião de entidades inferiores, nos círculos superiores do mundo invisível, nossos amigos Félix e Magnus continuavam acompanhando os passos de todos e, amparados pelo devotamento de Alfonso, podiam estabelecer roteiros para suas próximas ações, antevendo as estratégias negativas planejadas pelas trevas.

– Mas o pobre Glauco está sendo cercado por todos os lados – falou Magnus, compungido. – E nem está sonhando com tudo o que estão planejando a seu respeito.

– Sim, Magnus, é isso mesmo.

– Mas não seria bom que nós o protegêssemos para que não acabasse vítima de tantos ataques?

– E nós não o estamos ajudando? – perguntou Alfonso.

– Sim, de uma certa forma, mentor. No entanto, parece que estamos fazendo essas coisas à distância, enquanto que nossos irmãozinhos inferiores se apresentam diretamente, atacando-o de frente, sem rodeios.

– É, realmente você está avaliando bem a situação.

Quando estamos no mundo, pensamos que a função de Deus é criar um sistema de proteção e vigilância para defender todos os que O aceitem e creiam em Sua existência. Pensamos que, pelo simples fato de irmos às igrejas ou envergarmos esta ou aquela camisa religiosa, passamos a ter direitos de exigir de Deus a proteção absoluta, não mais aceitando que nada de ruim nos aconteça.

No entanto, essa postura é ingênua e atesta o grau de infantilidade que ainda existe dentro de cada um de nós.

Que pai humano deseja criar o seu filho para que ele fique em sua dependência pelo resto da vida? Que mãe não deseja ver seu filho abandonar as fraldas e caminhar com suas próprias pernas? Ainda que estejam sempre por perto, dispostos a dar a ajuda que lhes seja possível, os pais humanos costumam, quando lúcidos e cônscios de suas obrigações no tutelar os filhos, entregá-los à vida, para que constituam suas próprias famílias e cresçam interiormente.

Assim também acontece com as preocupações Divinas, Magnus. Nosso querido Glauco é credor de nosso carinho e atenção e, sempre que estiver em sintonia conosco, estaremos com ele igualmente. No entanto, não desejamos transformá-lo em um boneco que nos obedeça ou que se entregue a nós como se nos pertencesse. Em sua história de vida, meu amigo, ele já passou por situações delicadas no afeto desprevenido e invigilante. Nada mais certo que, depois que lhe foi oferecida a primeira ajuda, na forma de conselhos e apoios à emoção desajustada, chegue a hora de passar pela prova decisiva para dar testemunho de que, efetivamente, aprendeu a lição.

Nessa hora, não podemos interferir, tornando-nos assistentes de seus pensamentos e decisões livres, como o aluno no dia da prova. Para ser bem avaliado, precisa responder às perguntas longe das suas anotações pessoais, dos livros teóricos, da ajuda do professor e das fraudes representadas pelas cópias clandestinas.

Somente assim, Magnus, é que o aluno pode ser apreciado integralmente, ficando o professor e ele próprio com a exata noção do grau de seu aprendizado.

Como está vendo, meu amigo, não se trata de descaso para

com Glauco e, sim, de conferir-lhe liberdade para que seus avanços espirituais possam ser testados, tanto quanto a sua ligação conosco, nos momentos mais perigosos de seu caminho.

Esse é um dos motivos subjacentes que levam a própria Gláucia, sua noiva, a não insistir em unir-se a ele, definitivamente, como é do desejo do rapaz.

Intuitivamente, ela sabe que existem fragilidades em Glauco que só o batismo de fogo poderá aferir se está ou não habilitado com maturidade a superar os desafios de uma união verdadeira e livre, longe das seduções dos corpos e das provocações femininas que cobicem a sua companhia masculina.

Se Glauco não souber se conduzir quando estiver livre para fazê-lo, demonstrará que ainda está em patamar menos elevado e, por isso, precisa de mais tempo para estudar as lições da vida até que possa ser vitorioso nos embates do destino.

Esse é o supremo motivo do processo de reencarnação.

Magnus se admirava da sabedoria de tais conceitos e, aproveitando-se de uma pequena pausa do instrutor, comentou, respeitoso:

– No entanto, nobre mentor, no dia da reunião em família, quando foi atacado pelo irmãozinho obsessor que lhe pretendia implantar os ovoides na estrutura magnética do perispírito, pudemos lhe estender as mãos protetoras, a defendê-lo, de forma mais direta, das ações nefastas do perseguidor. Não estaria, igualmente, em teste?

– Sim –, respondeu Alfonso –, sua observação é procedente. E tal fato assim se deu, porquanto Glauco estava em sintonia com a elevação interior. Não se esqueça, Magnus, que naquele dia, ao invés de esconder suas faltas no véu do esquecimento ao comentar o Evangelho, ele se colocou como o exemplo do equívoco a ser evitado, numa demonstração verdadeira de humildade, não desejando parecer incólume, irrepreensível aos olhos dos demais. Sua demonstração de coragem e sinceridade atraíram para si e de forma natural, a simpatia das forças do Bem que, conhecendo-lhe as fraquezas, puderam bem aquilatar o grau de seu comprometimento com a própria transformação, tornando-se credor da proteção imediata em relação aos ataques que sofreria.

Ao mesmo tempo, havia a necessidade de resgatar a entidade perturbadora, oportunidade longamente aguardada pelo plano superior, nos esforços maternos de amparar e reconquistar o coração transviado. Por isso, não apenas para ajudar Glauco como também para manter a necessária vibração elevada, fornecendo elementos-força para que o hipnotizador pudesse se ver tocado pela presença querida, é que tivemos que ativar o campo protetor do nosso querido companheiro encarnado, graças ao que o obsessor gastou seu potencial magnético em vão, tornando-se menos resistente à ação transformadora do Bem. Se tivesse conseguido o sucesso que desejava, não haveria em sua alma a disposição favorável que se consegue, às vezes, pelo desgaste, pelo cansaço, pela saturação no mal, pelo desencanto a respeito das velhas condutas inferiorizadas.

Por isso, a proteção por nós exercida a benefício de Glauco teve também a função de servir de escudo que obrigasse o hipnotizador a se enfraquecer magneticamente.

Sem contar, com a possibilidade de resgatar as quatro entidades ovoides que puderam encontrar o amparo do coração materno que se materializou em nosso meio como um Sol na treva escura da noite.

Por todos estes motivos, Magnus, naquele dia tínhamos motivos variados para associarmos nossas forças às de Glauco. No entanto, não resta dúvida de que aquele era um ambiente especial, inundado pelas luzes da oração, enquanto que cada um, em sua vida diária, vive no universo das ideias e ações que lhes pareça mais conveniente.

E é nesse universo exterior que compete a Glauco dar demonstração de vitória sobre si mesmo e desejo de superar as tendências que, no passado, já o haviam envolvido e produzido a tragédia moral que conhecemos.

O mesmo será esperado de Gláucia, na compreensão sincera, no crédito que possa dar ao companheiro e na capacidade de entendimento que, afastada da proteção materna, do ambiente da oração em família, também precisará da dor, do sofrimento, da decepção, para as avaliações evolutivas a seu respeito, visando o acesso às futuras promoções no conceito espiritual.

Magnus se dava por satisfeito, ao mesmo tempo em que Félix, calado até aquele momento, solicitara a conversação reservada com Alfonso para tratarem dos próximos passos daquele drama que, contendo os encarnados e os Espíritos inferiores como atores principais até aquele instante, eram acompanhados pela visão atenta das entidades generosas que lhes conheciam as intenções e desejavam ampará-los da forma mais ampla possível.

Assim, retiraram-se os dois instrutores para consultar os detalhes e desdobramentos daquele caso, tanto quanto para recolherem as instruções que lhes chegavam das Entidades Superiores que dirigiam os passos de seus tutelados encarnados, buscando envolvê-los nas companhias luminosas de Espíritos instrutores e mentores com Félix e Alfonso que, representando o Amor de Deus e o Carinho de Jesus na superfície do planeta, caminhavam ao lado de seus protegidos para tentar ajudá-los a fim de que não se comprometessem ainda mais nos equívocos e no mal.

***

Pode parecer, querido leitor, que o Mal atua sem controle do Bem.

No entanto, gostaria que você se lembrasse de que a verdade é absolutamente diversa.

O Mal atua dentro do espaço de manobra que os encarnados e desencarnados, igualmente invigilantes, lhe concedem.

No entanto, sobre todos eles, o Bem governa os caminhos e intervém no instante adequado para que, indistintamente, TODOS SE ENCONTREM CONSIGO MESMOS E RETIFIQUEM SEUS ATOS.

24

MÚLTIPLAS ASTÚCIAS E PROTEÇÕES ESPECÍFICAS

De posse da gravação das três mensagens ouvidas no celular do marido, Marisa aguardava o momento da primeira entrevista com Glauco, na sede da empresa em que trabalhava como consultor, com a desculpa de pedir-lhe orientações para a abertura de um negócio próprio.

E se, inicialmente, havia ficado contrariada pelo fato de o primeiro encontro ter sido marcado com um lapso temporal de dez dias, agora, com as provas da traição do marido, bendizia a sorte que lhe concedera tal prazo graças ao qual reunira os indícios que dariam mais consistência às suas palavras.

A semana começara e, preparando-se para as próximas jogadas, Marisa atirou-se com afinco na obtenção de informações adequadas para quem deseja dar início a um trabalho autônomo, no ramo do comércio de bijuterias em algum Shopping Center.

Marcelo, por sua vez, regressara à rotina do escritório, revestindo-se de cuidados especiais para que não se levantasse suspeitas acerca de seu envolvimento com as três amigas ao mesmo tempo e, de igual sorte, para que não mudasse sua conduta com nenhuma delas.

Logo pela manhã, encontrou-se com Camila em sua sala, quando foi recebido com uma dose a mais de intimidade do que aquela que existia antes da troca dos beijos calorosos.

– Marcelo, pensei muito em você no final de semana... – disse Camila, ao abraçar o amigo assim que entrou, como de costume, depositando-lhe um rápido beijinho em seus lábios.

Sentindo-se desejado pela mulher que também cobiçava, Marcelo buscou certificar-se de que a porta estava fechada e respondeu, cavalheiresco, ainda que sua consciência lhe dissesse que não havia sido bem assim, como suas palavras iriam dizer:

– Eu também, Camila, pensei muito em você. Acho que nossa aproximação tem sido algo muito bom, mas, ao mesmo tempo, tem me deixado confuso.

– Como confuso, Mar...?

– Sim, Camila, confuso porque meus sentimentos ficaram embaralhados. Seu beijo, seu calor, sua maneira de me fazer sentir importante, conflitam com as minhas responsabilidades.

– Mas nós somos adultos, Marcelo, e se você se sente desse jeito quando nos colocamos mais próximos é porque existe um vazio em seu coração, acomodado talvez a uma relação que já não lhe satisfaz.

– É isso que também me tem incomodado, Ca....

Antes de estarmos mais próximos, tudo corria normalmente. No entanto, com o decorrer do tempo, passei a perceber as rotinas do casamento se fazendo mais pesadas e as dúvidas cresceram.

Pessoalmente, quero que saiba que não desejo envolvê-la para tirar proveito ou iludi-la. Você me faz muito bem e, de minha parte, não gostaria de lhe causar qualquer sofrimento.

As palavras de Marcelo eram sinceras, próprias de um coração que está se entregando ao sentimento apaixonado, iludindo-se com a beleza da jovem que bem sabia utilizar seus atributos para confundir os corações masculinos que a requestavam.

Além disso, eram ditas em tom de tristeza, tornando-as ainda mais pungentes aos ouvidos de Camila que, assim, tinha certeza da dificuldade afetiva que ardia no íntimo de Marcelo.

Atraída por tal fragilidade, Camila, inteligente, respondeu tomando entre as suas, as mãos do rapaz:

– Mar, não se preocupe tanto. Eu também tenho sentido o mesmo por você, com a vantagem de não estar envolvida com ninguém. Todavia, não vou tornar a sua vida um inferno. Cada um de nós poderá desfrutar desse sentimento como dois adultos que se entendem bem, até que, de sua parte, você esclareça estas questões consigo mesmo e, se o futuro permitir, possamos nos fazer mais próximos... que tal?

Vendo a forma compreensiva de Camila em não pressioná-lo na adoção de condutas visando assumir um novo relacionamento, com a ruptura da união conjugal, Marcelo sorriu, agradecido, e respondeu:

– É por isso que as coisas têm ficado cada vez mais difíceis para mim, Ca. Você é muito especial, muito importante a cada dia que passa, em minha vida.

– Então, Marcelo, vamos continuar vivendo um dia de cada vez.

Acariciou o rosto do rapaz e, para mudar o rumo da conversa, falou sussurrando, como se as paredes tivessem ouvidos:

– Marcelo, eu flagrei outra invasão de Leandro nos meus casos.

– Não é possível, Ca. Esse cara não aprende?

– É – respondeu a moça – ele está cada vez mais ousado.

– É uma falta de respeito com sua privacidade. Está dizendo, com isso, que desconfia de sua honestidade na condução dos casos e insinuando que você pode estar desviando recursos do escritório.

– É, já pensei em tudo isso. Mas você não sabe do pior.

– Fale... fale...

– Eu desconfio que quem está desviando valores é ele próprio.

– Como assim? – perguntou Marcelo, curioso.

– Eu tenho um cliente que possui parentes ligados a Leandro, também na condição de constituintes, valendo-se de seus serviços advocatícios.

– Sim...

– E meu cliente me tem informado de que seus parentes têm tido encontros sigilosos com Leandro, fora do escritório, onde lhe fazem entregas de dinheiro, com a desculpa de que se trata de propina para comprar decisões favoráveis e que, obviamente, não pode ser declarada.

Quando meu cliente soube dessa prática, procurou-me para perguntar se, no caso dele também, eu não poderia adotar essa rotina. Como eu estava desinformada do assunto, pedi que me explicasse qual era o procedimento que Leandro estava usando, ocasião em que fui colocada ao corrente dos fatos.

Coçando a cabeça como fazia diante de um enigma desafiador, Marcelo respondeu, intrigado:

– Mas isso é muito grave, Camila. Esse negócio de pedir dinheiro por fora é muito sério. A gente sabe que existem autoridades e autoridades, algumas das quais, de forma velada, solicitam favores, indicam caminhos com base na troca de interesses. No entanto, como é que se pode comprovar que esse dinheiro não era, na verdade, para o próprio Leandro?

– É isso que eu também penso, Mar.

Depois que me informei desse assunto, passei a observar melhor o procedimento dele.

E, para minha surpresa, constatei que essa rotina não era somente com o meu cliente. Várias vezes pude perceber que ele mantinha encontros com outros em pontos estratégicos da cidade. Uma vez, inclusive, arrumei uma desculpa para sair no mesmo horário e, com muito cuidado, segui o seu carro até o ponto marcado. Com uma máquina fotográfica, tirei vários instantâneos de sua chegada ao local, da chegada dos seus "clientes", carregando uma pasta com os "documentos" e, por fim, de sua saída com a entrega sob sua guarda.

Intrigada com a prática, contratei um detetive por alguns dias e, sabendo que a coisa era mais grave do que parecia, consegui uma série de informações, fotografias novas e informações confiáveis que atestavam o depósito em diversas contas, todas em seu nome.

Isso coincidia, às vezes, com a compra de algum novo carro, desses caríssimos que todos sonhamos ter.

Pensando nas repercussões dessa descoberta, dentro dos planos que tinha em tomar-lhe o lugar, Marcelo aguçou seu interesse pelas notícias.

– Mas e o Dr. Alberto, Camila, será que ele não sabe disso tudo?

– Não faço a menor ideia, Mar. O velho já está meio afastado desses processos e se ocupa em administrar o seu império, recolhendo a parte gorda que lhe cabe. Deve imaginar que Leandro dê os seus pulinhos, mas, diante das vantagens, deve fazer vistas grossas. Vai saber também, quanto é que o velho não extorquiu ao longo de sua vida, obtendo recursos com esse tipo de conversa.

Não se esqueça, Marcelo, ele é advogado mais antigo do que nós...

Observando as referências maliciosas de Camila, Marcelo disse, indignado:

– Tudo bem, Camila, os advogados são treinados para "resolver" os problemas pelos meios possíveis ou impossíveis. No entanto, nunca tive cara de pau de levar dinheiro para autoridades nem para, com tal desculpa, embolsar recursos valendo-me de mentiras e de estratégias de corrupção.

– É por isso, Marcelo, que nós estamos tão abaixo na escala de importância do escritório.

Se já nos tivéssemos comprometido com os esquemas podres, já teríamos subido e, certamente, estaríamos andando com carrões como os que eles têm.

Só que eu penso que um dia isso tem que acabar....

Escutando as palavras de Camila, dentro do mesmo diapasão de suas intenções, Marcelo aproveitou a deixa e respondeu:

– Eu penso a mesma coisa, Ca. Um dia tudo isso tem que acabar e, ao invés de usarem a gente para conseguir clientela e abastecerem com nosso suor os esquemas corruptos em que se metem, perderão a reputação que parece possuírem, com a queda da máscara de honestos e guardiães ilibados da ética e da honradez.

– De minha parte, Marcelo, eu sonho com esse momento. Não em tirá-los do posto, mas em verem suas caras quebradas pelo aparecimento da verdade.

E eu desconfio que Leandro me vigia os passos por saber que tenho alguma ligação com os clientes que ele vem usando para obter dinheiro com mentiras. Como sabe de minhas relações profissionais, parece que se coloca no meu encalço de forma ameaçadora para me intimidar ou me lembrar de que está me vigiando. Nem imagina, o idiota, que tenho até fotografias de suas aventuras.

Calado com o peso das notícias, Marcelo demonstrava indignação e concordância com as suspeitas da jovem.

Vendo que o rapaz se mantinha favorável aos seus propósitos, Camila continuou, cautelosa:

– Mas, na verdade, eu não tenho como, sozinha, lutar contra esses tubarões. Facilmente me devorarão e eu parecerei uma tola ambiciosa com interesse em subir profissionalmente, derrubando os superiores.

Acho que tais documentos vão acabar esquecidos em meus arquivos particulares porque não sei como fazer para acabar com essa perseguição.

– Eu acho que você tem todos os trunfos na mão, Camila. São indícios fortes da participação de Leandro em negócios escusos e que podem estar lesando os interesses do próprio Alberto. Para que possamos conseguir esse intento, ao menos o de desmascarar o maldito ladrão, precisamos comprometê-lo diante do dono, apresentando as provas que colocarão Leandro em uma situação, no mínimo, delicada e desconfortável. Além disso, existem as investidas clandestinas dele em relação à sua privacidade. Somadas a isso, as contas bancárias recheadas, as tratativas externas, as fotografias parecerão coisa pequena diante do oceano de podridão.

Você pode contar, ainda, com o depoimento do seu próprio cliente que, de maneira natural, veio lhe pedir que usasse os mesmos meios que Leandro estava usando para conseguir os favores da lei na solução de suas pendências.

Vendo como Marcelo se envolvia na questão, Camila afirmou:

– Sabe, Mar, eu gostaria de ser assim como você. O que mais me admira num homem é a sua coragem, a sua inteligência, a sua capacidade de lutar pelas causas certas onde os princípios morais mais elevados prevaleçam. Pena que eu seja mulher, sempre em uma posição muito mais delicada. Se eu fosse homem, partiria para a confrontação porque é exatamente isso que mais me atrai na força masculina, a capacidade de ir às últimas consequências para que os valores e princípios sejam defendidos.

– Ora, Camila, mesmo como mulher você pode fazer isso.

– Mas minhas chances de sucesso ou crédito são insignificantes. Estou sozinha e isso já é o suficiente.

– Claro que não, Camila. Você não está sozinha. E eu, o que estou fazendo aqui?

– Ora, Marcelo, esse negócio não é com você, meu amigo. Isso faz parte de meus problemas e poderia custar até mesmo a vida de qualquer pessoa. Sim, Marcelo, as coisas são tão graves que podem chegar até o risco de ser assassinado.

Como são assim, é melhor permanecer sozinha e viva, do que almejar defender a verdade e acabar no cemitério. Você não acha que sou muito nova para morar debaixo da terra?

Enquanto perguntava isso, carinhosa, Camila se aproximou de Marcelo, que estava de pé, olhando pela janela o movimento da rua lá embaixo e envolveu-o com seus longos braços perfumados, como a lhe pedir o conforto de seu peito masculino e acolhedor.

– Você não nasceu para morar debaixo da terra, Ca... você tem, em meu peito, um local mais quente e agradável para viver....

Segurou a cabeça da jovem que se estava entregando, carente, aos seus carinhos e, entrelaçando seus dedos nos longos cabelos aloirados da nuca, direcionou os lábios passivos e ansiosos de Camila para o encontro com os seus, na renovação do ósculo cada vez mais apaixonado, com o qual Marcelo demonstrava o seu sentimento e sua ligação com a moça.

A cena apaixonada manteve ambos enlevados por alguns instantes, até que as necessárias atividades e a chegada de mais pessoas ao escritório aconselhavam que se separassem, prometendo-se sigilo sobre todos os assuntos que passavam a fazer parte da intimidade dos dois, fosse em relação a Leandro, fosse em relação aos seus sentimentos.

No entanto, dentro da cabeça do rapaz, as condições para o golpe em Leandro estavam se delineando cada vez mais.

Havia provas, então....

Leandro era vulnerável... tinha o "rabo preso"... fazia coisas indecorosas e que poderiam demonstrar a Alberto a sua desonestidade....

Todas estas ideias surgiam em sua mente excitada pela possibilidade de seus planos estarem sendo conduzidos na direção prevista, graças à confiança de Camila.

O Chefe e Juvenal se mantinham a postos, com as técnicas de indução negativa, estímulo favorável e ideação fotográfica, através das quais, faziam chover sobre Marcelo um mar de informações, ideias e inspirações que o estimulavam no caminho maldoso a que se permitia, desde que passara a buscar melhorar sua posição profissional não por seus méritos, mas, sim, por sua conduta baixa.

O cérebro de Marcelo fervia.

Inúmeras ideias circulavam em torvelinho, temperadas pela maneira doce com que Camila se referia às qualidades masculinas que lhe causavam admiração. Ele poderia ser, finalmente, o homem dos sonhos daquela beldade carente e em situação delicada diante do perseguidor Leandro.

Suas ambições profissionais se uniram aos seus anseios viris, envolvendo-se mais profundamente com Camila, ainda que não tivessem mantido, ainda, nenhum relacionamento íntimo como acontecera com as duas outras.

Camila correspondia ao prêmio apropriado aos seus ideais conquistadores de galante varão, enquanto que Marisa não passava de uma dondoca superficial que apenas usufruía do padrão de vida que ele oferecia e, um dia, fora sua parceira sexual.

Não. Marisa não chegava aos pés de Camila.

E enquanto ia pensando desse modo, os Espíritos que o "ajudavam" continuavam a aprovar o conteúdo de suas ideias, mais e mais estimulando em sua alma a noção de insatisfação afetiva, nas comparações sempre desfavoráveis à manutenção da união com Marisa.

Já a possibilidade de se ver reconhecido por Camila como o eleito de seu afeto lhe produzia uma euforia na alma, transformando seus pensamentos e aconselhando a adoção de todas as condutas mais adequadas para que, de uma só tacada, pudesse conseguir realizar todos os seus objetivos.

Derrubaria Leandro e se tornaria o companheiro de Camila, rompendo a união com Marisa e conseguindo a felicidade que, até então, não havia desfrutado com mulher alguma.

**

Enquanto seus planos prosseguiam, ao lado dos planos de Marisa, Sílvia e Letícia também planejavam, tendo-o como centro de suas estratégias.

Sílvia, encantada com as sensações sexuais que vivenciara em sua companhia, já havia demonstrado o interesse em renovar aquele encontro de intimidade e devassidão.

Acostumada ao exercício insaciável da sexualidade, Sílvia também viciara os centros do prazer e, dessa forma, necessitava de cada vez mais e mais experiências, como se tão logo terminasse de se alimentar, já ansiasse por reabastecer-se na mencionada área do prazer físico.

Como considerava a sexualidade de forma leviana e superficial, o que lhe interessava era curtir aqueles momentos, sem pretender maior profundidade emocional. Não desejava ter que administrar paixões, demonstrar sentimentos. Só queria uma boa relação íntima e nada mais. Marcelo surgira, para sua surpresa, como o amante ideal, fogoso, criativo, intenso, coisa que não se encontrava todos os dias por aí, como costumava constatar sempre que se aventurava com outras companhias masculinas.

Por isso, Sílvia iria jogar suas cartas na repetição daqueles encontros, pressionando o rapaz para que se renovassem, mesmo que, para isso, tivesse que chantageá-lo, coisa que, aliás, era bem de seu feitio quando desejava realizar seus interesses. E o seu desejo físico, alimentado pelas provocações invisíveis que lhe eram promovidas pelos mencionados Espíritos que exploravam sua sexualidade, sugando-lhe as forças e absorvendo-lhe a sensação de prazer efusivo, lhe dizia que tal novo encontro não poderia tardar, para que as emoções não acabassem esquecidas ou esfriadas.

Ao mesmo tempo, Letícia, mais e mais alimentada pela intimidade conseguida naquela noite, regada ao vinho e ao clima sedutor, se permitia cada vez mais apaixonar-se diante da possibilidade de acercar-se do homem desejado.

Não lhe ocorria que aquilo que acontecera entre ambos fora fruto de uma combinação de vários fatores que, reunidos, podiam fazer com que um homem e uma mulher se encontrassem intimamente, sem querer significar que entre eles ou, da parte de um deles, houvesse sentimento verdadeiro para a instauração de um relacionamento conjugal.

No entanto, o simples fato de Marcelo, fraco e viciado na sexualidade irresponsável, ter-se deixado conduzir pelo clima e pelos vapores alcoólicos, já era um poderoso indicador para Letícia de que o rapaz apreciava a sua companhia e, mais do que isso, correspondera calorosamente aos seus anseios de mulher.

A jovem, assim, se permitia enveredar pelo caminho da paixão longamente represada e que, uma vez liberada por pequeno dreno, passara a fazer pressão insuportável sobre a barragem, ansiando a liberação de todo o volume emocional longamente contido, representado pelo afeto nunca adequadamente correspondido por outrem.

Sua intenção era a de trazê-lo para a companhia definitiva e, ao seu lado, dando início a uma família, ansiedade essa que pesava sobre sua condição de mulher, principalmente diante das cobranças sociais e do fato de todas as suas outras amigas já se encontrarem cuidando de seus próprios filhos.

Não estava em seus planos, ser vista como a solteirona frustrada, ainda que fosse a mais inteligente.

No fundo, ela sabia que Marcelo poderia encarar aqueles momentos como fugaz e agradável aventura. No entanto, como mulher, saberia retirar daquela intimidade todos os frutos e consequências que estivessem à altura de sua condição feminina.

Saberia mover os pauzinhos com astúcia e, mais do que torpedear a sua união com Marisa, iria conseguir atrair o interesse do rapaz a fim de que, ao seu lado, acabasse vivenciando a tão sonhada felicidade.

Marisa que se virasse sozinha!

✳ ✳ ✳

Enquanto a malícia, a maldade e o interesse material escuso serviam de combustível para tais aventuras no prenúncio de dores na vida de todos os envolvidos, observemos o que se passava com Olívia e Gláucia.

Buscando manter abastecido o lar com os recursos materiais obtidos com honestidade, Olívia ajudava o esposo nas atividades produtivas, gastando os olhos na máquina de costura, dando conta diária da produção que lhe era destinada por confecção próxima.

Ao mesmo tempo, por três vezes na semana, Olívia devotava-se às atividades regulares do núcleo espírita com o qual se afinizara e onde encontrava retempero para suas energias, inspiração para seus desejos de evolução, conhecimento para melhorar os conceitos de vida que ia colocando em prática.

Dotada de uma percepção mediúnica razoavelmente desenvolvida na área da intuição consciente, era elemento útil na instituição benemerente pelos serviços que prestava, tanto na área da confecção de roupas para os carentes que ali encontravam atendimento, quanto na possibilidade de servir como fonte de consolação aos que chegavam, precisando de uma palavra de carinho e entendimento, fossem os encarnados, fossem os Espíritos necessitados, que se manifestavam em reuniões privadas, de intercâmbio mediúnico.

Suas experiências longamente enriquecidas em função das inúmeras vidas anteriores, reencarnações de sofrimento e depuração, haviam talhado sua alma para a resistência nos embates do caminho, como o rude cabo da enxada beneficia a delicada pele das mãos através da formação das calosidades que a fazem mais resistente aos espinhos e farpas que as ataquem.

Seguindo seus bons exemplos, Gláucia a acompanhava sempre e, na medida do possível, Glauco se fazia companheiro nessas ocasiões, ainda que não pudesse se engajar de forma plena nas tarefas de amor ao próximo. Era um sincero frequentador, acompanhando com devotamento as lições espirituais que recebia pela leitura ou por palestras, ao mesmo tempo em que procurava transformá-las em atitudes, vigiando seus anseios e medindo sua conduta pelo critério das mensagens elevadas aprendidas.

Queria ser um bom homem, ainda que tivesse que se ver perseguido pelas culpas e pelos erros da juventude a lhe fustigarem a consciência.

Olívia, assim, era a única que tinha acesso aos trabalhos mais complexos da casa espírita, já que os demais membros da família que a acompanhavam vinculavam-se a outros interesses, que dificultavam a sua participação mais definida nas obras que ali se realizavam.

Esse era o ambiente no qual os mentores, instrutores e Espíritos amigos se congregavam para a realização dos esforços do bem no caminho dos que buscassem amparo para suas dores. Longe de ser um tribunal identificador de culpas e lavrador de sentenças condenatórias, longe de ser uma bolsa de valores a buscar recursos da moeda do mundo como condição de ofertar amparo, a casa espírita era o porto seguro no qual as forças elevadas eram ativadas pelo teor dos pensamentos melhorados, dos sentimentos fervorosos, das orações sinceras, permitindo, assim, que todos os que dali se acercassem, mesmo que continuassem com seus problemas antigos, saíssem fortalecidos, renovados na alma, carregando sempre um alimento sadio para suas necessidades íntimas, fosse na forma de informações, fosse na de passe magnético, fosse na da alegria do entendimento e de se sentirem queridos por outras pessoas.

E, por isso, pequena sucursal celeste na superfície do mundo, aquele agrupamento operoso no Bem era a sede dos esforços da Bondade na ajuda incondicional aos encarnados, dos mais ingênuos aos mais viciosos ou degenerados.

Dali partiam os trabalhadores invisíveis que assumiam os compromissos com o evangelho no lar realizado na casa de Olívia, todos baseados na instituição espírita para onde traziam as entidades recolhidas na mencionada reunião e de onde retiravam os recursos fluídicos para o atendimento das necessidades da família.

Nessa instituição benemerente, Alfonso ocupava destacada função, ao mesmo tempo em que Félix e Magnus ali se achavam admitidos como valorosos trabalhadores no desenvolvimento de delicada tarefa de amparo aos encarnados sobre os quais as atenções espirituais se voltavam, especialmente no caso das nossas personagens.

Assim, nas reuniões públicas ou nas privativas dos grupos mediúnicos, as entidades amigas se desdobravam para combater os pensamentos depressivos, as tristezas mais ocultas, as angústias morais, os desesperos materiais, as rebeldias da ignorância, usando instrumentos que só o amor dispõe com sabedoria e banindo para sempre as ferramentas do mal com as quais a maldade se acostuma a tentar resolver suas pendências.

As caravanas espirituais de socorro que, nos dias marcados, tinham compromissos com os diversos frequentadores do centro espírita que realizavam a oração em suas respectivas casas, saíam dali, o que transformava cada lar em um foco luminoso a resgatar entidades sofredoras que compunham a população invisível daquela moradia, tanto quanto a que se perdia nas vizinhanças, nos lares ainda não atentos para o valor da oração íntima.

E como membro integrante dos trabalhadores devotados à causa de Jesus sobre a Terra, na implantação do Reino de Deus no coração das pessoas, Olívia era sempre amparada pelas sugestões do Bem, a lhe fortalecerem as fibras da alma para os desafios na orientação daqueles que orbitavam sua vida, nas diversas condições sociais, como filhos, como genro, como esposo, como amigos, como parentes distantes.

Para isso, ocasionalmente, Olívia recebia avisos que a preparavam espiritualmente para enfrentar com sabedoria e atenção as fases mais agudas dos testemunhos.

Foi assim que, em um dos trabalhos daqueles dias, servindo-se de outro médium responsável que ali militava com denodo, Alfonso dirigiu-se a Olívia, informando-a, sereno e amigo:

– Minha filha, graças aos seus exemplos de amor e equilíbrio, você granjeou o respeito e a gratidão de todos nós, o que nos autoriza a fortalecê-la e estender tal proteção aos que são objeto de seu afeto.

– Obrigado, irmão querido, apesar de minha desvalia, sou-lhe muito grata.

– É o mesmo que sentimos em relação à solicitude de Jesus para conosco, Olívia. Nossa desvalia moral não impede que o Mestre nos ame e nos ajude, sempre. No entanto, aproveito estes momentos para lhe dizer que precisaremos de todo o seu equilíbrio diante de uma delicada fase que vai envolver o seu lar, nos testemunhos necessários ao crescimento daqueles que compõem este grupo de almas afins.

– Estarei a postos com o melhor de mim, querido irmão.

– Estamos certos disso, minha filha. No entanto, como tal período não envolverá apenas você, mas, ao contrário, todos os componentes de seu lar, a alertamos para que se refugie na prece, além de preparar nossa querida Gláucia para servir-lhe de apoio vibratório.

Não podemos antecipar detalhes da dificuldade. Apenas podemos informar que vocês estão capacitados para superá-la se souberem guardar equilíbrio e paz interior. Não se permita a posição de mãe indignada, de mulher não considerada, de sogra implicante.

Você será testada na posição de irmã de todos, deixando de lado os eventuais desejos de ser acatada como outra coisa que não, apenas, irmã.

João, seu esposo, é um pouco imaturo para certas coisas e não poderemos esperar que tenha uma atitude diferente daquela que sua evolução espiritual comporta.

Luiz está em difícil condição moral e, fugindo de si mesmo, precisará sofrer muitas dores para acordar para a realidade.

Gláucia e Glauco passarão por momentos dolorosos nos quais se capacitarão para a libertação do peso da culpa do ontem delituoso. Não se esqueça que você não deve estar entre eles como quem julga ou lavra sentenças. Deve estar como quem apaga os incêndios que o mundo e a insensatez dos homens ateia com o intuito de destruir a felicidade dos que parecem felizes.

Converse com sua filha e prepare seu Espírito para definir seu afeto por Glauco, independentemente de qualquer situação ou ocorrência, porquanto essa é a prova de fogo que precisarão enfrentar para a construção de uma união venturosa e feliz, se souberem suportar os embates e desenvolverem a confiança e o perdão incondicionais.

Se possível, cuidando para não criar um clima de terror em seus pensamentos – o que poderia ser muito negativo para a vitória, já que o medo que se alastra consome forças de resistência que são preciosas para o equilíbrio e para a reação – convide os dois para virem mais à casa espírita receber tratamentos da fluidoterapia, através dos passes magnéticos semanais e das palestras preparatórias. Sem que imaginem, estarão sendo abastecidos de energias positivas e balsamizantes, já que delas precisarão para as horas delicadas que os aguardam.

E quanto a você, nunca se esqueça de que a melhor forma de combater o mal é deixá-lo passar e não reviver suas emoções, o que seria dar-lhe muito mais importância do que, efetivamente, possui.

O mal só é importante para o maldoso, pelos sofrimentos que vai produzir em seu caminho, graças aos quais, ele haverá de mudar de ideia, um dia.

Sejamos, então, aqueles que confiam no Bem acima de tudo e que, com tolerância, amor sincero, compreensão sem condições, capacidade de perdoar as faltas alheias, nos tornemos alicerce do Amor para a edificação das almas doentes que, cedo ou tarde, acharão o remédio que estão buscando.

Sobre esse tipo de conduta, diga a Gláucia que estamos contando com ela, para que se conduza da mesma maneira, porquanto somente com esse padrão de comportamento é que poderemos lhe garantir a felicidade merecida ao lado do homem amado.

Agora é tempo de semear. Depois, chegará a hora de colher.

Semeemos boas sementes para, no devido tempo, podermos colher frutos doces e saborosos.

Não se esqueça, filha, que estaremos sempre com vocês, aconteça o que acontecer.

Terminado o colóquio fraterno, Olívia, emocionada, agradeceu a distinção daqueles momentos de atenção e prometeu, em prece elevada, tudo fazer para não decepcionar o carinho dos benfeitores generosos e as dádivas de Amor que o Mestre Jesus dispensava a todos os doentes do mundo, para levá-los à melhoria duradoura.

Repleta de confiança, ainda que avisada das turbulências que iriam chegar em seu caminho, Olívia voltou para casa naquela noite, no aguardo do remédio do tempo o qual, como já se disse, no seu transcurso lento e inflexível, tanto traz as tempestades quanto as leva embora.

25

MARISA COMEÇA O ATAQUE

No dia marcado para a primeira entrevista com Glauco, Marisa se esmerou na aparência a fim de, simultaneamente, parecer natural e exuberante aos olhos masculinos.

Dessa forma, buscou apresentar-se com o visual muito parecido com aquele que Gláucia costumava usar, seja no estilo do penteado, na estrutura das roupas, e, em especial, no perfume marcante, para que a memória olfativa de Glauco pudesse facilitar a associação.

No encontro que tivera com a sua noiva, Marisa identificara a fragrância que costumava usar e, adquirindo uma igual, fizera dela o toque final na composição de sua aparência.

Seu estado íntimo era o de uma adolescente ao encontro do primeiro namorado.

Nem ela mesma sabia dizer porque motivo estava tão interessada em Glauco, mas, como todas as pessoas buscam encontrar a felicidade, sendo que a maioria imagina que ela se acha fixada sobre pessoas, coisas ou objetos, Marisa idealizara que seria no noivo de Gláucia que encontraria a solução para os seus anseios femininos.

Não sabia da influenciação espiritual negativa, a conduzir seus sentimentos aos interesses clandestinos, com a utilização de imagens sugestivas ou envolvimentos oníricos, despertando o interesse dos desprevenidos, como era o caso de Marisa.

Ainda assim, a novidade da aventura conquistadora valia por uma boa dose de adrenalina em sua vida monótona e rotineira, nas superficialidades de uma existência praticamente inútil e sem sentido de realização.

Marcelo já não lhe correspondia aos anseios de mulher.

Glauco, ao contrário, surgia como o ideal masculino, não apenas por sua aparência cativante, pelo sucesso profissional que demonstrava, ainda que sem ostentação, mas, sobretudo, pela forma pacífica e amorosa com que se relacionava com Gláucia.

Depois da conversa que tivera com a jovem, Marisa se sentiu ainda mais estimulada em fustigar o rapaz, procurando-lhe o ponto fraco para que, imaginando-o um excelente partido, pudesse arrastá-lo para o seu lado, principalmente depois que escutara de sua própria noiva a declaração solene de que deixava Glauco livre para que a trocasse por qualquer outra que lhe parecesse melhor.

Isso era um verdadeiro desafio no universo feminino: ser melhor do que Gláucia, ainda que precisasse de mentiras, artifícios e estratégias de conquista.

Tais pensamentos, por si sós, já a tornavam moralmente bem pior do que a noiva de Glauco. No entanto, Marisa estava muito longe de qualquer cogitação moral, ética ou filosófica. O que, em realidade, desejava era uma maneira de se dar a conhecer ao rapaz.

No dia marcado, portanto, com o roteiro de sua apresentação minuciosamente estudado e guardado na memória, Marisa dirigiu-se ao escritório, onde Glauco aguardava uma cliente sem saber que ela era a esposa de Marcelo.

Quando a secretária deu passagem a Marisa, Glauco fez uma expressão de surpresa e, levantando-se da mesa onde pretendia dar início à entrevista, veio em direção de Marisa para abraçá-la e trocar os costumeiros beijinhos de boas-vindas tão comuns na rotina daqueles que já se conhecem.

– Ora, então a tal Marisa de minha agenda era você?

– Sim, Glauco, dentre tantas mulheres que você deve atender, essa Marisa sou eu mesma...

Só espero que não esteja decepcionado... – falou Marisa, provocante.

Olhando-a com simpatia e sem saber dos intentos da esposa de seu conhecido, Glauco respondeu:

– Nossa, Marisa, mais do que surpreso, estou lisonjeado com a sua presença em meu escritório. No que posso lhe ser útil que o próprio Marcelo não lhe poderia atender?

A menção do nome do marido não lhe caiu bem, já que não era interessante levar a conversa para o lado do seu relacionamento afetivo antes que tivesse condições de colocar as coisas da forma como desejava.

– Bem, Glauco, estou precisando muito da ajuda de alguém que tenha experiência empresarial para que me oriente em certas decisões importantes que preciso tomar, com alguma urgência.

– Pois não, Marisa, sente-se aí e vamos conversar.

– Estou precisando dar início a uma pequena empresa da qual possa tirar algum dinheiro e manter minha vida pessoal, sem muitos riscos ou grandes investimentos.

Tenho certos recursos guardados, mas não possuo muita noção das repercussões fiscais, tributárias, contábeis. Daí necessitar de alguém que possa me dar esse assessoramento.

Enquanto Marisa ia falando, sempre buscando aparentar uma certa melancolia nas palavras, Glauco observava seus modos.

Estava mais vistosa, mais bonita, mais agradável ao olhar masculino, para não dizer mais provocante.

Glauco, que já havia provado da amarga taça da leviandade no passado, conhecia muito bem os trejeitos que as mulheres costumam usar quando estão em missão de seduzir.

Isso o fez manter-se controlado e frio, diante das primeiras palavras de Marisa.

No entanto, precisando responder às afirmativas da esposa de Marcelo, indagou-lhe:

– Mas esse negócio que você pretende abrir conta com mais alguém que participe na condição de sócio. Marcelo, por exemplo, estará com você nesse empreendimento?

Demonstrando irritação à menção do nome do marido, Marisa abanou a cabeça negativamente e, expressando sua condição de discordância, falou:

– Marcelo é a causa dessa minha necessidade...

— Como assim, Marisa? Pelo que sempre soube, você e ele sempre estiveram bem de vida, não necessitando de outras rotinas comerciais para suprir as necessidades pessoais.

Por acaso Marcelo se meteu em algum problema financeiro?

Vendo que Glauco estava levando a coisa para outro lado, tratou de explicar-lhe:

— Não, Glauco, Marcelo está bem de vida e sempre procurou me dar tudo o que desejo. No entanto, de uns meses para cá, ele tem apresentado uma mudança de comportamento, uma alteração de rotina que começaram a me causar estranheza. Com o passar dos dias, chegava em casa cada vez mais tarde e pouca atenção dedicava a mim e às nossas coisas comuns.

Percebendo que Marisa estava se entregando à emoção, Glauco estendeu-lhe um lenço de papel para que ela secasse as fingidas lágrimas que pareciam querer brotar dos olhos tristes.

Na verdade, estava representando verdadeiro teatro, procurando sensibilizar o coração do rapaz.

Vendo que a atitude de Marcelo poderia ser fruto de algum insucesso profissional, Glauco afirmou:

— Mas, Marisa, você sabe que alguém que é advogado em uma cidade como esta está sempre sujeito a instabilidades no trabalho, com compromissos que se arrastam noite adentro, com clientes que precisam ser atendidos, na hora. Isso já basta para que nós, que somos nossos próprios patrões, tenhamos que cuidar daqueles que nos pagam o salário, de acordo com as conveniências deles e não com as nossas.

— Sabe, Glauco, por um bom tempo eu também pensei desse jeito e, de forma compreensiva, procurava não criar problemas para Marcelo. Mas os meses se passaram e as coisas só pioravam. Assim, há algumas semanas, pedi um conselho para Gláucia, a respeito de seu comportamento estranho, suspeitando que se tratasse de algum envolvimento feminino em sua vida. Você sabe como são as coisas, Glauco. Homens vivendo uma vida de solteiro, afastados da esposa, no meio de muita gente igualmente interessante, mulheres arrojadas, sedutoras, carentes, tudo isso é gasolina no meio do fogo.

Entendendo o que estava acontecendo, Glauco ainda assim

procurou argumentar contra a ideia de que Marcelo pudesse estar agindo de forma leviana, com desrespeito ao compromisso assumido.

— Essas foram as mesmas palavras que Gláucia me falou, quando lhe pedi um conselho sobre como agir. Tentei fazer o que ela me pediu, compreendendo Marcelo em seus problemas. No entanto, agora que tudo está mais claro, agora que há provas de tudo o que está acontecendo, para mim as coisas se tornam bem mais definidas.

— Como assim, Marisa?

— Escute, Glauco. Trouxe aqui uma gravação que fiz do telefone celular de Marcelo. Eu nunca havia me ocupado de suas ligações pessoais porque sempre deixei que ele resolvesse seus problemas profissionais sem me meter. Ainda mais que há sempre mulheres no meio dos diversos processos, como advogadas, como clientes, como estagiárias, como secretárias. Se fosse me ocupar de todas elas, acabaria louca.

No entanto, há alguns dias, tendo esquecido o telefone em casa, pude escutar algumas mensagens em sua caixa postal e, para minha surpresa, eram explícitas demais para minha inocência de esposa confiante no marido.

Escute-as....

Dizendo isso, tirou de sua bolsa pequeno gravador onde, de forma clara e indisfarçável, se podia escutar a voz de Letícia, referindo-se ao encontro marcado antes, dando inclusive o endereço e, logo a seguir, a mensagem anônima na voz de Sílvia, fazendo referências ao encontro íntimo que haviam tido naqueles dias, para não deixar qualquer dúvida a ninguém que escutasse.

Glauco empalideceu ao escutar aquelas duas mensagens telefônicas.

Tentando dar uma explicação, Glauco aventurou-se:

— Mas isso pode ser uma brincadeira, Marisa. Muita gente faz estas coisas hoje em dia, como forma de gerar algum problema na vida de um adversário. Você já pensou que isso pode estar sendo plantado por alguma pessoa com raiva de Marcelo? Isso pode ser coisa de mulher com ciúmes, que tentou algum tipo de coisa com ele e não conseguiu.

— É verdade, Glauco. Por esse motivo é que estou aqui.

Inicialmente, quero que nosso encontro corresponda a uma consulta profissional, sujeita ao sigilo legal que me garante a confiança em você.

— Claro, Marisa. Desde que você me procurou como profissional, estou vinculado ao sigilo indispensável à sua e à minha segurança.

— Não desejo seu conselho no sentido de salvar meu casamento. Se fosse isso, teria ido procurar um psicólogo. Preciso de você como alguém que me oriente no rumo a seguir, já que, pelo que pressinto, Marcelo está se envolvendo com outras mulheres e isso pode me custar a segurança financeira.

A gente vai envelhecendo enquanto que novas mocinhas eufóricas e mais exuberantes sabem usar das velhas armas para provocarem homens levianos e dispostos a vivenciar sua masculinidade junto a fêmeas mais atraentes.

Não quero ser surpreendida pela situação dura de me ver trocada por pirralhas golpistas que se insinuem junto a um Marcelo vaidoso e que me exponha a dormir num palácio e, no dia seguinte, acordar na sarjeta.

Preciso cuidar de meu futuro, Glauco.

A esse ponto da conversa, as lágrimas longamente represadas, finalmente despejaram-se pela face triste daquela verdadeira atriz que, de tão convicta em seus objetivos, passara a sentir o sofrimento de ser, efetivamente, abandonada, como se sua estória fosse a expressão da realidade.

— Tenho o desejo de saber o custo e as documentações necessárias para dar início à abertura de uma empresa, mesmo que, de início, não tenha o local definitivo onde possa instalá-la.

— Mas Marcelo vai precisar saber dessa empresa porque vocês são casados e, nessa condição, ele também precisará fornecer documentos específicos.

— Tudo bem. Não vou fazer nada escondido dele. Apenas não irei mencionar os verdadeiros motivos de minha iniciativa. Não quero que fique sabendo de nada, até que eu tenha provas robustas de sua prevaricação e possa decidir pela separação legal.

— Certo, Marisa. No entanto, tenha calma, porque a vida coloca as pessoas em situações difíceis nas quais somente a dor as pode fazer acordar.

— Espero que Marcelo sinta muita dor e possa acordar logo, Glauco.

— Eu vou procurar estudar seu caso e, enquanto isso, vou lhe passar uma relação de documentos para que vá providenciando, de forma que possamos nos encontrar novamente daqui a ... duas semanas... está bem?

— Duas semanas, Glauco? Tanto tempo assim?

— Pode ser em uma semana... para mim não tem problema.

— Está ótimo. Uma semana então...

Vendo que a entrevista se encaminhava para o encerramento, Marisa reforçou o pedido:

— Glauco, eu o procurei porque confio em você. Não quero que Marcelo fique sabendo de nada a não ser daquilo que eu mesma pretenda revelar-lhe na hora certa. Não gostaria nem que Gláucia ficasse sabendo, já que, agora, estou falando de fatos novos, com base nas provas concretas destas gravações e, assim, quanto menos pessoas souberem, mais segurança eu terei de poder atuar com liberdade.

— Como já lhe disse, Marisa, agora você não é mais a minha conhecida ou a esposa de Marcelo. Você é a minha cliente até o momento em que se dê por satisfeita com meu trabalho ou até que eu não mais a deseje atender nessa condição. Ainda assim, mesmo depois disso, continuarei a respeitar o sigilo profissional de todas as informações que pude obter em decorrência desse relacionamento.

— Tudo bem, Glauco, eu sabia que poderia estar tranquila ao procurá-lo.

Desculpe o meu estado de desequilíbrio emocional. Por mais que a gente pretenda se manter forte, é sempre difícil ter que aguentar tudo sozinha, sem ter ninguém para conversar ou desabafar. Já cheguei a temer pela minha sanidade ou pela minha vida. Afinal, tudo que sempre tive foi ao lado de Marcelo e não sei o que será de mim se se apresentar realmente essa traição vergonhosa. Acho que preferirei a morte.

Daí estar procurando alguma coisa que me prenda à vida para que não me aconteça o pior para a circunstância que parece estar se delineando em meu destino.

Marisa dava a tais palavras a entonação de verdadeira despedida.

Aos ouvidos de Glauco, aquela moça parecia, agora, uma ave perdida no meio da tempestade da existência, longamente iludida pelas luzes e gozos sociais e que, repentinamente, se via enganada nas bases de seu edifício afetivo.

As palavras finais de Marisa penetraram-lhe a alma e, desse modo, a ideia de oferecer-lhe ajuda espiritual pareceu-lhe a mais adequada.

Lembrando-se das forças invisíveis que já estiveram, um dia, a reajustá-lo nas sensações e pensamentos, salvando-o do abismo escuro das quedas morais, Glauco procurou falar a Marisa com carinho e amizade:

– Sabe, Marisa, todos nós passamos por problemas morais difíceis na área da afetividade. Por isso, independentemente de nossa relação profissional, acho que posso lhe falar sobre as questões espirituais que envolvem as pessoas em ideias e sentimentos conturbados, principalmente quando nós não nos damos conta do seu poder de penetração.

Vendo que Glauco se interessava por ela, agora, Marisa se permitiu ficar para poder tirar mais alguma vantagem daquele primeiro encontro.

– Sabe, eu não sou um conhecedor profundo dessas coisas, mas, pela experiência que já tive pessoalmente, posso lhe garantir que muitas coisas ficam melhores quando procuramos ajuda espiritual em algum lugar sério ou com alguma pessoa que nos possa encaminhar para a compreensão de certos problemas que, num primeiro momento, nos parecem um mistério insolúvel, mas que se tornam mais claras com a compreensão das causas verdadeiras.

– Como assim, Glauco? – respondeu Marisa, indagando como se não estivesse entendendo.

– Existem forças espirituais que atuam sobre os vivos e podem ajudar tanto quanto atrapalhar nossas vidas.

Tanto a sua quanto a de Marcelo podem estar sendo influenciadas por Espíritos ignorantes, procurando afastá-los e produzindo ilusões afetivas em seus caminhos.

Pensando sobre esse assunto para poder responder ao rapaz, Marisa contestou:

— Mas sempre aprendi que a gente também tem Espíritos que nos protegem. O que é que eles estão fazendo que não põe juízo na cabeça do meu marido ou não evitam que eu sofra o que estou sofrendo?

— Sabe, Marisa, como já disse, não entendo muito profundamente esses mecanismos, mas posso lhe confirmar que existem Espíritos amigos que nos ajudam. Só que, pelo que nos explicam, nós é que, em primeiro lugar, precisamos nos sintonizar com as suas vibrações. Sempre que não nos elevamos, acabamos vinculados aos Espíritos escuros, maldosos, que se aproveitam de nossas fraquezas e retiram vantagens das coisas ruins que fazemos.

— Você quer dizer que tem algum Espírito demoníaco fazendo Marcelo se envolver com alguma lambisgoia de plantão?

— Não digo demoníaco, porque se Deus existe e é Bom, o diabo não pode existir como nos pintam. Mas posso afirmar que existem Espíritos maliciosos, os próprios seres humanos que perderam o corpo carnal que, do lado de lá da vida, se acercam das pessoas que têm as mesmas inclinações e se consorciam para um mesmo objetivo. Você própria está procurando ajuda para abrir uma empresa e vai precisar de um sócio que tenha os mesmos objetivos que você. Assim, as entidades negativas vivem à procura de sócios que lhes compartilhem os interesses inferiores e, com isso, possam corresponder, juntos, aos atos que os concretizem.

— Mas que vantagem eles levariam nisso?

— Bem, depende... alguns ficam felizes com a bebida que os vivos tomam porque podem sentir a mesma sensação de quando se embriagavam na Terra.

Outros tiram prazer das explosões do prazer, quando se associam aos depravados de plantão. Outros preferem acompanhar os fumantes e viciados para que lhes forneçam as antigas sensações da droga. Outros estimulam os gulosos a que não parem de provar as novidades. Muitos deles fazem isso para estimular seus antigos adversários nas quedas morais, com as quais pretendem vingar velhos sofrimentos.

Outros mais, querem ver as lágrimas dos humanos como forma de compensar a própria infelicidade. Ao invés de lutarem para resolver seus problemas, mais e mais se esmeram para prejudicar os que perseguem por pura inveja, instilando-lhes o amargor da desdita que carregam dentro de si, como se ninguém pudesse ser feliz. Como tais entidades ignorantes não conseguem construir a própria felicidade, não querem deixar que outros o sejam.

Alguns ainda se prestam a perseguir, atendendo ordens de entidades mais duras do que eles próprios, aferrando-se ao cumprimento de tarefas no mal como forma de trocarem isso pelo apoio de seus líderes na conquista de certos favores mundanos.

Tudo isso acontece e essas circunstâncias produzem um sem número de tragédias morais na vida dos homens.

Pode ocorrer, nesse caso específico, a existência de entidades que querem feri-la e, não tendo como fazê-lo de forma direta, se acercam de Marcelo a fim de levá-lo a praticar atos que possam vir a machucá-la.

Há Espíritos que se acercam de encarnados arrojados e os estimulam a aumentar a velocidade de carros ou motos porque sabem que, amantes da velocidade à procura da adrenalina, fatalmente se estatelarão mais adiante, nos acidentes que dão causa ou, então, poderão produzir a morte de algum outro encarnado que os Espíritos malignos estejam perseguindo.

Assustada com tantas explicações, Marisa colocou a mão na boca e resmungou:

– Credo, Glauco, que desfile de terror é esse?

– Ora, Marisa, foi você quem perguntou. Afinal, você é que está falando de morrer, de não resistir às dificuldades ou possíveis traições... Já pensou que isso pode estar sendo induzido por algum Espírito mau que deseja fazê-la sofrer ainda mais?

– Ora, mas se eu morrer, tudo acaba e, melhor que isso, Marcelo vai se sentir culpado.

– Mas você precisa saber, Marisa, que o suicídio é uma das mais dolorosas formas de se descobrir que ninguém morre. Outro dia, conversando com minha sogra sobre o assunto, ela me estava contando uma conversa que teve com um Espírito que se comunicou no centro espírita onde trabalha, revelando o seu sofrimento por causa do suicídio que cometera.

– Sério... você acha que isso é possível?

– Acho não, estou certo que é... A entidade dizia, chorando de dor, que estava sendo comida viva, que sentia milhões de dentes a lhe perfurarem a carne, que aquilo era o pior tormento que podia existir....

No começo, minha sogra não sabia que se tratava de um suicida. No entanto, ao lado, uma médium vidente, ajudando no atendimento, pôde constatar a cena triste em que um rapaz jovem, ferido pela traição da noiva, resolvera matar o corpo acreditando que, com isso, fugiria da situação dolorosa de se ver trocado por outro, ao mesmo tempo em que colocaria a jovem noiva na situação da culpada pelo seu delito moral.

E enquanto a vidente ia descrevendo o quadro, o Espírito que se manifestava por outro médium e que estava sendo atendido pela minha sogra, começou a responder, confirmando a sua condição. Gritava, urrava, chorava, arrependia-se, clamava em desespero que Deus o deixasse regressar ao corpo, que ele aceitaria ser traído milhares de vezes, mas que não suportava mais a cena dantesca de ver seu corpo sendo devorado por vermes e, ao mesmo tempo, escutando sem parar o ruído do tiro a explodir-lhe os miolos.

Parecia que não havia fim naquilo tudo. E quando tinha condições de deixar a sepultura, assim que saía do subsolo, grupos de entidades vampirescas o perseguiam, desejando sugar-lhe as forças como animais que roem os ossos de suas presas, o que o obrigava a mergulhar novamente nos despojos horríveis para fugir de tais almas perseguidoras, a maioria das quais não se aventurava a ir buscá-lo junto ao cadáver.

Marisa escutava aquelas notícias, misturando a admiração crescente por Glauco e o medo daquelas cenas que ele lhe descrevia.

– Ah! Glauco, que coisa mais horripilante....para, porque senão não durmo....

– Eu falei a mesma coisa para minha sogra, Marisa. Mas o ensinamento ficou na minha memória para sempre. Além do mais, ela me informou que na obra espírita "O CÉU E O INFERNO", de autoria de Allan Kardec, existe uma parte que traz os relatos dos Espíritos em diversas condições de evolução, falando de sua condição espiritual depois da morte física e do que lhes aconteceu depois que o corpo desapareceu. Entre eles, está o dos que se mataram. Eu tive a curiosidade de ler e posso lhe confirmar tudo quanto minha sogra me contou.

Parece ser uma consequência natural para esse tipo de desajuste emocional que ataca a integridade biológica do corpo carnal. O que posso lhe dizer, então, é que é preferível, mil vezes, suportar a dor da traição, do que tomar a decisão infausta e errada de tirar a própria vida física, coisa que vai manter essa pessoa em um estado de dor e sofrimento por vários e vários anos, até décadas.

– Mas e os chamados protetores, estão aí fazendo o quê? – perguntou, leviana, a moça impressionada.

– Ora, Marisa, eles tentam de tudo para evitar que nós nos desencaminhemos, incluindo até mesmo o aparecimento de enfermidades menos graves, ou a ocorrência de pequenos acidentes que atrapalhem nossos planos. Mas se nós, decididos a pularmos no abismo, resolvemos superar todos os conselhos em sentido contrário, vencer todas as adversidades que surgem e, procurando o precipício com nossas próprias pernas, nos atiramos nele, as entidades invisíveis não têm como vencer a lei da gravidade.

E olha que, às vezes, há Espíritos que conseguem ajudar o alucinado saltador fazendo-o enganchar-se em algum galho perdido no meio do caminho...

Mas na maioria dos casos, a própria morte que não mata será a lição que o invigilante fugitivo da vida vai precisar enfrentar para vacinar-se contra futuras tentativas iguais, em outras existências.

Vendo que suas palavras faziam algum sentido no olhar impressionado de Marisa, Glauco rematou:

– Por isso, Marisa, nem por brincadeira pense em tirar a própria vida porque, pelo que nos dizem aqueles que tentaram fazê-lo infrutiferamente, a vida espiritual que sucede a vida física, nesses casos, é extremamente mais amarga e desesperadora do que o mais cruel dos problemas que levaram o vivo a tentar fugir da vida, matando o corpo.

Melhor é enfrentar qualquer tragédia material do que pensar em deixar para trás o problema, criando outro muitíssimo maior.

Enquanto estamos na carne, as traições são esquecidas, os casais se reajustam ao sabor de suas próprias aventuras, acabamos aprendendo com nossos erros e deixamos de cometê-los, podemos pedir desculpas ou perdoar os que nos feriram, podemos, enfim, dar continuidade aos nossos dias, semeando novas relações e desfrutando novas alegrias. Mas depois que fugimos da existência, não podemos deixar de passar pelos estágios de purgação e amargura que esperam aquele que se mata, como fruto azedo a lhe marcar a experiência espiritual com vistas a que nunca mais delibere cometer o mesmo delito contra as leis do Universo.

Vendo que Marisa não contestava as suas afirmativas, Glauco terminou, dizendo:

— Se um dia você desejar ajuda nesse sentido, fale comigo ou com Gláucia e nós teremos muito prazer em encaminhá-la ao centro espírita onde vamos para que, através das palestras, dos livros, das mensagens e do passe magnético, essa situação que você está vivendo possa ser atendida e, quem sabe, até mesmo Marcelo possa acabar se beneficiando com a sua busca espiritual.

Entendendo que chegara ao fim a sua entrevista, Marisa respondeu, aparentando agradecimento:

— Puxa, Glauco, eu sabia que seria bom vir procurar você. Desculpe tomar o seu tempo e esteja certo de que vou pensar nisso tudo. Daqui a uma semana, voltaremos a conversar sobre tudo, está bem?

Levantaram-se ambos e, talvez porque Marisa estivesse emocionada ou porque ele desejasse consolá-la fraternalmente, Glauco abraçou a cliente, que lhe correspondeu ao abraço efusivamente, apertando-se contra o seu tronco como uma orquídea que deseja apegar-se à segurança da árvore onde se abriga.

Nesse momento, Glauco sentiu o perfume de Gláucia a penetrar-lhe as narinas e, sem pensar que se tratava de uma arma, seu inconsciente fez uma imediata conexão entre a noiva e aquele corpo que se achegava ao seu.

Passado o rápido instante de despedida, Marisa retirou-se do escritório e Glauco ali permaneceu pensativo, imaginando as dores que existiam por detrás dos inúmeros casais que pareciam excelentes parceiros nas noites de encontros nos barzinhos da vida.

Envolvendo-o na teia provocativa, o Chefe, Juvenal e o Aleijado que ali estavam acompanhando toda a cena, passaram a atuar sobre a lembrança de Glauco, trazendo-lhe à memória as formas de Marisa, as roupas justas, ainda que discretas, o volume de seus seios, o perfume conhecido, a fragilidade de sua aparência, a necessitar de algum herói que pudesse salvá-la ou ajudá-la na resolução de tais problemas.

Realmente, a visão lhe fora extremamente agradável, ainda que não quisesse admitir tal fato. Ela estava muito mais bonita do que nos rápidos encontros sociais que haviam tido. Jamais havia reparado nela de forma tão próxima. Ela deveria ser mais interessante do que parecia naqueles momentos fugazes vividos em coletividade bulhenta dos restaurantes da cidade.

O Chefe provocava Glauco com as cenas tentadoras daquela mulher frágil diante de seus braços. Juvenal apoiava-o, tentando estabelecer uma conexão magnética nos centro cerebrais e genésicos do baixo ventre do rapaz, fustigando as células reprodutoras e ativando as reações mecânicas biológicas nas descargas hormonais que preparavam o representante masculino para as possibilidades de reprodução e perpetuação da espécie, mecanismos esses longamente vivenciados pelos seres nas diversas faixas inferiores da criação, quando da passagem dos homens pelos domínios do instinto.

E o sexo, como instinto, era uma das grandes estradas através das quais as entidades inferiores conseguiam dominar os seres humanos, estimulando-lhes as áreas da animalidade biológica ao mesmo tempo em que, atuando na mente, criavam em sua estrutura a falaciosa ideia de que a sexualidade deveria ser, apenas, o incontido exercício natural e livre das exigências do corpo. Sutis pensamentos de libertinagem eram e são suscitados nas mentes humanas para que se permitam o desfrute dos prazeres como impositivo do corpo, necessidade do instinto, exigência da carne, afastando a pessoa das disciplinas emocionais e dos comportamentos morais que elevam a dignidade dos seres acima da dignidade dos bichos.

Era isso que Juvenal e o Chefe estavam empenhados em fazer, naquele momento.

Valendo-se da boa impressão e do arcabouço de imagens agradáveis produzidas pela exuberância feminina de Marisa, ambos estavam devotados a aprofundar as brechas morais que, em geral, sempre costumam estar abertas no Espírito masculino, acostumado à pornografia socialmente permitida, às conversas excitantes das rodas de amigos, aos comentários picantes sobre os corpos de mulheres, ao relato de experiências sexuais arrojadas que tanto os homens quanto as mulheres habituam-se a fazer, até mesmo para ressaltar suas potencialidades e performances fictícias sobre os demais.

Glauco se permitira, num primeiro momento, atraído pelas formas agradáveis de Marisa, pensar em sua beleza, sobretudo na coincidência dos odores entre ela e Gláucia, a noiva querida, que nem de longe desconfiava, tanto quanto ele próprio, dos intentos secretos que a esposa de Marcelo nutria e que, em verdade, haviam motivado a sua presença no local de trabalho do futuro esposo.

As imagens que os Espíritos projetavam ao seu redor mesclavam as emoções agradáveis que sentia com Gláucia às possíveis situações envolvendo Marisa, seu corpo escultural ali oferecido aos seus olhos, em roupas que o escondiam e revelavam ao mesmo tempo.

Passados breves minutos de sucessão de imagens, no entanto, Glauco sacudiu a cabeça e lembrou-se de não permitir o assédio de pensamentos lascivos que já lhe haviam, um dia, feito a tragédia emocional da qual não se cansava de recordar.

Vacinado pela dor do ontem, naquele exato momento, as forças negativas de Juvenal e do Chefe foram rechaçadas e as conexões que estavam começando a magnetizar puderam ser, temporariamente, bloqueadas.

– Droga, Chefe, o cara está resistente...

– Não tem problema, Juva, a gente continua mais tarde. Na hora em que o casalzinho luminoso for ter suas intimidades nós agiremos facilmente. Tenhamos um pouco de paciência. – respondeu o mais experiente, a dominar os processos de obsessão. – Vamos ver se longe da reza, na hora da bagunça, esse pessoal muito devoto é capaz de não se deixar levar pela safadeza... – comentou e gargalhou, estentórico.

26

MARCELO E CAMILA TECEM SUA TEIA

Enquanto estas coisas envolviam Marisa, Marcelo passara a examinar muito bem as novas perspectivas.

Enlevado pelo sentimento crescente por Camila, desejava conseguir, agora, atingir não mais um só objetivo. Não almejava, apenas, retirar Leandro de seu posto confortável e vantajoso, mas, igualmente, elevar-se na consideração da bela colega de profissão, através das posturas corajosas que mostrassem sua liderança.

Sabia que tal oportunidade não se renovaria com muita facilidade e que, dentro da sorte que parecia lhe sorrir, deveria empenhar-se para tirar o melhor proveito.

Ainda mais agora, que se havia aproximado das outras mulheres do escritório, ponderava na possibilidade de colocá-las ao seu lado, de forma a contar com o apoio decisivo de todas para a modificação das estruturas administrativas do escritório.

Quanto à Marisa, já não mais se preocupava com ela. No momento adequado, iria romper a união que já não tinha mais sentido de existir.

Graças ao empurrão inicial que a esposa lhe dera, descobrira outras companhias e, longe até de odiar a mulher que se fizera indiferente, Marcelo pensava em lhe agradecer a postura que o permitira descobrir uma nova visão do mundo afetivo.

Agora voltara a ter o coração aquecido pela emoção nova da conquista de uma outra pessoa tão ou mais bela do que a própria esposa.

Além do mais, as suas práticas sexuais haviam sido retomadas na companhia das outras duas colegas, abastecendo-se das emoções físicas ao mesmo tempo em que se sentia orgulhoso de ser, igualmente, desejado tanto por Sílvia quanto por Letícia.

Marisa já não lhe fazia mais nenhuma falta.

Mantinha sempre a mesma postura e se deixara levar pelas futilidades de uma vida sem sentido, coisa que não acontecia com Camila. Com esta, podia sentir a emoção de um amor que se completava na harmonia da compreensão e da divisão dos mesmos interesses, já que os dois trabalhavam na mesma atividade e podiam, assim, compartilhar as mútuas alegrias e dificuldades, aproximando-se pela comunhão da mesma linguagem e pela vivência no mesmo universo jurídico.

Ao mesmo tempo, precisava voltar a avistar-se com Letícia, para quem sua presença era a do audaz cavaleiro, do homem longamente esperado, do varão corajoso que acolhe a dama aflita e frágil.

Sim. Letícia, apesar de adulta para as questões profissionais, guardava em seu íntimo, como já vimos, a fragilidade do afeto, o vazio do sentimento, sempre na ansiedade de ser preenchido pela presença do príncipe encantado.

E Marcelo, com a sua forma de ser, seu modo seguro e sua beleza apreciável, correspondia ao seu sonho.

O rapaz, sabendo do interesse de Letícia graças à fatídica noite no apartamento da jovem, nas íntimas confissões que escutara de seus lábios, o quanto ela sonhara com aquele momento desde os primeiros dias quando se encontraram no escritório, tinha a noção exata do quanto sua personalidade masculina era importante nos sentimentos da moça.

Apesar dos cuidados que ambos se prometeram para que, no ambiente profissional, ninguém pudesse suspeitar de seus encontros, alegando Marcelo que sua condição de casado não permitia tal exposição perante os demais colegas, durante os dias que se seguiram ao encontro íntimo com Letícia, de forma cuidadosa e disfarçada, o rapaz arrumava sempre uma maneira delicada de lhe fazer alguns mimos, fosse na forma de mensagens de texto no celular, fosse na de sutis gentilezas, invisíveis aos olhares das outras pessoas.

Isso era um verdadeiro alimento ao coração de Letícia que,

longamente ressecado na solidão do desafeto, agora recebia cada gotinha da atenção de Marcelo como a chuva bendita em sua seara de isolamento afetivo.

Na verdade, a real preocupação do rapaz era a de não se comprometer com as duas outras mulheres, com quem estava se relacionando também.

Ele, preocupado apenas consigo mesmo, não desejava perder a pose de cavalheiro junto à Letícia. Na verdade, ela soubera ocultar ao máximo a real debilidade na área afetiva. Em momento algum, mesmo durante as confissões daquela noite, a moça deixou transparecer uma situação de dependência emocional, de rendição absoluta ao seu afeto. Letícia, como boa fêmea, procurou manter a postura de mulher controlada, senhora de si mesma, ainda que desse a conhecer ao rapaz o segredo de sua admiração por ele, desde o início de sua atividade naquele ambiente.

Por tudo isso, Marcelo atirava algumas pequeninas pérolas, sem imaginar que, com elas, Letícia estava tecendo um vestido de núpcias.

Dentro dessa ingenuidade na avaliação masculina, o rapaz sentira que seria indispensável aproximar-se novamente de Letícia para consolidar seus domínios e, dessa forma, conseguir seu apoio, contando-lhe os fatos de forma mais pormenorizada, a respeito de Leandro e de seu comportamento perigoso.

Antes de qualquer coisa, contudo, necessitava da autorização de Camila, sua amada, para que, dentro dos planos, assumisse a corajosa postura daquele que dá início ao processo de denúncias.

Por isso, logo no dia imediato àquele em que Camila lhe revelara as falcatruas de Leandro, Marcelo pediu para lhe falar em particular.

Não poderiam conversar no ambiente do escritório porquanto não saberiam dizer o quanto sigilosa a conversa estaria sendo, diante das suspeitas de espionagem que pairavam sobre Leandro em relação a Camila.

Assim, combinaram de se encontrarem em um restaurante no centro da cidade, algo afastado do local onde todos entreteciam as suas experiências profissionais.

No horário marcado, sentaram-se despreocupados e, como dois

colegas de trabalho, pediram algo para comer, naquele almoço fora de hora.

– Camila, estive pensando naquele assunto que envolve Leandro e, dentro das dificuldades que você levantou para o desmascaramento de sua conduta, reconheço que, realmente, é um risco muito grande para você, risco que pode levar tal denúncia ao descrédito.

– É um alívio que você me entenda, Mar, porque fico me acusando de covarde, de fraca, de todas as coisas mais baixas...

– Sabe, Camila, você até que tem sido muito corajosa diante de tais fatos. Veja só, há quanto tempo isso vem acontecendo e sua conduta tem sido discreta, na capacidade de assimilar e não explodir? Outra pessoa, talvez, não aguentasse essa pressão.

– Não sei... Falo por mim mesma e, sabendo de tais coisas com as provas que tenho, temo por minha própria vida, tanto que as guardo comigo em cofre pessoal.

– Pois então, Camila. É sobre isso que gostaria de conversar. Também não suporto essa coisa de estarmos acobertando um canalha em nosso meio, fraudando nossos esforços para a conquista de uma posição social melhor e da realização de nossos sonhos materiais.

De nosso trabalho, nossos ganhos são divididos com a administração do escritório que, invariavelmente, abocanha metade de nossos honorários, alegando que os clientes que nos procuram o fazem por causa da estrutura advocatícia e pelo nome respeitável que já estavam consolidados quando chegamos.

É certo que aceitamos este jogo e, longe de nos ser prejudicial, o que ganhamos tem sido suficiente para nossas vidas, ainda que não possamos nos dar o direito de certos luxos que são observados em Alberto, em Leandro, em Ramos e em Clotilde.

Os quatro trabalham quase nada e nadam em recursos que nós nos esforçamos para conseguir. Se nos deixassem em paz, pelo menos, ainda que isso poderia continuar assim. No entanto, essa pressão que fazem por mais e mais dinheiro, aliada à condição de chantagista barato de clientes corruptos como você me contou, nas práticas de Leandro, nos coloca em uma delicada situação na consideração dos nossos contratantes, de nossos clientes, fazendo-os acreditar que nós também somos tão corruptos quanto os que dirigem o escritório.

Para mim, reconheço inúmeros defeitos morais em meu íntimo. No entanto, não aceito ser considerado fazendo parte da panela dos ladrões sem que, realmente, tenha desejado dela participar. Toda a lama que possa respingar em mim, proveniente desses salafrários que colocam banca de éticos julgadores do mundo, será uma nódoa que não aceitarei e que, acredito, possa fazer mal a você também.

Camila escutava, admirando-se do raciocínio do colega, demonstrando velada concordância com suas alegações.

Aproveitando a sua postura favorável, Marcelo continuou:

– Por isso, Ca, pensei em uma coisa que me pareceu a mais acertada a fazer, no sentido de acabar com essa palhaçada completamente.

– Fazer o quê, Mar...? Isso é um lixo que quanto mais a gente mexer, mais mau cheiro vai produzir.

– Sim, mas é preciso acabar com o lixão, tirando o seu conteúdo do local e removendo-o para longe.

– Mas o que você está pensando?

– Bem, depois de tudo o que me falou, acho que encontrei uma forma de fazer essa coisa acontecer.

Se você concordar e me der apoio, irei apresentar estas provas no dia da nossa reunião coletiva, quando todos os integrantes dos dois grupos do escritório nos reunimos para uma avaliação geral dos problemas e das rotinas.

Demonstrando uma surpresa acima do esperado, Camila estampou no rosto uma expressão de contrariedade e respondeu:

– Não posso, Mar, não posso deixar que isso seja assim, Esse não é um problema seu. É comigo que as coisas estão acontecendo e não é prudente que outras pessoas inocentes sejam envolvidas nisso.

– Mas se ninguém fizer nada, isso nunca vai parar e eu mesmo posso acabar sendo atingido pela conduta suja dessa gente.

– Eu sei que isso é verdade, mas não desejo que você pague esse preço.

E pegando em suas mãos, como a dar vazão a um sentimento de cuidado e importância, Camila afirmou:

– Não agora, que você está sendo tão importante para mim, Mar. Não quero que corra um risco tão grande envolvendo-se nesse assunto.

Emocionado com uma tal confissão indireta de amor, o Espírito do rapaz se revestiu de uma tal determinação, que só acontece com os corações apaixonados que, na cegueira do afeto, se atiram nos abismos mais desafiadores para demonstrar a sua capacidade de amar e disse:

– Pois do mesmo modo que sou importante para você, você é importante para mim. Já há muito tempo que meu sentimento vinha envolvido na penumbra da rotina, na companhia de alguém que não representava, senão, o contato sexual nas horas noturnas de cada dia.

Com você, Camila, as coisas são muito diferentes. Uma nova vida tomou conta do meu ser e, sentindo o sabor de seu beijo, minha alma parece ter redescoberto a alegria de viver, o que me fortalece para a adoção de qualquer medida que possa representar a proteção a alguém que é muito mais importante para mim do que qualquer outra coisa.

As mãos de ambos estavam delicadamente unidas sobre a mesa do restaurante quase vazio, de onde se podia ver a avenida logo à frente, igualmente sem o movimento de costume. Seus dedos se entrelaçavam como se todos eles desejassem se apertar mutuamente, num abraço particular e caloroso.

Sentindo a emoção de Camila, Marcelo continuou:

– Pois se você não me ajudar, irei denunciar os fatos sozinho, somente com as poucas alegações que tenho, ouvidas de você própria.

– Mas isso, Marcelo, não vai adiantar nada. Leandro é um rato na fuga e um leão no ataque. Se nós não agirmos com precisão, seu rugido se fará sentir sobre nós e seus dentes nos dilacerarão sem chance. Nossa única oportunidade está em intimidá-lo com demonstrações de força de forma que não lhe reste outra saída a não ser fugir como um roedor flagrado no ato.

– Eu também acho. Mas você está dificultando as coisas.

– É que eu não quero expor você, Mar. Quero que tudo se resolva, mas não quero que você sofra.

– Mas se você me apoiar, nós dois poderemos ter uma voz maior do que a minha, somente.

Além do mais, podemos conversar com as meninas, preparando seus Espíritos com as notícias que já possuímos e, assim, elas também poderão nos ajudar nessa empreitada.

Balançando a cabeça, Camila considerou:

– Até que seria muito bem-vindo o apoio das duas. No entanto, elas são mulheres, são partes fracas nessa relação e eu não posso garantir que aceitem correr tais riscos.

– Mas se me autorizar, assumirei a tarefa de falar com elas, apresentando as provas como se eu mesmo as tivesse conseguido e lhes dizendo que tal procedimento leviano está nos comprometendo a todos.

Tenho certeza de que elas também vão se indignar com a conduta de Leandro e, certamente, nos apoiarão. Uma vez conseguido tal alicerce, no dia, depois que apresentar as provas aos olhares de todos, pode contar de viva voz as experiências pessoais que têm acontecido com você e que envolvem a conduta clandestina de Leandro, invadindo sua sala e fiscalizando os documentos de suas pastas sem a sua autorização.

E, se ele tem feito isso consigo, quem é que nos pode garantir que também não o está fazendo com as outras duas?

Acho que, sabendo contar-lhes todos os fatos, encontraremos nelas o apoio de que estamos carecendo para que uma verdadeira faxina possa ser feita, apresentando tais fatos a Alberto e Ramos, os primeiros prejudicados com os desvios de dinheiro.

A eles caberá a sentença, uma vez que são os donos do negócio.

A nós restará, por fim, a liberdade de ação, com a defesa de nossas consciências profissionais, livrando-nos da ação de um indivíduo pernicioso.

Dando a impressão de que a sugestão de Marcelo lhe parecia extremamente favorável, Camila afirmou:

– Esta é uma verdadeira possibilidade, Mar. Mas a ideia de expor você ainda me causa arrepios no corpo e no coração.

Isso é um vespeiro ardente e, por mais tranquila que pareça a coisa, ao se abrir a caixa, os marimbondos voarão sobre você para acabar com sua vida.

Dando de ombros, Marcelo respondeu, confiante:

– Estou preparado para qualquer coisa, Ca. Principalmente com o seu apoio, estou certo de que tudo caminhará para melhor. E se a situação se tornar perigosa, a ordem dos advogados, a polícia e a justiça poderão ser as instâncias a recorrermos para que a Verdade prevaleça.

– Além do mais, temos os clientes que foram chamados a colaborar com o dinheiro para a compra das autoridades.

– Isso mesmo, Ca. Eles são outra fonte de provas. Você os conhece?

– Sim, eu sei quem são e, se isso se fizer necessário, poderemos chamá-los ou obter seus depoimentos.

Já envolvida pela ideia, depois de ter relutado muito em aceitá-la, Camila passara a concordar, tacitamente, com Marcelo, demonstrando estar satisfeita com sua postura de coragem e obstinação.

– Mas você vai me prometer que vai se cuidar, Mar. Esse povo é muito perigoso, inclusive na questão de se livrar dos problemas contratando profissionais para tirar a vida de quem não seja conveniente aos seus interesses.

– Deixe comigo, Camila. Eu também sei atirar e tenho meus recursos para me defender.

Mas acho que as coisas não vão chegar a tanto...

※※※

É importante saber o leitor querido que, uma vez inteirando-se de que sua doença era irreversível, Dr. Josué, quando trouxe Marcelo para o escritório, meses antes de morrer, instruiu-o sobre muitas coisas e deixou vários documentos sobre as sujeiras que haviam sido escondidas debaixo do tapete.

Coisa da grossa a envolver pessoalmente Alberto e Ramos e que nenhum dos dois proprietários tinha a menor ideia de que Josué também soubesse, muito menos que tivesse documentos provando tais crimes. Assim, antes de morrer, Josué havia instruído Marcelo sobre os fatos graves, sem revelar pormenores ao rapaz que o sucederia na atividade do escritório.

Orientou-o no sentido de que havia deixado os envelopes lacrados, com todas as provas, em um cofre de segurança e as chaves, uma em poder de Marcelo e outra em poder de uma influente autoridade judiciária, um desembargador, seu íntimo amigo desde os tempos da faculdade.

O conteúdo só poderia ser acessado com as duas chaves favorecendo a abertura do cofre, sendo certo que, se isso se tornasse necessário, os envelopes deveriam ser entregues ao desembargador para que fossem encaminhados às instâncias legais, penais, civis, tributárias, fiscais, para a apuração e as medidas punitivas indispensáveis.

Essa condição permitia a Marcelo uma certa tranquilidade.

Seria ele que, em avaliando as circunstâncias, definiria a conveniência de solicitar ao outro detentor da chave o início dos procedimentos. E se alguma coisa o colocasse em risco de vida, Marcelo deveria encaminhar a sua cópia da chave ao detentor da outra para que a sua morte não impedisse as apurações.

Marcelo, com isso, deixara a chave aos cuidados de sua mãe, em um envelope lacrado com o destinatário já pré-escrito, informando-a de que, se alguma coisa acontecesse com ele, ela deveria, pessoalmente, fazer a carta chegar às mãos da referida pessoa.

Como isso seria fatal para os antigos donos, tal atitude drástica deveria ser adotada somente em último caso, pois todos os demais integrantes do escritório igualmente seriam atingidos pela força das denúncias provadas documentalmente.

Era a forma pela qual, mesmo do lado de lá da vida, Josué poderia conduzir aos tribunais aqueles que se valiam de condutas desonestas e corruptas para se manterem ricos e influentes, respeitáveis e admirados ao longo das décadas de associação profissional que mantivera com Alberto e Ramos.

Mesmo depois de morto, continuaria associado aos dois antigos sócios, como elemento importante na decisão final da sobrevivência do empreendimento.

No entanto, ninguém, além de Marcelo, sabia da existência de tais documentos, coisa que o rapaz tivera o bom senso de não revelar nem a Camila, apesar da sua paixão estar se avolumando.

E com base nesse trunfo escondido, ele também reunia coragem suficiente para apresentar-se como o responsável pelas acusações diretas que iria apresentar na reunião coletiva.

Assim, ficou acertado com Camila que, sem saber desses detalhes, admirou-se ainda mais da coragem do rapaz, combinando entregar-lhe as fotografias e as provas contra Leandro.

A hora ia tarde e, envolvidos pelo acerto sobre a questão, decidiram aventurar-se por uma sessão de cinema, onde um filme garantiria a escuridão necessária para que pudessem, à moda dos antigos namorados, trocar carinhos sem os olhos curiosos de pessoas conhecidas.

Marcelo, então autorizado por Camila, sabia que o próximo passo seria procurar Letícia e, valendo-se dos sentimentos da jovem, encontrar a facilitação dos caminhos para a obtenção de seu apoio nas denúncias.

27

MARCELO EM BUSCA DE APOIO

Marcelo chegara ao apartamento da moça, que o esperava entre ansiosa e feliz.

Novamente tudo estava preparado para mais um encontro de sensações inesquecíveis ao seu coração. Duas semanas já se haviam passado desde a primeira intimidade havida entre ambos e isso já lhe parecia mais de duas décadas.

Letícia, apesar de exultante e excitada, cuidadosa que era, não pretendia dar a Marcelo a ideia do quanto se achava na total dependência emocional de seus carinhos.

O envolvimento físico já havido entre ambos dispensava os rituais preliminares, o que permitiu que, tão logo colocasse seus pés no ambiente, Letícia já o tomasse pelas mãos com intimidade, conduzindo-o para o sofá confortável, localizado no ambiente agradavelmente obscurecido da sala de seu apartamento, guarnecido com os petiscos e o inesquecível vinho.

Para receber o rapaz, ela se fizera, agora, mais envolvente, usando roupa leve e provocante, sem ser vulgar.

Sabia que Marcelo, como todo homem, depois da segunda ou terceira taça de vinho, se soltava e mais facilmente acedia à troca de carícias.

Com elas, Letícia contava construir no interesse de Marcelo uma dependência que lhe garantiria alguma vantagem na disputa com Marisa, acerca das preferências do homem desejado.

Enquanto os dois se permitiam as brincadeiras dos adolescentes que se acham em isolamento, podendo dar vazão aos seus modos de ser mais autênticos, Marcelo pensava na melhor maneira de dar início ao assunto, enquanto que Letícia mais e mais desejava alongar aqueles momentos que, no íntimo, ela sabia que não seriam longos o quanto desejava que fossem.

Marcelo achou mais prudente conversar com ela antes que os vapores do álcool tirassem de ambos a lucidez para o entendimento claro e seguro.

Dessa maneira, o rapaz preferiu tocar no assunto, alegando que estava ali tanto para retomar a satisfação de sua companhia interrompida pelo amanhecer daquele domingo, como também para dividir com ela uma preocupação que o corroía.

E sem contar com nenhuma oposição da jovem, conforme ele mesmo já imaginava, relatou os fatos à sua maneira, dando realce nas questões financeiras e éticas que colocavam em risco a integridade de suas próprias carreiras.

Evitou revelar detalhes de conversa com Camila para que Letícia não suspeitasse de um maior envolvimento dele com a outra amiga de escritório.

Falou das provas fotográficas, dos eventuais clientes que poderiam ser solicitados a esclarecer os fatos. Sabendo que isso era uma coisa muito grave e que poderia atingir a todos, ela, que era extremamente zelosa de sua conduta profissional, abraçou as preocupações de Marcelo com maior ardor do que ele mesmo, tomando para si as possíveis consequências funestas que tal procedimento poderia causar em sua reputação.

Dando a Marcelo a certeza de que poderia contar com ela, já que fora sempre muito rígida a respeito dos valores da profissão, na seriedade e dedicação que sempre demonstrara com os inúmeros casos que lhe chegavam às mãos, Letícia confirmou que apoiaria a restauração da Verdade, custasse o que custasse. Além do mais, para surpresa do próprio Marcelo, revelou sua desconfiança de que seus papéis pessoais costumavam ser revirados por alguém, no intuito de descobrirem-se certos segredos ou informações que fossem interpretadas como sigilosas.

Nunca deu a conhecer tais práticas porquanto elas não chegavam a comprometer suas atividades e poderiam ser confundidas, inclusive, com a ação dos funcionários da própria arrumação e limpeza. No entanto, sempre estivera atenta para qualquer modificação na ordem dos documentos em cada uma de suas pastas e, uma vez que, dentre todas as três advogadas, era a que todos sabiam ser a mais organizada e metódica com os papéis dos diversos casos que conduzia, as ocorrências de tal tipo não se multiplicaram.

No entanto, as palavras de Letícia caíam-lhe como uma luva no Espírito já preparado pelo depoimento de Camila, reafirmando a conduta desleal e perigosa do advogado de confiança e braço direito de Alberto.

Assim, não lhe foi difícil esclarecer à jovem os seus intentos de colocar todas estas coisas em pratos limpos, contando com o seu apoio, inclusive com a sua palavra na hora necessária, relatando tais fatos como suspeitas importantes que se juntariam aos outros eventos para compor o cenário das provas.

Admirando-se com a coragem de Marcelo, Letícia garantiu-lhe o respaldo para as horas decisivas e, como que a desejar aproveitar ao máximo aqueles momentos a sós, encheu novamente a taça com o vinho saboroso e, em homenagem ao momento que os unira um pouco mais, levantara o brinde que seria a antessala de novos encontros íntimos no alimentar do fogaréu que ardia, em altas labaredas, no interior de seu sentimento feminino.

Marcelo se sentia envaidecido com o tratamento carinhoso de que se via objeto e, percebendo que Letícia dirigia sua afetividade para o caminho do compromisso, antepunha sempre a sua condição de casado para justificar a impossibilidade de qualquer ajuste mais definitivo com ela.

Lembrada do fato, Letícia tratava imediatamente de afrouxar os argumentos que construía ao redor do pescoço e dos ouvidos de Marcelo, assumindo a postura da jovem compreensiva e que, com paciência, sabia esperar pela decisão dele em relação ao compromisso que assumira anteriormente. Estariam ali sempre para desfrutarem juntos os bons momentos da afetividade sincera e sem compromissos.

Isso fazia as coisas voltarem à confortável situação na qual Marcelo mantinha a sua euforia masculina abastecida pelos carinhos de Letícia, ao mesmo tempo em que não se via obrigado a assumir nada de mais profundo em relação a Letícia, usando seu casamento com Marisa como desculpa para a não construção de um relacionamento mais profundo com a jovem, casamento esse que ele nunca escondera dela, antes do início dos encontros íntimos.

A jovem, no íntimo, sabia que Marcelo jamais se apresentara como um galanteador barato e que não fora enganada por ele, com promessas sedutoras para conquistar os favores sexuais, não.

Marcelo, desde o início de seu relacionamento profissional, sempre se apresentara como casado e muito bem casado. Em seu íntimo, Letícia estava consciente de que fora ela própria que, na carência de sua solidão, pretendera criar ao redor do moço uma atmosfera que o favoreceria à prevaricação, valendo-se de um estado de insatisfação que habitava o sentimento do rapaz em relação à esposa indiferente.

No entanto, quando Letícia se viu com tais cartas favoráveis, passou a investir tudo o que possuía nelas, com a ideia de, mais tarde, conseguir para si o marido que pertencia à outra.

Era verdade que Marcelo jamais lhe havia dado alguma esperança de assumir qualquer relacionamento. Mas, nas horas mais calorosas e impetuosas de seu sentimento, como toda mulher, Letícia procurava transformar as estruturas que fundamentavam o relacionamento informal que iniciaram, levando-o para o terreno dos compromissos.

Essa era uma conduta que acontecia sempre que a moça se descuidava da atenção para com a verdade dos fatos, no anseio natural que as pessoas possuem em se unirem com sinceridade a outra e dela receberem o mesmo tipo de consideração.

Por isso, Letícia se manejava entre a cautelosa estratégia de dar prazer a Marcelo, fazendo-o encontrar ali o ambiente acolhedor a lhe permitir a troca de carícias sem cobranças imediatas, e a esperança de que, um dia, ele acabasse fisgado pelos seus encantos.

Nesse pensamento, os dois se permitiram as alegrias daquele encontro sexual fortuito, no qual Marcelo era encarado por Letícia como o Príncipe Encantado enquanto que, de sua parte, encarava a jovem como uma mulher fácil, agradável e carinhosa que poderia, se bem administrada, ser-lhe muito útil aos interesses, antes de ser descartada.

Porém, dentre todas as mulheres que se relacionavam com o rapaz, a forma como Letícia o tratava era, de longe, a melhor e mais sincera, no sentido do afeto verdadeiro.

Para ela, ele se apresentava como o herói, admirado e acolhido, consideração essa que enaltecia na personalidade masculina tudo aquilo que um homem deseja obter de uma mulher com quem se relacione, o que o atraía sobremaneira para a sua companhia.

Apenas a paixão que sentia e os sonhos que construía com Camila o impediam de se entregar mais profundamente ao relacionamento com Letícia, além, é claro, do fato de não ser, a jovem amante, dotada de uma beleza física especial.

O relacionamento sexual que os envolvia, entretanto, vinha marcado com o selo do carinho, da afetividade espontânea por parte da moça, que tudo fazia para corresponder aos desejos do rapaz.

Com o final do encontro, as despedidas de ambos foram seladas pelos novos ajustes, com vistas à futura reunião que congregaria todos os membros do escritório, renovação do sigilo sobre o relacionamento e beijos calorosos.

– Agora, só me falta o acerto com Sílvia, e meus planos podem ser considerados bem ajustados em todos os sentidos.

Encontrar-se com Sílvia não seria difícil.

No celular do jovem advogado, já havia outra mensagem anônima falando da falta que estava fazendo e do desejo que havia despertado na mente da experiente mulher.

Assim, bastou um rápido telefonema para que ambos acertassem um encontro em ambiente favorável para que Marcelo pudesse conversar com Sílvia e apresentar-lhe o problema.

Para evitar maiores riscos, o rapaz procurou fixar a reunião para o mesmo local onde ambos já haviam se permitido os primeiros voos libertinos, mas, antes que Sílvia pudesse imaginar que seria o sexo o motivo principal do evento, Marcelo deixara claro que estava escolhendo aquele ambiente para revelar um assunto grave, da forma mais privada possível.

Sabendo que não seria construtivo contrariar um homem casado, que tem a coragem de marcar um encontro em um motel alegando que o faz para tratar de outros assuntos, Sílvia concordou com a argumentação e, de forma prática, pensou consigo mesma:

– Ora, o que importa é chegarmos ao motel. Depois, o que acontecer lá dentro, isso é o de menos. Podemos conversar sobre política, sobre as guerras do mundo, sobre a filosofia do direito, mas, acima de tudo, estaremos prontos para resolver todos os problemas políticos, conflitivos e jurídicos, pela força dos argumentos do corpo e da sedução.

Não há assunto, em um motel, que nos impeça de chegar ao que é importante. Por que ficar discutindo as preliminares se o importante é o definitivo?

E, respondendo a Marcelo, afirmou:

– Tudo bem, Dr. Marcelo, estarei lá, preparada para tudo... – falou, provocando.

– Ótimo, Sílvia, eu também... – respondeu, matreiro, o rapaz, entendendo o duplo sentido e correspondendo a ele, como o macho atraído pelos odores sedutores da fêmea.

O encontro de ambos foi semelhante ao primeiro que haviam tido naquele mesmo lugar.

Calor e excitação logo de início, porque Marcelo sabia que seria difícil falar de coisas mais sérias com uma Sílvia ansiosa pela relação sexual e que, no caso dela, seria melhor satisfazê-la primeiro para, depois, conseguir a própria satisfação na obtenção de seu apoio.

A relação física de ambos, diferentemente da que mantivera no dia anterior com Letícia, era marcadas pelos excessos e pela condição tórrida, a estimular nele a virilidade e as emoções mais primitivas.

O esgotamento de suas forças, por isso, era muito maior e o desgaste emocional produzia um entorpecimento mais difícil de ser contornado.

Ainda assim, Marcelo sabia que os melhores momentos para o entendimento adviriam depois da satisfação física, o que o obrigou a longas horas de vigília para, somente depois disso, chegar ao entendimento desejado.

No entanto, ele estava certo. Depois de satisfeita em suas ânsias carnais, Sílvia se tornava um gatinho dócil e agradecido e, correspondendo aos desejos de Marcelo, fez-se toda ouvidos e demonstrou a mesma indignação de Letícia, no sentido de também precisar defender a sua reputação profissional sobre a qual exercia zelo cuidadoso e atento.

Aceitara perder a dignidade de mulher, de mãe, de esposa,

mas não aceitaria empenhar a dignidade profissional, passando a ser considerada integrante de uma quadrilha de achacadores e profissionais desonestos. Ela bem o sabia que, em verdade, certas autoridades só funcionavam adequadamente quando corriam propinas e favores materiais diversos. No entanto, jamais adotara um procedimento desses como prática regular com seus clientes, cobrando-lhes valores para embolsá-los.

Com os relatos de Marcelo, Sílvia demonstrara a concordância na participação da reunião e na apresentação dos fatos.

Quando perguntou ao rapaz como havia conseguido tais provas, dele escutou:

– Estive avaliando Leandro já há algum tempo e, entre as suspeitas de que invadia nossa privacidade mexendo em nossos documentos e a de que passara a ostentar uma riqueza incompatível com os seus ganhos, pude me valer de um detetive particular que, confirmando minhas suspeitas, reuniu as provas incontestes de sua leviandade e desonestidade no trato com as coisas do escritório.

– Isso é algo inconcebível. Você tem certeza de que essa fonte é confiável? – perguntou Sílvia, cuidadosa.

– Sim, estou absolutamente tranquilo quanto ao fato.

– Se as coisas são tão graves, pode contar comigo para que tudo venha à tona. Apenas que, antes, gostaria de ver os documentos, se você não se importar.

– Claro que não. Assim que você quiser, eu os apresento.

– Tudo bem, eu telefono para marcarmos, está bem?

– Ah! Aqueles telefonemas safados que você tem feito para mim, em meu celular? São muito pouco claros... – ironizou Marcelo.

– Pois então, deixe comigo que eu irei ser mais direta. Marcarei o lugar e deixarei tudo bem claro em seu telefone, está bem?

– Combinado, leoa... – respondeu Marcelo, cansado.

✻ ✻ ✻

Enquanto isso acontecia, envolvendo os membros do escritório, encontraremos Félix e Magnus, almas generosas a acompanharem nossas personagens na condição de Instrutor e aprendiz, presenciando um outro diálogo em outra parte da cidade:

– Como é que estão as coisas?

– Tudo corre conforme nossos planos.

– Eles já morderam a isca?

– Totalmente... caíram como otários.

✳ ✳ ✳

– Magnus, veja como são as próprias pessoas que criam condições para que todas as tragédias possam acontecer. Estes dois irmãos, sem entenderem o que está por trás de suas atitudes, estão sendo pedra de escândalo na vida de toda uma comunidade.

– Sim, Instrutor, conhecendo as coisas como estou podendo conhecer, compreendo como é que a leviandade, o egoísmo, as ambições desmedidas e o descontrole emocional de nossos irmãos encarnados acabam sendo ferramentas manipuladas facilmente pelas inteligências humanas destituídas do corpo.

– E tais inteligências desmaterializadas usam os mesmos princípios ditos racionais e as estratégias que trouxeram de seus estágios no mundo, quando nele estagiavam sob o manto do corpo carnal.

– Em realidade, mudaram apenas de dimensão, carregando consigo todo o mal que acumulavam, não é certo?

– Sim, meu filho. É assim que as coisas acabam se dando, principalmente quando não existe qualquer ascendente moral, uma base sólida de valores espirituais a lhes embasar uma conduta que devem modificar pela necessidade de se melhorarem.

As diversas religiões formais, que outra coisa não fazem das pessoas do que torná-las praticantes de rituais ou de concessões financeiras sem transformá-las para melhor, são inúteis desperdícios de tempo e agravamento de compromissos morais, seja para os que as praticam cegamente, seja, ainda mais, para os que as dirigem.

O conteúdo precioso de qualquer crença está radicado, essencialmente, na transformação do ser humano, tornando-o menos inferior nos instintos, menos preso às coisas mundanas, menos devotado às práticas viciosas, resumindo, menos imperfeito.

Se uma crença não transforma o crente para melhor no campo moral, ela não é uma boa crença, ainda que faça certas concessões a Jesus e a alguns de seus ensinos.

As forças da vida, invariavelmente, preferem os ateus sinceros no bem do que os crentes indiferentes à bondade.

Como estamos vendo, com exceção de Olívia, Gláucia e Glauco, todos os demais são pessoas imaturas e despreparadas para as consequências de seus atos, mas que se permitem brincar com fogo, imaginando-se capacitados para fazê-lo. Aos nossos olhos, são como pessoas que se acham maduras para acender o estopim de explosivos que imagina simples rojões sem se darem conta de que estão apertando o botão de armas nucleares.

Acabam sendo corajosos para disparar, mas não se sentem competentes para assumir os efeitos das suas explosões destruidoras.

✻✻✻

Enquanto tais Espíritos conversavam no plano espiritual a respeito da insensatez de seus tutelados, em outro local se congregavam o Chefe, Juvenal e o Aleijado para as avaliações sobre os últimos fatos.

– Estamos chegando ao nosso objetivo principal.

– Isso mesmo, Chefe, estou bastante ansioso para ver a coisa pegando fogo.

– Eu também – falou meio desajeitado o Aleijado, que mais parecia uma criança crescida.

– Em breve – respondeu o Chefe – iremos comunicar ao Presidente o sucesso de nossa empreitada, marcando a data final para a solução definitiva do caso que nos foi encomendado. Não vejo a hora de dar uma afastada deste ambiente, procurando diversão em outros lugares. Já estou ficando entediado com as mesmas músicas, as mesmas drogas, as mesmas loucuras. Quero novidades....

– Eu também – exclamou Juvenal, sempre desejando corresponder aos palpites e opiniões do Chefe.

– Só nos falta terminar as coisas com o idiota do Luiz e com o Jefferson.

– Ah! O mariquinhas... tinha me esquecido dele, ... ou melhor.... dela... – gargalhou Juvenal.

– Sim, está faltando acertarmos as coisas com eles para, depois, irmos prestar contas com o Presidente, dando-lhe todas as coordenadas de como é que tudo está organizado.

E pretendendo saber quando é que isso iria acontecer, Juvenal escutou a resposta do Chefe:

– Amanhã estaremos tratando do assunto, junto com Marisa, Glauco e Luiz.

28

VIDENTE DE PLANTÃO E A SINTONIA COM O MAL

Depois de ter tido a primeira entrevista de trabalho com Glauco, Marisa se recordou de um recurso que estava deixando de lado, nos seus planos para fisgar o rapaz..

— Não foi à toa que Glauco me falou sobre esse negócio de Espíritos. Eu estava me esquecendo de usar também essa possibilidade para facilitar o meu caminho... — pensou Marisa, disposta a buscar ajuda nas forças invisíveis.

Ao seu lado, as mesmas entidades obsessoras que a envolviam se mantinham a postos para estimular-lhe o desejo de ir buscar a ajuda invisível, mas não dentro dos padrões que o rapaz lhe havia aconselhado.

Depois que chegou em casa, procurou em seus antigos guardados e, dentro de uma caixa de sapatos, encontrou um papel amarelado com o endereço de uma pessoa a quem se atribuíam maravilhosos poderes de magia, visão do futuro, capacidade de solucionar problemas amorosos, de desembaraçar a vida material e afetiva, etc, etc,etc.

Marisa já tinha usado tais recursos em outra ocasião, antes de se casar com Marcelo e, segundo se recordava agora, ficara surpresa com esse mecanismo desconhecido que lhe parecera eficaz na solução de suas dificuldades.

Não importava que tivesse que pagar para conseguir o que queria.

— Ora, o que é a vida senão pagar para conquistar o que sonhamos? Não pagamos pelo batom, pela tintura no cabelo, pela roupa mais bonita? Tudo por aqui não é pago, desde a água que bebemos na torneira até o médico que pode salvar ou não salvar uma vida, dependendo do dinheiro que a pessoa tenha? Que importa que precise pagar?... um serviço é sempre um serviço e, se para a dor de dentes vamos ao dentista, para o problema legal vamos ao advogado, para os problemas que os homens não sabem resolver, vamos procurar os profissionais adequados nas coisas misteriosas. Nada mais justo do que pagar para conseguir o que queremos.

Quando encontrou o papel, imediatamente ligou para o número telefônico a fim de se certificar de que as coisas continuavam como antes.

Uma voz metálica atendeu à chamada:

– Alô, com quem quer falar?

– A...lô – respondeu, hesitante e nervosa, Marisa – quero falar com a dona Mércia.

– É para marcar consulta?

– É... ela ainda está trabalhando?

– Qual é o seu problema, minha filha? – perguntou a pessoa, meio irônica do outro lado.

– Bem... preciso de ajuda afetiva...

– Ah! Dona Mércia está sempre disponível desde que o interessado esteja disponível também para pagar o preço da consulta.

– Sim, eu sei que ninguém trabalha de graça...

– É, ainda mais agora que ela está atendendo muito político importante, neste período de eleições... Sua agenda está lotada.

– Mas não dá pra conseguir um "encaixe"? Eu tenho um pouco de pressa, porque o caso é urgente...

– Nada que algumas notas a mais não resolva. Como é o seu nome?

Com receio de dizer o nome verdadeiro, Marisa inventou:

– Meu nome é Carina...

– Tudo bem, Carina... você pode vir na semana que vem.....

– Não, na semana que vem é muito tarde. Pago qualquer coisa, mas tem que ser esta semana.

– Bem, nesse caso, pode vir amanhã, às dezoito horas.

– Eu já consultei dona Mércia há alguns anos e o lugar ficava perto do aterro e de um supermercado, na rua Lisboa....

– Isso mesmo, ela continua no mesmo lugar.

– Está bem, amanhã estarei aí. E quanto é a consulta?

– Bem, se for só consulta, vai custar quinhentos. Mas se tiver que fazer outras coisas, aí o preço muda. Pagamento sempre em dinheiro. Nada de cheque.

– Tudo bem. Não tem problema. No entanto, espero que ela garanta o resultado.

– Ela se orgulha de nunca decepcionar a clientela. Até amanhã..
– falou ríspida, a pessoa, desligando a seguir.

Marisa tremia inteira pelo nervoso, mas a euforia de estar lutando para a edificação de seu destino compensava a sua angústia.

No dia seguinte, no horário marcado, lá estava ela, simplesmente vestida, para a fatídica entrevista.

O local era de aspecto desagradável tanto pelo prédio quanto pelo ambiente.

No plano espiritual, uma grande quantidade de entidades de horrível aspecto se mantinha indo e vindo como que a cumprir ordens e trazer notícias.

No interior daquela casa de bairro, uma mulher desgastada pelo tempo parecia ser o centro energético de um aglomerado de Espíritos que lhe sugavam certa quantidade de forças, como se ela fosse uma usina que abastecia seres que se sucediam nos receptores magnéticos, de tempos em tempos.

Todos se ligavam à mulher como servos que lhe atendiam às chamadas e se dispunham a receber pagamento pela fidelidade canina.

Tomando conta de tal grupo, um Espírito de feições desagradáveis se antepunha a qualquer deles, considerado como o "guardião" da médium Mércia.

Tudo era manipulado por esse Espírito inferior, cuja linguagem chula e modos agressivos mantinham a ordem entre os outros Espíritos, esfomeados, a solicitarem constantemente autorização para sugar um pouco das energias de dona Mércia.

Sem o saber, ela era um boneco na mão das entidades que usavam da sua casa e de seu ser como ponto de negócios escusos entre os mundos visível e invisível. Acostumada ao comércio barato, imaginava que a mediunidade fosse, apenas, a possibilidade de ganhar a vida da forma que mais lhe parecesse conveniente.

Sem desejar se aprofundar em estudos e desajustada nos centros energéticos pelo padrão de sintonia a que se permitira chegar, não era mais capaz de se sintonizar com entidades amigas e benevolentes que sempre haviam tentado ajudá-la na modificação de sua trajetória, que se fazia irresponsável e criminosa.

Afastada das necessidades materiais imediatas da vida pela cobrança de valores em dinheiro ou em vantagens outras, usando as percepções mediúnicas, dona Mércia se permitiu apartar do caminho reto e seguro de uma sensibilidade vivida a serviço de Jesus e, por isso, passara a associar-se com os Espíritos de péssima estirpe, nos quais depositava confiança cega ao mesmo tempo em que, deles, recebia cooperação fiel e eficiente em muitos casos da vida.

No início, naturalmente, sua discrição e o pouco conhecimento do público a seu respeito lhe garantiam um certo sossego. No entanto, à medida que as suas "rezas" passaram a ser eficazes além do que ela própria podia esperar, uma verdadeira procissão de criaturas passou a buscar suas palavras, visões e vaticínios, o que a obrigou a se profissionalizar, inclusive com a organização de uma central de atendimento telefônico para a marcação de consultas.

Pelo caráter naturalmente sigiloso das consultas, sua casa passou a ser visitada por muitas pessoas importantes que, geralmente nos horários noturnos, entravam por uma portinha lateral, ocultados pelo véu da escuridão e por ali também saíam, depois de terem submetido à sua apreciação os problemas mais graves e solicitado as coisas mais absurdas.

Matar adversários, destruir carreiras, arruinar casamentos, transformar destinos, realizar ajustes na sorte, mesmo que isso tivesse que prejudicar a vida alheia, era o tipo solicitação de seus consulentes e a modalidade de trabalho ao qual dona Mér, como era conhecida, se ajustava com naturalidade e sutileza.

Experiente, graças aos longos anos de convivência com a personalidade humana, sabia entender nas entrelinhas as intenções do consulente que a contratava e, longe de colocá-lo em situação constrangedora obrigando-o a expor completamente suas intenções, facilmente abreviava o assunto, entendendo que, mesmo aqueles que desejavam matar seus desafetos tinham lá os seus escrúpulos em assumir tais intentos de forma clara.

Dar um jeitinho em tirar do caminho, afastar o problema, solucionar sem barulho, desamarrar os nós, dar um jeito na pessoa, eram eufemismos que ali tinham uso corriqueiro, querendo, sempre, significar tirar a vida, arruinar, fazer calar a pessoa inconveniente, entre outras significações.

Nessas tarefas, as forças mediúnicas de Mércia eram usadas por Espíritos inferiores, sempre interessados na conquista de bens materiais ou de sensações mundanas.

Com isso, mantinham Mércia sob seus cuidados ao mesmo tempo em que obtinham os fluidos vitais produzidos com maior intensidade pelo seu organismo, com o qual se sentiam vitalizados.

Assim que chegou ao ambiente, Marisa foi recebida por um ajudante de dona Mércia, provavelmente aquele que houvera atendido ao telefone no dia anterior.

O tom da voz o acusava, principalmente a maneira direta com que tocou no assunto do pagamento:

– São quinhentos, adiantado...

– Ah! Pois não – falou Marisa, nervosa.

– Pode esperar sentada aí que, logo, dona Mér vai atender.

Falou isso e, depois de pegar o dinheiro, desapareceu por uma porta.

Alguns minutos depois, uma pequena campainha tocou e uma voz rouca pronunciou o nome Carina.

Por um instante, Marisa permaneceu sentada como se estivesse esperando a entrada de alguma outra pessoa que a antecedesse na consulta.

– Carina... – repetiu a voz... – pode entrar......

Somente aí é que Marisa se lembrou de que havia modificado o próprio nome.

Levantou-se, rápido, e foi entrando devagarzinho, suspendendo a cortina roxa que vedava o quarto de onde a voz provinha.

– Sente-se aí, minha filha.

– Obrigada – respondeu a moça... mais nervosa ainda.

– Pode falar o que a incomoda... – disse dona Mér, uma senhora com seus quase cinquenta anos.

– Sabe, dona Mér, eu já precisei de sua ajuda há alguns anos e tudo deu tão certo que me lembrei de seu poder. Por isso estou aqui, novamente.

– Pois então, minha filha, não tenha medo. Pode falar o que a traz de novo até aqui...

– É um problema do coração....

E usando de seu poder mediúnico, enquanto Marisa/Carina falava, Mér passou a ouvir a voz do Espírito que a dirigia o qual, por sua vez, conversava com a entidade que perturbava Marisa, o nosso velho conhecido Chefe.

O entendimento se dava, como podem ver, de Espírito perturbador para Espírito perturbador.

– Hummmm... sim... ah!!!!!!!

A vidente ia pronunciando monossílabos enquanto dava a impressão de estar conversando com alguém do mundo invisível, o que apavorava ainda mais a jovem.

– Bem, pelo que posso captar de seu caso, você está infeliz no casamento e apaixonou-se por um outro rapaz.

Surpresa com a exatidão das informações, Marisa/Carina afirmou, alarmada pela frase certeira de dona Mér:

– Puxa vida, já havia me esquecido do quanto a senhora era boa nisso... É exatamente o que está acontecendo.

E para mais impressionar a consulente, atendida pelas informações de seu "guardião", a médium continuou demonstrando sua capacidade de visualização do caso.

– Mas o rapaz não está livre, não é mesmo? Tanto quanto você já está presa ao casamento, ele está prestes a se comprometer com alguém que ama.

– Sim, dona Mércia... – respondeu Marisa, algo descontrolada, beirando às lágrimas... – Estou apaixonada e não quero perdê-lo para a outra.

– Bem, minha filha, as questões do coração são as mais complicadas para se resolverem.

– Mas sempre soube de seus poderes para solucionar tudo o que lhe fosse apresentado.

– Bem... minha fama é fruto de muitos anos de trabalho. No entanto, quando falamos de sentimentos, nossos recursos estarão sempre limitados pelo poder de resistência daqueles que tentamos transformar.

– Como assim?

– Cada um tem uma vibração. Para que possamos atingir a pessoa, precisamos encontrar uma passagem em sua estrutura, um momento de fraqueza, uma tentação não resistida, uma forma de superar os pudores, tudo isso torna mais fácil a nossa ação. Quando a pessoa, homem ou mulher, opõe uma resistência tenaz, as coisas se complicam. Por esse motivo é que o preço de consultas dessa natureza é mais alto.

Temos que usar mais "operários invisíveis" para dar conta do recado.

Quando é questão de estorvo no caminho, basta arrumar uma dorzinha na pessoa que está causando problema e isso já tira a criatura do rumo.

Quando o problema é de dinheiro, alguns ajustes nas coisas da Terra podem facilitar o sucesso material do indivíduo.

Quando se trata de fazer o ódio aparecer, a desavença eclodir, isso é um dos trabalhos mais baratos, porque é como levar o fogo à gasolina. As pessoas estão prontinhas para se incendiarem.

No entanto, quando é para fazer alguém gostar de outra pessoa, isso é mais complicado. O afeto parece criar uma barreira poderosa que, somente com muito empenho dos nossos trabalhadores, em geral contando com o deslize do indivíduo atacado, é que conseguimos vencer, quando conseguimos.

Por isso, não vou iludi-la com fantasias. Para mexer com as coisas do sentimento, tudo é mais complicado.

– Mas eu pago quanto for necessário.

– Tudo bem, o dinheiro ajuda muito e pode abrir muitos caminhos. No entanto, vai depender de você também, porque se não houver nenhum momento de fraqueza do rapaz, será um insucesso total e, neste caso, não devolveremos o dinheiro, já que você foi avisada e aceitou correr o risco.

— Mas o que eu tenho que fazer? Trazer alguma roupa, algum objeto pessoal, alguma coisa que ligue o rapaz a você?

— Não. Você deve descobrir algum segredo que ele oculte de todos ou, o que é melhor, deve colocá-lo em situação de tentação, porque, assim, nós o envolveremos com nossos trabalhadores para que, na hora da fraqueza, tudo se consuma.

— Quer dizer que se eu der o primeiro passo, depois disso vocês fazem o resto?

— Sim. Se você conseguir alguma coisa que possa romper a ligação afetiva entre ele e a noiva, isso vai facilitar todo o trabalho. E pelo que estou vendo, a noiva é uma pessoa muito bem protegida, tanto quanto o rapaz.

— Eu não sei de nada. Só sei que quero conquistar o cara. Confiarei em sua capacidade e pagarei o que for preciso. No entanto, não gosto de ser enganada.

— Esteja certa de que nós duas não gostamos de ser enganadas. Devo chamá-la de Carina, o nome que você deu ao telefone, ou de Marisa, o seu verdadeiro nome?

Colhida de surpresa com a demonstração de tal poder de penetração, sem imaginar que tudo aquilo estava sendo conseguido com a ação das entidades negativas que a acompanhavam e se entendiam do lado invisível da vida, Marisa estampou o rosto avermelhado e, desconversando, respondeu:

— Quando tudo tiver dado certo, direi à senhora como é que me deverá chamar.

— Combinado. Não desejo perturbar o sossego de ninguém que me procura. Acho que todos têm o direito de se esconder como queiram. No entanto, não se esqueça de que está avisada. E pelo que pude observar, não está longe a oportunidade de você se avistar com o cobiçado rapaz.

— Sim... dentro de alguns dias estarei em seu escritório novamente.

— Pois então, não perca tempo, porque desde agora iremos

trabalhar para facilitar as coisas, mas vai ficar dependendo de você a aceleração de tudo.

– Está bem... farei o que estiver ao meu alcance.

– Pois bem. Volte aqui em duas semanas.

– Combinado

E dizendo isso, dona Mér deu por encerrada a entrevista, enquanto Marisa/Carina dava ao atendente, fora da sala do encontro, o nome e o endereço do rapaz para que os primeiros trâmites pudessem ter início.

✳ ✳ ✳

O recado no celular de Marcelo era explícito.

Sílvia estava mais ousada do que nunca. E como pretendia mudar os locais de seus encontros clandestinos, deixou-lhe o novo endereço, marcando dia e horário, além de especificar o número da suíte onde o esperaria para o colóquio especial. Cada um seguiria com seu carro e lá se encontrariam.

Dentro de suas rotinas e compromissos, Sílvia marcara o encontro para a próxima semana e, por isso, a data escolhida pela colega de escritório coincidia com a data da volta de Marisa ao escritório de Glauco. Somente o horário era diferente.

A consulta de Marisa era às dezesseis horas enquanto que o encontro de seu marido e Sílvia, os aventureiros da emoção irresponsável, estava fixado para as dezoito horas, no endereço estipulado pela melosa voz da ousada mulher.

Contavam eles que Marisa não se ocuparia de escutar seus recados, como nunca se deram a esse trabalho nenhum dos dois cônjuges.

No entanto, Marcelo não sabia que a esposa, desde aquele dia em que flagrara as três gravações, passara a fiscalizar o conteúdo de sua caixa postal, sempre depois que ele chegava em casa após o trabalho.

No meio da noite, a mulher astuta se dirigia ao gabinete de entrada do apartamento, onde Marcelo deixava seus pertences pessoais, tomava o aparelho celular, levava-o para o quarto onde continuava dormindo sozinha há algum tempo e, quando escutava algo suspeito, tratava de gravar a mensagem, devolvendo o aparelho no mesmo local, certificando-se de que o marido não estaria percebendo sua conduta.

Na mesma noite de sua consulta com dona Mér, na averiguação que realizava nos recados do celular do marido, Marisa constatou a mensagem sedutora e indubitável de Sílvia, sem saber, no entanto, de quem se tratava.

Sem qualquer abalo em seu sentimento, a constatação de tal prevaricação flagrante, com data, hora e lugar marcados, seria o trunfo que precisava para envolver Glauco.

Inspirada pelas entidades que a perturbavam no equilíbrio da emoção, planejava como se estivesse, apenas, revendo os passos do grande momento largamente esperado.

Sim... tudo se ajustava e essa descoberta a fazia crer ainda mais na intervenção dos Espíritos contratados, conforme lhe havia prometido dona Mér.

Enquanto isso ia acontecendo, Félix, Alfonso e Magnus se punham a campo, para que, apesar dos esforços do Mal, as atitudes da maldade encontrassem na própria maldade o remédio que as tratasse.

– Você está observando, Magnus, – disse Alfonso – que o mal é um desajuste de quem o vive, mais do que um poder personalizado. A ignorância de seus efeitos dá ao que o pratica, a ilusão de poder e de invencibilidade. No entanto, todos acabam reduzidos ao sofrimento por suas próprias atitudes tresloucadas.

Complementando a observação, Félix aproveitou para dizer:

– Pelo que podemos vislumbrar do ponto de vista que observamos as coisas, não restará quase ninguém livre dos espinhos que estão semeando nos caminhos de seus semelhantes.

– É verdade, instrutor, respondeu Magnus. Quanto mais entendemos as coisas espirituais e suas leis infalíveis, mais nos afastamos da ideia de um Bem inerte diante de um Mal diabólico e astuto.

A resposta de Magnus despertou o comentário de Alfonso:

– Essa primeira impressão também é fruto do imediatismo que a ignorância humana propicia a todo aquele que deseja resolver seu problema rapidamente e a qualquer preço, sem se atentar para o fato de que ele pode ter sido gerado por séculos de desregramentos.

Como conseguir arrancar uma árvore secular usando apenas o poder de uma tesoura? Mas é assim que as criaturas pensam em conseguir aquilo que lhes parece mais vantajoso.

Somente enquanto existirem tolos é que vai existir espaço para levianos jogadores com as forças espirituais. Somente enquanto as leis do Universo forem ignoradas é que esses charlatães, que se autoproclamam médiuns, poderão exercer a sua fantasia terrorista. Quando o esclarecimento permear a humanidade, ninguém vai mais imaginar que a Lei de Justiça e a Misericórdia de Deus valem menos do que uma garrafa de bebida ou um animal morto rodeado de velas em alguma encruzilhada do caminho.

A sintonia com o mal é algo que possui duas vias. Tanto serve para solicitar favores quanto acaba trazendo ao solicitante as consequências desse conúbio espúrio e perigoso, cujo preço é sempre muito mais caro do que os favores que possa parecer conseguir.

Isso sem nos referirmos à questão da sintonia da vítima a quem se destina esse tipo de ritual. Se o destinatário do mal não estiver vibrando no mal, tais forças não conseguirão atingi-lo. É por isso que a pessoa a quem se dirigiu o encantamento, sabendo que foi objeto de algum "trabalho" ou de alguma coisa misteriosa, acaba por ficar amedrontada com um fantasma que não compreende e, pelo medo que começa a sentir, passará a se impressionar com qualquer coisa negativa que lhe aconteça, mesmo com um simples tropeção no tapete de sua casa.

Antes de saber, esse evento seria interpretado como descuido ou distração. Depois que a vítima do misterioso "despacho" fica sabendo que está sendo objeto de uma ação oculta, o tropeção passa a ser "empurrão", "trança-pé", coisa do tipo.

Isso propicia a fragilidade emocional necessária para a penetração das entidades perseguidoras no seu campo vibratório e, a partir de então, a sua sintonia no medo é que vai permitir que se sinta mal, se sinta abatida, se veja perdida....

É assim que as entidades inferiores agem, impressionando a vítima de sua perseguição, sem o que não conseguirão nada além de esforços perdidos.

E quando tais energias negativas não atingem o destino, retornam por natural efeito à origem de onde emanaram, atingindo aquele que a emitiu, que se encontra no mesmo padrão inferior por ter sido o foco de tal emanação.

O mal invariavelmente volta para quem o pratica. Não importa que demore a acontecer. Isso sempre acontecerá para que cada um aprenda a conhecer o sabor do fruto que semeou.

Vendo que as oportunidades do aprendizado se aproximavam daqueles que se deixavam envolver pelo antro de maldades, Félix acrescentou:

– Apesar de todo o mal que estaremos observando nas atitudes e nos efeitos dolorosos que derivam dos atos negativos, o Bem procurará atender ao maior número de Espíritos para colocá-los na posição de acordarem diante de si próprios.

Em breves dias, segundo nos informaram nossos Superiores, estaremos agindo no sentido do cumprimento de nossa tarefa junto a estes irmãos.

Entendendo que havia um planejamento superior, Magnus comentou:

– Quer dizer, então, que não estamos aqui sem uma linha de ação?

– Ora, Magnus, por que a admiração? Se nossos irmãos ignorantes, para praticarem o mal, se ocupam em planejar suas ações como já vimos na Organização e seus Departamentos, por que nós, lidadores com as forças do Amor, deveríamos desprezar semelhante medida? Não acredita você que, com muito mais sabedoria, as forças do Bem são capazes de ver à distância e atuar no momento exato? Aliás, meu filho, quanto mais a evolução da alma seja patente, maior será o seu cuidado na organização dos eventos a que seja vinculada a sua atuação, com a finalidade de que, naquilo que se faça possível e respeitada a liberdade de ação das criaturas, os caminhos do Bem se desfraldem para todos, rompendo as algemas do mal.

Tudo aqui começou, à nossa vista, como um descaso de uma esposa infeliz, iludida pela visão onírica de um melhor partido para seu coração.

Daí tudo desdobrou-se.

No entanto, quanto mais elevados se tornam os Espíritos, mais do alto podem ver e entender os verdadeiros motivos ocultos por detrás de uma esposa infeliz e de um marido imaturo e ambicioso.

Quando compreendermos estas realidades, cada um de nós será capaz de ver mais profundamente e, com isso, planejar com mais cuidado todo o processo de resgate dos aflitos do mundo.

Sexualidade desregrada, afetividade frustrada, infelicidade material ou moral, tudo isso pode parecer a causa de muitos desastres. No entanto, quando aprofundamos a análise de sua origem, constataremos que há fatos mais graves que precisam ser medicados, situações mais dolorosas que ainda não eram do nosso conhecimento. Se nos ocuparmos em atender apenas à dor do coração ferido, a remediar um prazer sexual mal exteriorizado, a satisfazer uma necessidade material imediata, deixaremos escapar a possibilidade de ajudar a todo o conjunto dos sofredores envolvidos naquelas questões.

O que vale mais, Magnus, tratar a febre que fustiga o corpo ou tratar a infecção que provoca a febre?

E para tratarmos a infecção, muitas vezes não podemos usar medicações que inibam a febre a fim de que não mascaremos os sintomas e dificultemos o tratamento eficiente da verdadeira causa.

É melhor deixar a febre presente por um tempo, ainda que controlada, do que permitir ao organismo o estado de normalidade na temperatura, enquanto a infecção se alastra, colocando em risco a vida do corpo.

Assim é que o Bem atua. Por isso é que, enquanto os ignorantes e maldosos se reúnem em Organizações canhestras e Departamentos desajustados, a ação do Bem, a benefício dos próprios maus, se alonga no tempo, a fim de que, no momento adequado, tudo se transforme em um maior número de almas amparadas pelas bênçãos do despertamento.

Se não fosse assim, Deus não seria igualmente Misericordioso para com todos os seus filhos, principalmente para com aqueles que se afastaram do bom caminho.

Entende?

E como a hora não permitiria maiores revelações, todos se calaram, voltando sua atenção para as personagens do drama humano, geralmente mais inocentes do que más, ainda que se pudesse presumir o contrário de suas atitudes.

29

EXPLICANDO, OBSERVANDO E REFLETINDO

Estudando as inolvidáveis lições contidas em O Livro dos Espíritos, encontraremos observações preciosas a respeito do processo de interferência com que os nossos irmãos desencarnados se imiscuem em nossas existências terrenas.

Nas perguntas 470 e 472 poderemos encontrar rico manancial de informações, tão rico que, dentro do teor dos fatos que têm marcado a trajetória de nossas personagens até aqui, vale trazê-los ao seu conhecimento, prezado leitor.

"470 – Os Espíritos que procuram nos induzir ao mal e que, assim, colocam em prova nossa firmeza no bem, receberam a missão de o fazer? E se é uma missão que cumprem, onde está a responsabilidade?

Resposta – Nunca o Espírito recebe a missão de fazer o mal. Quando ele o faz é por sua própria vontade e, por conseguinte, lhe suporta as consequências. Deus pode deixá-lo fazer para vos experimentar, mas não lhe ordena, e está em vós repeli-lo.

472 – Os Espíritos que querem nos excitar ao mal o fazem aproveitando das circunstâncias em que nos encontramos ou podem criar essas circunstâncias?

Resposta – Eles aproveitam a circunstância, mas, frequentemente, a provocam, compelindo-vos, inconscientemente, ao objeto da vossa cobiça. Assim, por exemplo, um homem encontra sobre seu caminho uma soma de dinheiro. Não creiais que foram os Espíritos que levaram o dinheiro para esse lugar, mas eles podem dar ao homem o pensamento de dirigir-se a esse ponto e, então, lhe sugerem o pensamento de se apoderar dele, enquanto outros lhe sugerem o de entregar esse dinheiro àquele a quem pertence. Ocorre o mesmo em todas as outras tentações."

Dessas duas perguntas e suas respectivas respostas, podemos entender o quanto nossa conduta, como Espíritos encarnados, é livre.

Como se pôde ver até aqui, todas as atitudes de nossas personagens foram o exercício de seu livre-arbítrio, na manifestação de suas vontades e caprichos, desejos e prazeres.

Talvez lhe ocorra, querido(a) leitor(a) tratar-se, a presente história, de uma temática imprópria para um livro que busque elevar as vibrações espirituais dos que a ele tenham acesso.

Observar a sexualidade adulterada nos jogos de sedução e conquistas, nas formas mentirosas de expressão da afetividade, envolvidas pelo cipoal dos interesses escusos, no desejo de tomar, de obter vantagens, de gozar desmesuradamente, de se permitir todo tipo de excessos, pode fazer enrubescer algum leitor mais pudico e que pretendia ver, na obra literária, tão somente o refúgio da fantasia ou da idealização do mundo.

Longe de nós o desejo de constranger ou de ferir as sensibilidades.

No entanto, importa afirmar que é preciso pensar sobre certos assuntos para melhor entender seus mecanismos e auxiliar no combate às dolorosas consequências que surgem quando se faz vista grossa sobre eles.

Em primeiro lugar, gostaríamos de ressaltar que a presente história, se comparada às centenas de outras verídicas que encontramos nos nossos anais espirituais, grotescas, violentas, horripilantes e animalescas, mais se parece a um programa infantil para crianças pré-escolares.

As dores e os dramas experimentados pelos encarnados e testemunhados por todos os Espíritos que os amam na vida verdadeira são uma página dolorosamente repetida quando se referem à sexualidade e à afetividade em geral.

Em segundo lugar, querido(a) leitor(a), olhe à sua volta e identifique se não há algo de doentio em uma sociedade que se vale do recurso da sexualidade para fazer propaganda até de uma caixa de fósforos? Não estará falhando a vigilância humana quando as forças do Espírito procuram elevar os seres para a superioridade moral, ao mesmo tempo em que são eles bombardeados por todos os lados com imagens, cenas, apelos e chantagens envolvendo a sedução, a provocação e a sexualidade em todas as suas formas?

O que pensar do discurso pacifista que se fundamentasse na produção de canhões e metralhadoras?

E da propaganda da honestidade feita por criaturas notadamente desonestas?

As consequências desse anacronismo, dessa contradição, correspondem diretamente a uma sociedade confusa e sem direção moral, que não sabe o que defender e que não tem opinião própria suficientemente forte para decidir o que deseja para seus dias futuros.

É certo que todo tipo de construção arbitrária, baseada no moralismo ou puritanismo danificam ou adulteram a noção racional de liberdade de escolha.

No entanto, quando as pessoas se permitem relativizar todos os conceitos e valores, estaremos caminhando para uma sociedade amorfa, onde tudo é válido desde que corresponda à vantagem material almejada.

Se esse é o seu pensamento, assuma-se diante das condutas que acha corretas e adote-as à luz do dia, arcando com os efeitos materiais e espirituais daí decorrentes.

Se seu pensamento é contrário ao que estamos observando no cenário do mundo, assuma-se e exemplifique em você mesmo a sua opção, sem desrespeitar os que escolheram outros caminhos, mas, da mesma maneira, sem se permitir ajustar-se à maioria dissoluta, apenas por ser algo mais confortável de se fazer.

O presente relato, longe de ressaltar o aspecto da lama moral em que boa parte das pessoas se permite, fingindo estar entre veludos e sedas, tem a função de demonstrar como é que o esforço do Bem é incansável para ajudar o encarnado a evitar o abismo, a fugir da queda e a diminuir os riscos que uma vida irresponsável representa a quem a vive, diante das repercussões inflexíveis da lei de causa e efeito.

É uma forma de acordar seu coração para comunicar-lhe um fato inegável:

– Todos nós sabemos o que você está fazendo.

Até quando somente você é que será o único enganado?

Entretanto, mais do que sabermos de todas as fraquezas humanas, porta aberta para a ação das entidades semelhantes, gostaríamos que não se esquecessem de que não nos apresentamos como juízes a estabelecerem sentenças condenatórias e punições arbitrárias.

Para nós já serão suficientes as dores da consciência pesada no íntimo de cada um. Estaremos ao lado de vocês como irmãos que os visitam nos prostíbulos do mundo para salvá-los da prostituição, seja ela de baixo nível, seja ela das altas rodas sociais.

Estaremos ao lado de cada um como suas testemunhas vivas e como enviados de Deus para ingressarmos nos antros em que os homens se metem com a desculpa de ir buscar o prazer, mas onde se deixam arrastar pelas insanidades das orgias, tentando salvar cada irmão do resvaladouro doloroso do erro, ainda que, para isso, tenhamos que suportar os mais deturpados ambientes.

Estaremos como companheiros fiéis a chorar pela queda moral dos seres que amamos, orando ao Pai, como o fizera o próprio Cristo, solicitando a sua piedade para cada tutelado, alegando a ignorância ou a demência do Espírito, como se repetíssemos a triste e conhecida frase: "perdoa-os, Pai, pois eles não sabem o que fazem".

Nós os amamos, acima de todas as coisas.

Que isso possa servir de alimento para que vocês também se amem a si mesmos, respeitando-se nas atitudes que escolhem para seus dias, não mais com a ideia de que sejam os Espíritos malignos, "os diabos", as entidades trevosas, os culpados pelas suas desditas.

Se um desejo de explorar o próximo, de envolvê-lo em teias sedutoras para fraudar seus sentimentos tomar conta de seu íntimo, não se desculpe mais com as antigas desculpas:

– Todo mundo faz isso....

– A vida é assim mesmo....

– Melhor aproveitar enquanto é tempo...

– Se você não fizer, outro vai fazer....

– Que cada um aprenda com o próprio sofrimento...

– Ninguém vai ficar sabendo...

Saiba que se você persistir nesse caminho, encontrará:

– o destino que todo mundo encontra – a dor;

– verá que a vida é o que você terá feito dela – angústias e lágrimas,

– o tempo não deixará de lhe apresentar a conta a ser paga,

– o mesmo destino que o outro encontrou – a vergonha de ter feito o que fez,

– O sofrimento como seu próprio professor.

– Uma nuvem de testemunhas espirituais que lhe acompanham os passos, atenta, além de não conseguir fraudar ou enganar a própria consciência que bem sabe o que você resolveu fazer.

Todas as teias da presente narrativa poderiam ser alteradas pelos próprios encarnados se tivessem escolhido melhor seus caminhos, como nos ensina a doutrina dos Espíritos. Buscando semear em nossos corações uma noção elevada de vida, responsável e límpida, a revestir a afetividade com a ternura da verdade, a euforia da alegria, a doçura do calor e o selo da felicidade, o cristianismo espírita tem tentado acordar os corações de boa fé.

Os homens são livres para trilhar todos os caminhos que quiserem. No entanto, nem todos produzirão a tão esperada satisfação afetiva duradoura.

※ ※ ※

Sabendo, então, do futuro encontro de Marcelo com Sílvia em um ambiente destinado a tais posturas licenciosas e clandestinas, Marisa arquitetou seus passos no sentido de envolver Glauco naquele momento especial, com a finalidade, como já dissemos, de colocá-lo na situação perigosa, conforme lhe tinha sido orientado por dona Mér.

Ao mesmo tempo, os mesmos Espíritos empenhados na construção da trama vingadora se acercavam de Luiz, o irmão de Gláucia e futuro cunhado de Glauco que, vivendo uma vida dupla entre conflitos e emoções desajustadas, insatisfeito com ambas as maneiras de ser, aceitara canalizar para o noivo de sua irmã a responsabilidade por sua infelicidade, uma vez que, desde o fatídico e casual encontro que tiveram e que revelara a sua condição sexual ambígua, a vida de Luiz se convertera em uma montanha de suplícios e angústias.

Passara a fugir dos encontros familiares onde deveria enfrentar o olhar do cunhado, agindo na defensiva e amedrontado pelo fantasma da descoberta de sua dúplice condição sexual.

Lembramo-nos da influência do Espírito Jefferson, que comandava junto a Luiz a ação das entidades obsessoras, a estimular suas sensações e a mantê-lo na corda bamba da dúvida e da insegurança quanto à sua própria definição sexual.

Isso martirizava a sua consciência e, nesse ambiente conturbado, Jefferson conseguira semear o medo, colocando Glauco como o responsável por todas as angústias de Luiz.

Incapaz de examinar as coisas pelo prisma da verdade e assumir para si mesmo a responsabilidade pelas suas escolhas, transportara a culpa por suas dores morais para o noivo de sua irmã que, a partir de então, assumira em seus pensamentos a condição de destruidor de sua felicidade.

Aproveitando-se de tal estado de alma, o trio composto pelo Chefe, por Juvenal e por Gabriel, o Aleijado, passou também a exercer sua influência sobre Luiz, sugerindo-lhe a necessidade de colocar um ponto final nessa angústia.

Sugeriam-lhe intuitivamente que fosse procurar o futuro cunhado para um ajuste definitivo, fosse para ouvir sua opinião sobre o flagra acontecido algum tempo antes, fosse para saber o que Glauco pretendia fazer sobre tal conhecimento.

Assim, durante os dias que se seguiram, as entidades exerceram todo o tipo de pressão psíquica sobre um Luiz invigilante e fragilizado, aconselhando-o sobre a necessidade de um encontro pessoal.

No início, Luiz lutava contra essa ideia, vergastado pela vergonha de encontrar o rapaz e ter que ficar exposto a indagações constrangedoras.

No entanto, entendendo a sua personalidade frágil, necessitada de consolo e um pouco de sossego, o Chefe, astuto e inteligente, incutira em seus mais profundos pensamentos a possibilidade de Glauco não ter se incomodado com o que vira, de não estar guardando aquele fato como um trunfo ou uma arma de ataque.

– Vá até Glauco, seu bobão, ele vai até aliviar o seu lado da culpa, principalmente porque você é o irmãozinho querido da noiva que ele ama....– induzia-lhe mentalmente o Chefe.

– Isso mesmo – repetia Juvenal – vá lá e veja que ele não vai tratá-lo como um criminoso... afinal, foi só um beijinho inocente....

Essas palavras caíam no íntimo de Luiz como a possibilidade do entendimento que ele tanto almejava, como uma forma de ajuda para sair daquela confusão afetiva em que se encontrava.

No entanto, Luiz tinha uma personalidade altiva e orgulhosa, o que o fazia imaginar Glauco como uma ameaça perigosa.

Isso espelhava a forma de ser do próprio Luiz.

Ele estava sempre pronto para valer-se das notícias negativas que lhe caíam nos ouvidos para usá-las como instrumento de barganha ou de exposição ao ridículo de qualquer pessoa que lhe atravessasse o caminho.

Extremamente crítico para com a conduta alheia, agora, no entanto, se via vulnerável em suas próprias atitudes, imaginando que Glauco poderia fazer com ele as mesmas coisas que ele sempre fizera com outras pessoas.

Por isso, a dor de se ver nas mãos do futuro cunhado.

Pressionado pelas sugestões espirituais insistentes e, longe de se valer de qualquer recurso positivo da oração, Luiz acabou acalentando a ideia de ir encontrar-se com o noivo de sua irmã, ao menos para colocar a limpo aquela situação.

Dentro dos planos das entidades inferiores, deveria estar no escritório de Glauco no mesmo dia em que Marisa lá comparecesse, para a segunda entrevista.

Assim, na semana seguinte tudo iria acontecer.

Marcelo e Sílvia estariam se encontrando em um dos inúmeros motéis da cidade, acreditando-se ignorados.

Sua esposa Marisa estaria usando seus trejeitos sedutores para atacar segundo suas estratégias.

E Luiz, sabendo que Glauco costumava permanecer no escritório até o final da tarde, iria procurar o futuro cunhado no final do expediente, a fim de que pudessem conversar sem serem interrompidos pela chegada de clientes inoportunos.

Já com o plano bem urdido em seus pensamentos, Marisa tomou o telefone e realizou uma chamada pessoal para dona Mércia, a fim de garantir o investimento que havia feito e que, segundo suas conversações, estaria igualmente na dependência de sua conduta, com vistas a facilitar a consecução vitoriosa de seus objetivos.

– Alô, quero falar com dona Mércia.

– Ela está ocupada – respondeu a mesma voz metálica do outro lado.

– Diga que é a sua cliente Carina e que serei rápida.

Dentro de rápidos instantes, dona Mércia veio ao telefone:

– Alô, quem fala? – perguntou a senhora, com voz cansada.

– Sou eu, dona Mércia, Carina, a moça que a procurou esta semana com os problemas afetivos...

– Mas eu sou procurada por muitas moças com esse tipo de problema....

– Aquela que está interessada em um rapaz que é noivo, que já a consultou outra vez, há alguns anos, e que a senhora falou que precisava de algum tipo de ajuda de minha parte para que o encantamento acabasse pegando...

– Ah! Sim, aquela de cabelo loiro e pele queimada de Sol?

– Isso mesmo... Olha, estou ligando para falar à senhora que tudo está planejado para a próxima terça-feira. Vou fazer a minha parte e espero que, nesse dia, a senhora e seus amigos possam fazer a parte de vocês.

– Sim, se você fizer o que lhe compete, tudo ficará menos complicado e as chances de sucesso serão bem maiores. Não se esqueça do perfume....

Sem entender o conselho, Carina respondeu:

– Perfume? Que perfume?

– Sim, Carina, o perfume que você comprou, igual ao perfume que a noiva do rapaz usa...

– Ora, mas como é que a senhora sabe disso se eu não falei para ninguém que tinha comprado?

– Você se esquece que sou uma profissional?

Assustada com a exatidão da informação, Marisa/Carina suspirou bem fundo, arrepiada e falou:

– Tudo bem, já separei o perfume e espero que seus operários invisíveis estejam a postos. A senhora precisa do endereço do nosso encontro para que eles não errem o lugar?

– Não, minha filha, eles já sabem onde será o trabalho.

Depois que tudo acontecer, volte aqui para a gente terminar de acertar as coisas.

Entendendo que "coisas" ainda ficariam pendentes de algum acerto, Marisa/Carina respondeu:

– Tudo bem, depois eu passo por aí...

– Tchau...

Suando frio diante das perspectivas perfeitas que se desdobravam perante seus olhos imaturos e seus sentimentos infantis, Marisa esfregou as mãos com ares de contentamento e afirmou:

– Essa mulher tem é parte com o demo... saber de todas estas coisas sem eu falar nada... acho que peguei a pessoa certa para conseguir o que quero.

E se tudo sair como desejo, até que ela merece um pagamento a mais para compensar o seu serviço. É bom não ficar devendo favor para uma feiticeira como ela...

Com gente assim, é melhor ser amiga do que inimiga.

E com Glauco na mão, não preciso de mais nada.

Por isso, tudo estava ajustado nas mentes dos encarnados, sem imaginarem os desdobramentos dolorosos que se produziriam no caminho de todos.

※ ※ ※

Em casa, desde o aviso recebido no centro espírita, Olívia se tornara mais cuidadosa com as palavras, com as atitudes de irritação e manifestava suas opiniões sempre com cuidado para que elas não fossem estopim para desavenças.

Acercando-se de Gláucia, com quem mantinha conversa afinizada sobre os temas espirituais, Olívia deu-lhe a conhecer o alerta que recebera, buscando auxiliar a filha nos momentos difíceis que se aproximavam, sem, contudo, especificar sobre o que eles se referiam.

Certamente estariam ligados ao seu afeto em relação ao noivo, mas, acima de tudo, a palavra espiritual lhe solicitava a postura equilibrada e favorável para que não se deixasse envenenar ou abater por quaisquer circunstâncias.

Somente assim é que seu afeto demonstraria potencial de elevação e pureza reais, a suplantarem as forças pantanosas da inferioridade e alçar voo nas dimensões luminosas do Espírito.

Olívia relatava com as palavras amistosas da mãe que, interessada em amparar a filha igualmente envolvida nas tramas de um destino ainda desconhecido, o fazia sem procurar amargurá-la ou assustá-la.

– Confiemos em Deus, Gláucia. Nas horas escuras da vida, o Sol continua a brilhar em algum local do firmamento e, mais cedo ou mais tarde, a alvorada voltará a surgir em nosso horizonte.

Não nos deixemos apavorar. Saibamos esperar, porquanto ante a luz da Verdade, todas as brumas de nossas dúvidas e ressentimentos são afastadas, sem violência ou terror, vingança ou crime.

Escutando a palavra serena de Olívia, Gláucia concordava:

– Sim, mãe, tenho sempre em meu coração essa advertência a vigiar meus pensamentos. No entanto, é um aviso que nos causa uma aflição, porquanto por mais atentos que estejamos, não poderemos evitar o que venha a ocorrer. Parece-me que esse é o teor do alerta.

– Sim, filha. Eu também entendi as coisas por esse lado. É uma advertência cuja finalidade é a de nos preparar para um tempestade que está chegando e que não pôde ser afastada pelas autoridades que nos velam os destinos.

Teremos que passar por ela e, assim, convém que nos abasteçamos com os víveres importantes para a alma, na consagração dos princípios de tolerância e compaixão, entendimento e perdão que constam dos itens do armazém de Jesus e que devem ser usados sem restrições ou medidas.

E tudo, pelo que parece, segundo os avisos que recebi, envolverá também o nosso Glauco, seu irmão Luiz e, por via de consequência, a todos nós que os amamos.

Entendendo que o alerta fora claro, ainda que não houvesse sido preciso quanto ao momento e ao tipo de testemunho que se abateria sobre o grupo, Gláucia complementou:

– Bem, agradeçamos aos amigos espirituais que nos ajudam e, com paciência e prudência, saibamos esperar por qualquer coisa com a alma lúcida e sem ansiedades, porque se estamos alertas, não poderemos nos queixar da surpresa.

– Isso é o mesmo que tenho pensado, filha. Vamos mais ao centro abastecer-nos com as vibrações de carinho desses amigos que nos amparam e não tenhamos medo de nada, sem nos conduzirmos com arrogância ou insolência diante das provações.

Quando tudo tiver passado, estaremos mais fortes e decididas na estrada a seguir.

Concordando com a genitora, Gláucia relembrou:

– Continuemos a fazer nosso evangelho em família porque a senhora sabe que só jogo de futebol é que tira papai de casa. Trazer a oração para o nosso lar, também será uma forma de fortalecer a sua própria defesa nas horas difíceis que, como nos disseram, irá abater-se sobre ele também.

– Isso mesmo... terça-feira estaremos aqui, novamente.

***

Na outra semana, a terça-feira estava reservando inúmeras emoções para as personagens que acompanhamos.

Marcelo e Sílvia desfrutariam os prazeres carnais livremente, escolhendo, inclusive, o lugar.

Marisa estabeleceria o plano de ataque segundo seu desejo de seduzir o rapaz cobiçado, valendo-se da entrevista com ele reservada.

Aproveitando-se das circunstâncias, induzido pelas entidades negativas, Luiz compareceria no escritório de Glauco para acertar-se com o futuro cunhado. Todos eles, no entanto, poderiam alterar seus caminhos, escolhendo outros comportamentos. Nenhum deles fora obrigado pelas entidades perturbadoras a agir daquela forma. Todos aceitaram passivamente seus conselhos.

Por sua vez, Olívia, Gláucia e Glauco estariam na oração em família.

A terça-feira, dessa forma, poderia não ser o que acabou se tornando para todos, encarnados e desencarnados.

Cada um paga um preço para que possa crescer segundo seus interesses pessoais.

Uns suam, outros choram, mas todos evoluem, de um jeito ou de outro.

30

TERÇA-FEIRA I
O ESCRITÓRIO DE GLAUCO

Enfim, chegara a tão esperada oportunidade para que Marisa pudesse, por fim, dar início à aproximação direta, conforme seus planos.

Naquele momento, tudo estava em jogo, sobretudo por saber que o marido a estava traindo, inclusive com hora e lugar marcados.

Para conseguir o clima de que necessitava, Marisa aproveitou-se de sua condição física, já modelada pelos exercícios e pelo estilo "Gláucia" que havia adotado, buscando tornar ainda mais exuberantes suas formas.

No entanto, sobre as peças íntimas provocantes e sensuais, preferiu vestir uma roupa menos provocante, mas que, de forma muito fácil, pudesse ceder aos seus movimentos, na exata hora em que fosse necessário livrar-se delas.

Em sua maneira de planejar, tudo já estava bem delineado. Assim, tanto a sua veste exterior deveria ser informal e discreta, quanto deveria ser extremamente provocante aquela que, fatalmente, deveria despertar o interesse de Glauco, por ser irresistível e atraente.

Tomando cuidado com todos os detalhes, Marisa tratou de escrever o endereço detalhado do motel no qual seu marido estaria com a outra mulher em um encontro íntimo, incluindo o número da suíte, ao mesmo tempo em que providenciou um pequeno revólver, que daria o contorno trágico no cenário.

Com tudo preparado, a esposa de Marcelo dirigiu-se para o encontro com o consultor de empresas, cuidando de usar, também, pesada maquiagem, que ressaltava os traços abatidos de um rosto que precisaria transparecer preocupação, uma dor moral incontida, compatível com o estado de desespero que ela encenaria diante do rapaz.

Olheiras, cabelo um pouco descuidado, atmosfera triste, nervosa, mãos trêmulas, tudo estava composto para que Glauco pudesse perceber a sua condição de desequilíbrio iminente.

Chegou ao escritório um pouco antes do horário previsto.

Enquanto esperava, demonstrava insatisfação para a secretária que se encontrava na antessala.

Sabendo que Glauco estava sozinho, a jovem, através do interfone, fez chegar ao seu chefe a informação da presença da cliente na recepção, ocasião em que, através do próprio aparelho, o rapaz solicitou que a conduzisse até o interior do escritório.

A sala de espera se localizava a certa distância dali, de forma que as pessoas que estavam aguardando não podiam ser vistas pelos que se achavam no interior de seu posto de trabalho, ao mesmo tempo em que a sua posição estratégica permitia a saída sem que fosse necessário passar pelo local onde clientes estavam esperando o atendimento.

Assim que foi conduzida ao interior do escritório de Glauco, Marisa incorporou o papel da mulher desesperada e que está à beira de um colapso moral.

Seu tremor e sua aparência denunciavam uma pessoa constrangida por sérios problemas, o que não passou desapercebido pelo rapaz.

– Sente-se, Marisa – disse ele, levantando-se para recebê-la, cortês.

– Obrigada. Estou mesmo precisando sentar um pouco.

– Nossa, você está parecendo muito nervosa.

– É, Glauco, as coisas não andam bem.

– É por isso que nós marcamos esse encontro, para que eu lhe explicasse os trâmites a serem adotados para a obtenção das autorizações e demais exigências para a abertura da empresa, conforme você me solicitou.

– Isso mesmo – respondeu, monossilabicamente.

Vendo o tremor de Marisa, antes de dar início à explicação do caso, solicitou que a secretária providenciasse um pouco de água com açúcar para a jovem.

Enquanto isso estava sendo atendido, as entidades que acompanhavam a cena, principalmente aquelas que a Organização destacara para o processo de influenciação de Glauco, as mesmas que haviam sido admitidas no culto do evangelho na casa de Olívia semanas antes, se postavam atentas para que as atitudes das personagens pudessem favorecer aos seus interesses.

Sabendo que Marisa iria contar com o apoio dos Espíritos infelizes que assessoravam dona Mércia, todos a postos para agir segundo os objetivos almejados pela jovem, o Chefe e Juvenal, observados por Gabriel, organizavam o restante do plano trevoso, auxiliando Jefferson, a entidade obsessora de Luiz. Reforçaram no rapaz a necessidade de procurar o futuro cunhado para um encontro mais íntimo, onde as explicações de parte a parte poderiam colocar um ponto final naquele estado difícil em que se via envolvido.

Assim, cronometrando os encontros, as entidades trevosas haviam cuidado para que Luiz chegasse ao escritório mais ao final da tarde, a fim de que seus intentos pudessem ser favorecidos com os acontecimentos em curso, envolvendo Marisa e Glauco.

No interior do escritório, Glauco deixara de lado a pretensão de explicar as questões técnicas para as quais havia sido contratado, a fim de conseguir acalmar a agitada cliente, solicitando, inclusive, a ajuda da própria secretária.

À medida que Marisa ia se vendo objeto da atenção do rapaz, mais e mais se lhe aguçavam o pendor e o talento para a encenação. As lágrimas começaram a brotar, naturais, molhando seu rosto, como a denotar a existência de um grave problema.

– Vamos, Marisa, o que é que está acontecendo? Fale comigo, se isso pode ajudar a acalmá-la.

– Ah! Glauco, eu acho que todo o seu esforço foi em vão.

– Como assim, Marisa? Você solucionou seu problema com Marcelo de alguma outra forma?

– Não, meu amigo. As coisas estão a caminho de se solucionarem sozinhas, sem muita burocracia nem complicações.

— Vamos, fale — solicitou o rapaz, demonstrando interesse em sua história.

Procurando valorizar as informações para que delas extraísse o melhor impacto nas emoções de Glauco, Marisa passou a rememorar as mesmas cenas que haviam sido relatadas no encontro anterior, quando de sua primeira visita ao escritório.

— Lembra-se, Glauco, que havia trazido as gravações que indicavam a traição de meu marido? Você havia levantado a hipótese de que poderia tratar-se de alguma pessoa maldosa desejando fazer chantagem com ele.

— Isso, estou lembrado....

— Pois bem, desde então, passei a observar melhor o conteúdo de seus recados, sempre depois que ele adormece e, para minha infelicidade, descobri que não se trata de um engano. Trata-se de um caso antigo, já repetido e estimulado por uma mulher perigosa, bastante segura de si para deixar recados obscenos até mesmo na secretária eletrônica do celular do meu esposo.

— Não é possível, Marisa. Marcelo sempre me pareceu tão correto...

— Sim, Glauco, ele é advogado e sabe como manter a pose, jamais assumindo algum tipo de deslize moral.

No entanto, para mim não há mais dúvida.

Ele está me traindo e já não é há pouco tempo que isso acontece.

Diante de tudo isso, estou absolutamente perdida.

Antes, imaginava que fosse um sonho ruim, como você mesmo sugeriu que pudesse ser. Confiava que tal situação acabasse caindo no esquecimento de um mal entendido. No entanto, o recado indecente que pude escutar em sua secretária eletrônica destruiu em mim o último refúgio de esperança, no qual me escondia para tentar continuar mantendo uma vida que parecia equilibrada e serena, ao lado do homem que amei e amo.

No entanto, agora, descoberta a farsa do afeto, não sei mais a quem recorrer.

Vendo o estado de desequilíbrio mal controlado, Glauco ainda tentou advogar a posição de integridade do amigo.

— Mas você está segura mesmo de que se trata de uma traição?

— Por mais que deseje duvidar, a voz que permanece no meu pensamento me impede de achar que meu marido não sabe do que está se passando. Ainda assim, no dia de hoje, daqui a alguns minutos, estarei flagrando essa situação por mim mesma.

— Ora, Marisa, como é que é?

Aquele era o ponto crucial da conversa. Então, com redobrado cuidado para atingir o clímax do drama, passou a explicar:

— Pois você acredita, Glauco, que a maldita mulherzinha insolente, teve a audácia de ligar para meu marido dizendo em que motel seria o encontro, no dia e hora que ela mesma fixou, tendo determinado, inclusive, o número da suíte que já havia reservado? Deve ser tão vagabunda – desculpe a expressão – e tão conhecida nesse lugar que, com um simples telefonema consegue até mesmo reserva de quarto, como se estivesse tratando com um hotel de classe....

— Não acredito! – exclamou, espantado, o próprio rapaz.

— Mas eu tenho o endereço comigo, tenho tudo escrito aqui, em minha bolsa....

Dizendo isso, como se estivesse pretendendo provar a sua afirmação, aparentando descontrole emocional, começou a revirar a bolsa em busca de um pedaço de papel que ela própria houvera colocado bem no fundo para que não fosse facilmente encontrável.

Diante de tal dificuldade, resolveu, como parte da encenação, virá-la sobre a mesa, nervosamente, a fim de procurar a anotação onde constava o endereço do encontro de seu marido com a amante.

Isso fez com que todos os seus pertences, máquina fotográfica, chaves, objetos estéticos, documentos, incluindo o pequeno revólver acabassem dispostos sob os olhares de Glauco.

Por fim, encontrou o papel e entregou-o ao rapaz.

Enquanto o desdobrava, ia observando a alteração emocional de Marisa, atentando, agora, para a arma de fogo que ali poderia estar indicando a possibilidade da mulher traída adotar alguma medida extrema de vingança.

Apesar de abrir o pedaço de papel no qual se podia ler um endereço, com horário e demais detalhes bem definidos, escrito por uma letra trêmula e indecisa, Glauco mantinha-se atento aos movimentos de Marisa que, mais do que depressa, como se desejasse ocultar alguns de seus pertences, passou a recolher tudo o que havia deixado à mostra, iniciando pela própria arma de fogo.

— É verdade, Marisa, aqui está um endereço e a marcação de um encontro... mas você está certa de que se trata de um motel? Não pode ser a casa de algum cliente ou o escritório de algum advogado?

— Só se for cliente um promíscuo ou advogado de bordel, porque eu passei inúmeras vezes, pessoalmente, nesse endereço e constatei com meus próprios olhos que se trata de um local para encontros clandestinos.

Além do mais, desde quando alguém marca um encontro desses para tratar de negócios dentro de uma suíte? Ainda que meu marido fosse advogado do proprietário do motel, esse encontro não seria em um de seus quartos, seria no escritório da "empresa".

Não tendo como negar razão aos seus argumentos, Glauco, agora mais nervoso e preocupado do que antes, passou a tentar contemporizar.

— Isso ainda não quer dizer que Marcelo a esteja traindo, Marisa.

— É, Glauco, os homens são sempre assim. Se protegem até onde der para enganar as tolas de suas mulheres... Mas para não deixar de lhe dar razão, hoje mesmo eu irei constatar essa verdade.

Por isso, passei aqui para lhe pedir que não faça mais nada em meu caso porque pressinto que será perda de tempo. Hoje as coisas se definirão,

(....)

De um jeito ou de outro...

Imaginando que essa vaga referência poderia dizer respeito ao uso da arma de fogo, Glauco afirmou:

Você não deve pensar em fazer nada que piore a situação, Marisa.

Percebi que você está armada e, nessas horas, tais instrumentos não nos ajudam em nada...

Tentando justificar a presença do revólver em suas coisas, Marisa respondeu, indiferente:

— Ora, Glauco, esse revólver sempre esteve comigo em minha bolsa.

– Pode ser, minha amiga, mas talvez você nunca tenha estado em uma crise tão dura como esta.

– Você está me chamando de desequilibrada?

– Não, Marisa. Estou, apenas, tentando fazer você pensar que isso pode ser perigoso para todos.

– Mas eu não vejo perigo nenhum. Como você viu nesse papel, às dezoito horas de hoje, tudo estará revelado. Eu vou estar lá no mesmo motel, de preferência na suíte mais próxima, para poder sair e dar o flagra nos dois safados....

Falando isso, Marisa gesticulava nervosa, movendo as mãos, embaraçando os dedos, vitrificando o olhar no vazio, como se estivesse se deleitando com as imagens mentais que criava, apontando para o pior cenário que qualquer pessoa lúcida poderia entrever ou imaginar.

Vendo que Marisa não estava emocionalmente equilibrada e que, daquele estado poderia decorrer uma tragédia para todos, inclusive para ela própria, Glauco consultou o relógio e se deu conta de que já passava das dezessete horas.

Restava apenas uma hora para que conseguisse impedir uma tragédia anunciada.

Não tinha, entretanto, como violentar a vontade da cliente que, decidida, já dava mostras de ansiedade, diante do avançado da hora.

***

Enquanto isso tudo estava acontecendo no interior do escritório, Luiz chegou para o já mencionado entendimento com o futuro cunhado, sem, contudo, identificar-se como tal, preferindo passar, apenas, por um amigo que precisava de alguns conselhos profissionais, que viera sem marcar horário.

Tendo sido encaminhado pela secretária para a sala de espera, foi informado de que Glauco estava muito ocupado com uma cliente em dificuldades e que, por isso, não poderia interrompê-lo.

Reconhecendo que não houvera marcado horário para o atendimento previamente, preferiu sentar-se e esperar, folheando, nervosamente, alguma revista que lhe estava à mão.

Enquanto isso, lá no interior da sala, escutava, eventualmente, o timbre da voz do rapaz acompanhado da voz de outra pessoa que, pela natureza sonora, identificou ser, realmente, a de uma mulher em desespero.

Não atinava sobre o conteúdo do assunto, mas dava para perceber, perfeitamente, que a mulher estava descontrolada, no mínimo, afoita demais.

Interessado por todos os lances e mantendo a atenção em tudo o que ocorria por força da intuição que os Espíritos obsessores lhe transmitiam, não demorou para escutar o interfone soar com um pedido de Glauco à secretária.

Lá no interior, o rapaz deliberara acompanhar a desequilibrada moça até o local onde pretendia dar o flagra em seu esposo, com a finalidade de evitar uma tragédia maior, fosse a do duplo homicídio, ou a do suicídio da jovem.

Determinado a ajudar na situação que lhe parecia crítica, solicitou à funcionária que procurasse telefonar para a casa de sua noiva a fim de que pudesse falar com ela, antes de tomar qualquer atitude, no sentido de explicar a gravidade do caso e de não esconder nada de Gláucia.

– Um minutinho, Senhora Olívia, por favor, vou informar Dr. Glauco. Espere na linha um instante, sim...

– Dr. Glauco, dona Olívia está informando que Gláucia ainda não chegou em casa... – disse a secretária, sem saber que Luiz a estava escutando na sala de espera.

Sem entender o que estava acontecendo, mas achando estranho que aqueles nomes fossem pronunciados ali, justamente no momento em que estava esperando por Glauco, redobrou sua atenção para tentar decifrar o conteúdo da conversa.

– Sim, pode deixar... – respondeu a funcionária – Ela está na linha, esperando uma posição do senhor... pode deixar que eu direi...

Retomando a ligação que havia feito por ordem de Glauco, a secretária dirigiu-se à Olívia, do outro lado da linha, dando-lhe o recado do seu chefe:

– Dona Olívia, o doutor Glauco pediu que lhe informasse que, por gentileza, avisasse Gláucia quando de sua chegada, que ele teve um problema de última hora que o vai prender por mais tempo no escritório e que, por isso, também não poderá estar na reunião de logo mais à noite. Disse também que, tão logo tenha resolvido tudo, telefonará para conversar com Gláucia, explicando melhor o imprevisto.

Luiz percebeu que o recado fora entendido com clareza e tudo estava acertado. Com isso, ele próprio teria mais tempo para conversar com Glauco, depois que a mulher fosse embora.

Logo depois de ter desligado, a secretária voltou a comunicar ao seu chefe de que o recado havia sido dado como ele houvera pedido.

No entanto, para surpresa de Luiz que, nessas alturas já estava bastante interessado nos ruídos que escutava no interior da sala de Glauco, identificou que seus dois ocupantes se preparavam para sair.

Ruídos de cadeiras, persianas sendo fechadas, tudo isso demonstrava que Glauco se aprestava para deixar o ambiente.

Não tardou para que Luiz escutasse a voz de Glauco, dizendo à secretária, secamente:

– Claudete, preciso sair agora com minha cliente, mas se alguém me telefonar, diga que não posso atender. Anote o telefone e diga que assim que me desocupar, retornarei a chamada....

– Mesmo que seja a senhorita Gláucia? – perguntou a funcionária.

– Ela não vai telefonar. Mas mesmo que seja ela, pode dizer que estou ocupado e que, mais tarde lhe telefono.

– Sim, senhor... farei como manda.

Luiz, ouvindo aquelas informações, instigado pela própria malícia e pela da entidade que o controlava, passou a considerar muito suspeita aquela conduta de Glauco. Primeiro telefonou para dizer que tinha um problema no escritório e que não poderia ir à reunião da oração naquela noite. Logo depois, contrariando suas afirmativas, saiu do escritório acompanhado de outra mulher e ordenou à secretária que não dissesse a ninguém que havia saído....inclusive à própria noiva.

Os Espíritos perseguidores se alvoroçaram, envolvendo Luiz com a preocupação de seguir Glauco para descobrir seus segredos e, inclusive, proteger sua irmã contra qualquer deslize do noivo.

Assim, esperou um tempinho até que a chegada e a partida do elevador pudessem ser escutadas e, já que a secretária não o conhecia mesmo, anunciou que voltaria outro dia. Foi somente aí que a funcionária se lembrou de sua presença. Desculpando-se, envergonhada, informou que o próprio patrão tinha acabado de sair.

– Não tem importância, eu volto outro dia. Além do mais, as coisas estavam meio "quentes" lá dentro – respondeu Luiz querendo ser simpático.

– É, realmente, o momento não era dos melhores... – respondeu Claudete.

Saindo do escritório, encontrou a escada. Sabendo que naquele horário o trânsito dos que iam embora para casa congestionava o elevador, desceu o mais rápido que podia e posicionou-se dentro de seu carro para acompanhar a saída do veículo do cunhado.

Enquanto procedia a essa proeza, seus pensamentos acelerados iam sendo estimulados com a ideia de que estaria flagrando o futuro cunhado em alguma infração moral grave, o que lhe serviria de importante trunfo que saberia usar para desmascarar o rapaz, agora também suspeito de traição, na mente de Luiz.

E quanto mais esperava, mais Jefferson influenciava os pontos cerebrais que fustigavam as suas suspeitas, com a finalidade de que seguisse o carro de Glauco para tirar a limpo aquela situação.

O final da tarde, o carro do cunhado transportando uma bela loira com óculos escuros, a conversa despistadora de momentos antes, tudo estava se combinando para um excepcional flagrante, que reduziria o cunhado à miséria moral.

Luiz era um Espírito mesquinho e recalcado que, pressionado pelas próprias culpas, desejava ver em todos os que o cercavam, pessoas igualmente viciosas como ele, a fim de que sua baixa conduta moral acabasse justificada como algo que todo mundo fazia, também.

E o fato de Glauco ter descoberto seu comportamento homossexual gerava em seu íntimo uma natural aversão ao rapaz, porque dele se sentia refém, coisa que, agora, poderia ser revertida, caso se confirmasse a condição de infidelidade que se desenhava.

Luiz, eufórico, tratou de seguir ao encalço do veículo de Glauco por todas as ruas e avenidas que trafegava.

O horário não ajudava a velocidade do trânsito. Por isso, não fora difícil manter a vigilância daquele casal, tanto quanto perceber que o carro se dirigia para um local distante dos tradicionais lugares frequentados por sua irmã.

Jefferson, informado pelo Chefe da trama sórdida que iria se estabelecer naquele dia, mais e mais empurrava Luiz para o resvaladouro da dúvida ou da suspeita, através do qual manteria no seu Espírito a prévia ideia de crime moral, consumado às escondidas de sua amada irmã, Gláucia.

* * *

Voltando um pouco nos eventos daquele dia, encontraremos Glauco confundido diante da possibilidade evidente de uma tragédia, a envolver Marisa e Marcelo em uma situação digna de conto policial dos mais trágicos.

Como estava mais equilibrado, vira-se na obrigação de tentar demover Marisa da prática de tal conduta, buscando ajudá-la para que não cometesse nenhuma loucura consigo mesma e nenhum crime com os dois que ela iria flagrar.

Não sabia porém, que esse era exatamente o plano da moça. Criar em seu íntimo o desejo de impedir uma tragédia, graças à deliberada intenção de dar o flagrante no marido infiel, indo até o motel onde o encontro aconteceria.

Assim, como Marisa não arredava pé da decisão, tentou ele comunicar-se com Gláucia, para dar a conhecer à noiva o estado de desespero de Marisa e, quem sabe, solicitar a sua companhia para, juntos, irem até o local do encontro clandestino.

Como não a encontrou, preferiu não deixar com uma outra pessoa a notícia estranha de que estaria indo com uma outra mulher para um motel....

Muita explicação para tão pouco tempo, em um momento tão complicado e emergente quanto aquele.

Preferiu optar pela notícia rápida, inclusive para não dar a conhecer à própria secretária, o seu destino ou a finalidade de sua saída do escritório.

Por isso, limitou-se a informar que não iria ao culto do evangelho naquele dia porque imaginava o tamanho do problema que deveria administrar, caso o encontro de Marisa e Marcelo, junto com a amante, efetivamente se concretizasse, coisa que ele estava decidido a impedir que acontecesse.

Vendo que Glauco mordera a isca, Marisa ainda tentou demovê-lo da ideia de acompanhar sua ida ao motel.

– Não precisa não, Glauco, eu sei ir até lá sozinha...

— Mas eu irei junto para que nada de grave aconteça com vocês. Quem sabe possam precisar de algum amigo nessa hora... – falava o rapaz, pensando em uma forma de tirar-lhe o revólver durante o trajeto.

— Além de tudo eu também trouxe uma máquina fotográfica para não deixar qualquer dúvida a respeito da conduta do sem-vergonha. Ele bem que pode dizer que não estava lá e que foi tudo loucura minha... afinal, o desgraçado é advogado e sabe muito bem como fazer as coisas....

— Foto é melhor do que tiro, Marisa...

— Depende, Glauco... depende da ordem.....

A tentativa de desanimá-lo fazia parte do cenário. O certo é que Marisa euforizou-se ao perceber que o rapaz tinha mordido a isca.

Precisava manter-se em equilíbrio porquanto não poderia deixar as coisas darem errado justamente agora.

Colocou os óculos escuros e aceitou descer até a garagem do prédio para seguirem até o endereço no carro de Glauco.

Não imaginavam que Luiz ia ao encalço dos dois.

Todos na direção do motel onde havia sido marcado o encontro de Marcelo e Sílvia.

✻✻✻

Por falar nos dois, iremos encontrá-los nos preparativos para o respectivo momento de intimidade.

Marcelo, portando os documentos que iria apresentar à colega de trabalho, no sentido de demonstrar a desonestidade de Leandro, enquanto que Sílvia, pronta para mais uma tarde/noite de aventuras e orgias sexuais estimulantes, para as quais se arrumara com esmero, ajudada pela companhia de seus dois mais íntimos comparsas, o Chefe e Juvenal, ambos associados na sua exploração sexual desde longa data, encontrando, em suas fantasias e excessos, a fonte de prazeres intensos que a falta do corpo físico já não mais lhes permitia por outro meio.

Todos os truques, acessórios e recursos da sedução que a atual sociedade tanto tem se esmerado em propiciar aos seus integrantes estavam ao alcance daquela pobre mulher, aviltada nas excessivas aventuras, tornando-a ansiosa e animalizada no exercício das faculdades sexuais quando, em verdade, o sexo deveria estar servindo para a troca de afetividades, de carinhos, de energias fecundas entre partes que se amam.

Aquele local já era frequentado com regularidade por Sílvia que, com liberdade, marcava por telefone as reservas que desejava, como havia feito para aquela tarde.

Sabendo do interesse de Marcelo por seu corpo e pela intimidade que ambos conheciam do encontro anterior, Sílvia chegara antes do horário com a finalidade de preparar-se, tanto quanto ao ambiente, para a chegada do esperado companheiro de aventuras.

Logo que deu entrada no motel, estacionando o seu carro em uma das duas vagas da garagem, deixou-a aberta para que Marcelo pudesse parar o seu, quando, então, promoveria ao fechamento e isolamento dos veículos.

Enquanto isso estava acontecendo, Glauco e Marisa chegavam ao local, solicitando uma suíte nas proximidades daquele número que a esposa de Marcelo conhecia.

Segundo informações do funcionário, escolheram uma que lhes parecia favorável por estar localizada bem em frente daquela ocupada pelo casal que Marisa pretendia flagrar, o que facilitaria a visualização da chegada ou saída de quaisquer dos carros.

Assim que se posicionaram, logo perceberam que um carro já estava estacionado.

Marisa desceu e tratou de baixar a porta da garagem de sua suíte, vedação plástica opaca que permitia ocultar os veículos dos olhos alheios ao mesmo tempo em que facilitava o afastamento lateral da cortina plástica flexível, para a observação dos vizinhos de frente, quando da chegada de Marcelo.

Glauco sabia que aquela situação era perigosa para ele, já que se permitira ir até um motel com outra mulher. No entanto, a consciência limpa e a companhia dos Espíritos amigos que se faziam ainda mais próximos, compensava a pressão psíquica dos Espíritos inferiores que, sobre Marisa, ia se fazendo mais intensa a fim de que se consumasse o seu tão esperado desejo de aproximação.

No entanto, as forças do mal não se limitavam a criar essa coincidência nefasta.

Na rua, do lado de fora, um estupefato e eufórico Luiz confirmava as suas suspeitas. Efetivamente, aquele santo Glauco era, na verdade, um devasso traidor. Estava deixando sua irmã Gláucia pensar que se tratava de um homem honesto e, enquanto a família orava em conjunto, o safado cunhado se metia em um motel com outra mulher, inventando desculpas com as quais ia disfarçando a sua conduta.

Ali, naquele momento, Luiz se sentiu com um poder supremo.

Até então, Glauco fora detentor do segredo de sua homossexualidade, o que o obrigava a esconder-se, a fugir de sua presença. Agora, Luiz não mais estava vulnerável. Também tinha um segredo para poder se sentir limpo ou tão indecente quanto qualquer outro homem de sua idade, como gostava de pensar, sempre que sabia dos deslizes de algum outro seu conhecido.

No entanto, ao mesmo tempo em que se sentia feliz em ver que não era somente ele o fraco, pressupondo a prevaricação de Glauco, o seu amor por Gláucia tornava ainda mais grave a constatação daquela traição do noivo.

Sabia das peripécias de Glauco no passado e testemunhara o sofrimento da irmã no período em que seu então namorado se aventurara com uma mulher mais velha.

Tudo havia passado, desde então, com a modificação da conduta do rapaz. No entanto, será que havia passado mesmo? Não seria possível que Glauco apenas tivesse tomado mais cuidado com a ocultação de suas escapadas?

Não seria Gláucia a ingênua a não querer ver o que se passava?

Por que deixar a irmã caminhar para o matrimônio com um indivíduo mentiroso e que já lhe havia dado provas da indecência, provas estas que repetia agora, de forma clara e decisiva?

Todos estes pensamentos iam crescendo em sua mente, nos momentos em que se deixara ficar no interior do carro, nas proximidades do motel onde vira o de Glauco penetrar alguns minutos antes.

Jefferson, o obsessor espiritual estava a postos, manipulando sua invigilância para que, com a desculpa de alertar a própria irmã, fizesse com que ela se inteirasse pessoalmente da traição, na porta do local onde estava acontecendo.

Titubeante, mas com a nítida ideia de prestar um excelente serviço ao coração da irmã que dizia amar profundamente, Luiz tomou do celular e ligou para sua casa.

– Alô – disse o rapaz, meio nervoso.

– Pronto, com quem quer falar? – respondeu a voz jovial da irmã, no outro lado da linha.

– Oi, Glau, é o seu irmão, tudo bem?

– Oi, Lu –, respondeu a irmã, intimamente.

– Escuta, estou precisando de você agora. Você pode me ajudar?

– O que aconteceu, Lu? Fale do que se trata....

– Bem, pegue seu carro e me encontre no endereço que estou lhe passando. Anote aí... mas tem que ser agora...

Enquanto o irmão passava o endereço, Gláucia dizia:

– Puxa, Luiz, justo hoje que é dia de oração aqui em casa... e o Glauco já avisou que não poderá vir....

– Mas é urgente, Glau. Eu não posso falar por telefone... Venha rápido e eu lhe explico quando você chegar. Não é nada grave, mas preciso muito de você. Não pode demorar muito....

– Tudo bem... nesse endereço eu devo chegar em meia hora.

– Está ótimo. Estou no meu carro em frente. Pare bem atrás de mim....

– Combinado. Mas veja lá o que você está aprontando...

– Não se preocupe, maninha. Eu jamais ia fazer algo que a prejudicasse.

Desligou o telefone e ficou esperando a chegada da irmã.

Nem se deu conta de que, depois de uns quinze minutos, um outro carro entrou no motel, com destino ao mesmo quarto onde Sílvia já estava preparada para a sua chegada.

Era Marcelo que vinha, acompanhado por Gabriel, o aleijado, que por sua pouca experiência nas rotinas perturbatórias, recebera a incumbência de se certificar da vinda do marido de Marisa, acompanhando-o até o local.

No interior da suíte, o Chefe e Juvenal estavam a postos para o desfrute daqueles momentos de sexualidade exagerada, envolvidos intimamente com a experiente Sílvia, tocando-lhe os centros genésicos, estimulando-lhe os pensamentos lascivos, ajudando a criar um clima de excitação mental com o qual ambos se envolveriam e aproveitariam daquelas explosões de euforia e prazer.

31

TERÇA-FEIRA II
O MOTEL - PROTEÇÃO AOS MAUS

Enquanto Gláucia se dirigia ao local sem imaginar o que a esperava, Marcelo já estava chegando, carregado com os documentos que Camila lhe havia fornecido como prova do envolvimento ilícito de Leandro, ao mesmo tempo em que Marisa e Glauco se posicionavam na garagem em frente à suíte que iria receber os dois amantes.

Naturalmente que o desejo de Glauco não era o de bisbilhotar a infidelidade de Marcelo, mas, sim, estar presente para tentar evitar uma suposta tragédia. Por isso, enquanto Marisa, a esposa traída, procurava o melhor ângulo para as fotos irrefutáveis, Glauco tomou o cuidado de trancar o carro em cujo interior ficara a bolsa e os pertences da jovem, incluindo o revólver que vira em seu escritório, evitando-se, assim, qualquer atitude tresloucada.

A chegada do veículo do marido foi acompanhada pela mulher traída, passo a passo, com os instantâneos fotográficos registrando a entrada, o trajeto, o estacionamento, a descida de Marcelo, a sua tarefa de baixar a cobertura que vedava a garagem dos olhares indevidos, antes de ingressar nos aposentos destinados, em geral, aos encontros fortuitos.

Em todas estas etapas, Marisa tratou de fotografar a chegada e a presença física do esposo, de maneira a ter mais documentos visuais de sua conduta suspeita, além de incluir os registros do outro veículo que já se encontrava no interior da garagem, com a melhor visualização dos detalhes como número de placa, modelo, cor, etc.

No entanto, como o leitor se recorda, naquele dia, a principal tarefa de Marisa não era tanto a de flagrar o marido, pelo qual já não tinha maior interesse. Era, ao contrário, colocar Glauco na condição vulnerável de homem sob tentação da carne, como havia se comprometido quando da contratação dos serviços de dona Mércia e da equipe espiritual inferior que a assessorava.

Assim, depois que o marido já havia ingressado na respectiva suíte, o que poderia significar, para Glauco, o cumprimento dos objetivos daquela empreitada, Marisa passou a simular um estado de desequilíbrio emocional, indicando nervosismo, tontura, vertigem, queda de pressão, procurando, com isso, chamar a atenção do seu acompanhante que, conforme se podia perceber, tudo fazia para não ingressar no quarto do motel destinado aos dois. Permanecia na garagem, acompanhando Marisa.

Para tornar mais convincente a sua encenação, passou a gesticular em busca de sua bolsa, onde sabiam se encontrava o revólver.

– Glauco, onde está minha bolsa? Você viu, aquele sem-vergonha, aquele safado, aquele vagabundo está me traindo ali na minha cara, está se encontrando com outra bem no meu nariz... isso não pode ficar assim...

– Calma, Marisa – tentava contemporizar o rapaz, notando o visível estado de desequilíbrio da mulher de Marcelo.

– Vamos, eu quero a minha bolsa...

– O carro está trancado...

– Como? – gritou Marisa, descontrolada... – eu não posso deixar as coisas desse jeito... vamos, eu vou acabar com essa história agora mesmo... me dê a minha bolsa!!!!!....

E sabendo que, em realidade, o mais importante era conseguir fazer Glauco entrar na suíte, Marisa passou a esbravejar, aos gritos, misturando uma expressão de ódio a um choro desequilibrado e quase convulsivo.

Vendo que a mulher estava sofrendo uma crise de difícil controle, Glauco ponderou, tentando acalmá-la:

– Calma, Marisa, você tem que se controlar. Não fique gritando... isso não vai resolver nada... só vai piorar as coisas....

No entanto, vendo que Marisa começava a esmurrar o carro, no desejo de conseguir sua bolsa em busca da arma, Glauco acabou se vendo na obrigação de recolhê-la ao interior da suíte, a fim de que, sem escândalos, Marisa pudesse ser contida.

Era tudo o que ela desejava. Então, assim que se viu levada na direção do quarto reservado, Marisa deu uma trégua e se deixou empurrar para o destino, onde tudo poderia acontecer de forma mais fácil e direta.

Tudo para o que havia se preparado antes visava a atingir aquele momento ou chegar naquela situação.

* * *

Enquanto isso ia acontecendo no plano físico, observemos o panorama do ponto de vista do plano espiritual.

Do lado de fora do motel, a entidade obsessora de Luiz estava controlando seus pensamentos e sentimentos de forma a agir para desmascarar o futuro cunhado, alertando a irmã sobre sua conduta leviana com a prova concreta de sua infidelidade. Essa seria uma dupla forma de se ver livre do seu problema. Protegeria a irmã que amava da ação de um aproveitador mentiroso, ao mesmo tempo em que afastaria o conhecedor de sua fraqueza do seio de sua família, sem precisar mais se preocupar em se encontrar com Glauco, o único que sabia de seu envolvimento homossexual clandestino.

Jefferson, a entidade astuta, diretamente ligada à Organização, seguia obedecendo às ordens recebidas diretamente do Chefe, mantendo Luiz sob controle cerrado.

No interior do quarto, Sílvia estava absolutamente envolvida pela dupla de entidades obsessoras que, usualmente, se locupletavam com as emoções de baixíssimo padrão a que ela se permitia, vivenciando as alucinadas aventuras com a justificativa de entregar-se à excitação intensa, sem se dar conta de que isso era produzido em virtude do fato de que, enquanto seu corpo se relacionava com um homem físico, sua alma era envolvida pelo sensualismo múltiplo, uma vez que do ato sexual participavam ativamente os dois comparsas invisíveis a formarem o trio masculino com quem ela iria trocar sensações, simultaneamente.

Marcelo, chegando ao ambiente, imediatamente foi envolvido pelo clima lascivo que se mantinha pesado e embriagador naquele quarto. Constantemente destinado aos encontros carnais, o ambiente psíquico era dos mais inferiores, correspondendo a uma verdadeira arena, no meio da qual a cama bem arrumada e as luzes estrategicamente posicionadas serviam de improvisado palco para a exibição física, enquanto que a plateia se revezava, de um quarto para outro, sempre atendendo aos diversos padrões de perversão ou de estímulos inferiorizados que se faziam presentes nos diversos ambientes.

Ao lado das vibrações sensualistas repetidamente emitidas e condensadas por inúmeras entidades desequilibradas, as cenas veiculadas pelos aparelhos televisivos, em sua maioria sintonizados na pornografia mais vulgar, correspondia ao fermento das emoções vulgares e animalizadas, estimulando nas pessoas a rememoração de suas experiências passadas, nos períodos da personalidade imatura de outras vidas, quando a animalidade bruta empurrava cada qual para as perversões da sexualidade, nos excessos, abusos e violências que se encontravam arquivados no inconsciente de cada pessoa que a elas assistia.

Assim, todas as forças naquele ambiente cooperavam para que os que se permitiam envolver em suas teias acabassem entregues aos excessos de todos os tipos, sob os aplausos da plateia de entidades vis e viciosas, libertinas e pestilentas, presas igualmente das sensações corrompidas da sexualidade em desequilíbrio.

Verdadeiros monstros, que apresentavam o aspecto de criaturas convulsionárias, em atitudes flagrantemente obscenas, babando e espumando ao ritmo dos contorcionismos dos que se exibiam no palco daquela arena improvisada, ao mesmo tempo em que gritavam, convocando outros comparsas para que acompanhassem um ou outro desempenho.

Assim, o motel era um verdadeiro amontoado de entidades, a se deslocarem como uma massa viscosa de um lado para o outro, dependendo sempre de onde vinha o maior volume de gritos e agitações da plateia.

Marcelo mergulhara, como dissemos, nessa atmosfera que, de uma forma ou de outra, se casava com a excitação que o acompanhava, ao rememorar as emoções já vividas com aquela mulher, ali no papel de fêmea vulgar.

E por mais que suas ideias estivessem ligadas ao objetivo de conquistar o interesse de Sílvia para o desmascarar de Leandro, a verdade é que ele sabia o que o aguardava, sensação que vinha ao encontro direto aos seus interesses masculinos, no exercício da atividade sexual que já não desfrutava ao lado da esposa.

Como a maioria dos homens que não aprendem a controlar o impulso da sexualidade, Marcelo era, ao contrário, controlado por ela, colocando o domínio que exercia sobre o corpo abaixo das sensações e prazeres que o corpo podia lhe propiciar.

Usando das tradicionais desculpas ou justificativas, o rapaz se permitia aquele tipo de envolvimento como alguém que exercita a sua natureza masculina, não importando os envolvimentos morais ou compromissos emocionais que já houvera estabelecido.

Adepto da filosofia de que, se não aproveitar a ocasião, algum outro vai aproveitá-la, Marcelo chegava à beira do vulcão, com a consciência de que poderia sair chamuscado desse encontro, risco esse que, mais do que aceito, era, na verdade, ansiosamente buscado por suas emoções.

Marcelo, então, comparecia como quem adere incondicionalmente ao ato, dele esperando retirar o melhor para suas emoções masculinas, no exercício da função animal, divorciada dos ascendentes morais que poderiam tornar o sexo a expressão do afeto sincero e a antessala da ventura compartilhada.

Confundido com as sensações da excitação instintiva, a sexualidade acabara sendo transformada em um espinho na carne, movida por uma necessidade de estímulos crescentes, no mesmo âmbito dos vícios mais comuns a exigirem sempre maiores doses de seus usuários.

Por isso, Marcelo não podia se ver protegido, tanto quanto Sílvia, pela ação generosa de entidades amigas que pudessem ampará-los com conselhos positivos de contenção e cuidado.

Sacerdotes do prazer pelo prazer, viciados no exercício da sexualidade banalizada pelas exigências consumistas de uma sociedade que a explora para torná-la instrumento de consumo, os dois eram, apenas, bonecos teleguiados pelo desejo carnal, manipulados pelas entidades inferiores que deles se serviam para extraírem a carga de energias vitais temperadas pelo impulso mental erotizado.

Ao mesmo tempo em que o ambiente vibratório do quarto mais se assemelhava ao de um rodeio, com a arena e as arquibancadas, incluindo os anunciantes, os locutores narrando as cenas, o telão mostrando filmes grotescos, um conjunto de Espíritos amorosos e missionários se mantinha em oração no ambiente, buscando dar continuidade ao amparo tanto dos encarnados invigilantes, quanto dos Espíritos alucinados que, por óbvios motivos, não podiam visualizá-los por estarem em outro padrão vibratório.

Ali estavam Félix, Magnus, Alfonso e outros Espíritos especializados nos resgates e nas tarefas ligadas ao desvario da sexualidade tresloucada, usando da loucura dos homens e mulheres com a finalidade educativa e reorientadora de suas condutas.

Quando Marcelo chegou ao local, Gabriel, o aleijado, o acompanhava como que o escoltando em segurança para o fatídico encontro.

Ao mesmo tempo, o Chefe e Juvenal se encontravam enlaçados com o corpo sedutor e perfumado de Sílvia, à espera das emoções fortes através das quais ambos recolheriam alimento para saciarem suas necessidades igualmente viciosas.

A chegada do rapaz euforizou a plateia que, aos gritos, pedia o início do show, antecipadamente anunciado pelos Espíritos perturbadores, convocando mais e mais entidades desequilibradas para ajudarem nos excessos e na excitação dos encarnados.

Tão logo Marcelo se viu sozinho na presença de Sílvia, um grupo de entidades femininas do mesmo teor de desequilíbrio da área da sexualidade projetou-se sobre ele, acariciando-o, emitindo raios escuros e pegajosos sobre sua mente e seus centros genésicos, colando-se ao seu desejo de prazer e fazendo-o recordar as aventuras excitantes que já vivera com inúmeras mulheres.

– Queremos você, desejamos fazê-lo subir às alturas... não nos negue essa possibilidade... você é nosso homem... – eram os sussurros que lhe chegavam à acústica da alma, ainda que seus ouvidos carnais escutassem apenas as palavras excitantes e provocantes da própria mulher que o esperava.

Gabriel, o aleijado, observando que tanto o Chefe quanto Juvenal se encontravam desligados da atenção que exerciam sobre ele, aproximou-se do local onde as entidades amigas se posicionavam, como se as estivesse identificando.

Foi então que Félix, sabendo da alucinação em que se encontravam os dois outros comparsas, estendeu as mãos sobre a mente de Gabriel e perguntou-lhe, diretamente:

– Meu filho, tudo está conforme planejado?

Imediatamente tocado pela indagação que lhe chegava ao fulcro cerebral, Gabriel acionou seus poderes mentais e respondeu:

– Sim, paizinho, tudo está pronto conforme solicitado.

– Está bem, então. Bom trabalho, Gabriel. Aguardemos o momento adequado para o início do processo de resgate. Esteja a postos para que suas energias potentes possam ser usadas como a força necessária para a transformação das almas, protegendo-as contra suas próprias perversidades.

– Sim, paizinho... estou atento...

Foi então que Magnus, admirando-se da íntima relação que existia entre Félix e aquela entidade deformada, indagou, perplexo:

– Mas eu sempre pensei que este se tratasse de um Espírito ignorante e mau!!! Como é que, agora, pode escutar seus pensamentos e tratá-lo de paizinho?

Calmo e paciente, Félix explicou:

– A obra divina não desperdiça nada nem ninguém, Magnus.

Este irmão é um dos trabalhadores devotados do Bem, a serviço nos lugares mais sórdidos como esforço do Amor em amparar aqueles que só pensam em fazer o mal.

Naturalmente que não guarda uma evolução acentuada. No entanto, valendo-se de seu estado adulterado na forma, resquício de sua última encarnação no sofrimento depurador, Gabriel aceitou o convite de nossos superiores a fim de esmerar-se na tarefa do Amor, ocultado pelo casulo vibratório deformado que não lhe seria difícil manter por causa da fixação mental de sua última jornada terrena, ao mesmo tempo em que usaria o seu sentimento despertado no Bem para ser útil no momento adequado.

Conduziria sua ação com o indispensável cuidado, valendo-se da personalidade aleijada com que se vestia desde a derradeira experiência carnal, temperando sua conduta com sua aparente ingenuidade, que seria tomada à conta de burrice pelas entidades trevosas. Estas, sem grande capacidade de penetração na observação profunda do Espírito, surpreendidas pela sua aparência, o aceitariam em decorrência dela, desajustada e assustadora, imaginando que, por baixo de tal forma, a maldade certamente estaria asilada.

E o estado bisonho e apalermado seria relevado pelas entidades dirigentes da treva, entrevendo nele a possibilidade de uso nos processos de atemorização de encarnados e de Espíritos, intimidando-os com a sua forma aterradora.

Não sabiam, entretanto que, no íntimo, Gabriel se mantinha interessado no cumprimento da tarefa a que se comprometera com os amigos generosos que o têm sustentado, não se permitindo agir no mal e defendendo-se de tais missões pela atitude atrapalhada, apatetada, própria de entidades inexperientes ou abobalhadas, que precisam ser adestradas no mal por outras mais conhecedoras de seus mecanismos.

Foi assim que, há alguns meses, Gabriel acabou aceito pela organização como importante elemento de intimidação, ainda que fosse visto como uma criança grande que precisasse ser amoldada e treinada para as tarefas de perseguição.

Esse foi o modo pelo qual pudemos manter um dos nossos soldados em missão de reconhecimento, exposto aos mais diferentes riscos, mas pronto para qualquer sacrifício no sentido de ajudar os encarnados, no plano mais vasto que está traçado pela espiritualidade superior.

Surpreendido com a explicação direta e clara, Magnus admirou-se diante da Sabedoria Divina e deixou-se calar, observando o desenrolar daquela cena, para ele inusitada até aquele momento.

Enquanto isso, na arena, o show havia começado com a torcida das entidades inferiores, observando e pedindo mais, gritando expressões indecentes e despejando sobre o casal que se contorcia as cargas de energia deletérias próprias de suas ideias vulgares.

Enquanto tudo isso ia ocorrendo, Félix e Alfonso se aproximaram do casal encarnado e, unindo suas vibrações em uma prece, começaram a criar um campo magnético que ligava aquele quarto aos raios luminosos que começavam a cair do alto.

Sem se ocuparem das entidades que assistiam ao espetáculo, agitadas agora pelo clímax do orgasmo físico, as duas almas se vinculavam aos planos superiores da vida para que, a partir daquele momento, as atitudes da ignorância pudessem começar a ser disciplinadas pela própria ignorância que as caracterizava.

Enquanto o casal se permitia o relaxamento físico, buscando forças para uma segunda etapa na disputa carnal, qual luta de gladiadores medievais despidos de suas armaduras tradicionais, as entidades instrutoras, experientes na questão da sexualidade humana na superfície da crosta, se consorciavam, fraternas, na emissão de energias, pedindo a Deus e aos seus superiores espirituais que pudessem amparar a insensatez humana, pelos caminhos que mais eficazmente a reconduzisse à consciência, mesmo que fosse por meio do sofrimento.

– Senhor, aqui estamos – dizia Félix, emocionado – como servos do Seu amor a levá-Lo a todas as partes, mesmo que nossa função nos obrigue a entregá-Lo aos que se permitiram resvalar na pocilga dos prazeres vis. Cumpridores humildes de Sua vontade, afastando de nós a condição de julgadores dos equívocos de nossos semelhantes, equívocos esses nos quais já incidimos inúmeras vezes, solicitamos, nesta hora, a concessão sábia que permita que a lição superior possa encaminhar estes irmãos para o roteiro elevado da própria transformação.

Ajuda-nos, Senhor da Vida, para que mais e mais semelhantes encontrem o Celeiro Celeste e possam se valer dos manjares que matam a fome da alma para sempre.

Estes, que aqui estão, são os mesmos aos quais Sua voz doce e compassiva se referira quando pedira ao Pai que perdoasse seus algozes porque eles não sabiam o que estavam fazendo.

Eles também não sabem o que realizam, Senhor, e, por isso, aqui estamos para invocar a Sua Augusta Proteção para o sublime momento do despertamento.

Concede-nos, Jesus, a autorização para que suas vidas possam ser reconduzidas do lixo da insanidade para o ambiente mais elevado do hospital da experiência, que as medique, as alimente e as desperte...

A oração se fizera fulgurante no coração das duas entidades, cujos braços estendidos para o alto pareciam haver se transformado em antenas que tocavam os arcanos celestiais, tal o jorro de luz que de lá desceu sobre aquele ambiente.

A escuridão, a treva, a perversidade, o mal, a ignorância, a pestilenta atmosfera, num átimo, foi dissolvida e, surpreendidas por tal estado de elevação, todas as entidades perturbadoras e vagabundas que ali se alimentavam suportaram um choque de energias que produziu nelas a fuga amedrontada, a paralisação ou o desmaio.

Em contato com as forças sublimes oriundas de mais além, a maioria saiu em desabalada carreira, deixando aquele ambiente íntimo e buscando penetrar outros quartos, assustados.

Aproximadamente um terço dos Espíritos que se deliciava nas arquibancadas da devassidão, tocados pelo teor diferente de forças e em virtude das condições de desgastes energéticos em que se achavam, entidades já cansadas daquele tipo de emoções que as havia consumido desde longo tempo, experimentaram suave entorpecimento no mesmo local onde se achavam e, assim, adormecidas no próprio assento, no meio dos detritos malcheirosos que produziam, foram recolhidas por devotados trabalhadores do mundo invisível que acorreram de imediato ao ambiente, como que enviados pela solicitude celeste para o labor de recuperação dos aflitos do mundo.

No entanto, aquele fenômeno espiritual se restringia, apenas, aos limites fronteiriços daquela suíte de motel, não se alargando aos demais quartos, ainda que a balbúrdia das entidades inferiorizadas houvesse produzido, igualmente, desespero nas demais galerias e arquibancadas nos aposentos próximos.

O casal, que se encontrava no leito já há algum tempo, por força da modificação das vibrações que os envolvia, viu-se tomado por uma pesada sonolência, atribuída por eles mesmos ao desgaste físico nas expressões da sexualidade ali extravasada. Irresistível sono envolveu-lhes os corpos, libertando as duas almas da algema da matéria física e permitindo que Sílvia, em Espírito, se visse abraçada aos dois comparsas que a exploravam sexualmente desde longa data.

Naquele momento, a moça assustou-se.

Parecia que seu perispírito, visivelmente deformado pelo teor de seus pensamentos e atitudes inferiores, se unia ao perispírito dos outros dois, apresentando-se igualmente adulterados. Pelo teor de vibrações inferiores que emitiam, ambos, ali, haviam assumido uma aparência física animalesca, numa mescla de homem com hienas asselvajadas, com a expressão facial de focinhos, pelos e riso histérico, permanecendo intimamente ligados à mulher que exploravam, transformados em um trio associado pelas mesmas emoções.

Sílvia gritou assustada, tentando fugir da companhia horripilante. Ao mesmo tempo, os dois Espíritos se deram conta da forma grotesca com que ela, agora, lhes surgia diante dos olhos, parecendo uma bruxa velha e assustadora.

No entanto, por mais que lutassem uns contra os outros, não conseguiam livrar-se, já que os três se achavam colados, perispírito a perispírito, como duas plantas saprófitas se enraizando no tronco de sua hospedeira.

Sílvia, em Espírito, não conseguia ver Félix e Alfonso como as entidades amigas que ali dirigiam aquele processo.

Foi então que Félix sinalizou para que Gabriel se aproximasse.

Com a chegada do terceiro Espírito, que, até então, havia integrado o grupo de perseguidores, Sílvia se viu ainda mais desesperada, porquanto a aparência da nova entidade era de assustar.

Ao mesmo tempo, o Chefe e Juvenal que já o conheciam, começaram a gritar para que ele viesse em seu auxílio:

– Hei, aleijado, venha nos tirar daqui... estamos presos como se fôssemos passarinhos numa armadilha... venha, faça alguma coisa, rápido...

Procurando ajudá-los, agora revelando a sua real investidura, ainda que mantivesse os aleijões de sua aparência, Gabriel respondeu:

– Sim, meus amigos, estou aqui para ajudá-los a vencer seus próprios desafios. Chega o dia em que as coisas mudam e esse é o momento adequado para o despertamento de suas almas.

Gabriel falava inspirado pelas forças de Alfonso que o envolviam numa luminosidade suave, propícia para favorecer a receptividade do pensamento dos Espíritos instrutores que governavam aquele instante na vida dos quatro indivíduos.

– Pare de fazer discursos, seu idiota. Venha logo e nos tire daqui, porque se demorar muito vai ter que se ver conosco pessoalmente – gritou Juvenal, irritado e desesperado ao mesmo tempo.

– Agora isso já não é mais possível, meus amigos. Vocês se enraizaram muito nos prazeres divididos com essa pobre moça. De tanto desfrutarem dos excessos ao lado dela, conquistaram a possibilidade de se manterem fixados nela por mais tempo, como tem sido de seus desejos intensos.

– Cala a boca, seu maldito... – vociferou, em desequilíbrio, o Chefe, surpreendido pelas palavras daquela entidade que, até então, lhes parecera um imbecil no aprendizado dos delitos vibratórios que a ambos competia lhe ensinar.

– Não adianta perder a calma, Chefe. As leis espirituais não desamparam a ninguém e, de uma forma ou de outra, todos nós seremos convocados a assumir nossas escolhas.

A partir de agora, vocês estarão entranhados na carne dessa mulher, como sempre o desejaram...

E dizendo isso, direcionado pelas forças superiores e pela ação magnética dos dois instrutores, Gabriel passou a enviar cargas de energia potentes e muito próximas das densas forças materiais, na direção do útero de Sílvia, preparado para a recepção de dois óvulos fertilizados, transformados, assim, em ovos que vinham magnetizados pelas forças espirituais de Juvenal e do Chefe, intensamente ligados aos influxos da sexualidade de Sílvia, com cujas forças se identificavam.

O teor de magnetismo que lhes caracterizava a expressão viciosa, aliado à condição favorável com que Sílvia, promíscua e leviana, lhes favorecia, criavam o ambiente adequado para que o processo de reencarnação compulsória se iniciasse, à revelia dos próprios interessados, com o apoio das forças positivas, conquanto mais densas, de Gabriel, responsável pela magnetização que permitiu a união das duas entidades alucinadas às células fecundadas no íntimo da mulher, tudo sob a supervisão dos instrutores espirituais superiores.

※※※

Naturalmente que o leitor estará cogitando que, na sua condição de experiente cultivadora dos prazeres, Sílvia nunca se permitiria uma relação sexual tresloucada como aquela, sem se valer das proteções químicas, na forma de medicamentos usados para a suspensão da ovulação regular.

No entanto, não imagina, igualmente, que quando se faz necessário e indispensável para a evolução das entidades comprometidas com o mal, tais recursos são passíveis de serem anulados ou suprimidos pelas forças superiores que podem se valer, tanto da neutralização dos componentes químicos no metabolismo físico visando a ocorrência da ovulação, apesar dos anticoncepcionais, quanto da hipnose benéfica a produzir, no encarnado, o eventual esquecimento do uso constante e periódico da medicação.

Não é desconhecida a ação de entidades negativas que, implantadas no perispírito dos encarnados, se aproveitam dos traços químicos das substâncias ingeridas por eles, sugando-lhes os princípios ativos, sejam de medicamentos que se tornam ineficazes, sejam das substâncias alcoólicas ou drogas que sugam das entranhas dos usuários para daí retirarem a sensação do vício que já não podem mais manter por conta própria.

Desse modo, leitor querido, se as entidades trevosas dispõem de recursos para agir no meio físico e produzirem tais efeitos imediatos sobre o metabolismo dos corpos, por que motivo as entidades luminosas não poderiam usar de tais princípios idênticos para beneficiar os processos de reerguimento da personalidade, de modificação do caráter e de melhoria dos relacionamentos, quando isso seja autorizado por forças superiores?

Assim, não é de se estranhar que tal fenômeno aconteça todos os dias no meio de homens e mulheres que, por mais que tenham se protegido com o uso de preservativos ou de pílulas específicas, acabam se surpreendendo com a ocorrência da fecundação imprevista ou indesejada, a gerar compromissos igualmente indesejados pela maioria, ao mesmo tempo que permita a ligação de Espíritos que necessitam regressar ao convívio do mundo para o reequilíbrio de suas vibrações com os seus sócios.

Nada mais compatível com esse contexto do que a situação dos obsessores sexuais ao serem arrastados ao útero que exploraram de forma irresponsável e leviana, passando a se verem nele imantados, através de novos corpos que os prenderão ao organismo da mulher que seviciaram psicologicamente.

Por isso, Gabriel acompanhava aquele caso com extremo cuidado, levando a Sílvia as vibrações que garantiriam a ocorrência do estado fértil, com a supressão da ação química dos medicamentos ingeridos, ao mesmo tempo em que garantiria a Marcelo a despreocupação com quaisquer cuidados preventivos, pela segurança que a mulher lhe oferecia pelo declarado uso dos meios anticoncepcionais. Com isso, o homem poderia dedicar-se plenamente à prática do ato sexual sem a adoção das cautelas protetivas que, no dizer de muitos deles, seria responsável pela diminuição do próprio prazer.

Marcelo, portanto se apresentara ao contato íntimo despreocupado com qualquer cuidado, confiante na capacidade de Sílvia em evitar a ocorrência indesejada da gravidez.

O jogo de invigilância estava montado e, assim, faltava, apenas, o momento da intimidade entre o casal, graças ao qual, o sêmen masculino estaria liberado no íntimo da mulher, demandando o encontro dos óvulos que, naquele caso específico, foram liberados duplamente, para atender às necessidades dos dois obsessores, comparsas do mesmo delito e vitimados pelo mesmo tipo de vício.

* * *

Estimulado pela ação das entidades instrutoras, Gabriel colocou todo o seu potencial magnético a serviço do processo reencarnatório, tecendo laços poderosos entre os dois Espíritos, aparentando dois peixes enredados na própria rede, e os dois corpúsculos de vida que se alojariam no útero da futura mãe, como os pródromos de dois novos corpos a crescerem no ambiente que, outrora, exploravam.

Enquanto isso acontecia, Sílvia era contida pelas entidades amigas que a envolviam em fluidos balsamizantes, preparando-lhe a atmosfera espiritual para a possibilidade da maternidade, jamais idealizada em seus planos de mulher vulgarizada.

O único filho que possuía e que, entrando na adolescência, lhe produzia as poucas alegrias que podia experimentar, pelo amor sadio e sincero que dele recebia seria, até então, o ponto final de suas pretensões maternais.

Por isso, o Espírito de Sílvia se debatia, desesperada, ao perceber que duas almas deformadas, animalizadas e asquerosas agora se mantinham imantadas à sua organização biológica, como duas plantas espinhosas a brotarem de suas entranhas, produzindo-lhe horrorosas sensações.

Ainda que entre os três houvesse longo período de convivência e aproveitamento das baixas sensações, a jovem os repelia, enojada, porquanto não desejava receber "aquilo" em seu íntimo, a se tornarem seus filhos. Passaram a lutar como animais ferozes numa mesma jaula, se agredindo, mordendo e ferindo.

Como Espíritos, no campo do sexo haviam sido gozadores dos mesmos prazeres. No entanto, como almas a formarem corpos dentro de outro corpo, isso lhes produzia terrível repulsa, tão forte que os Espíritos responsáveis por tal processo atuaram em benefício dos três, produzindo-lhes o sono espiritual para que não viessem a entrar num estado alucinatório ou mentalmente desequilibrado.

A associação de longo curso no prazer e no vício ganhava, a partir daquele momento, a oportunidade de maior entrelaçamento para que todos os envolvidos aprendessem a se suportar e se entreajudar, trocando suas vibrações de insanidade e loucura pelas do afeto verdadeiro, construído desde as pulsações uterinas.

Naturalmente, entretanto, entre os três, ainda não havia os antecedentes do afeto. Apenas as expressões do gozo e da sensualidade lhes marcavam a aproximação, sensações estas que, mutuamente exploradas e usadas, acabaram por definir os contornos da experiência reencarnatória que os esperava, incontinenti, para os reajustes necessários.

Usando o sexo como arma, agora os três se viam comprometidos ao mesmo destino, como um tiro que sai pela culatra.

Enquanto isso acontecia, o Espírito de Marcelo, desligado do corpo físico, assistia, assustado, àquela cena na qual os três, unidos pelo perispírito de Sílvia, se debatiam, se mordiam como feras amarradas umas às outras e, por fim, eram conduzidos a se prenderem ao corpo carnal da mulher, como se tivessem se tornado inimigos repentinamente, até que as ações magnéticas que ele não conseguia identificar, oriundas das entidades amigas, tivessem lhes produzido o sono reparador em todos eles.

Marcelo, no íntimo, não imaginava que da sua união sexual com Sílvia havia se originado o processo de renascimento daqueles dois Espíritos.

No entanto, uma sensação de repulsa contra a moça cresceu em sua alma. Aquela mulher o havia usado – pensava ele – enquanto via, sem entender como era isso possível, a alma de Sílvia penetrar seu corpo despido sobre o leito, desaparecendo no vaso carnal que lhe marcava a identidade na presente encarnação, enquanto que o Chefe e Juvenal, agora atontados pelos fluidos anestésicos, sem entenderem o porquê da sensação de prisão a que se viam retidos, se mantinham orbitando a atmosfera de Sílvia, naquele quarto, como dois loucos amarrados que se vissem impedidos de sair.

Lentamente, começariam a perder a própria forma, passando pelo processo de restringimento e de ovoidização e, penetrando o útero da futura mãe, ali se asilariam, desaparecendo de todas as vistas que os buscassem.

Estava terminado o primeiro estágio da união compulsória dos obsessores sexuais da mulher que tanto usara da própria sexualidade desregrada como fonte de prazer e de poder.

Gabriel, a partir daquele momento, não precisava se fazer tão tolo quanto parecia, já que, agora, não mais se encontrava no meio dos dois imperfeitos Espíritos, podendo apresentar-se aos olhos de todos, então, como entidade que já se ocupava com a prática do Bem, na condição de Espírito benevolente em que já estagiava, ainda que continuasse a aparentar os defeitos físicos que o caracterizavam.

– Não é adequado, ainda, Gabriel, que você deixe a forma que marcou a sua última existência, porquanto muitos asseclas do Presidente, serviçais da Organização o procurarão pedindo informações sobre o paradeiro dos nossos dois irmãozinhos.

– É, eu imaginava isso também – respondeu Gabriel ao instrutor Félix.

E como se estivesse solicitando as diretrizes a serem observadas a partir daí, escutou do mesmo Espírito amigo as informações que procurava:

– Você se manterá como antes e responderá aos que o procurarem pedindo informações, que os dois se despediram dizendo que se afastariam no cumprimento de outras tarefas, deixando você junto de Letícia, a jovem que vai precisar muito de nossa ajuda no momento oportuno.

– Sim, paizinho. Farei como orienta.

Enquanto isso acontecia no plano espiritual, Sílvia acordava no corpo carnal guardando a estranha sensação do sonho tenebroso que acabara de ter, atribuindo as visões horripilantes ao pesadelo rotineiro que pode acontecer na vida de qualquer pessoa.

Ao seu lado Marcelo ressonava.

Por um momento, a mulher eufórica e depravada se viu cansada daquele tipo de emoção.

Ainda que não culpasse o homem que dormia ao seu lado, seu estado de fêmea desajustada conflitava com a noção de mãe de seu filho adolescente.

A sensação da maternidade despertava em seus sentimentos e, por um momento, Sílvia se sentiu suja e indecente.

Levantou-se e foi ao banheiro em busca de água limpa na qual pudesse lavar o corpo como quem se sente lavando a própria alma, desejosa de novo rumo para sua vida.

Marcelo, minutos depois, acordava com o ruído do chuveiro. Ergueu-se e tratou de recolocar as próprias roupas.

Uma sensação de culpa visitava seu íntimo.

Seu Espírito não sabia dizer por que, mas, naquele momento, a presença de Sílvia lhe causava repugnância.

Não gostaria de voltar a envolver-se com essa mulher, mistura de serpente e fada, manipuladora das fraquezas masculinas e perigosa jogadora.

No entanto, refreou qualquer postura repulsiva até que conseguisse sair daquele ambiente e afastar-se dela.

Já se haviam passado mais de quatro horas desde o momento de sua chegada ao quarto.

Não imaginava ele que, dentro de algumas semanas, aqueles minutos de excitação e leviandade iriam se transformar numa complicada dor de cabeça, quando suas condição de masculinidade seria desafiada pelo efeito de seus atos, convocando-o a assumir, como homem, as consequências de seus atos sexuais irresponsáveis.

32

TERÇA-FEIRA III
O MOTEL - PROTEÇÃO AOS BONS

Enquanto tudo isso acontecia na suíte de Marcelo e Sílvia, voltemos um pouco no tempo para observar os fatos que envolveram nossas personagens Marisa e Glauco, quando, finalmente, a esposa de Marcelo conseguiu que o rapaz a levasse para dentro do quarto respectivo, aquela suíte que se encontrava defronte da ocupada por seu marido traidor e Sílvia.

Abandonando a crise nervosa e agressiva, adotou a estratégia do abatimento emocional, vertendo copiosas lágrimas.

Sua mente estava em perfeita sintonia com os Espíritos que a intuíam nos planos de conquista, manipulada pelas forças inferiores que se uniam harmoniosamente aos seus interesses, tanto relacionadas às entidades da Organização quanto àquelas vinculadas às ações encomendadas através da malfadada médium Mércia.

Como já falamos anteriormente, possuindo, o motel, inúmeros quartos e ambientes destinados à satisfação da sexualidade física, havia, no mundo espiritual que lhe correspondia, os correspondentes palcos para a participação de todo o tipo de Espíritos.

Por isso, o ambiente do quarto de Marisa e Glauco era absolutamente idêntico àquele da suíte onde Marcelo e Sílvia davam vazão aos seus impulsos instintivos.

Arquibancada repleta, como se cada quarto fosse um palco preparado para o desfrute e a participação das centenas de entidades inferiores que se ajuntavam na atmosfera daquele centro de desgastes emocionais.

E havia protagonistas variados para os mais diversos tipos de experiências carnais, dependendo do espetáculo que se observava no interior de cada suíte.

Em umas se concentravam entidades que se ligavam às práticas sadomasoquistas, relembrando os antigos tempos de barbáries, asselvajando-se nas mesmas atitudes.

Em outros, se congregavam Espíritos vinculados aos excessos de vícios químicos. Outro grupo preferia assistir e participar de orgias coletivas enquanto mais alguns se dedicavam ao desfrute das emoções ligadas às relações homossexuais.

Cada quarto, assim, apresentava seu espetáculo e era povoado pelo tipo de Espíritos que a ele concorria, segundo seus desejos idênticos.

*＊＊

Naturalmente que não nos colocamos aqui como juiz de costumes, buscando apor o selo da condenação nas diversas relações físicas às quais o ser humano se permite.

Cada qual tem liberdade para adotar os caminhos que deseje e, na esfera do Espírito não há ninguém com competência para intervir na consciência de cada um.

Apenas estamos relatando cenas presenciadas por nós, como Espíritos amigos dos encarnados para que, naqueles que estejam abertos ao entendimento sobre as questões vibratórias e de sintonia, tais informações possam ajudá-los na reflexão e na avaliação do que lhes seja conveniente ou adequado.

Encontramos nas reflexões do apóstolo Paulo a exortação que nos recorda, em linhas não textuais, que nem tudo o que nos seja lícito, na verdade, efetivamente, nos convém.

Por isso, queremos abordar esta delicada circunstância não sem ressaltar o direito de cada qual em adotar para si as atitudes que mais lhe pareçam convenientes, aprendendo que todas as nossas ações correspondem a reações equivalentes, no âmbito de nossa existência.

Inúmeras obsessões são costuradas nos penumbrosos locais destinados a tais encontros. Dores futuras são semeadas quando nossos Espíritos se permitem a adoção de comportamentos desajustados ao equilíbrio da alma.

Da mesma forma que um médico pode ressaltar ao paciente os malefícios do fumo, da gordura, do sedentarismo ou de outros hábitos, mostrando-lhe as consequências perigosas da continuidade de tais práticas sem, com isso, impor ao seu cliente a modificação de comportamentos, também procuramos fazer pensar o leitor acerca das leis espirituais que governam a vida, para que, com tais conhecimentos, possa julgar quais as melhores atitudes a serem seguidas.

Reconhecemos que tais locais de encontros sexuais não albergam apenas pessoas que se queiram usar fisicamente, sem responsabilidades afetivas.

Sabemos que inúmeros seres que se amam se encontram em tais locais para as trocas afetivas e, nessas condições, são também auxiliados por entidades amigas que, a muito custo, procuram estabelecer uma proteção vibratória que vise diminuir a ação curiosa de entidades pervertidas, acostumadas a atacar as pessoas invigilantes.

É natural que a afetividade sincera santifique a união física, quando seja a base sobre a qual a sexualidade se exercite.

O que queremos lembrar, no entanto, é que a psicosfera de tal ambiente, destinado aos encontros e práticas inferiores da sexualidade, acaba viciada pela emissão mental de péssimo teor fluídico, com as energias correspondentes impregnando-se em toda a atmosfera física e espiritual, sendo de difícil isolamento por parte das entidades amigas que acompanhem os que escolhem a troca afetiva em ambientes assim poluídos.

É a mesma coisa que se escolher para palco de um casamento não a igreja de sua crença, o cartório oficial, mas, ao contrário, o cume nevado de uma montanha, a areia escaldante do deserto.

Naturalmente que se poderá celebrar a cerimônia de união nessas condições anômalas. No entanto, isso será muito mais complicado e não se conseguirá repetir aí a nobreza, o clima e a beleza que se encontram em uma cerimônia tradicional.

Por esse motivo é que as uniões sexuais que se baseiam nos laços sinceros do afeto e não sejam um exercício carnavalesco das virtudes viris ou feminis, nos certames da intimidade sem compromisso recíproco, podem contar com a ajuda e proteção de entidades generosas que se postam como soldados tentando manter, no ambiente, a atmosfera de equilíbrio que o afeto justifica.

Entretanto, tal linha de guarda sempre se vê mais vulnerável aos ataques inferiores quando o ambiente circundante não se veja neutro, mas, ao contrário, esteja poluído por Espíritos de péssima estirpe, gozadores e exploradores do prazer carnal, cujas emissões magnéticas deletérias empesteiam a atmosfera mental dos encarnados que ali se achem, despertando neles a impulsividade euforizada, sobretudo quando as partes acabem por se permitir desfrutar do cortejo das cenas e imagens berrantes e pornográficas, provocadoras das sensações erotizantes nos seus mais diversos contextos ou modalidades.

Imagens arquivadas no pensamento correspondem a arquivo que pode ser acionado a qualquer momento por qualquer tipo de Espírito, a transformar-se em ponto de apoio para algum tipo de ação subliminar, através das sugestões sutis lastreadas na rememoração das ideias e cenas guardadas no íntimo de cada um.

Por tal motivo é que os desequilíbrios da sexualidade acabam vulnerando um acentuado número de homens e mulheres no mundo, já que todos carregam no próprio "eu" um arsenal de vivências de outras vidas nessa área, a confundirem exercício natural da sexualidade responsável com a desesperada busca pelo esgotamento dos prazeres.

E tais tendências, ainda que, na presente encarnação, estejam transitoriamente eclipsadas pelo véu do esquecimento, acham-se latentes e pulsantes no íntimo de cada um, latência da qual podem ser despertadas pelas imagens provocantes ou pelas insinuações mentais que se baseiem nelas, fazendo cada um relembrar-se dos prazeres ilícitos e sensações excitantes que já fizeram parte de suas experiências passadas.

Para a maioria dos perseguidores invisíveis, o processo de prejudicar os encarnados com fraquezas na área da sexualidade se resume, muitas vezes, em fazer com que eles se recordem dos prazeres das primeiras transgressões.

A partir daí, como um pavio de pólvora que se acende, geralmente o próprio encarnado invigilante trata de dar continuidade aos seus desatinos, envolvendo-se na trajetória descendente, até que se veja enterrado até o pescoço no lodaçal da permissividade.

Desse ponto em diante, mais fácil será para que as entidades inferiores o controlem ou o manipulem.

Não queremos dizer, no entanto, que o encarnado esteja incapacitado de levantar-se do erro, porquanto, a qualquer momento em que sua vontade de correção apresentar os sinais verdadeiros, mãos luminosas estarão estendidas para fazê-lo superar o movimento de queda e, ensinando-o com os próprios equívocos, apoiarão seus esforços de reerguimento.

Em face dessas peculiaridades é que nos permitimos este pequeno hiato na narrativa para ressaltar ao leitor o fato de que este relato não se prende a um interesse moralista e maniqueísta de taxar os que se servem desses locais para a prática informal da sexualidade como condenados aos suplícios do inferno.

O que desejamos é trazer ao pensamento a lembrança de que a afetividade verdadeira santifica qualquer atitude. No entanto, sempre que pudermos exercitá-la nos ambientes menos poluídos, melhores sensações poderemos haurir de seu exercício, garantindo-nos a paz e o equilíbrio das forças.

De onde será mais agradável observar e desfrutar o exuberante nascer do Sol: do alto de uma montanha arejada pela brisa ou do interior de um chiqueiro de porcos?

***

Assim, no quarto de Marisa, as entidades inferiores se aglomeravam da mesma forma que nos outros. No entanto, para surpresa de muitos, a atmosfera espiritual da mulher era absolutamente diversa da que Glauco emitia.

Parece que, alertado pela proteção espiritual que o acompanhava, sem que, com isso, interferisse no seu poder de decisão, Glauco se mantinha a postos contra qualquer tipo de sensação inferior.

Ao seu redor, um halo de vibrações luminosas era produzido pelo exercício da própria vontade, do seu próprio estado de vigilância mental a controlar os influxos de seus pensamentos e comandar a reação de seus desejos.

Ele já se vira errando em outras épocas de sua vida e ainda guardava no imo da alma as cicatrizes dolorosas de seus equívocos, muitos dos quais tiveram por cenário quartos como aquele, cheios de espelhos, de provocações e confortos a amolentar as defesas do Espírito em função das exigências do corpo.

Já Marisa era uma perfeita marionete nas mãos das entidades.

Inúmeros Espíritos convocados pelo compromisso estabelecido

entre Marisa e Mércia ali estavam, buscando a todo custo se fazerem sentir e envolver Glauco.

Ao redor de seu halo de força positiva, mantido por uma consciência clara e lúcida, inúmeros Espíritos escuros tentavam uma brecha na defesa para instalarem-se nos terminais mentais do rapaz.

Era uma luta que não se constatava pelos olhos da carne, mas que, aos olhares dos Espíritos era perfeitamente visível, como se uma fortaleza estivesse sendo atacada por todos os lados.

Vendo que esses esforços eram vãos, os que dirigiam o pensamento de Marisa gritaram-lhe aos ouvidos:

– OUSADIA, OUSADIA, PRECISAMOS QUE VOCÊ O PROVOQUE....

Sem ouvir tais ordens com os ouvidos da matéria, tal determinação caiu-lhe na mente espiritual como se a forçasse a agir com rapidez, caso desejasse aproveitar a oportunidade rara.

Sentindo-se determinada a aproveitar todas as chances, Marisa passou ao ataque, enquanto que Glauco buscava contornar a situação de maneira cavalheiresca e fraterna.

– Calma, Marisa, tudo tem uma explicação... não se desespere... você não pode se entregar assim à revolta....

– Glauco, eu não sei mais o que fazer de minha vida....

Sempre amei esse homem que está dormindo com outra bem na minha cara... não há nada pior para a estima de uma mulher do que se ver trocada nestas condições....

Vendo que Glauco escutava seu desabafo e, inspirada pela própria astúcia conjugada com a das entidades que a exploravam, Marisa continuou:

– Eu me sinto um traste, uma criatura desprezível..., Glauco.

Sempre procurei fazer tudo o que esse "cara" queria de mim, correspondendo a todos os seus caprichos nos momentos de intimidade. Jamais lhe neguei nenhum tipo de prazer, nem deixei de atender aos seus desejos de modelar meu corpo de acordo com a moda ou com suas vontades. Submeti-me a cirurgias, dediquei-me a sessões de musculação, usei remédios para manter a forma, persegui o número do manequim que mais lhe agradasse..

E misturando um estado de lucidez com algumas atitudes próprias de uma alucinada, Marisa passou a erguer o tom de voz, falando e tratando de arrancar com violência a blusa, como alguém que desejasse se exibir a fim de mostrar a outro homem a sua condição de beleza física ultrajada pelo esposo que a desprezara.

– Veja, Glauco, eu sou uma bruxa, por acaso?

Se eu sou repulsiva me diga... fale com sinceridade... pelo amor de Deus, me confirme aquilo que estou sentindo sobre mim mesma...

E a cena grotesca se apresentou aos olhos atônitos de Glauco.

Um corpo esbelto e lindo surgia, provocante. Favorecido pela roupa íntima estrategicamente escolhida visando aquele exato momento, Marisa se apresentava ostentando o porte feminino extremamente atraente, além de realçar sua beleza com o toque do perfume de Gláucia, sua noiva.

Nesse exato instante, as forças vibratórias agressoras se fizeram mais ativas, acercando-se ao máximo das defesas de Glauco.

A atmosfera de luz que existia à sua volta foi reduzida na expressão, em face de sua sintonia com a beleza física daquela mulher, a despertar em seu instinto masculino a curiosidade e, quem sabe, o desejo.

Não havia, entretanto, capitulado como era de se esperar.

Glauco se mantinha no mesmo lugar onde estava, enquanto Marisa seguia despindo-se para se exibir e provocar o desejo do homem que tinha sob suas garras.

Tal comportamento da moça era temperado com uma atmosfera de semidesequilíbrio, como se estivesse se conduzindo assim por causa de seu estado emocional abalado, em decorrência do flagrante de infidelidade do marido.

Vendo que Glauco não cedia como era de se esperar, a plateia de entidades que assistia, excitada, aquela cena, sabendo que tudo não passava de uma estratégia da moça para envolver o rapaz, começou a manifestar-se:

– Vamos lá, mariquinhas... mostre que você é homem....– gritavam uns.

– Sua bonequinha medrosa... onde é que você deixou sua saia? – explodiam outros.

– Aproveite, seu frouxo. Veja a mercadoria que está nas suas mãos... vai querer que outro a desfrute?

Eram petardos vibratórios que caíam sobre as defesas diminuídas de Glauco, fustigando-o em seu equilíbrio.

Ao mesmo tempo, os dirigentes da estranha exibição passaram a induzir Marisa a tomar as atitudes finais, com as quais pretendiam comprometer o equilíbrio de Glauco.

– Ataque, Ataque, mulher, é agora... ao ataque....

Marisa sentiu a ordem emanar dentro de seu ser e, então, mais do que depressa, acercou-se do rapaz e envolveu-o com seus braços, apertando-o de encontro aos seios despidos.

– Diga-me, Glauco, eu causo asco nos homens? – falou Marisa em uma voz a pedir dele uma demonstração carinhosa que a salvasse da ideia de mulher repulsiva.

Esfregando-se no rapaz, Marisa procurava despertar em seu íntimo o desejo de homem ao contato com uma fêmea que se oferecia...

Afagando-lhe os cabelos, Marisa beijava-lhe o pescoço enquanto a cena continuava a produzir nos assistentes invisíveis os aplausos e as exclamações de euforia.

– Isso... até que enfim... a coisa estava muito demorada... vamos logo... queremos espetáculo......

Glauco se encontrava em uma delicada situação.

Não desejava tornar mais delicado o estado psicológico daquela mulher que se queixava da traição.

No entanto, tinha sua consciência desperta para os deveres morais com Gláucia, deveres que um dia já havia negligenciado e amargado a difícil colheita da vergonha.

Apesar do avanço arrojado de Marisa que, até aquele momento, não contara com qualquer recusa por parte do rapaz, a atmosfera espiritual luminosa de Glauco, ainda que parcialmente reduzida no primeiro instante, voltou a reassumir a forma anterior, agora vitalizada por um brilho ainda mais forte.

E para os seus amigos espirituais, que até aquele momento estavam acompanhando a cena sem interporem qualquer defesa para não lhe prejudicar a vontade pessoal necessária ao testemunho que precisava enfrentar com suas próprias forças, foi uma alegria imensa quando repercutiu no ambiente espiritual daquele quarto de luxúrias e decomposição moral, proveniente do pensamento de Glauco, as palavras maravilhosas e salvadoras:

– Pai Nosso que estais no céu, santificado seja o vosso nome........

Enquanto Marisa o abraçava e tentava provocar seus instintos viris, o pensamento de Glauco, identificando o desejo de vencer aquele teste difícil para suas inclinações equivocadas e seus vícios de outros tempos, se voltou para Deus, a fonte das forças, a usina de energias protetoras e reequilibrantes da alma.

Uma saraivada de xingamentos e humilhações ainda mais pesadas e inadequadas para se transcreverem aqui partiu da plateia, revoltada com aquela que era considerada, por tais Espíritos infelizes, uma conduta covarde e indigna de um homem.

No entanto, a oração mental rápida e sincera, proferida na exiguidade daqueles instantes difíceis de tentação absoluta para a sua têmpera masculina, fora suficiente para angariar a resposta imediata das forças do Bem que acompanhavam, igualmente, o desenrolar dos fatos naquele ambiente.

Os mentores espirituais presentes, que até então eram invisíveis a todos os demais Espíritos levianos que tentavam se locupletar com as baixas emoções em jogo, uniram-se em preces, como a despertarem uma chuva imediata de forças superiores, iluminando aquele quarto e imobilizando todas as entidades trevosas que, dali, não conseguiram escapar, como se tivessem sido presas por um poderoso ímã aos próprios lugares.

Alfonso e Félix, que se revezavam entre os dois quartos onde as nossas personagens escolhiam seus destinos, entreolharam-se, contentes e disseram, quase que em uníssono:

– Nosso irmão pede a ajuda de Deus... vamos... ele está vigilante e o Pai nunca se esquece de seus filhos.

***

Ah! Queridos leitores, se soubéssemos usar a oração com a unção da verdade e a força da fé, quanto pouparíamos em dores ou desajustes nas horas cruéis de nossos destinos.

Algumas singelas frases que canalizavam um grito de socorro na hora da fraqueza moral, se fizeram suficientes para que os céus se abrissem e as forças superiores viessem ao encontro daquele que se confessava frágil, mas que tinha desejo de resistir ao mal.

Era Glauco quem tinha que escolher, sozinho.

No entanto, ao pedir ajuda, demonstrou sua disposição de resistir ao erro que já o havia ferido outrora e, assim, permitiu que os Espíritos que vigiavam se mobilizassem em seu socorro.

※※※

O choque fluídico foi imediato.

Todas as entidades negativas do ambiente se viram bloqueadas pela excelsa força luminosa que chegava de mais além.

Como que por encanto, Glauco se vira fortificado e, inspirado pela lembrança de Gláucia, lembrança essa reforçada pela exalação perfumosa que partia de Marisa e que correspondia à memória da companheira, afastou de si a jovem alucinada, jogando-a sobre a cama, com certa dose de energia decidida.

Assustada com a reação, aquela mulher que jamais se vira recusada nos oferecimentos levianos que tivera na vida até aquele dia, avaliava, por primeira vez, a vontade masculina contrária às facilidades sexuais promovidas por ela.

Com os olhos arregalados, como que não acreditando no que estava vendo, Marisa gritou, com voz de infeliz:

– Pois então você também me repudia, Glauco?

Sereno, mas firme, envolvido pela ação determinada dos Espíritos amigos que o sustentavam na decisão que escolhera, Glauco respondeu:

– Você é mulher atraente e digna demais para se oferecer dessa maneira. Qualquer homem de bom gosto se veria muito honrado em ser companhia a uma mulher como você. No entanto, Marisa, cada um de nós tem sua vida e tem seus compromissos. E se você se permite descer a ladeira da insensatez porque seu companheiro, supostamente, a está traindo, eu não pretendo fazer o mesmo com aquela que amo e a quem respeito com todas as forças de minha alma.

Por mais vantajosa que me seja a sua oferta, Marisa, Gláucia é tão credora de meus carinhos que o mais alucinante prazer que desfrutasse com seu corpo escultural, Marisa, não justificaria uma só lágrima da mulher que amo.

Vista-se que vamos embora daqui.

E como ela se fizesse de desentendida, Glauco completou:

– Se não desejar se vestir, deixo suas coisas na garagem e você trate de ir de táxi.

Sem a ação direta das entidades obsessoras, agora bloqueadas sem ação, Marisa percebera com facilidade que as coisas não tinham transcorrido como seus planos desejavam.

Assim, ainda que mantivesse o coração azedado pela conduta firme de Glauco e, a partir daquele momento, o mesmo rapaz se tornasse seu adversário, seu inimigo pessoal, sabia que não poderia permanecer ali, ao deus dará.

Tratou, então, de arrumar-se como podia, observando que boa parte dos botões de sua blusa haviam sido arrancados quando de seu esforço de despir-se repentinamente.

Mesmo assim, procurou fechá-la como lhe fosse possível, inserindo-a na saia, na altura da cintura, ao mesmo tempo em que tentava recompor o penteado desconjuntado.

A maquiagem borrada seria impossível modificar até que chegasse em sua casa.

A mágoa contra Glauco crescia a cada minuto, como se a culpa de tudo aquilo fosse dele. Não lhe ocorria o fato de o mesmo estar ali com a sincera disposição de auxiliá-la, tentando evitar um desenrolar trágico para o flagrante de traição.

Quisera usar a infidelidade do marido como pretexto para facilitar a intimidade com Glauco, ao mesmo tempo em que obteria provas fotográficas contra o esposo, que saberia usar no momento adequado para tirar vantagem ou prejudicar Marcelo.

Precisava, assim, sair dali na companhia daquele rapaz agora detestável.

Entrou no veículo de Glauco, fechando a cara enquanto o rapaz manobrava a cobertura que vedava a garagem para sair.

Tinham se passado quase duas horas desde a chegada de ambos ao motel.

Marisa agarrou sua bolsa, a máquina fotográfica e, confundida pela postura reta do noivo de Gláucia, sentia-se rebaixada moralmente diante dele, ainda que procurasse manter a pose de indignação.

Pensava em devolver-lhe a ofensa, um dia, humilhando-o igualmente.

Lançar algum boato sobre a sua masculinidade, no ambiente dos amigos comuns, dando a ideia de que se tratava, na verdade, de um rapaz afeminado, poderia ser uma das formas de se vingar daquele desaforo.

De um jeito ou de outro Marisa iria dar o troco àquela que considerava uma afronta, quando se reduzira à condição de vulgar prostituta (imagem que, efetivamente, a representava com perfeição) no exato momento em que pretendia se entregar como mulher apaixonada.

O carro rolou na direção da saída.

Por excesso de cortesia, Glauco pediu à atendente que verificasse a conta e procurou quitar o tempo ali decorrido, esperando a abertura do portão que dava acesso à rua.

Assim que tudo se fez conferido e pago, foi franqueada a sua partida, descendo a rampa, sem imaginar que, logo mais adiante, seu cunhado Luiz, conversando com Gláucia, sua noiva, estavam dentro do carro do primeiro, esperando por ele.

Tão logo Luiz vislumbrou o carro descendo a rampa, abriu a porta de seu veículo e se postou no meio da rua para interromper a passagem de Glauco.

Vendo o cunhado de plantão no meio da passagem, pôde imaginar que aquela situação iria produzir desdobramentos desagradáveis em sua vida.

Não sabia, entretanto, que logo depois de parar, atendendo a um sinal de Luiz, Gláucia sairia pela outra porta do veículo e viria na direção do carro do noivo, com o olhar assustado de alguém que não acreditava no que estava vendo.

Nesse momento, Marisa percebeu que poderia exercitar magistralmente a sua contrariedade.

Vendo a noiva vindo em sua direção, ainda que mantivesse a consciência tranquila, Glauco se fez lívido por imaginar tudo o que poderia estar passando-lhe pelo pensamento e pelo sentimento.

Abriu a porta do carro e se colocou pronto para conversar com a companheira.

Visivelmente nervosa, ainda que se esforçasse por se manter equilibrada, Gláucia exclamou:

– Glauco, o que está acontecendo aqui?

– Gláucia, se você souber escutar, posso lhe explicar tudo...

– Explicar o inexplicável? – gritou Luiz, alucinado e envolvido por Jefferson, o Espírito perseguidor.

Você foi pego com a cueca suja de batom e está querendo explicar o quê?

Notando que o irmão de Gláucia não permitiria qualquer entendimento, Glauco limitou-se a exclamar, sucinto:

– Estive aqui para tentar evitar uma tragédia, na qual Marisa ameaçava matar Marcelo, que está aí dentro com uma amante.....

– Ah!Ah!Ah! – que piada de mau gosto..... respondeu, arrogante, Luiz.

Gláucia, então, olhou para dentro do veículo para constatar se, em seu interior, era realmente Marisa quem se encontrava.

E, então, maldosa e cheia de desejo de infelicitar a vida afetiva de Glauco, a jovem, ousada e desequilibrada, agora já sem a companhia intensa das entidades negativas que a acompanhavam, tratou de afastar as duas frentes da blusa sem botões, deixando todo o seu colo à mostra, como a envenenar o olhar da noiva do rapaz, insinuando que, na verdade, ambos haviam se dedicado a intimidades inconfessáveis, como poderia se provar pela condição de suas vestes.

Gláucia engoliu a seco aquela afronta, ao mesmo tempo em que repetia ao noivo, trêmula:

– Mas, Glauco, Marisa está seminua...

Voltando seus olhos na direção do interior do veículo, o rapaz percebera que a mulher, astuta, se fizera oferecida para produzir o cenário perfeito às conclusões negativas a respeito de sua conduta.

Observando o tipo de comportamento de Marisa, agora assumindo a sua maldade deliberada, Glauco não titubeou em adotar a medida que lhe parecia mais adequada.

Dirigiu-se à porta que Marisa ocupava no veículo e, abrindo-a, arrastou a ousada e perigosa mulher para fora do mesmo, dizendo que ela não merecia qualquer outro tipo de tratamento, pela maneira vil e mesquinha como estava se comportando.

Gláucia jamais havia visto Glauco tomar uma atitude dessas com ninguém e, observando a indignação em seus atos, constatou que ele também estava surpreso com a conduta de Marisa.

Nesse exato momento, Félix se aproximou da mente da noiva do rapaz e, conectando seu pensamento ao da jovem, irradiou-lhe uma força calmante, despertando sua lembrança sobre o aviso que houvera recebido dias antes, falando dos momentos difíceis que iria enfrentar ao lado do rapaz amado, tanto quanto do testemunho que ele próprio teria que passar.

Gláucia não registrara conscientemente tal emissão. No entanto, sua alma recordou-se dos avisos recebidos na casa espírita para que soubesse se manter em equilíbrio nas horas difíceis que esperavam pelo casal que se amava.

Percebendo a irritação e indignação de Glauco em relação a Marisa, que foi atirada por ele no meio fio sem qualquer consideração, ofendido por sua postura indecente e venenosa, Gláucia ponderou, mais equilibrada:

– Deixe ela aí... Luiz se incumbe de levá-la embora. Vamos, Glauco, precisaremos conversar.

Vendo, então, que a noiva não agira como seria de se esperar, desequilibrando-se por aceitar morder a isca da malícia, Marisa passou a gritar, enquanto o casal entrava no carro e tomava outro rumo:

– Você me paga, seu aproveitador de mulheres... Me seduz e depois me joga na rua... seu safado........

Marisa estava alucinando, vitimada pela própria maldade e pelo insucesso de seus planos.

Restava Luiz, ali na rua, incumbido pela irmã para resolver o problema de Marisa.

Despida diante de seus olhos, em evidente estado de desequilíbrio, o rapaz não conseguira deixar de observá-la como um homem, atraído pela sua seminudez.

Estendeu a mão para reerguê-la e conduziu-a ao carro, para levá-la ao destino que indicasse.

Estimulado pela suas formas físicas à mostra, Luiz, excessivamente marcado pelo desequilíbrio da sexualidade, logo viu a possibilidade de aproveitar-se daquele corpo, comandado por uma Marisa em desajuste.

Jefferson provocava-lhe as sensações e instintos, sugerindo-lhe que, se o cunhado já tinha se servido, coisa na qual, efetivamente, Luiz também acreditava, ele bem que também poderia aproveitar-se, permitindo-se a retomada da virilidade das suas funções masculinas, comprometidas pela vergonha de suas condutas homossexuais anteriormente vivenciadas.

Marisa, por sua vez, era uma pilha de nervos, à beira do desajuste completo. Aquelas emoções que confundiam erotismo com ansiedade, para, logo mais, terminarem em decepção e vergonha para a vaidade e orgulho de mulher repudiada, faziam dela um amontoado de carne sem rumo.

Com ódio ardendo em seu coração, tanto contra o marido que a desrespeitava quanto pelo outro ser cobiçado que não caíra em suas garras, Marisa se deixara arrastar para o âmbito do sentimento ferido, isolador da consciência vigilante.

Em horas assim, as pessoas costumam se permitir coisas próprias da insensatez, entregando-se a qualquer aventura pela simples satisfação de se vingarem daqueles que se mostraram indignos de seu afeto, revidando traição com traição, tanto quanto reconquistarem sua autoestima através da admiração masculina, voltando a se sentirem desejadas.

Acostumadas ao comércio visual, no qual as pessoas se avaliam pelo tanto de desejo que são capazes de gerar nos olhares alheios, despertando interesses e causando suspiros nos outros, a conduta mais fácil nessas condições é a de se deixar arrastar para os contatos promíscuos e fáceis, como se eles pudessem vingar a dignidade ultrajada.

E era exatamente isso que Marisa iria se permitir com Luiz.

O rapaz, longe de ser desinteressante, possuía larga experiência em conquistas e sabia identificar uma mulher carente, extraindo as vantajosas concessões que esse estado faculta, quando bem explorado.

Assim, ao invés de levar Marisa para o destino solicitado, em face do horário e imaginando que ela não deveria ter-se alimentado, resolveu, por conta própria, levá-la para jantar em algum local discreto, oferecendo-lhe uma jaqueta que trazia consigo como um sobretudo a tornar mais discreto o estado de suas roupas.

Deixando-se conduzir pelo galante rapaz, que, então, ficara

sabendo ser irmão de Gláucia, Marisa, confusa, aceitou o alvitre da refeição, como alguém que, já tendo perdido tudo o que desejava, aproveitaria a circunstância de quem já não tem mais nada a empenhar.

Sabendo dedilhar-lhe as fibras da emoção, e não tocando no assunto delicado da cena ocorrida à saída do motel, ambos foram se envolvendo em uma atmosfera de cumplicidade, regada a bebida suave, até que a embriaguez relaxou todas as suas barreiras e, com a desculpa de resgatar a autoestima perdida, se não foi capaz de arrastar para a cama o noivo de Gláucia, ao menos o faria com o seu irmão.

Foi assim que, em que pesassem os esforços dos Espíritos amigos no sentido de evitar a continuidade das tragédias morais envolvendo Luiz, Marisa e os outros integrantes desta história, com exceção de Glauco e Gláucia, continuavam os demais andando pelos caminhos tortuosos de uma vida aventureira e perigosa.

※※※

Longe dali, Glauco e Gláucia se entregavam ao diálogo sincero.

Sabendo dos avisos que lhes haviam chegado através de Olívia, Gláucia exigiu que a conversa se fizesse na presença da mãe, em sua residência, onde, por cautela, saberia que encontraria o respaldo para qualquer ideia mais drástica, ficando mais protegida contra a atuação de entidades inferiores, que sempre se valem dos momentos de desequilíbrio para atuarem no sentido de empurrar as pessoas para os caminhos dolorosos e traumáticos.

Assim, pediu que o noivo a levasse para casa, onde conversariam caso a oração familiar já tivesse terminado.

Efetivamente, no íntimo da família naquela noite, apenas Olívia e o esposo João se encontravam, tendo sido encerrada a oração costumeira, durante a qual a genitora de Gláucia sentira ativamente a presença dos mentores espirituais, magnetizando o ambiente para os eventos que logo a seguir se dariam.

Ainda que Glauco ponderasse sobre a inconveniência de levar tais amargos momentos para o interior do lar de Gláucia, a jovem se mostrou irredutível na decisão, explicando que não pretendia ficar exposta à influência de entidades negativas que, facilmente, poderiam induzi-la a agir contra seus sentimentos.

O rapaz, percebendo o esforço de se controlar que a noiva demonstrava, acabou por levá-la de volta ao lar.

Assim que chegaram, era visível em ambos o estado de dor íntima.

E se Gláucia possuía motivos para pensar como qualquer um seria induzido a imaginar, Glauco se via ferido pela ironia dos fatos, tornando-se vítima pela tentativa de fazer o Bem que sempre houvera aprendido nas lições do Evangelho.

Não tirava de Gláucia, no entanto, a razão por se encontrar entre a dúvida e a descrença.

Vendo a aflição de ambos, Olívia entendera o porquê do amparo espiritual intenso e inusual de que havia sido objeto o seu lar naquela noite.

Sabia que chegara o momento de ouvi-los, não mais como mãe ou futura sogra, mas, sim, como simples irmã que ama e é capaz de superar tudo para que a verdade não acabe corroída pela força do mal, mesmo quando pareça que as circunstâncias conspirem para a condenação.

Relembrava-se, palavra por palavra, das exortações recebidas na casa espírita semanas antes, a convocá-la para uma nova atitude, com a qual a construção do futuro daquelas duas almas poderia consolidar-se.

Glauco, convicto de sua inocência, sentou-se, decidido, para que aquela mulher generosa pudesse ser a testemunha de sua consciência limpa e sua confissão filial.

João havia se retirado para o quarto, em busca de seu tradicional futebol, como se não houvesse coisa mais importante na vida do que ver a bola correr de um lado para o outro.

No entanto, considerando o nível pouco desenvolvido de sua sensibilidade, podiam os Espíritos bendizer, naquela noite, a função daquele futebol, a prender diante da televisão os despreparados para a compreensão dos dramas existenciais, divertindo-se com as tolices do mundo para que não se ocupassem em aumentar as dores alheias com palpites despropositados, embasados nos preconceitos da ignorância.

Assim, a bondade divina se servia até mesmo da tolice dos hábitos humanos para usá-los em favor de seus objetivos generosos.

Com base nas noções espirituais de tolerância e boa vontade, Olívia escutou o desabafo de Glauco, iniciado com a ressalva de que, depois que contasse todas as circunstâncias que lhe aconteceram naquele dia, se Gláucia desejasse romper o noivado e afastar-se dele, ele seria o primeiro a deixá-la viver a vida em paz.

Não iria adulterar a verdade, nem omitir qualquer informação só para que parecesse ter razão.

Iria ser aquele que confessa, ainda que não acreditassem nele.

Depois, Espírito já endividado pelas condutas erradas do passado, saberia aceitar o destino, ainda que o lastimasse, em face do amor que sentia por Gláucia.

Então, depois de tais ressalvas, Glauco passou a relatar todos os fatos, sem nada ocultar nem colorir, até que, sem conseguir mais se controlar, desabou em lágrimas dolorosas de angústia, quando chegou ao relato do encontro com a noiva às portas do motel.

Não mais pôde continuar.

Apesar de tudo, Glauco fez questão de evitar comentar o segredo que sabia acerca de Luiz e sua conduta promíscua.

Ao seu lado, entidades luminosas se postavam, em respeito ao seu esforço de redenção moral, mesmo que isso lhe custasse o noivado e a convivência com aquela família que, em realidade, era a única família verdadeira com que podia contar, uma vez que sua mãe era falecida e seu pai, homem sem escrúpulos, não conseguira manter a ligação com Glauco desde o falecimento precoce da esposa. Glauco não se ligara afetivamente ao pai, porque este, ainda que com uma vida confortável, se mantinha distante, mergulhado em seus negócios e aventuras conjugais com as mocinhas caçadoras de fortuna que sempre andavam à solta.

Soluçando sem mais poder conter-se, o rapaz se entregou ao mutismo, sem mais ter o que falar.

Ao mesmo tempo, Gláucia derrubava lágrimas de emoção diante daquela cena tão marcante para sua alma.

Tudo o que Glauco lhes contara se encaixava naquele perfil perigoso ao qual os Espíritos haviam se referido.

Seu testemunho valoroso, diante da sexualidade mal orientada do passado, conseguira superar a prova difícil e, por mais que as aparências indicassem o contrário, a dor do coração da noiva se via aliviada pela confissão coerente e pela palavra franca do rapaz que se dispunha, inclusive, a deixá-la em paz, saindo de sua vida.

A palavra de Olívia seguiu-se, após, consoladora e cheia de esperanças, espalhando o lenitivo da confiança que depositava na confissão de Glauco, dando-lhe o consolo das palavras de alento tão importantes para aquele que luta por uma verdade que vale mais do que a própria felicidade afetiva.

Olívia era o arauto dos amigos invisíveis, a entregarem ao rapaz, através de seus lábios, a exortação do Bem, reequilibrando suas forças e revitalizando suas esperanças.

Glauco não podia entender o bem estar que o carinho de Olívia, que tinha todos os motivos para duvidar dele, lhe causava ao externar sua confiança em sua boa intenção.

Isso transmitiu-se para o coração de Gláucia que, naquele ambiente favorável, se deixou contagiar pela devoção do noivo, pelo carinho de sua mãe e pela ação do mundo espiritual que sabia de suas dores do passado e lutava para que suas cicatrizes não voltassem a sangrar, fosse por acreditar na traição ou pela simples dúvida que Marisa, maldosamente, tentara semear em seu íntimo.

E então, a noite terminou com o relato de Olívia para os dois companheiros sobre as exortações do mundo invisível acerca do momento delicado que passariam relembrando que, em momento algum, se veriam desassistidos da proteção indispensável à vitória diante do testemunho moral.

Daquele casal que chegara ao ambiente às portas de um desajuste que significava a ruptura, surgiu uma união ainda mais consolidada, solidificada pela compreensão e pela capacidade de entendimento, irrigada pela sinceridade e pela verdade que, respeitada em todos os seus horizontes, é o selo da paz da consciência e da harmonia dos corações.

Não era esse o sentimento dos demais integrantes da nossa história.

33

O ALVOROÇO DAS TREVAS E AS ORDENS DO PRESIDENTE

Depois de todos estes eventos, uma grande reviravolta se observou junto ao núcleo trevoso que organizava as perseguições espirituais.

De uma só vez, vários de seus importantes membros foram impedidos de retomar o processo obsessivo, o que correspondia a um sério golpe em suas estruturas.

A perda do Chefe, um dos Espíritos mais ligados ao Presidente da Organização, acompanhada pelo desaparecimento de Juvenal, repercutiu terrivelmente na estrutura que se mantinha, aparentemente invulnerável, graças ao clima de terrorismo e perseguições implantado pelos seus dirigentes.

Da mesma forma, os Espíritos que acabaram magnetizados pela força superior que os envolveu durante o processo de amparo a Glauco, também deixavam vazios os postos na referida estrutura trevosa.

O mesmo se deu também junto à dona Mércia, com a diminuição abrupta de trabalhadores, o que tornou periclitante a estrutura de atendimento espiritual inferior que ali estava organizada, debilitando aquele muito ativo comércio com o mundo invisível que costumava envolver, inclusive, gente importante da sociedade.

Os sinais de alerta soaram na confusa estrutura da Organização.

Convocados às pressas, todos os que se ligavam diretamente ao Presidente acorreram, amedrontados, diante do inusitado da convocação.

Era preciso garantir o equilíbrio da "empresa" para que não surgissem focos de amotinados, porquanto o dirigente maior daquele grupo sabia que era sob o signo do medo e da ignorância que se fazia mais fácil dirigir toda a Organização.

Diante da reunião programada, na qual tiveram parte todos os mais diretos responsáveis pelos núcleos terrenos de interferência e obsessão dos encarnados, a palavra do Presidente se fizera imperativa:

– Os malditos representantes do Cordeiro estão nos atacando. Nós, que nada fizemos contra eles, que estamos quietos em nosso canto, acabamos sofrendo um grave atentado em nossa estrutura, que não pode ficar sem resposta de todos os nossos soldados.

Adulterando a verdade para incutir nos ouvintes a ideia de que eram vítimas inocentes, atingidas pela traiçoeira investida luminosa, o Presidente sabia que precisava fomentar em seus pensamentos a noção de perigo e de indignação diante de uma ação covarde e injusta.

– Se nos calarmos agora, poderemos considerar encerrada a nossa atividade e nos tornaremos escravos dos que dizem defender o crucificado.

Vejam como são mentirosos. Nossos núcleos de trabalho se instalam por todas as partes. Inúmeros representantes desse Cordeiro se acham submetidos à nossa influência direta. Olhemos para a história das igrejas no mundo e vejamos como que, sob o símbolo da Cruz, se fizeram assassinos, devoradores de corpos, traficantes de interesses, churrasqueiros de crianças, degoladores de inocentes, enganadores do povo, usurários de riquezas, sempre invocando a autorização celestial para se conduzirem por tais estradas.

Na verdade, são algozes e cães mais temíveis do que o próprio Demônio que, criado para o mal, não se esconde por detrás de roupas clericais ou de textos bíblicos. Em geral, assume o que é e declara seu desejo de fazer o mal.

Mas estes fingidos e hipócritas, sedentos de viúvas desprotegidas, de tesouros amoedados, de dízimos que usam para corromper e fazer campanhas políticas, tanto quanto negociatas espúrias junto aos governos da Terra... como é que podem vir nos querer dar lições de moral, ceifando em nossa própria horta, alguns de nossos melhores trabalhadores?

Estudando a reação favorável existente nos rostos assustados de seus interlocutores, o Presidente continuou:

– Precisamos agir e o momento é agora. Se deixarmos para depois, parecerá que nos amedrontamos com essa primeira investida dos fantoches do crucificado, como se eles, realmente, fossem melhores do que nós.

Por isso convoquei esta reunião. Desejo vigilância cerrada sobre todos os nossos objetivos, para que nenhum deles se perca de vista e, no mais curto prazo possível sejam atingidos os nossos intuitos, sem nenhuma derrota.

Além do mais, proíbo a todos de comentarem as ocorrências últimas, para que isso não venha a produzir o estímulo nos fracos ou ingênuos que estejam sendo treinados em nossas técnicas de ataque.

Que saibam que os que se ausentaram foram apreendidos por nossos inimigos e que, de nossa parte, estamos organizando um ataque para conseguirmos recuperar os que são integrantes de nossa família.

E que todos se integrem nos movimentos, estimulados pela necessidade de dar uma resposta à altura do ataque recebido.

Que os seguidores do Cordeiro permaneçam em suas igrejas e em seus rituais, não se metendo nos caminhos que não lhes pertencem.

Nossa atitude não deverá tardar.

Eu mesmo, pessoalmente, irei coordenar o trabalho final de perseguição que estava sob a responsabilidade do Chefe, enquanto procuramos estabelecer o seu resgate, além do de outros membros de nossa Organização.

Aumentem as pressões sobre nossos "tutelados", intensifiquem a influência e a hipnose dos que estão sob nossos cuidados e daqueles que são seus parentes. Precisamos de mais trabalhadores.

Continuemos a proteger os líderes das empresas religiosas, os nossos associados nas táticas de sedução pelos oferecimentos de vantagens materiais. Os idiotas dos humanos não resistem a uma promessa de ganhar dinheiro e logo se entregam às tentações. Protejamos os pastores e religiosos de todos os tipos que administram nosso negócio no mundo, mantendo as criaturas na ignorância, amedrontadas pela figura do demônio. Eles são importantes aliados para nosso domínio se perpetuar na Terra.

Não desperdicem as portas de entrada na mente dos tutelados. Onde encontrarem fraquezas como a gula, o sexo, a vaidade e a ambição atuem imediatamente, porque os adeptos do crucificado são, na maioria, uns hipócritas, túmulos caiados por fora, mas podres por dentro.

Raríssimos desses falsos bonzinhos resistem a tentações desse tipo.

Desejamos dar o troco nesses safados e fingidos do Cordeiro.

Fomos forjados por antigos e valorosos lutadores que nos legaram as vantagens materiais que usamos quando estivemos no mundo e que precisamos continuar a defender, para que possamos nelas empossar os nossos escolhidos, perpetuando o nosso império milenar.

Entre os dois lados da vida, deveremos manter aquilo que nos pertence.

O dinheiro e o poder, a influência, a corrupção, a sonegação e o desvio de verbas serão sempre as ferramentas próprias de nosso esforço em garantir para as nossas futuras gerações e para as nossas eventuais voltas ao mundo das caveiras, as mesmas condições vantajosas, as redes de interferência nos destinos e o potencial de enriquecimento que nos mantenha à frente dos negócios do mundo.

Com isso, seguiremos controlando patrimônios financeiros organizados em bancos e empresas de crédito, controlaremos os meios de comunicação de massa para induzir os Espíritos a se sentirem familiarizados com os conceitos morais que nos facilitem a ação, ridicularizando a honestidade, a correção, o cumprimento dos deveres, abrindo espaço nas mentes para a complacência com a roubalheira, com o interesse de parecer importante, com o desejo de enriquecimento para alimentar a fogueira da vaidade.

Influenciaremos nos meios de produção para que as forças materiais possam ser dirigidas, nos mercados, nos órgãos que deliberam sobre as políticas gerais, criando confusões com princípios filosóficos conflitantes, divergências de entendimentos para que, nas infindáveis discussões e debates, o tempo se perca e as coisas não se modifiquem.

Isso tudo faz parte de nosso trabalho para combater o ataque dos que se dizem leais ao Cordeiro.

Da mesma forma, denegriremos suas religiões através de religiosos corruptos, venais, negocistas, pervertidos, sexólatras, debochados, demonstrando como são mentirosos os valores de sua fé.

Estabeleceremos o culto do lixo e da depravação, com as imagens provocantes de corpos expostos, promovendo o sucesso das manifestações da nossa esfera, inspirando a divulgação de músicas de teor malicioso e provocativo, difundidas pelos meios de comunicação de massa para obterem a aceitação da maioria dos incautos, promoveremos os seus cantores e intérpretes da noite para o dia à categoria de astros e estrelas de realce, a fim de que sejam imitados por uns e invejados por outros, facilitando que nossos tutelados se alimentem desses conceitos e se esqueçam das referências ao Cordeiro fajuto e covarde que, depois de ter-se deixado matar, abandonou a todos os seus seguidores sem voltar para salvá-los do mal.

Esta é a ordem de vocês... Em cada escritório onde se encontrem instalados, cada consultório, cada repartição onde estejam os nossos representantes em contato direto com nossas influências e objetivos, em cada representação partidária ou governo, autoridade de qualquer área e local de concentração de pessoas, aí deverá estar o nosso esforço para agirmos em resposta e no repúdio a esse tipo de ataque covarde de que fomos vítimas e que está se multiplicando por todos os lados, partindo desse bando de hipócritas que prega dos púlpitos uma pobreza que não vivem, que fazem discursos de honestidade e amor aos semelhantes, mas que promovem a corrupção dos políticos e as orgias de Dionísio.

Estejam atentos aos dois tipos de religiosos que encontraremos. Os primeiros, rezam pela nossa cartilha usando as mesmas estratégias. Para eles, a religião é apenas um degrau para conquistar o poder do mundo e os favores do conforto.

Os segundos, querem parecer ilibados, puros, verdadeiros

Protejam e apoiem os primeiros, aqueles que, em seu íntimo, se demonstrem venais ou interessados em se venderem.

Recusem a companhia de religiosos íntegros, de autoridades cumpridoras de seus deveres, de homens e mulheres corretos e moralmente honestos. Esses são mais trabalhosos e, no meio da confusão que se estabelecerá pelo ataque aos demais, eles acabarão sendo abatidos por força da pressão social.

Alerto-os, principalmente, para que se afastem das instituições onde os malditos representantes do Cordeiro se empenham em orações e no contato com os que chamam de Espíritos, representantes da malfadada agremiação do francês ridículo, porquanto possuem sortilégios que a maioria de nós não sabe como neutralizar, principalmente quando não se deixam iludir pelos interesses mundanos.

Não me refiro aos que mantêm contato conosco em seus núcleos de crenças, a pedir dinheiro, acender velas e outras oferendas, nem aos que os procuram para a realização de suas ambições com o nosso auxílio. Esses são espíritas dos nossos.

Vocês sabem como nos enfronhamos com esses servidores sensitivos e como eles nos têm sido úteis nas tarefas de dominar as consciências. Eles devem, também, ser protegidos por nossos exércitos e defendidos das ações nefastas da turma luminosa a qualquer custo.

Vocês precisam saber que neste ataque desleal que nos atingiu, uma das mais importantes cooperadoras de nossa Organização foi igualmente ferida e teve sua obra despojada de boa parte de seus trabalhadores, não se sabendo para onde foram levados.

E depois disso, a nossa médium, o nosso "cavalo" está meio abobalhado, sem entender o que está se passando com sua casa.

Os adeptos do francês idiota desenvolveram técnicas que confundem os menos preparados e que podem produzir malefícios terríveis para aqueles que caem em suas peneiras.

Vivem dizendo que não têm interesses, que não cobram dinheiro nem desejam nada das pessoas. Pregam uma transformação interior, como se isso fosse possível, que as pessoas se melhorem, que se transformem e que sejam felizes. Fazem tudo de graça e não buscam, na maioria dos casos, sequer a notoriedade da imprensa.

Com isso, as casas onde se reúnem acabam sendo locais de bastante perigo para os nossos trabalhadores.

Cuidado com eles.

Se precisarem de ajuda, procurem aqueles médiuns que gostam do pagamento, dos que se interessam por rituais e objetos, informações e vantagens de todo tipo, porque estes são numerosos e, em seus lugares de reunião, encontraremos o ambiente adequado para a instalação de novas sucursais de nossa instituição.

Quanto aos templos do espiritismo de Allan Kardec, proíbo que entrem neles, preferindo a tática de seguirem seus adeptos até as suas casas, depois das reuniões espíritas. Sigam com eles para aproveitarem-se de seus deslizes e, quando isso acontecer, ataquem-nos, envolvam-nos e escravizem-nos com pensamentos de revolta, de insatisfação, de irritação. Assim, seguramente ligados a eles, poderemos retornar ao centro espírita usando-os para criarmos problemas e desajustes, transformando-os em nossas ferramentas.

Induziremos as fofocas, as posturas desafiadoras, os comentários maliciosos, as expressões inadequadas, criando a perturbação no seio daqueles que querem se tornar puros, mas que estão cheios de impurezas na alma.

Percebendo que todos os seus ouvintes se achavam como que hipnotizados por suas graves palavras, atestando o completo domínio sobre a assembleia, o Presidente fez breve pausa e continuou, demonstrando que a reunião se aproximava do final:

– Daqui a cinco semanas, estarei atuando pessoalmente no encerramento da perseguição a que incumbi o Chefe e Juvenal, que a vinham implementando corretamente.

Fizeram um bom trabalho até agora, mas, já que estão desaparecidos, daqui em diante eu mesmo vou cuidar disso.

Preparem-se todos para estarem lá no dia marcado, como convidados para testemunharem nosso poderio contra os asseclas do Cordeiro.

Convido-os para que, nessa data, possam compor a equipe que vai presenciar e cooperar na conclusão dos trâmites com os quais estaremos atuando no mundo como os que governam as pessoas e os seus destinos, mostrando que os crimes são sempre descobertos e que não há ninguém que possa se furtar ao acerto de contas.

É da lei que um olho indenize o outro, que um dente seja sacrificado para corresponder ao que se perdeu.

Assim, a todos os que se viram felizes com a desgraça alheia, chega o dia em que a sua estrutura ruirá no vazio de suas torpezas.

Intimo-os para que sejam testemunhas do que acontece com aqueles que pensam poder enganar a nossa Justiça. O ódio, longamente acumulado, despejando-se sobre os envolvidos, saciará nossa sede de vingança.

Até lá, estejam a postos em suas atividades e não se descuidem de nada, porque não pretendo perder mais agentes de confiança, como considero cada um de vocês.

Cada fuga será exemplarmente punida por processos de tortura e repressão que vocês devem implementar de forma implacável e sem desculpa.

Daqui devem sair com a certeza de que toda compaixão é vírus do Cordeiro, que estará comprometendo nossa saúde para nos conduzir à enfermidade e à queda.

E se encontrarmos alguém contaminado, tratemos de usar energia e punição para que o maldito se arrependa e sirva de exemplo para os demais.

Se pediram e receberam a ajuda da Organização, aceitaram as nossas condições.

Juraram que pagariam o preço correspondente e, dessa forma, não há o que possam fazer para fugir ao dever de serviço à nossa causa, até o fim.

Com um gesto imperativo, deu por encerrada a reunião e dispensou a todos os seus participantes.

Depois, fechou-se nos seus aposentos para delinear a ação para o acerto final do caso que o Chefe e Juvenal vinham administrando, em seu pessoal interesse, ligado ao destino das nossas personagens.

Determinara a ampliação dos obsessores junto a Marisa, Letícia, Camila, Sílvia, Marcelo, Adalberto, Ramos, Leandro, Glauco, Gláucia e Luiz.

Estudara os passos mais adequados para que, nas diversas áreas, o círculo de influências espirituais que comandava pudesse ir sendo fechado a fim de pegar todos os envolvidos no mesmo momento.

Assim, como dissera na reunião, acertara que tudo deveria decidir-se na reunião do grupo profissional a ser realizada daí a cinco semanas.

Deliberou que alguns seus mais íntimos servidores se ocupassem de procurar informações sobre o paradeiro de seus dois homens de confiança, buscando uma justificativa para o desaparecimento de tantos trabalhadores da Organização.

34

A PEDAGOGIA DO BEM

Com relação aos Espíritos que foram capturados pelo campo magnético existente tanto no quarto de Glauco quanto no que era ocupado por Marcelo, sabemos que Juvenal e o Chefe foram se apequenando e se acomodando no interior do útero da futura mãe, adormecidos para que pudessem ser preparados para a reencarnação compulsória que se iniciara naquele mesmo dia.

Os demais obsessores de Sílvia e Marcelo haviam sido afastados e encaminhados para os campos de atendimento localizados nas dimensões espirituais, igualmente submetidos a um processo sonoterápico para o reajustamento de seus centros cerebrais, tanto quanto para a dissolução das ligações magnéticas produzidas pela hipnose a que haviam sido submetidos quando de seu "adestramento" pelos que comandavam a respectiva área na Organização.

No tocante aos que acompanhavam o desempenho de Glauco, sob os ataques descontrolados de Marisa e os que compunham a plateia desavisada, a paralisação magnética permitira que pudessem presenciar a ação das entidades superiores no socorro do jovem, identificando a superioridade e o poder do Amor, como a lhes indicar um novo rumo a seguir, abandonando uma vida de devassidão e de crimes.

Com a impossibilidade de locomoção, foram atingidos no seu mais íntimo sentimento, ficando deveras impressionados com a capacidade de ação de tais forças desconhecidas.

Ao mesmo tempo, depois que esse fato se deu, inumeráveis entidades se fizeram visíveis no ambiente, muitas das quais eram parentes, amigos, tutores dos próprios Espíritos que, desde longa data, os buscavam para o encaminhamento decisivo no momento adequado.

Aquela havia se tornado a hora apropriada.

Ali, na arena dos prazeres, cercado pelos contingentes humanos desajustados, um cristão dera testemunho de sua fé, tanto quanto os antigos mártires cantavam nos momentos que antecediam a morte nas arenas romanas do passado.

A oração de Glauco correspondeu a esse cântico de socorro e de fé, entregando-se às forças maiores do Bem e possibilitou a ocorrência do fenômeno magnético que viera a balsamizar não só o seu coração, mas, sim, o de todos os Espíritos levianos que ali se encontravam.

Tocados pelo maravilhoso e pelo sobrenatural, sem poderem arredar pé daquele ambiente, tiveram que se submeter à observação das forças amorosas, atuando sobre os aflitos e frágeis, sem estabelecerem qualquer violência contra os que eram constrangidos, apenas, a observar os valores da Bondade de Deus.

E os mesmos que ridicularizavam os esforços de elevação de Glauco, apupando-o, vaiando-o, desqualificando-o como homem, agora se submetiam ao sublime poder, tanto quanto ao encontro com os entes que não haviam sido esquecidos em seus corações.

Não teriam como fugir de si mesmos. Por isso, a maioria acabou se entregando ao processo de iluminação, sendo levados para as instituições espirituais nas quais receberiam o tratamento vibratório adequado para a depuração dos fluidos malsãos que haviam inoculado em si mesmos, depois de largo tempo de desequilíbrios e de excessos nas diversas áreas da influenciação negativa junto aos homens e mulheres.

Por isso, tanto a Organização quanto a tarefa espiritual realizada nas dependências asquerosas e repulsivas de dona Mércia estavam vulneradas pela debandada de entidades.

Principalmente, no caso de dona Mércia, os efeitos eram muito graves para a sua própria responsabilidade.

Como muitos consulentes e interessados em suas ofertas se dispunham a obter atendimento preferencial, mediante largas somas em dinheiro, o pagamento feito por Marisa quando da solicitação de certos serviços garantira que um grande contingente de entidades, algumas com bastante experiência obsessiva, fosse destacado para o local do ataque para que lograssem influenciar Glauco na rendição diante da tentação física a que Marisa o submeteria.

Todas estas entidades acabaram impedidas de voltar. A maioria, como falamos, porque entendera a existência de uma força soberana e mais generosa do que qualquer outra.

A minoria rebelde, entretanto, também se viu obstada em regressar imediatamente, uma vez que, envolvida pelo magnetismo daquele momento, foram inoculadas pelo poder avassalador da Compaixão Celeste, respirando os fluidos balsâmicos e as emanações anestésicas, adormecendo pesadamente no sono terapêutico que os limparia das influências perniciosas da hipnose.

Além do mais, ainda que voltassem à liberdade mais tarde, depois do despertamento, já teriam se passado longas semanas ou meses, durante os quais as suas vítimas já estariam mais recuperadas de sua interferência e, por si mesmas, poderiam dificultar a retomada dos mesmos níveis de atuação obsessiva de antes.

Dona Mércia, entretanto, não suportara uma perda tão drástica. Acostumada às trocas magnéticas que a afinidade constante no mal lhe propiciava há anos, suas forças se debilitaram de forma assustadora.

Sem o cortejo de entidades interesseiras a lhe abastecer as vibrações, Mércia se vira entregue a um entorpecimento inexplicável.

Nem mesmo o Espírito controlador de suas faculdades conseguira modificar o estado de ânimo da mulher, já por si só desgastada pelas inúmeras aplicações danosas de seus fluidos vitalizadores, oferecidos para as práticas mais inferiores que se possam imaginar.

A queda de seu fluxo energético fez com que a clientela invisível que a sugava deixasse de ser atendida, ainda que sob o protesto dos muitos que se valiam de suas energias para conseguirem os seus objetivos.

Com isso, não tardou para que dona Mércia deixasse de ter condições para atender o público normal dos consulentes encarnados.

No entanto, por mais que fossem avisados das dificuldades de Mércia, a maioria não entendia suas limitações, desferindo-lhe expressões de ingratidão, ameaças e outras tantas palavras de intimidação, sem a menor consideração para seu estado orgânico e mental.

Suas faculdades mediúnicas, malversadas durante décadas, haviam sido avariadas pelo choque magnético da perda daqueles que a sustentavam, ao mesmo tempo em que, enfraquecida fisicamente, há muito que as suas energias não eram repostas no tempo e na quantidade necessárias, fosse pela alimentação material, sempre deficiente, fosse pela falta do descanso indispensável à recuperação orgânica.

Tendo que atender ao cortejo dos importantes consulentes, sempre a pagarem polpudas propinas por seus favores de sensitiva, esqueceu-se Mércia de que a fonte de todas as bênçãos não é o veio dourado dos recursos humanos, mas, sim, o filão invisível do ouro da Bondade, nascido do coração do Criador.

Sem se abastecer do alimento certo, fatalmente não tardaria para que suas energias se tornassem insuficientes para a manutenção do equilíbrio orgânico e, com isso, o desajuste dos centros cerebrais se apresentou, imperativo.

Dona Mércia delirava, dia e noite.

Bastou uma semana após o evento no motel, envolvendo Marisa e Glauco para que as consequências funestas se patenteassem.

Fraqueza profunda se apossara de seu corpo e não importava o que se fizesse, pareciam inúteis todos os esforços em recuperá-la.

Ligada diretamente a ela, a entidade que a controlava recebia todos os impactos das medicações que eram administradas à médium, receitadas por médico de confiança.

Ao mesmo tempo, assim que se instalara a fragilidade referida, o perispírito de Mércia passara a ter mais consciência e lucidez, deixando o corpo carnal com maior consciência e encontrando, logo ao seu lado, as entidades inferiores que a ajudavam na execução criminosa dos desejos daqueles que contratavam seus préstimos.

Enquanto seu corpo se entregava à fraqueza, transferido ao hospital em condição de emergência, a constatação de sua participação em imensa rede de desajustes e delitos tornou ainda mais difícil a modificação de seu estado físico.

Compreendendo o tamanho de suas culpas, ao identificar-se mais livre das algemas do corpo carnal, Mércia observou-se rodeada por entidades horrendas, anões deformados, seres monstruosos que babavam líquido viscoso dos orifícios que apresentavam no rosto a título de bocas ou de narizes.

Esses encontros faziam-na desesperar-se, buscando retornar ao corpo frágil, em aflitiva manifestação de um desdobramento perturbado.

Agora, afrouxados os laços da matéria orgânica, a consciência da médium invigilante se fizera mais clara e, em decorrência, aumentara o pavor diante do que iria encontrar do lado de lá, transformando em pesadelos os mais rápidos momentos de sono.

Os pesadelos agitados, perturbando-lhe o estado orgânico repercutiam também no tipo de tratamento que recebia.

Vendo suas agonias durante o repouso, os médicos adotaram o uso de medicação neuroléptica com a finalidade de tentar diminuir as conversas com seres invisíveis ou os relatos de ambientes grotescos.

Tal recurso químico repercutia sobre a entidade negativa que a manipulava, produzindo-lhe reações de igual monta, forçando-a a afastar-se da comparsa, rompendo os laços magnéticos que os mantinham unidos.

Esse processo redundou na cessação das trocas de energia que ainda existiam entre ambos, periclitando ainda mais o já frágil estado de saúde da mulher.

Seu sistema endócrino estava perturbado. A produção do sangue se encontrava comprometida por anos de descuido magnético, nas alterações hemodinâmicas produzidas pelos excessos de tarefa de exteriorização descontrolada de fluido vital e, sem a compensadora ação de entidades elevadas que sempre estão sustentando os médiuns responsáveis e diligentes, cumpridores de seus deveres e doadores de seus fluidos para as ações do Amor Desinteressado junto aos que sofrem, Mércia achava-se entregue a si mesma.

Os médiuns que não servem ao dever de fraternidade e se deixam arrastar para o nível inferior dos interesses mundanos, no dizer do próprio Jesus, já encontraram aí a sua recompensa.

Que não pleiteiem as recompensas celestes que estarão destinadas, apenas, àqueles que não se deixaram arrastar pelas ambições terrenas, servindo à causa do Cristo por amor, tão somente.

Estávamos assistindo aos últimos dias de dona Mércia no corpo físico, agora que o desajuste atingira o clímax e que não lhe seriam mais favoráveis quaisquer esforços da medicina para controlar os focos de infecção que espocavam, originados das bactérias que lhe povoavam o corpo e que, agora, se multiplicavam de forma anormal e sem controle biológico do seu organismo debilitado.

Ao lado dela, Félix e Alfonso, sempre acompanhados por Magnus, observavam os tristes efeitos da malversação dos dons divinos, a impedir que alguma atitude mais direta de proteção lhe pudesse ser ofertada, além das próprias orações.

Não tendo semeado em seu caminho as doces sementes da retidão e da benéfica tarefa em favor dos aflitos, os protetores de Mércia não podiam impedir a entrada em seu aposento das inumeráveis entidades perversas que se valeram de suas energias para as práticas inferiores.

- Quero meu pagamento... não pense que vai ficar desse jeito... sair de fininho da vida e me deixar no prejuízo... isso é que não...!!! – protestavam muitos dos que se acercavam daquele local.

Sem contar os inúmeros Espíritos infelizes que foram vítimas de sua ação direta como médium, ou prejudicados nos inúmeros procedimentos persecutórios em que atuou, mesmo indiretamente.

Tais Espíritos, atribuindo-lhe todas as culpas, valiam-se de sua fragilidade mórbida para trazerem-lhe todo o cortejo de ameaças e ironias, preparando-lhe a colheita amarga a que Jesus se referiu quando nos disse que **"a cada um, segundo suas obras"**.

Assim, tendo aceitado ser a pedra de escândalo, Mércia abriu caminho fácil às cobranças das inumeráveis entidades infelizes que esperavam, quais lobos vorazes, a sua chegada ao lado da Verdade, para estabelecerem os processos de revide.

E os tormentos de Mércia se intensificavam porque, pretendendo esconder-se dos cobradores no corpo, do corpo era repelida pelos remédios químicos que lhe eram aplicados para que dormisse e contivesse as crises de alucinação. Quando se via empurrada para fora do organismo pelo efeito das medicações, se defrontava com a cena dantesca dos seus falsos amigos, dos seus antigos empregados e dos inúmeros vingadores prontos para atacá-la.

Entendendo o seu estado e impossibilitados de atuar de forma direta para a diminuição desse panorama de agonias, as entidades amigas, no intuito de melhorar, ao menos, o estado geral do equilíbrio da agonizante, aplicaram-lhe passes magnéticos para amortecerem a lucidez visual no campo do Espírito, visão essa que fora longamente exercitada durante a vida física e que, agora, devassava-lhe com maior clareza o triste cenário que a esperava.

Com isso, Mércia deixaria de se assustar tanto com as presenças nocivas, ao mesmo tempo em que poderia acordar mais serenamente, sem os gritos e expressões alucinadas, diminuindo-se, então, as doses de medicação e garantindo-lhe uma mais suave despedida do corpo físico.

Ao mesmo tempo, tornando-se visível por alguns momentos, Alfonso dirigiu-se aos frequentadores invisíveis daquele quarto hospitalar, e exclamou, compassivo e enérgico:.

– O Senhor é generoso para com todos os seus filhos. Este é o momento do acerto de contas a que todos temos que acorrer, tenhamos ou não um esqueleto revestido de carne.

Todos nós somos filhos de Deus e seremos responsabilizados por nossos atos por força da lei. Vocês não precisam fazer o mal para que essa irmã sofra as consequências de seus desatinos.

Por isso, convoco-os a que esqueçam o mal recebido e aceitem o convite do Amor. Se o aceitarem, garante o Divino Mestre acolhida para todos, independentemente dos crimes que tenham cometido um dia.

Lembrem-se: Se não aceitarem os convites da Bondade, deverão se preparar para prestar contas de seus atos ao Juiz inflexível da própria consciência, como nossa desditosa irmã é obrigada a fazer, nestes instantes dolorosos para seu Espírito.

A palavra rápida e vibrante de Alfonso pegou a muitos de surpresa. Assustados, a maioria correu do local.

Uma pequena parte permaneceu entre o medo e a revolta, a gritar que não era justo que Deus mandasse protetores para pessoas que se haviam transformado em Demônios na vida deles.

E, por fim, apenas três dentre as mais de cinquenta entidades, entendendo o aceno de Alfonso se dirigiram até ele e, imaginando-o um emissário da Divindade, prostraram-se aos seus pés e disseram-se arrependidas do mal que já haviam feito.

Imediatamente, do campo magnético luminoso que surgia a partir de Alfonso, três Espíritos trabalhadores se apresentaram no recinto, reerguendo as almas abatidas que haviam aceitado o chamamento do Bem e, então, recolhidas com carinho, foram levadas aos processos de refazimento.

Ao menos, por um tempo, o ambiente do quarto de Mércia se fizera esvaziado de entidades maldosas.

– Pelo menos por algumas horas a pobre criatura terá um pouco de sossego para pensar em seus atos e preparar-se para o retorno.

– Sim, Félix...esperamos que os médiuns do mundo possam se preparar melhor para enfrentarem este crucial momento em sua jornada de volta.

Deixando o ambiente, garantiram à moribunda uma porção de forças para que os instantes finais no corpo de carne correspondessem a um curso de amadurecimento para o Espírito que continuaria vivo e defrontado por seus acertos e erros, sem nenhuma desculpa.

Ambos tinham que dar curso aos ajustes finais do processo de resposta do Bem, diante das atitudes levianas e desajustadas dos homens, a aceitarem passivamente o papel de agentes do mal com base em seus desejos de grandeza, de sucesso, de vaidade e orgulho, de ascensão profissional, de cobiça do que não lhe pertence, de escolha de um caminho incompatível com suas necessidades.

Por isso, queridos leitores, se pode parecer difícil seguir as pegadas de Jesus que nos pede muita coragem, determinação, renúncia, desapego e maturidade, ao menos não nos esqueçamos dos ensinamentos de Moisés.

Mais antigos, mais limitados, mais intimidadores do que os do cristianismo, os ensinamentos contidos no decálogo, igualmente esquecidos pela maioria, teriam evitado todos os problemas que encontramos nestas linhas se tivessem sido minimamente observados.

Você se lembra, pelo menos, dos DEZ MANDAMENTOS?

Se não se lembrar dos dez, esforcemo-nos para guardar, pelo menos, alguns deles e isso já nos será muito útil para a nossa melhoria pessoal:

– Não furtareis

– Não prestareis falso testemunho contra o vosso próximo

– Não desejareis a mulher do vosso próximo

– Não desejareis a casa do vosso próximo, nem seu servidor, nem sua serva, nem seu boi, nem seu asno, nem nenhuma de todas as coisas que lhe pertencem.

Vocês hão de convir que, se os integrantes desta história tivessem seguido estes mandamentos, não teríamos chegado até aqui, não é mesmo?

35

OBSERVANDO A TODOS

Depois dos encontros sexuais mantidos com Letícia e Sílvia, Marcelo retomou a sua rotina, buscando agir de forma que não levantasse suspeitas.

A presença estimulante de Camila, agora, dominava seus pensamentos.

Com essa ideia fixa, foi muito fácil que o Presidente, agora na direção direta dos trabalhos de interferência, se valesse de sua inclinação para implantar outras entidades obsessoras em seus terminais nervosos, com a finalidade de manterem-no estimulado no desejo de maior envolvimento com a mais bonita das três.

Marcelo e Marisa já não se ocupavam mais da vida a dois.

A cada dia que passava, ele se sentia magnetizado pela colega de trabalho que, de forma delicada, o alimentava com uma dose de carinho que, ainda que não chegasse à plenitude da intimidade, era suficientemente intensa para manter aceso o fogo do desejo e da paixão.

Camila sabia utilizar-se de seus atributos jogando com o imaginário masculino.

Mais e mais Marcelo foi se apaixonando, agora ajudado pela ação hipnotizadora que as entidades perseguidoras exercem, com um cortejo de imagens mentais projetadas em seu íntimo, sugestionando-o e auxiliando-o a mais devaneios produzir, envolvendo a possibilidade de se unir a Camila.

Suas noites eram povoadas de sonhos estimulantes, nos quais a figura de Camila tinha papel preponderante.

As rotinas do escritório se mantinham inalteradas para que não acontecesse que as outras duas mulheres viessem a descobrir seu jogo.

Agora, o desejo não era mais o de arrasar Leandro, retirando-o do lugar privilegiado para assumir a sua posição na estrutura hierárquica.

Já era para se fazer o salvador de Camila, apoiando sua fragilidade na defesa contra o atacante obstinado e perseguidor aguerrido.

Agindo por conta própria, Marcelo demonstraria seu arrojo a fim de que a mulher amada o admirasse e o aceitasse como o seu companheiro corajoso.

Se, para tanto, ele precisasse correr todos os riscos necessários, denunciando Leandro com base nas provas ali documentadas, ele os correria.

Sabia que a reunião dos advogados se aproximava e, assim, mais e mais se preparava para que sua estratégia se tornasse um pleno êxito.

Seu envolvimento com Sílvia fora suficiente para conseguir a sua cooperação. A paixão de Letícia garantira o seu apoio ao objetivo.

A decisiva participação de Camila lhe daria o respaldo indispensável para acabar de uma vez com a figura detestável daquele homem asqueroso que a perseguia no interior do escritório.

Por sua vez, depois que se viu preterida por Glauco, Marisa acabara por se envolver com Luiz, o irmão de Gláucia, nele descobrindo um homem igualmente ousado e aventureiro, já que nutriam as mesmas ideias e desejos semelhantes em nível e intensidade.

Ambos sabiam ser promíscuos a dois, esgotando-se nas práticas sexuais e encantando-se com as novidades que podiam produzir em termos de excitação e desfrute.

Quanto mais se encontravam, mais queriam se encontrar.

A ansiedade era o subproduto dos excessos já cometidos, a solicitar a repetição e a revivescência das mesmas sensações.

Sem qualquer preocupação com a sua condição de esposa de Marcelo, Marisa encontrara em Luiz aquele homem que a recobria de elogios e que a alimentava na vaidade feminina, endeusando-lhe a beleza, a sensualidade, fazendo com que sua carência se visse abastecida.

Além do mais, a experiência sexual do rapaz o transformava em um excelente amante, na combinação perfeita do fogo com a gasolina.

As insatisfações de Marisa em relação a Marcelo acabaram colocadas em um segundo plano, já que suas aventuras ilícitas passavam a dominar a sua vida, ao mesmo tempo em que o marido se via envolvido nos processos de prazer e conquista na sua área de atuação profissional.

Glauco e Gláucia, acompanhados por Olívia, passaram a frequentar o centro espírita com assiduidade, não mais como singelos observadores, mas, sim, com o desejo de mais aprenderem, de participarem das atividades assistenciais lá desenvolvidas, saindo em visitas aos doentes, aos favelados, carregando sacos de alimentos em seus carros, ajudando na doação de roupas, ou seja, dando às suas vidas um direcionamento que correspondia à cooperação espontânea na obra do Bem.

Glauco, agradecido pelo apoio que recebera nos momentos cruciais de seu testemunho moral, entendera que todos somos integrantes de uma rede de fraterna assistência e, da mesma sorte que esteve no limite da queda, muitas pessoas estão no limite do crime por lhes faltar um pedaço de pão, um pouco de arroz e feijão para os filhos, uma roupa quente e uma demonstração de afeto.

Da mesma maneira que fora amparado por seres invisíveis, poderia tornar-se a mão visível de Deus e de Jesus, juntamente com a noiva que o acompanhava sempre, para que as pessoas infelizes não se deixassem levar pelo desespero.

As semanas que se sucederam à tempestade vivida naquele dia fatídico se tornaram momentos de recuperação e alegria, ao mesmo tempo em que suas forças foram se reequilibrando, afastando os pensamentos negativos ligados à conduta de Marisa que, desde aquele dia, se havia revelado desequilibrada víbora, assumindo suas reais tendências e intenções.

Agora, depois que o tempo transcorrera entre reflexões e conversas, palestras e leituras, entendia a ação das entidades obsessoras ao mesmo tempo em que sabia que a moça havia sido o instrumento para testar as suas determinações no Bem. O entendimento das leis do Universo lhe fizera ver que Marisa, na verdade, não passava de uma doente moral, perdendo a classificação de bandida ou desavergonhada. Deveria ser evitada, porquanto a enfermidade moral produzia o desajuste que poderia causar outros dissabores. No entanto, ao invés de fustigá-la com pensamentos de ódio, Glauco entendera a necessidade de orar por ela, para que pudessem rearmonizar-se um dia, sem alimentar o ódio ou o desejo de vingança que lhe palpitavam no Espírito feminino ferido.

Não sabiam, nem ele nem Gláucia, que entre Luiz e Marisa havia se estabelecido um intercâmbio afetivo, ainda que nos moldes levianos, onde os dois se exploram mutuamente, sem os compromissos do sentimento verdadeiro.

Justaposição de necessidades era o que acontecia com ambos.

Luiz se sentia um super-homem ao lado de uma exuberante mulher. Marisa se sentia uma supermulher, ao lado daquele que a abastecia de estímulos e sensações desejadas pela vaidade do seu tipo de mulher.

Em face do sucedido na porta do motel, Luiz evitava o encontro com Glauco que, da mesma maneira, não se animava a estar no mesmo ambiente com o futuro cunhado.

Em face de seu relacionamento com Marisa, Luiz se afastara ainda mais do grupo familiar, desculpando-se com o excesso de compromissos e se deixando ficar na sintonia da mulher desejada.

Nada mais de oração em família, de elevação de pensamento.

Seu negócio, agora, era curtir a excelente maré que a vida lhe oferecia.

A presença de Jefferson ao seu lado era constante, agora cooperando também na influenciação sobre Marisa, cada vez mais acessível a todo tipo de obsessão, ambos monitorados pelo Presidente.

Ele alugara um apartamento e estabelecera o ninho para onde o casal se dirigia sempre que o tempo permitisse.

Por não ter nenhuma ligação com o marido, Marisa se deixou transferir, durante as horas do dia, para o ambiente onde vivenciava as experiências da nova relação.

Luiz, não tendo um horário rígido de trabalho, usualmente podia lhe fazer companhia, tendo-se transformado, com o correr das semanas, em uma espécie de namorado aventureiro, desgastando-se nas aventuras e divertimentos pelos arredores da nova moradia.

※ ※ ※

Sílvia, por sua vez, depois da relação sexual na qual se promoveu a ligação de seus dois obsessores, que se materializariam na Terra como seus filhos, sofrera uma modificação brusca em seu estado íntimo.

Depois de deixar o motel, procurou o repouso em sua casa, ao mesmo tempo em que desejou encontrar, no afeto do filho adolescente, o alimento carinhoso para suas necessidades e carências.

Não tinha um marido por perto, nem podia esperar isso dos homens levianos e quase desconhecidos que usava como instrumentos de prazer. Não tinha amigas ou amigos com quem compartilhar tais sensações, porquanto as amigas eram, sempre, potenciais adversárias a serem vencidas e os amigos, estes acabavam sempre na cama com ela, mais cedo ou mais tarde, o que estragava a amizade.

Somente o filho lhe parecia o mundo seguro a lhe estender carinho sincero e afeição pura, sem o sexo por detrás naquele oceano de mentiras e falsidades que ela construíra ao redor de sua vida.

No entanto, o filho também não estava presente.

Vivendo já nas descobertas de adolescente, encontrava-se na companhia de amigos e jovens perambulando por algum lugar interessante da cidade, iniciando-se nas aventuras da afetividade com estranhos e estranhas, uma vez que não podia contar com a compreensão e o esclarecimento dos próprios pais, dentro de casa.

Sílvia se vira sozinha, com aquele sentimento de vazio que, mais cedo ou mais tarde, acaba chegando para todos os levianos do mundo, quando nada faz sentido, nada é suficientemente verdadeiro e durável, nada foi cultivado com profundidade ou segurança para dar apoio na hora da tormenta.

Pela primeira vez, envolvida pelos novos sentimentos, Sílvia se trancou em seu quarto e chorou amargamente.

Essa sensibilidade passou a ser a marca registrada dos dias que se seguiram.

Ao contato com a possibilidade da maternidade, seu Espírito

recebia do alto as emanações superiores que o conectavam com elevados sentimentos, muito diferentes daqueles comportamentos a que se permitia, desde a entrada na idade adulta.

Sílvia não sabia ainda, mas em seu íntimo a voz da consciência lhe dizia que estava acontecendo algo bem diferente.

E porque não suspeitasse nem considerasse possível a gravidez, chegou a pensar que algo de ruim estava para acontecer.

– Meu Deus, será que eu vou morrer?

Nunca senti essas coisas em minha vida. Acho que isso deve ser um aviso. Mas eu sou tão nova... meu Deus, o que será de meu filho?

Tais pensamentos angustiavam-lhe o ser ainda mais.

O corpo estava ainda bem vitalizado – corpo que ela consumia em orgias repetidas.

O filho ainda precisava ser criado – filho que ela nunca atendia como deveria.

Queria encontrar o Amor – mas nunca se interessou em amar o marido.

Tudo isso, agora, parecia ser motivo que a fizesse meditar na brevidade da vida terrena, na exiguidade das chances, na transitoriedade da existência material.

A ideia de morrer lhe causava pavor.

Sua alma, naqueles dias, se deixara envolver pela situação descontrolada do medo, sem suspeitar que a sensibilidade materna estava produzindo os reflexos decorrentes da ligação uterina com os dois Espíritos, seus comparsas na leviandade.

Ambos se achavam interiorizados em seu ventre, semi-hipnotizados, sob a proteção de entidades responsáveis por aquele processo de renascimento compulsório já que, em realidade, jamais teriam sido desejados pela futura mãe e, se não fossem mantidos nessa condição, acabariam facilmente sendo repelidos e destruídos pelo repúdio mental de Sílvia.

No entanto, mais algumas semanas e ela já perceberia a existência de algo biologicamente errado em suas rotinas físicas.

As transformações corporais a induziriam a pensar, efetivamente, que estava com alguma doença grave, em processo de avanço.

E se, até então, mantivera tais ideias apenas no terreno da conjectura mental, facilmente rechaçadas, com a modificação biológica evidente acontecendo ao longo das semanas, a conjectura da morte ou da doença se transformava em suspeita embasada em fatos reais.

Amedrontada por todas estas circunstâncias, sua fragilidade aflorou de forma constrangedora.

Em cada momento do dia, Sílvia precisava controlar-se para não chorar na frente dos outros.

Se alguém se acercasse, comentando sobre os problemas da vida, seus olhos se viam marejados, ante a lembrança de que a vida poderia estar se esvaindo pelos vãos dos dedos, sem que pudesse fazer alguma coisa.

O medo de ir ao médico e constatar a enfermidade era tão grande quanto a suspeita de estar doente.

Não sabia a quem recorrer.

Nada que pensasse lhe trazia paz interior.

Se estava em casa, a presença do filho era dolorosa lembrança de que o abandonaria, depois de ter vivido ao seu lado sem ter-lhe dado a mesma atenção e carinho que ofereceu aos processos do escritório e aos homens com quem se deitou, nas trocas do prazer pelo prazer.

Nenhum deles seria, entretanto, o porto seguro para suas angústias.

Não podia falar ao filho sobre seus problemas para que ele não ficasse mais preocupado do que ela mesma.

Ao lado disso, pensava na necessidade de ir se afastando do jovem para que, quando da efetivação da morte, não sofresse tanto. Mas como se afastar daquele que, em verdade, era a única fonte de satisfação afetiva que possuía?

Se alguém a procurava para pedir algum conselho, se escusava, delicada, para não ficar vulnerável a qualquer sentimento angustiante na frente daquele que lhe pedia ajuda.

Tratou de desmarcar entrevistas com clientes e os processos passaram a se tornar como que espinhos na carne.

Por que todos aqueles conflitos, aquelas contendas, aquelas disputas alucinadas, se a vida era algo tão frágil e fugaz?

Como se permitir iludir por uma vida afogada em papéis e disputas miseráveis quando nada seria perene o suficiente para valer tanto esforço?

A sua conduta não passou desapercebida dos olhares de Marcelo que, sem suspeitar de nada, passadas já algumas semanas do último encontro, procurava observar as suas atitudes para aquilatar sobre a continuidade de seu apoio, no caso dos documentos já mencionados.

– Oi, Dra. Sílvia, como vai? – brincou o rapaz, na porta de sua sala.

– Ora, Marcelo, estou muito bem, não dá pra notar?

– Sim, dá pra perceber que você está muito calada nestes dias, que não está atendendo tanta gente como sempre atendeu, que não está conversável como nos outros dias, que chega mais tarde e sai mais cedo, que parece mais cansada do que o normal... dá pra notar como você está "muito bem"...

Entendendo as referências do rapaz, Sílvia pediu para que ele entrasse e fechasse a porta.

Atendendo ao pedido com um sorriso maroto no rosto, Sílvia advertiu-o, adivinhando os seus pensamentos:

– Não precisa ter medo, Marcelo, porque eu não faço aqui o que faço em outros lugares....

– Que pena... Sílvia... – respondeu o rapaz, brincando.

– Escute aqui, seu safado... – disse ela, meio sorrindo... – deixe de pensar em besteira por um minuto e sente-se aí.

– Tudo bem, estou escutando...

– Sabe, Marcelo, estou muito preocupada com minha saúde.

– Como assim, Sílvia? – perguntou, demonstrando interesse sincero.

– É que de uns dias para cá, não estou me sentindo bem, tenho dificuldade de pensar, passo boa parte das horas deitada, estou inchada e meu estado de ânimo se mantém constantemente abalado.

– Mas você já foi ao médico?

– Claro que não, Marcelo. E se eu descubro que estou doente mesmo, com pouco tempo de vida?

– Ora, Sílvia, mas as coisas se complicam desse jeito.

– Essa é minha angústia, Marcelo. Como é que posso encarar minha vida dessa maneira, meu filho, meu futuro, se um tumor pode estar consumindo minhas forças. Você não se lembra daquele meu cliente que, há dois meses me procurou para desistir dos seus processos porque havia descoberto um câncer?

– Sim, eu me recordo de seu esforço em convencê-lo de que deveria continuar lutando por seus direitos.

– É, eu me recordo disso também. No entanto, ele foi enterrado semana passada, Marcelo.

– Credo – disse o rapaz, espantado –, tá doido, Sílvia, tão rápido assim?

– É, meu amigo, desse jeito. E agora eu entendo por que ele pretendia deixar essas brigas idiotas ou mesquinhas, que nós temos que transformar em processo, de lado. Nada faz sentido, Marcelo, se nós olharmos as coisas pela ótica de quem descobre que está com tão pouco tempo para viver.

– Mas ele sabia que tinha uma doença, Sílvia.

– Sim, é verdade. Mas nós todos estamos com nossos dias contados. Quem garante que, ao sair daqui, eu não seja atropelada ou um caminhão não passe por cima do meu carro? Nossa vida é uma tolice, Marcelo.

Agora tenho pensado assim porque, pela primeira vez, estou com medo de morrer. Meu corpo me está assustando com a transformação que estou sentindo.

E o medo de partir para o desconhecido está me impedindo de ir ao médico.

Entendendo a angústia da amante de ocasião, Marcelo arriscou sugerir.

– Mas por que você não fala com seu marido? Ele pode ajudá-la.

– Ora, Marcelo, meu marido e eu somos dois estranhos. Não dormimos juntos há muitos anos. Apenas mantemos uma aparência de vida, para que nosso filho se sinta vivendo em uma família dita normal.

Ele tem outros interesses, outras mulheres, outros relacionamentos.

E dizendo isso para o homem com quem acabara de ter, algumas semanas antes, as últimas relações sexuais, relembrou de sua conduta e falou, com franqueza:

– E eu... faço ... a mesma coisa....

Como poder contar com alguém que nunca fez parte da minha vida?

Só tenho o meu filho e, ainda assim, não posso lhe dizer nada porque, primeiro, não tenho nenhuma certeza e, depois, não quero lhe trazer sofrimentos maiores.

Vendo que ela se via presa na própria armadilha, Marcelo procurou estender-lhe a mão, afinal, Sílvia havia sido a mulher que o abastecera de prazer nos últimos tempos, o mesmo prazer que a própria esposa lhe negava. De uma forma ou de outra, sentia-se em dívida e pretendia que ela se vinculasse a ele por uma gratidão, através da qual seu apoio na luta contra Leandro se fizesse decidido e indubitável.

– Bem, Sílvia, o que não pode é você ficar desse jeito e não ir em busca de solução médica.

– Mas eu tenho medo, Marcelo... – exclamou aquela mesma mulher tão segura de si nas relações carnais, mas infantilizada e chorosa nos momentos de desafios maiores.

Havia chegado a hora do companheiro de prazer transformar-se no apoio que ela pedia, em silêncio.

– Se você quiser, eu a ajudo. Eu posso levá-la ao médico e ficarei do seu lado para o que der e vier.

Entendendo o oferecimento espontâneo que poderia estar sendo motivado por um sentimento de obrigação em decorrência da intimidade que experimentaram, Sílvia respondeu:

– Marcelo, não se sinta obrigado por causa do que aconteceu entre nós. Não desejo sua comiseração nem a compaixão de um homem com a consciência pesada. O que fizemos foi curtição para os dois, sem maiores responsabilidades.

Falava isso de maneira altiva, até mesmo para ferir os brios do homem e liberá-lo de qualquer obrigação. Isso porque, naquele momento, suas necessidades afetivas não poderiam ser alimentadas pela piedade, nem pelo sentimento de pena, de compaixão. Ela necessitava de um carinho sincero, da força de alguém que estivesse consigo não para livrar a própria consciência, mas para demonstrar um sentimento fraterno verdadeiro.

– Ora, Sílvia, em nenhum momento estou pensando nisso. Estou me oferecendo porque, de uma forma ou de outra, estamos juntos aqui neste escritório há tantos anos e, ainda que nada tivesse acontecido entre a gente, me sentiria muito feliz em poder estender minha mão numa hora de necessidade.

– É sincero o que está falando, Marcelo?

– É o mais sincero que já consegui ao longo de minha vida, Sílvia.

Entendendo que o rapaz estava sendo franco, a moça se ergueu da cadeira e caminhou na sua direção, a fim de lhe dar um abraço.

Marcelo se ergueu e, então, pôde sentir toda a angústia da mulher que se acercava de seu peito, não mais com o interesse carnal e, sim, na condição de alguém em sofrimento.

Sílvia chorou em desespero, como só o fazia no recluso de seu quarto, todas as noites, sozinha.

– Calma, Sílvia, desse jeito eu também vou acabar chorando aqui....

– Ora, Marcelo, você é o primeiro ser vivo com quem me encontro para poder chorar e desabafar um pouco. Aguente firme, porque você nem imagina o que isso significa para mim....

– Tudo bem, chore, então, tudo o que você precisa.

Aquele desabafo fizera muito bem à colega de escritório de Marcelo.

Ao final da conversa, estava mais calma e mais segura. Havia encontrado alguém com quem compartilhar suas angústias e seus medos.

***

Longe do escritório, as mesmas duas vozes se falavam ao telefone, mais uma vez:

– E então, as coisas continuam como nossos planos previam?

– Sim....cada dia ele está mais em nossas mãos...

– Cuide bem para que ele não perceba nada, porque disso depende nosso sucesso pleno e completo.

– Deixe comigo... ele jamais vai notar de onde veio o caminhão que o atropelou, na hora em que as coisas acontecerem...

***

Os desajustes humanos, na área da afetividade, queridos leitores, têm sido a causa de uma imensa gama de sofrimentos morais e materiais da vida.

Estendendo a amargura de seus efeitos ao longo das diversas existências da alma, permitem que antigos adversários no afeto se reencontrem nas experiências traumáticas de grupos familiares obrigados a viver sob o mesmo teto para que se reajustem, decorrendo daí inúmeras divergências no seio da parentela próxima.

Traindo e sendo traídas, as pessoas se garantem para o futuro novos reencontros para a renovação dos compromissos desrespeitados, carregando para a estrutura da comunidade familiar, na condição de pais, filhos, filhas e irmãos, os antagonismos e conflitos iniciados nas experiências ancestrais da alma, em corpos diferentes.

Desgastando os centros energéticos nas condutas desregradas e levianas em uma determinada vida física, quando voltam à Terra, para futuras reencarnações, as novas organizações biológicas são modeladas. Tais almas implementam no arcabouço carnal que estão modelando os mesmos desajustes que lhes imporão desequilíbrios mentais, hormonais, metabólicos, como herança negativa de suas experiências abusivas nas diversas áreas do afeto.

Doenças uterinas ou testiculares, dificuldades de fecundação, desajustes emocionais que beiram os desequilíbrios mentais ou comportamentais denotam a marca indelével dos compromissos com práticas afetivas inapropriadas no ontem recente ou longínquo.

Daí ser tão importante a compreensão de tais mecanismos porque, com o conhecimento sobre tal processo, poderemos melhorar nossa conduta e entender o porquê da impropriedade da conduta leviana ou afetivamente irresponsável em nossos compromissos físicos.

Considerando que encontraremos em nossos caminhos todos aqueles que ajudamos ou exploramos, é bom que, já no presente, nossas atitudes, ainda que não possam espelhar, repentinamente, a elevação da santidade, sejam canalizadas para a estrada reta da seriedade afetiva, a sustentar o edifício das uniões.

Não um discurso moralista e de boas maneiras, a ameaçar com o inferno os devassos renitentes, mas a demonstração de que cada um encontrará em seu caminho o fruto de suas opções, estampado como a marca registrada de suas decisões, no bem tanto quanto no mal.

Não se trata, obviamente, de uma informação que agrade àqueles que estão acostumados a fazer da afetividade um pasto para o exercício de todas as mais baixas atitudes. Em plena época do prazer desenfreado, as vozes que se levantem para mostrar os efeitos desastrosos dessa falta de freios podem ser consideradas indesejáveis ou inoportunas.

Longe de nós a intenção de conduzir os homens e mulheres de hoje ao silêncio opressor dos claustros antigos, vestidos de roupas rústicas a se ferirem com espinhos e chicotes com o intuito de afastarem de si mesmos a tentação e a falta de pudor.

Apenas desejamos ressaltar que o equilíbrio e a moderação, a responsabilidade do sentimento sincero correspondem a uma estrada mais segura do que a leviandade à qual o ser humano está se entregando, porquanto, como a morte é o veículo que recolherá todas as almas, na hora em que tivermos que nos defrontar com o resultado de nossas atitudes na dor e na vergonha diante do túmulo, não poderemos culpar o mundo com seus mecanismos de devassidão e de facilitação ao vício como o responsável pelos nossos erros. Não terá sido, o mundo, o responsável pela nossa viciação moral por nos garantir a rota da promiscuidade como o exercício do direito à expressão da liberdade absoluta, sem ninguém para alertar que esse caminho não era o melhor.

Nao! Isso não poderá ser dito.

Nós estamos aqui, buscando alertar que tal estrada é perigosa, tal alimento é podre, que o prazer desmedido do corpo é fonte de sofrimento desmedido para a alma.

Estamos aqui para dizer, repetindo antigo conceito, que AQUILO QUE PARECE, NÃO É.

E AQUILO QUE NÃO PARECE, É!

Aquilo que parece um bem desejável pelas sensações que desencadeia, não é um bem desejável, realmente.

Tanto quanto aquilo que corresponda a algo menos estimulante, menos agradável, menos excitante, não é a expressão do sofrimento, mas, sim, o bom investimento que remunera as renúncias de hoje com os vantajosos juros do equilíbrio e da ventura para aqueles que souberam se conter e se direcionar.

Aos nossos interesses imediatos, muitas vezes a estrada mais reta não é a melhor.

No entanto, não nos esqueçamos de que a mais reta é, sempre, a mais curta.

Observe-se, interiormente, nestes instantes de meditação solitária.

Avalie o quanto tem sido sincera a sua demonstração de afeto para com aqueles que o rodeiam.

O quanto seus objetivos imediatos não estão contaminados pelos modismos, pelas imposições sociais, pelos conceitos da sensualidade opressora.

Veja qual o grau de comprometimento de seus pensamentos com assuntos sexuais, e o quanto tal tema escraviza suas palavras e comentários.

Pergunte-se se você é somente isso.

Se seu afeto é exprimido somente pelas secreções de seu corpo, no clímax dos relacionamentos íntimos.

Quantas vezes você tem demonstrado carinho que não seja para atingir o ato sexual com alguém que lhe interesse.

Já sabemos que a Bondade Divina é incompatível com a existência física de um Céu ou de um Inferno, representando, sim, apenas estados de consciência de paz ou de culpa. No entanto, façamos a experiência hipotética de observar se, com o teor de nossos pensamentos, sentimentos e atitudes, nos qualificaríamos para ingressar no Paraíso.

Se, porventura, por seus defeitos e más inclinações, você

reconheceu a impossibilidade de ingressar no Paraíso, será que percebeu que é você mesmo quem está construindo o próprio inferno íntimo?

Lutemos com clareza de propósitos para combatermos aquilo que cria trevas interiores nos erros e angústias que nos arrastam para sentimentos de vergonha e pessimismo, abrindo brechas para os processos de obsessão e influenciação promovidos por Espíritos viciosos.

Passemos a procurar aquilo que nos seja a garantia do equilíbrio e da paz interior, facultando-nos o exercício da sexualidade como um dos instrumentos do carinho verdadeiro, de um para com o outro.

36

MARCELO E SUAS MULHERES

Marcelo combinou com Sílvia que iria acompanhá-la à primeira consulta, assim que fosse marcada, o que aconteceria dentro de alguns dias.

Naturalmente, nesse primeiro encontro, o médico procedeu a uma observação clínica, solicitando exames gerais, para, logo mais, em um segundo encontro, apresentar um diagnóstico seguro.

A presença do solícito rapaz ao seu lado produziu em Sílvia a calma e a segurança que lhe estavam faltando já há algum tempo, ainda que as sensações de mal-estar e indisposição continuassem.

Enquanto isso acontecia entre ambos, Letícia continuava a sonhar com a aproximação de Marcelo, com os momentos que puderam desfrutar e as oportunidades de carinho compartilhado.

Em realidade, o rapaz não guardava muita lembrança de tais intimidades, ainda que soubesse que Letícia lhe dedicava especial atenção.

Para ele, a outra advogada era apenas um instrumento adequado, uma oportunidade para conseguir dar o golpe que estava preparando.

Letícia, no entanto, frágil em seu sentimento e sonhadora em sua alma, pretendia manter o liame com o rapaz, imaginando que, se conseguisse se fazer íntima mais vezes, acabaria por conquistar o seu interesse por ela.

Sabia que não poderia forçar a situação e que homens casados como ele, em geral, não gostam de riscos ou de escândalos que possam comprometer a sua estabilidade. Entre a relação estável, consolidada e uma aventura transitória, por mais emocionante e empolgante que pudesse ter sido, a união antiga teria um peso muito mais decisivo no instante da decisão, a não ser que a nova relação pudesse enraizar-se com base em sentimentos verdadeiros e interessantes, dando ao homem aquilo que a rotina da convivência conjugal já lhe houvesse tirado.

Por isso, sem perder a naturalidade, Letícia procurava acercar-se de Marcelo com o cuidado de quem sabe não poder forçar nada.

Agia para que seu sentimento despertasse em Marcelo uma atenção especial em relação a ela.

Nunca lhe passara pela cabeça que o rapaz já se havia enamorado de Camila, ao mesmo tempo em que era íntimo de Sílvia.

Segundo seus conceitos, o único compromisso que ele mantinha era com a esposa, laço este que, segundo as próprias palavras do rapaz, já estava claudicante.

Assim, sempre que podia permanecer no escritório até mais tarde, Letícia o fazia, na esperança de conseguir que o rapaz tivesse mais tempo para ela, já que, com a falta dos demais colegas de trabalho, sobrava mais espaço para ambos.

Marcelo, por sua vez, ainda muito interessado no apoio que precisava da moça para seus planos, não podia se fazer de rogado e correspondia à sua atenção, até mesmo para que ela não desconfiasse de nada.

Ele, no entanto, sabia que o escritório era o ambiente perigoso para a demonstração de afeto, uma vez que havia muitos olhos e ouvidos espalhados por todos os lados.

Por isso, compreendendo o interesse de Letícia e a possibilidade de contar com a sua adesão, o rapaz se deixara levar pelas sugestivas e sutis insinuações, carinhosamente plantadas em seu caminho através de convites para um lanche, para assistirem a um filme interessante, para conversarem sobre os casos jurídicos ou sobre outros assuntos, tomando um drinque, depois do trabalho.

Como Marcelo não se via no dever de regressar ao lar, já que Marisa também se ausentava e só voltava tarde da noite, passou a ver em Letícia uma forma de completar a sua carência com uma companhia agradável.

Ele percebia, experiente que era nas artes da sedução, que Letícia se esmerava para criar o ambiente agradável. Sem ser grudenta ou cansativa, sabia sopesar a informalidade com a carinhosa companhia, de forma que a sua condição masculina se via enaltecida e cultivada pelas atenções da jovem.

– Ora, estou sem mulher, Camila está sempre num "chove não molha", Sílvia está doente... Que mal há em me deixar levar pelos carinhos de Letícia, agradável e interessante, na companhia de quem tenho passado meus melhores momentos nos últimos tempos? – perguntava-se, egoísta e indiferente, o rapaz.

Cada dia que marcava presença no apartamento de Letícia era uma nova esperança brotando no coração da moça. Do mesmo modo que Marcelo não lhe prometia nada, no campo do compromisso emocional, ao reconhecer-lhe as virtudes de profissional e de mulher, estimulava Letícia, que se via com mais vontade de investir tudo o que tinha naquela relação, para produzir a boa sensação no rapaz, como forma de ir solapando-lhe as resistências, aceitando a sua distância afetiva, mas guardando a convicção de que, ao receber seu carinho, mais cedo ou mais tarde o moço haveria de se encantar com seus modos e, quem sabe, passaria a desejar estar mais tempo em sua companhia.

– Água mole em pedra dura... – pensava Letícia.

Nos seus pensamentos, cada vez que Marcelo, ao findar o dia, aceitava dirigir-se ao seu apartamento a fim de ali passar algumas horas em conversas e carícias, Letícia se alimentava com a esperança de que o rapaz estivesse se deixando vencer por suas artes de conquista.

Em realidade, como já falamos anteriormente, Marcelo se sentia, na companhia de Letícia, como um cavaleiro medieval ao lado da donzela frágil e abandonada, à espera do seu libertador audaz.

O orgulho masculino se saciava ao contato com a moça que, diferentemente de todas as outras mulheres com quem convivia simultaneamente, era aquela que mais o abastecia de boas referências, de elogiosas palavras e de carinho espontâneo.

Camila, apesar da beleza, era um conta-gotas nas concessões da intimidade, resguardando-se exageradamente, liberando apenas algumas demonstrações de afeto, entre beijos e toques escondidos.

Sílvia era um vulcão em erupção que, em realidade, ultimamente, mais repulsa do que atração lhe estava causando como mulher, não lhe ocorrendo, em nenhuma hipótese, manter-se em relacionamento constante com ela, cuja experiência e ousadia espantavam aqueles que desejavam ser o dominador da companheira nos caminhos do prazer. Sílvia sempre dominava.

Marisa, por sua vez, esposa leviana e fútil, depois de empurrá-lo para o desvio, não era mais a companheira adequada para um relacionamento harmonioso, mesmo que as razões da harmonia fossem, apenas, aquelas da intimidade sexual.

Restava-lhe, então, como única abastecedora de sua fragilidade, apenas Letícia, a jovem em cuja companhia Marcelo se deixara ficar por mais tempo, desfrutando de suas maneiras e compartilhando agradáveis momentos junto àquela que lhe outorgava a atenção e o carinho que todo homem sonha receber da esposa ou companheira.

Por isso, desde o último encontro com Sílvia no motel, naquela terça-feira, Marcelo se permitira regressar inúmeras vezes ao apartamento de Letícia para dividir com ela as horas de convívio, único momento de verdadeira satisfação ao seu afeto esquecido.

Naturalmente que, já tendo vencido a timidez, desses encontros, a intimidade entre os dois se tornou ainda mais normal, mesmo que a união sexual plena não se consumasse todas as vezes.

Marcelo desejava manter uma aproximação sem compromissos e esse era o ponto principal de suas conversas com Letícia, que escutava com os ouvidos, mas, no íntimo, sonhava com outra coisa.

E quanto mais o rapaz se relacionava com ela, mais ela se apaixonava platonicamente por ele, ainda que repetisse o seu desinteresse pelo estabelecimento de uma relação mais estável e profunda.

Aceitaria a sua companhia sempre que ele quisesse, mas que se sentisse liberado e sem compromissos tanto quanto ela se sentia.

Discurso mentiroso, mas útil para a continuidade daquela situação agradável e conveniente para seus interesses.

Na medida em que as intimidades e carícias se repetiam entre os dois, as sensações femininas e os sonhos longamente arquivados de constituição de família, de estabelecimento de um lar, de divisão de um mesmo ambiente com um companheiro se solidificavam em seu inconsciente.

As ressalvas de Marcelo, perfeitamente entendidas por Letícia, tinham tal significado somente para ele.

– Marcelo me deseja e isso demonstra seu interesse por mim... – pensava ela.

Via, então, aquilo tudo como um ato de amor, enquanto que Marcelo, imaginando-se suficientemente claro, via como uma experiência sexual agradável, mas sem maiores desdobramentos.

Ele não contava com as debilidades da jovem companheira de noites, frágil nas estruturas psíquicas e extremamente débil na capacidade de entendimento das circunstâncias que envolviam as questões emocionais ou afetivas.

Letícia se fazia de mulher segura e de personalidade sólida, dominando as próprias emoções, procurando demonstrar ao companheiro de aventuras a sua concordância com seus pontos de vista e que, em seu apartamento, ambos estavam apenas brincando de sexo e desfrutando da companhia recíproca.

Foi por esse motivo que o instrutor Félix recomendou a Gabriel que se postasse junto à jovem que, sem possuir entidades obstinadamente perseguidoras, era detentora de uma tal fragilidade emocional que ela própria se incumbiria de ser a própria obsessora, com as fraquezas e fugas que caracterizam pessoas com esse perfil ou personalidade.

A debilidade da jovem era o que preocupava e os amigos invisíveis tudo fariam para sustentar-lhe os resgates, as dores íntimas, as decepções que a esperavam, a fim de que não as transformasse em impulso vingador nem em desejo de autoaniquilamento.

Tais pessoas, nos momentos de frustração, são alvos fáceis para todo tipo de indução inferior, abrindo campo mental para as intuições negativas, destrutivas, que podem levá-las a atitudes criminosas ou desesperadas.

Assim, a função de Gabriel seria a de impedir que tais Espíritos se acercassem, em função de perceberem a sua presença e imaginarem, com isso, que a moça já estava dominada por uma entidade vingadora. Ao mesmo tempo, isso garantiria que Letícia não fosse sugada em suas energias, o que a tornaria ainda mais debilitada na resistência, no momento crítico em que precisasse dela.

Gabriel não poderia intervir em suas escolhas, mas, seguindo as orientações dos mentores que coordenavam sua ação e contando com a autorização de Félix, poderia agir no sentido de impedir a ação nefasta de entidades inferiores, deixando que a moça pudesse exercer seu livre-arbítrio, coisa indispensável ao seu crescimento bem como à demonstração clara do nível de sua maturidade.

Diferentemente do que se passava com Sílvia, constantemente assessorada por entidades malévolas que se justapunham ao seu campo de energias desajustadas no sexo, Letícia não se conduzia sob a influência perniciosa e erotizante de nenhum Espírito. Era senhora de seus desejos e os manipulava sem a ação direta de nenhum comparsa vampirizador.

A sua atitude reservada e a conformação com a ausência de atributos físicos exuberantes lhe garantiam uma vida mais pacata, sem agitações e provocações emocionais próprias da ebulição dos sentidos, coisa que é muito fácil de ocorrer quando a beleza física, a capacidade de sedução e as ambições de domínio empurram as pessoas para as situações críticas na construção de seu futuro.

Tais cuidados espirituais eram suficientes para garantir que as intimidades existentes entre ela e Marcelo fossem fruto de seus próprios desejos.

Letícia, agora em um corpo sem os requisitos da beleza, resgatava seus erros na colheita dos frutos amargos decorrentes das sementeiras equivocadas efetuadas em recente encarnação passada quando, dotada de um corpo chamativo e de linhas agradáveis aos olhares masculinos, dele se aproveitara para inocular no interesse dos homens o desejo por si própria para manipulá-los, concedendo-lhes esperanças que, logo mais, frustrava com recusas e jogos.

Letícia se permitira, naquela vivência passada, usar da atração exercida sobre inúmeros rapazes para extrair as agradáveis sensações de domínio e poder, a fim de que, com a decisão sempre em suas mãos, se visse senhora dos desejos masculinos, manipulando os homens que caíam em suas armadilhas sedutoras sem a consideração e o respeito pelo sentimento alheio.

Irresponsável no afeto, contraiu inúmeras dívidas morais nessa área da personalidade, assumindo a responsabilidade por variados distúrbios emocionais e conflitos entre aqueles que a cobiçavam e que aceitavam, como último recurso, baterem-se em duelos para verem quem seria o ganhador da preciosa prenda.

Se por um lado, o duelo horrorizava seu coração feminino, por outro, o fato de estar no meio de uma disputa de homens interessantes enaltecia sua vaidade, mostrando às outras mulheres o quanto era poderosa a atração que exercia.

Passara a ser odiada pela maioria das moças de sua convivência, inclusive pelo fato de não ter nenhum escrúpulo em provocar os que já estavam comprometidos, tirando de várias jovens os respectivos namorados, os quais, tolos e encantados por seus traços, pensavam trocar as insípidas companheiras pela exuberante jovem.

Com isso, na vida anterior, semeara a dor em muitos corações femininos e masculinos, apenas pelo prazer de mostrar-se capacitada para escolher quem quisesse, na hora que lhe aprouvesse.

As circunstâncias da vida, no entanto, se fizeram cruéis para os seus interesses.

Depois de muito se desfazer dos sentimentos alheios, a jovem acabou vítima de uma conspiração silenciosa que envolveu algumas outras mulheres, iradas com a sua conduta, tanto quanto comparsas masculinos que haviam sido seduzidos e preteridos por ela, que se uniram para vingarem o sentimento ferido, mostrando-lhe que não se deveria brincar com o afeto dos outros como ela fazia.

Assim, sem que deixassem traço do delito, a jovem que renasceu na presente existência sob a personalidade de Letícia, fora afastada da sociedade, sequestrada na calada da noite e colocada em lugar ermo, no qual, amarrada, amordaçada e com os olhos encobertos, era violentada durante a noite por aqueles mesmos que enganara, homens e mulheres, que se divertiam vendo-a reduzida à impotência, humilhando-a de todas as formas.

Amarrada firmemente, tinha que suportar o contato nocivo e violento dos que dela abusavam e que se mantinham calados para que não fossem identificados pela voz.

Ao mesmo tempo, durante o dia era alimentada por uma pessoa desconhecida que, encapuzada, comparecia ao local do cativeiro, encarregada de mantê-la viva e realizar sua higiene corporal para que estivesse preparada para a próxima noite de novas agressões.

Ao longo de uma semana, a jovem estava relegada à condição de um trapo humano.

A intenção não era a de matá-la.

Todos desejavam dar-lhe uma lição para que não mais se valesse de seus atributos para infelicitar a vida dos que tentavam viver uma existência de paz e harmonia, dentro dos afetos que cultivavam.

Assim, depois de ter sido humilhada sem saber quem eram os responsáveis por tal atitude violenta, a jovem foi libertada, seminua, na praça central da comunidade em que habitava, durante uma noite escura, deixando-se ficar no solo, sobre a grama alta, até que algum transeunte se interessasse por seu destino e providenciasse a ajuda para ser conduzida ao leito mais próximo para o atendimento de emergência.

Logo correu a notícia de que a tão exuberante jovem havia sido encontrada despida na praça da cidade, o que lhe valeu por uma lição tão amarga que deixou aquele lugar para sempre, sobretudo por saber que entre os que encontraria nos bailes tão normais daqueles tempos, provavelmente poderiam encontrar-se alguns de seus violentadores, a olhá-la de soslaio, irônicos e satisfeitos em lhe devolver as injúrias da emoção com as injúrias da violência.

Esse estado íntimo marcou profundamente o seu Espírito que, a partir daquele período, deixou-se amargar num ódio desproposidado contra todos os homens que cruzassem seu caminho, arrastando uma existência de desajustes e desencontros afetivos que acabaram por minar seu equilíbrio mental, terminando seus dias em um calabouço para loucos, típica terapia para os alucinados naqueles tempos.

Essas profundas marcas se mantinham indeléveis em seu interior, escondidas no mais sigiloso escaninho de sua personalidade que, mesmo sem relembrá-las de forma consciente, repercutiam sobre seus sonhos de felicidade ao lado de alguém, reconhecendo-se, entretanto, despida de atributos ou atrativos, como se isso lhe fosse um castigo ao Espírito vaidoso e abusado, maneira de corrigir suas perigosas inclinações à vaidade e à irresponsabilidade afetiva, reprogramando suas tendências interiores.

Em função disso é que se atirara, na presente encarnação, aos esforços intelectuais, como forma de compensar a ausência de beleza. No entanto, por mais que o fizesse, sofria sempre por não ser tão requisitada quanto outras mulheres.

E acompanhando suas experiências, como efeito de suas escolhas do passado, a debilidade emocional se apresentava como o resultado dos traumas da solidão, contendo os traços da loucura final, desequilíbrio que se achava, agora, ligeiramente contido pela adoção de um procedimento mental compensador de frustrações.

À medida que Letícia escolhera superar sua falta de beleza pela eclosão de sua inteligência, havia organizado sua personalidade para enfrentar as horas duras de uma vida sem muitas ou maiores emoções, amargando a solidão para aprender a respeitar o afeto alheio, recusando-se a construir a sua felicidade arruinando os relacionamentos dos outros.

Só com a solidão poderia ser testada nesse desafio.

No entanto, a presença de Marcelo fizera nascer em sua vontade as antigas emoções de mulher, somando frustrações do passado à tentação de conquistar um homem que pertencia a outra mulher, o que lhe alimentava a vaidade feminina.

Entregara-se ao redespertar dos vulcões adormecidos, imaginando ter chegado o momento de ser feliz, apesar dos compromissos alheios.

Marcelo não fizera parte de seu passado de erros nem a ela estivera ligado de alguma forma.

Entretanto, ao permitir-se usufruir sexualmente de Letícia com a desculpa de que não a estava iludindo com palavras doces ou fantasiosas, desconsiderava o fato de estar sendo, na verdade, a pedra de tropeço no caminho da jovem, favorecendo-lhe a retomada das antigas emoções famintas, quando, em realidade, não podia nem queria corresponder ao seu sonho de felicidade conjugal ao seu lado.

Por causa dos traumas passados, em Letícia, a sexualidade sempre fora algo muito difícil de ser exercitada. O medo de homens, o horror ao seu contato amargava seus dias, confundindo suas ideias. De igual forma sentia também um certo horror de mulheres porque, no fundo, sabia que haviam sido as mais perigosas oponentes e causadoras da agressão que havia sofrido naquela existência passada.

Por isso, quando se sentiu atraída por Marcelo assim que chegara ao escritório, atração essa guardada em segredo e só revelada anos depois, a esperança de uma vida normal ressurgiu em seu horizonte.

Havia sido o único com quem aceitara envolver-se intimamente e, uma vez tendo isso acontecido, a hipótese de felicidade amorosa fora reconstruída em seus sonhos de mulher, arruinados no ontem.

Ao estabelecerem o contato carnal, sua energia feminina se vira estimulada e os momentos de intimidade que se sucederam como que libertaram as acumuladas forças sexuais de seu Espírito, produzindo-lhe uma sensação de bem-estar e de maior interesse em repetir tais experiências.

No entanto, os que pudessem observar as coisas pelo lado do Espírito, facilmente constatariam que Letícia estava prestes a entrar em acentuado desequilíbrio, remontando aos antigos traumas do passado, abeirando-se da insanidade já experimentada e que lhe havia marcado terrivelmente o perispírito nas linhas da afetividade desajustada.

Enquanto as coisas continuassem daquela forma, acontecendo eventualmente em sigilosos encontros, de forma ocasional, nada de muito grave poderia acontecer, a não ser o natural aumento da ansiedade e da dependência de Letícia em relação a Marcelo.

Entrevendo, porém, os desdobramentos que o breve futuro produziria na vida de tais personagens, os Espíritos amigos já se antepunham para amparar a jovem nos golpes a que estaria exposta durante os testemunhos difíceis que enfrentaria.

※ ※ ※

Enquanto o tempo passava, acelerado, Marisa, a esposa legítima de Marcelo, e Luiz, o irmão de Gláucia, se engalfinhavam em um relacionamento quente e intenso.

As novas emoções vividas entre os dois fizeram com que o rapaz se esquecesse do futuro cunhado por algum tempo, passando a dedicar-se ao aproveitamento da companhia daquela mulher que entrara em sua vida numa situação constrangedora e que, justamente por isso, a boa sorte a transformara em experiente amante.

Marisa, cada vez mais emaranhada nas teias obsessivas que o Presidente e Jefferson teciam ao redor de ambos, passara a ver no companheiro de prazer o ideal antes encontrado satisfatoriamente no marido.

Ao entregar-se a outro homem, Marisa atendia ao desejo de ferir Marcelo que, como já vimos, a traía com suas colegas de escritório, ainda que ele não imaginasse que seu comportamento infiel já fosse do conhecimento da esposa.

A satisfação do ego ferido, através da traição retribuída, dava bem a ideia do nível pouco elevado do Espírito de Marisa, semienlouquecido pelos excessos e novidades ao lado de Luiz, personagem que a ligava, igualmente, à mulher que passara a odiar tanto quanto ao noivo que tentara seduzir.

Nesse clima de gozo, insensatez e vontade de fazer sofrer o marido infiel, Marisa carregava consigo todas provas do delito, conseguidas através das gravações, das fotografias e das pesquisas que realizara.

Saber que o marido a traía era uma constatação que, a princípio, não era um problema, já que havia planejado usar isso como arma para conseguir aproximar-se de Glauco.

No entanto, depois que seus planos se frustraram pela ação decisiva do rapaz, aceitara a carapuça de vítima, reagindo como reagiriam normalmente as pessoas que se veem enganadas na inocência de seus sentimentos.

A invés de aproveitar o envolvimento com Luiz e reconstruir seu afeto ao lado do novo companheiro, passara a cultuar um desejo de prejudicar Marcelo, única forma de ser plenamente feliz.

Mas para que tal vingança se fizesse plena, deveria saber quem era a sua companhia naquela tarde/noite fatídica, no motel.

Em verdade, não visualizara a mulher que o acompanhava. No entanto, revelando as fotografias tiradas naquele dia, atentou-se para o fato de que o carro e a respectiva placa eram muito claras na chapa fotográfica.

Falando com o novo companheiro sobre o assunto e demonstrando seu interesse em saber com quem o marido a traía, conseguiu que Luiz a ajudasse como forma de compartilhar suas angústias nesses momentos de amargura, demonstrando o seu devotamento de companheiro interessado.

E graças a Luiz, que recorrera a amigo que trabalhava em uma agência bancária e tinha acesso aos cadastros de veículos e respectivos antecedentes, descobriram que o carro suspeito estava lançado em nome de Sílvia, a amiga de escritório do próprio marido.

Sabendo da identidade da amante do esposo, explodiu:

– Bandido, sem-vergonha... – exclamava, irritada, Marisa. – Justamente com aquela safada é que ele foi se meter... Ela sempre me pareceu uma mulher perigosa..

Vendo a alteração de seu estado emocional ao conferir os dados do veículo, Luiz tentou ponderar:

– Calma, querida, quem sabe não seja ela, realmente. Pode ser que outra esteja usando o carro dela....

– Calma nada, Luiz, mulher sente o cheiro de outra a quilômetros de distância e sabe identificar uma vulgar mesmo quando esteja vestida de princesa.

Essa Sílvia nunca me desceu. Tive pouco contato com ela, mas desde o primeiro momento em que a vi, um alerta interior se acendeu.

Sabia que não era inocente e que, por debaixo daquelas roupas de doutora, ocultava-se um corpo de víbora.

Luiz percebera que não deveria contrariar Marisa naquele momento.

Deixou, então, que a mulher desse curso às irritações e desajustes naturais e permaneceu em silêncio ao seu lado.

Envolvida pelo estado de desequilíbrio, o que abria campo fácil ao ataque das entidades perseguidoras, Marisa foi abraçada pelo Presidente que acompanhava a cena e, desde o sumiço de seus homens de confiança, dela passara a se ocupar com especial atenção.

– Vamos, Marisa, você não deve deixar seu marido sair dessa sem levar chumbo... – era a palavra ardilosa da inteligente entidade, despejada na acústica de suas ideias.

E correspondendo ao pensamento insidioso e sugestivo que lhe era plantado na mente, Marisa exclamou:

– Marcelo e Sílvia precisam ser desmascarados.

– Como assim, Marisa? – exclamou Luiz, interessado.

– Ora, eles não podem ficar na vantagem, enquanto que eu amargo essa condição de mulher traída.

Vendo a aceitação de sua ideia sinistra, o Presidente continuou plantando ideias no pensamento aberto da invigilante mulher:

– Mande as fotos para Alberto, em um envelope lacrado. Vamos... Alberto... mande as fotos para ele... Alberto... mande as fotos... Alberto...

A repetição das palavras eram seguidas pela ação mental imperativa do Presidente, a fazer surgir diante da visão mental de Marisa, a figura do dono do escritório.

– Já sei, Luiz... Marcelo sempre teve muito cuidado com o dono do escritório, um tal de Doutor Alberto, que sempre policiou a todos no sentido de impedir que qualquer tipo de intimidade comprometesse o serviço. Tanto é que Marcelo sempre disse isso para me tranquilizar, com relação à presença de mulheres no ambiente de seu trabalho.

– Sim, e daí?

– Ora, como Marcelo e Sílvia estão flagrados no motel, ao mesmo tempo em que nem imaginam que fui eu quem os flagrei, irei enviar tais fotos para o dono do escritório a fim de que todos acabem sabendo de seus encontros fortuitos nesse "fórum dos prazeres".

– Mas e se o homem achar que não é caso para ser transformado em problema? E se não der importância a tais flagrantes?

E o Presidente continuou o plano, intuindo:

– Mande para Ramos também... Ramos, o outro dono... Ramos, o outro sócio....Mande para os dois....

– Ora, Luiz, a sua intervenção me faz pensar na conveniência de que as mesmas fotos possam ser mandadas para o outro sócio de Alberto, de forma que, com os dois sabendo das coisas, será mais difícil que não ocorra alguma represália, ao mesmo tempo em que, como concorrentes que são nas lides do escritório, poderão ter as armas para apresentar no momento que lhes seja mais adequado.

– Bem, parece que se trata de uma ideia horripilantemente ... inteligente.

– Você acha mesmo?

– Sim, querida. Com isso, você pode fazer seu maridinho idiota amargar a vergonha de uma descoberta ultrajante no meio de seu trabalho, considerando-se, ainda, o fato de ele estar casado e ninguém saber que você também sabe de tudo.

Além do mais, ao mandar os documentos de forma anônima, você se preserva, continuando a ter o trunfo de ser a vítima da conduta adúltera do marido.

Entendendo que as vantagens para tal comportamento eram inúmeras, a sustentar, inclusive, a imaginação de uma ação de separação judicial com base na conduta irresponsável do marido, apresentando-o como o déspota, o fraudador da união, Marisa sentiu a satisfação da prática do mal, própria das pessoas que estão afastadas do seu equilíbrio perfeito, do ajuste com as forças do Amor do Universo.

Na verdade, Marisa equivalia a uma astuta serpente, alimentada pela víbora vingadora que a ela se justapunha nos desejos de destruição que moviam as suas intenções, representada aqui pela figura do Presidente.

E este Espírito precisava que as atitudes de Marisa fossem tomadas com rapidez porquanto se aproximava o momento fatídico da reunião dos integrantes do escritório, na qual tudo seria colocado na mesa: tanto as fotos de Marcelo, acusando Leandro, quanto todas as possíveis revelações que estariam engatilhadas na manga dos jogadores que acorreriam a tal arena de astúcia e maldade para retirarem alguma vantagem das fraquezas alheias.

À parte de todos eles, os instrutores espirituais observavam e acompanhavam, identificando que, na atmosfera invisível do escritório de advocacia, onde o outro escritório trevoso se organizava, uma acentuada movimentação de entidades dava sinal de que se preparavam para um importante encontro, como se uma grande arquibancada estivesse sendo edificada ao redor da sala de reuniões humanas, na qual as entidades inferiores estabeleceriam o ponto de participação na concretização dos objetivos longamente alinhavados pelo Presidente, usando os diversos mecanismos de interferência para a conquista de seus ideais inferiores.

Movimentavam-se os asseclas do mal, organizando e separando os melhores lugares para as entidades mais importantes, fazendo o lugar parecer-se aos antigos tribunais da Santa Inquisição, nos quais a autoridade máxima se via distinguida por uma cátedra de realce, colocada em nível superior e isolada dos demais membros da assembleia tenebrosa.

O espetáculo que se preparava iria comportar lugares para todos os mais importantes integrantes da Organização presidida por aquela alma mesquinha e ardilosa, mas que, aos olhos dos Espíritos superiores, era apenas mais um enfermo a sofrer os reajustes necessários, ao mesmo tempo em que suas condutas também serviriam de doloroso espinho na carne dos que, envolvidos na invigilância e na ilusão, precisariam acordar de seu longo estado de letargia e indiferença, ainda que esse despertar se desse pela ação direta e implacável da dor, a mesma que quiseram espalhar, mas que, agora, teriam que colher.

O Presidente desejava transformar aquela reunião em um espetáculo demonstrador de seu poder e da sua capacidade de manipulação, a justificar a sua condição de líder trevoso daquele grupo, mantendo-o submisso e amedrontado em face dos exemplos de competente perversidade que haveria de dar, a não deixar dúvidas em quaisquer deles.

Ao mesmo tempo, ele sabia que precisaria dotar o ambiente das vibrações mais pesadas possíveis, o que facilitaria a implantação do clima de medo, de desequilíbrio e de ódio entre os participantes, influências que já pudemos ver no ambiente degenerado que imperava nos quartos daquele motel.

Por isso, quanto mais entidades perversas arregimentasse, melhor o resultado de seus esforços.

※※※

Longe dali, as conversas clandestinas prosseguiam:

– Estamos indo muito bem. No dia, deixe tudo por minha conta. Não se apresse em qualquer palavra ou atitude que revele suas ideias ou sua participação.

– Está bem... farei como você quer. O espetáculo vai ser inesquecível.

– Ah! Se pudéssemos filmar tudo para, depois, nos divertirmos....

37

O CASAMENTO E A GRAVIDEZ

Enquanto as coisas iam nesse pé, entre Gláucia e Glauco o entrosamento se havia consolidado, de forma que, nas semanas seguintes aos fatos acontecidos no motel, ao mesmo tempo em que ambos deliberaram se acercar dos trabalhos voluntários na casa espírita, resolveram transformar o noivado em casamento.

Desejavam estar, agora, mais próximos e mais definitivamente unidos, uma vez que, tanto para o rapaz quanto para a moça, os testes já haviam demonstrado que o sentimento que experimentavam um em relação ao outro, eram verdadeiros e duradouros.

Diferentemente do que tem acontecido na atualidade, quando as pessoas se permitem a união sem a base do conhecimento e sem o desejo de se entenderem, tão somente motivados pelos interesses sexuais e pelas satisfações de caprichos temporários, os dois jovens já haviam compartilhado diversas etapas de suas existências, superando os problemas e as crises mais delicadas, ultrapassando as barreiras do pieguismo, do romantismo alucinado, da tentação sexual, do ciúme doentio, do medo da traição, da consciência invigilante.

Gláucia amadurecera seu afeto, entendendo os momentos delicados que o seu companheiro havia passado, desde os tempos da faculdade, sem se deixar abater no verdadeiro sentimento, aprendendo a reconhecer as limitações do namorado e, ao invés de usar de artifícios de revide, de vingança ou de afastamento, descobrira em seu coração um amor sincero e real o suficiente para ver as antigas quedas como processos de crescimento, tanto quanto a mãe vê nas traquinagens do filho, não só defeitos que precisa punir, mas, sim, pontos onde a correção deve ser feita, na personalidade que amadurece, para que o filho se torne homem de Bem, devendo mais ser orientado do que intimidado.

Depois, as lutas de recuperação, as necessidades emocionais, a correspondência afetiva que Glauco mantinha nas semelhanças de ideais, tudo isso foi solidificando a convivência, coroada com a situação difícil por ele enfrentada no motel e que, apesar de todas as indicações contrárias, fora vencida pela noção da responsabilidade afetiva.

Certamente, Glauco conseguira superar as inclinações eróticas que o haviam arrastado às aventuras juvenis.

A presença de Marisa seminua, oferecida e fácil ante seus olhos, foi o teste indispensável para suas próprias convicções.

E, ainda que a maioria masculina ou feminina, observando-o naquelas situações, pudesse colocar em dúvida a sua masculinidade ou a sua atração pelo sexo oposto, a verdade é que Glauco nunca houvera sido um representante tão viril dos animais racionais quanto naquele dia, quando soube honrar seus compromissos com sua noiva, mantendo-se fiel ao seu afeto.

Noções de valor e de honradez jamais poderão ser malbaratadas pelo sorrisinho irônico dos imorais que, na situação delicada de Glauco, teriam rasgado seus códigos de conduta e se fartado até o esgotamento nas facilidades do prazer ilícito.

Ilícito não porque estivesse ferindo leis e cânones da tradição matrimonial, no caso de Marisa.

Ilícito porque não correspondia, verdadeiramente, às escolhas de seu sentimento. Teriam sido, apenas, manifestações animais da atração dos corpos, com a diferença de que, nos bichos, isso se dá por força da emissão de feromônios ou odores próprios das fêmeas, para atraírem os machos da espécie, enquanto que, nos seres ditos racionais, acima do sistema mecânico dos odores, passou a existir o da consciência, do sentimento e das realizações morais valorativas.

Jamais, antes, Glauco houvera sido tão homem quanto naquele dia em que se recusou a ser, apenas, um macho na satisfação instintiva da relação carnal com outra fêmea.

Ali ele demonstrou que, sobre o instinto brutal, a sua capacidade de discernimento pôde escolher, com base no sentimento e sem negar a sua orientação sexual, o caminho que o afeto verdadeiro lhe apontava.

Que adiantaria ter um orgasmo com aquela mulher, comprometida com alguém que ele conhecia, para, logo mais, ter que voltar para os braços de sua noiva dizendo que a amava? E a noção da moralidade, da verdade, quanto pesaria em sua consciência?

E se fosse Gláucia quem tivesse feito isso com ele, como se sentiria ao descobrir que a noiva amada se havia deitado com outro homem, somente para exercitar o prazer mecânico e hormonal? Que valor teria ao seu coração a palavra da mulher amada a dizer-se apaixonada por ele, mas que, apesar de desejá-lo, quando a maré se mostrasse favorável estaria se entregando a qualquer desconhecido que lhe inspirasse o apetite sexual?

Certamente lhe doeria profundamente este comportamento naquela que logo depois recorresse aos seus braços de companheiro, fingindo que nada houvesse acontecido.

Assim, tendo adquirido a noção da responsabilidade do afeto, Glauco e Gláucia viram ter chegado a hora certa para se unirem em definitivo, adotando as medidas necessárias junto aos órgãos responsáveis para que a escolha consciente se materializasse em fato.

Haviam optado por se casarem apenas no civil, uma vez que, como adeptos sinceros da Doutrina Espírita e sabendo não possuir ela nenhum tipo de ritual, estavam convictos de que a oração humilde corresponderia à chancela divina para a aproximação legal que adotavam.

Depois de terem firmado os papéis no respectivo cartório, rodeados apenas de alguns parentes e amigos próximos indispensáveis para a condição de testemunhas do ato, reuniram-se em casa de Gláucia para que Olívia, a mãe e sogra, invocasse, através da prece singela, o amparo do mundo invisível para aquele casal que iniciava a jornada, formando uma família.

Por óbvios motivos, nesse dia não estavam presentes nem Luiz nem Marisa.

A reunião familiar foi simples e, depois da oração, o casal dividiu um lindo bolo que haviam encomendado para a data tão importante.

Fotos e abraços selaram a união, definindo o casal que não iria sair em viagem de lua de mel, por causa dos compromissos profissionais e espirituais que já haviam assumido nos trabalhos, tanto os ligados ao escritório quanto aos voluntários junto à casa espírita.

Gláucia passou a morar no apartamento de Glauco e as relações de amizade que mantinham com o grupo de Marcelo esfriaram, notadamente pelas novas atividades que o casal passara a desempenhar. Estudo, aprendizagem, doação de si mesmos no atendimento aos que sofriam, visita aos hospitais, entrega de cestas de alimentos para os famintos em favelas, tudo isso tomava o tempo disponível de ambos que, entrando em uma fase de ventura, construíam para si mesmos o mundo de regeneração no qual viveriam, felizes e satisfeitos.

Nada lhes faltava, da mesma forma que não se deixavam levar pela criação de necessidades artificiais.

A sobra de seus recursos era destinada, anonimamente, ao atendimento de sofredores, fora da casa espírita ou, então, eram canalizados para doações aos interesses comuns da instituição na manutenção de suas tarefas de consolação aos aflitos do mundo.

Olívia os acompanhava nas tarefas espirituais e contava com eles nas orações semanais em família. No entanto, apesar de estarem juntos na casa de João e Olívia nesses dias, Glauco e a esposa passaram realizar em dia diferente e no ambiente da própria casa, o momento de elevação através da prece, já que sentiam necessidade de manter o padrão vibratório do próprio lar dentro do tônus elevado que somente a prece é capaz de conferir e proteger.

Com o passar do tempo e em decorrência de seus esforços sinceros, da aceitação das disciplinas da instituição kardecista a que se filiaram, pela perseverança e equilíbrio que mostravam, foram colocados como cooperadores no trabalho de recepção dos que chegavam à casa espírita, incumbidos de acolherem com carinho e atenção os desarvorados ou confusos, escutando-lhes as necessidades e, dentro das possibilidades da instituição, encaminhá-los para o atendimento adequado, explicando as rotinas e procedimentos da casa, os horários e as regras gerais, além de esclarecerem algumas dúvidas dos visitantes.

Tais tarefas eram desempenhadas em conjunto ou isoladamente, cada um dos dois atendendo quando o volume de necessitados o exigisse.

E essa possibilidade de servir abasteceu-os de alegria e satisfação, principalmente pelo fato de, nessa faina, estarem em contato com dores ocultas, dissabores e tragédias morais e materiais com as quais comparavam-se, a fim de perceberem o quanto eram felizes e bem aquinhoados, estimulando-os ainda mais ao trabalho.

As palavras em desabafo, as lágrimas dos que não sabiam como resolver os problemas nos quais haviam se inserido, o pensamento de autoaniquilamento, de crime como instrumento da vingança, as frustrações afetivas, as quedas morais, a dor da traição ou do abandono, a decepção com a falha de caráter do ser amado, a fuga aos deveres, o veneno do ciúme desvairado, a falta do autoconhecimento, entre tantos outros problemas, transitavam pelos seus ouvidos em todas as oportunidades de serviço, que sabiam escutar, humildemente, sem se colocarem como os solucionadores de tudo, sem se imaginarem aptos a tornar-se oráculos que revelam a Verdade e impõem as atitudes. Entendendo as disciplinas espirituais que regulam o trabalho de uma casa de atendimentos como aquela, passaram a agir como os que fazem o melhor sem desejo de aparecer. Não pleiteavam nenhuma promoção, não reclamavam do peso de terem que escutar os depoimentos dolorosos, de que tiveram um longo trabalho diário e que estavam cansados para o exercício daquelas tarefas....

Agiam como aqueles que sabem seu lugar e não se comparam com os outros trabalhadores nem questionam os motivos de estarem ali e não em outro local.

Granjearam a simpatia dos diretores espirituais e materiais daquela instituição que, entendendo a maneira séria e respeitosa, comprometida com os ideais fraternos daquele grupo, passaram a envolver aqueles dois servos por amor em vibrações de carinho e de iluminação, como forma de lhes garantir maiores recursos intuitivos e vibratórios para as tarefas que estavam desenvolvendo.

Como se fizeram trabalhadores espontâneos e dedicados, conquistaram o direito de possuir ao seu lado Espíritos devotados, os quais, nos dias de trabalho normal da instituição e até mesmo fora da casa espírita, os acompanhavam e protegiam das investidas de entidades ignorantes.

Eram entidades que, sabendo das suas e das necessidades de inúmeros outros Espíritos, ocupavam-se em estabelecer o contato dos que sofriam, com os pensamentos iluminados e as condutas retas do casal, ajudando, assim, numerosos Espíritos infelizes a encontrarem boas vibrações e, ainda que confundidos pelas coisas do mundo, voltassem ao convívio do bom exemplo, do trabalho desinteressado e do amor fraterno.

Por isso, mesmo em seus locais de trabalho material, quando

nada os vinculava aos labores da casa espírita, ali compareciam Espíritos protetores, amigos invisíveis, acompanhando seus pensamentos e sentimentos, protegendo-os dos ataques de entidades ignorantes.

Isso se fazia necessário porque, se eles não eram tão atacados antes, quando não tinham nenhum compromisso com a tarefa amorosa, depois que aconteceu o engajamento de ambos nos trabalhos do bem e passaram a fazer de seus ideais um gesto efetivo e palpável na vida dos outros, tornaram-se alvos dos atacantes invisíveis, visando abater-lhes o ânimo, diminuir o interesse pela maneira de agir no bem, buscando descobrir brechas em seus ambientes mentais com a finalidade de induzi-los ao desencanto.

Por isso, pelo Bem que faziam, mesmo que jamais o imaginassem ou solicitassem, passaram a ser inseridos pelos Espíritos dirigentes e trabalhadores na instituição no rol dos que mereciam ser mais protegidos, grupo este que era composto por aqueles encarnados que mais expostos se encontravam pelo maior esforço que faziam.

Não nos esqueçamos, queridos leitores, de que a vida dá para nós, o que damos para a vida.

※ ※ ※

Usando essa mesma regra, algumas semanas depois das aventuras sexuais com Marcelo, encontraremos Sílvia retornando ao médico para ouvir seu diagnóstico.

Continuava apreensiva porque, em seu íntimo, as modificações biológicas demonstravam algo muito diferente e que, mesmo sem ser alarmista, em uma pessoa saudável poderia significar a ocorrência de alguma enfermidade grave e inesperada.

Entretanto, voltaria ao médico sozinha porque, naquele dia, Marcelo não teria condições de lhe fazer companhia.

De posse dos resultados, o clínico notou a existência de algumas alterações sanguíneas, mas que eram inconclusivas, não indicando, de nenhuma forma, a origem do problema.

A esse tempo, as duas entidades – o Chefe e Juvenal – já estavam solidamente magnetizadas ao grupo de células que se multiplicava para lhes servir como futuro corpo, no útero materno.

Atolados em um mar de confusas sensações, ambos se viam

mentalmente perdidos, com as fixações de ideias que caracterizavam os seus padrões inferiores, notadamente aquelas que os levaram ao prazer desenfreado junto daquela mulher leviana que lhes seria a mãe biológica.

Depois de tantas aventuras juntos, comungando das emanações fluídicas do prazer sexual, criaram para si os fatores espirituais de atração magnética que os levava a imantarem-se reciprocamente, partilhando não apenas os orgasmos explosivos, mas, também, as emoções de se verem unidos por um longo tempo.

No entanto, durante o sono normal de todas as noites Sílvia se via, fora do corpo físico, atormentada pelo pavor de tal contato, sentindo no íntimo o crescimento daqueles corpos que, diariamente passava a odiar ainda mais.

A convergência dos interesses sexuais nas noitadas anteriores não correspondia ao antagonismo absoluto que imperava em seu sentimento, ante a mais simples possibilidade de receber os antigos sócios como carne de sua carne.

Não deixaram de ser adotadas, pelos Espíritos amigos que se ocupavam do processo reencarnatório em andamento, medidas que favorecessem o despertamento dos sentimentos maternais no coração de Sílvia, aproximando-a dos dois futuros filhos.

Recordaram em sua mente as emoções observadas ao lado do único filho e a possibilidade de voltar a sentir as mesmas coisas por aquelas duas criaturas.

Sílvia, em Espírito, debatia-se, decidida a não aceitar qualquer aproximação, não guardando, quando desperta, a ideia de que poderia estar grávida, fixando sua preocupação na hipótese da enfermidade.

Nada desconfiava porque, quando da relação sexual mantida com Marcelo, estava segura de que suas cautelas seriam suficientes para prevenirem-se adequadamente no sentido de desfrutarem do prazer sem os riscos da gravidez.

Experiente no sexo, confiava plenamente na eficácia dos métodos químicos, sem lhe ocorrer a ideia de que um comprimido poderia falhar na função de prevenção.

Assim, até aquele momento, jamais admitira, nem por hipótese, a ideia da gravidez, concentrando suas preocupações na questão da misteriosa doença.

A resposta do médico foi um pouco preocupante para suas ideias.

Como havia alguma alteração hemodinâmica, o profissional solicitara a pesquisa mais aprofundada dos possíveis fatores geradores de tal modificação da rotina biológica.

E uma vez que as queixas da mulher se localizavam no ventre, sem saber indicar, com exatidão, de onde vinham, o ultrassom explorador do abdômen foi recomendado.

Ao solicitá-lo, influenciado por Félix, que passara a acompanhar o desenvolvimento dos dois Espíritos reencarnantes, o clínico geral pretendia afastar a hipótese da gravidez de Sílvia, ainda que não chegasse a cogitá-la diante da afirmativa da cliente de que não poderia ser verdade.

No entanto, o exame de ultrassom poderia encontrar algum tumor que justificasse as modificações sanguíneas ou alguma alteração de massa e contorno de órgãos da cavidade abdominal.

Se nada viesse a ser encontrado, o médico iria suspender a busca e manteria a cliente atenta à possibilidade de, apesar de todas as suas negativas, o seu mal-estar poder ser produto da gravidez.

– Impossível, doutor... nada que tenha feito poderia redundar na gravidez que o senhor sugere.

– Sim, doutora Sílvia, acredito em sua palavra. No entanto, estou recomendando o ultrassom para explorarmos a cavidade ventral, já que é aí que a senhora aponta a existência de algum corpo estranho que justifique, inclusive, a alteração dos padrões sanguíneos.

– Tudo bem. Eu farei os exames, mas gostaria que isso fosse rápido.

– A senhora pode escolher qualquer médico, mas, se desejar não ter muito trabalho, temos em nossa clínica, o serviço disponível. Se desejar, marcamos para a primeira vaga existente e isso tornará mais rápido o conhecimento dos resultados.

– Ótimo, doutor. Esta incerteza já está me matando. Por favor, marque o mais rápido possível.

Consultando por telefone os compromissos de agenda de seu colega responsável pelo exame ultrassonográfico, foi estabelecido para daí a dois dias.

A contar da data em que a relação sexual possibilitou a união dos

Espíritos ao campo celular, os dois pequeninos corpúsculos já haviam ultrapassado o período de quatro semanas no ventre materno.

Dois dias depois, então, novamente acompanhada por Marcelo, Sílvia voltou ao consultório para o exame solicitado, que se realizou no horário marcado; ato contínuo, foi encaminhado ao seu médico.

Não tardou para que, depois de ter-se recomposto, limpando-se do gel que lhe recobrira o abdômen, Sílvia fosse chamada ao interior do gabinete médico.

Dessa vez, sabendo que aquele exame poderia revelar o problema ou a doença que tanto temia, pediu que Marcelo a acompanhasse.

– Doutor, este é meu amigo Marcelo, que trabalha comigo e está me acompanhando. Meu esposo está viajando e, por isso, não tendo irmã nem amiga que me apoiasse, ele aqui está para servir de amparo moral. Não precisa ocultar nada. Marcelo tem toda a minha confiança.

Olhando para a moça que, aflita, contorcia a alça de sua bolsa em suas mãos, demonstrando ansiedade e nervosismo, o médico abriu os exames e se pôs a observá-los, atentamente.

Sua expressão demonstrava a identificação de algo diferente de um simples resultado negativo.

Virava as páginas, voltava às anteriores e isso só fazia aumentar a condição de nervosa de Sílvia.

Marcelo, ainda que sentindo o incômodo da situação, se mantinha sereno e despreocupado, sobretudo porque sabia que Sílvia era muito exagerada e que tudo não devia passar de uma bobagem sem maior importância.

Quebrando o silêncio atormentador, o médico se dirigiu a ela, falando:

– Bem, doutora Sílvia, pelo resultado de seus exames, tenho três boas notícias para a senhora.

– Como assim, doutor? – exclamou, já mais calma e aliviada a mulher.

– A primeira é que o resultado da ultrassonografia não apresentou qualquer tipo de corpo estranho na forma tumoral em qualquer órgão de seu ventre.

– Ai, doutor, que alívio. O senhor sabe o que significa descobrir, com tanta coisa boa ainda para viver, que nossos dias estão contados e que vamos ter que nos perder em quimio ou radioterapias...?

– É verdade, doutora. Essas notícias são verdadeiros desafios para os que se descobrem enfermos.

– Mas e as outras boas notícias? – perguntou a mulher, curiosa.

– Bem, a segunda boa notícia é que a senhora vai ser mãe novamente.

Fechando o sorriso do rosto, expressou um semblante de descrédito e perguntou, assustada:

– O quê? Isso é impossível, doutor.

– Não é o que o exame está dizendo, doutora Sílvia. A senhora está grávida.

A estas alturas, o Marcelo despreocupado, que até então ouvia as palavras do médico com indiferença, passou a se mexer na cadeira.

Não entendendo as palavras claras do clínico, Sílvia ponderava:

– Mas, doutor, eu sempre tomei anticoncepcionais para não correr nenhum risco...

– Sim, eu acredito. No entanto, posso lhe afirmar que não é a primeira vez que eu próprio tenho que comunicar a algumas mulheres que estão grávidas, apesar de todos os seus esforços em evitarem a fecundação.

Isso sem se falar em alguns medicamentos fraudados que acabam chegando à venda sem conter os princípios ativos que anunciam.

Além disso, há o fato de a senhora poder ter-se esquecido de ingerir o remédio na regularidade adequada, o que pode invalidar os esforços de coibir a ovulação.

Sem prestar atenção naquilo que o médico dizia, tentando parecer a mais calma e clara possível, Sílvia repassava os possíveis e potenciais parceiros dos últimos meses e, sem nenhuma dúvida, existia apenas Marcelo a enquadrar-se na condição de corresponsável pela sua situação, se isso fosse verdade.

Pretendendo acabar logo com aquela entrevista, mormente agora que um vulcão explodira em seu íntimo, Sílvia quis saber, afirmando:

— Bom, doutor, depois dessa segunda boa notícia, a única boa notícia que me resta receber deve ser que não precisarei pagar a consulta, depois desse choque, não é?

— Não é bem assim, Sílvia. A terceira boa notícia não tem nada a ver com o preço da consulta. É que você vai ser mãe de gêmeos.....

Aquilo foi a bomba que faltava em sua mente.

— Isso não é possível... doutor... – disse a mulher, levantando-se da cadeira, violentamente, agarrando os papéis das mãos do médico. O senhor é que é um incompetente... que não sabe ler exames como este.

Será que o senhor não escutou que é impossível que eu esteja grávida? Ainda mais de gêmeos? Vou procurar um outro mais competente do que o senhor...

E deixando ambos os homens embasbacados com aquela reação irracional, Sílvia saiu do consultório chutando as cadeiras e móveis que tinha diante de si, batendo a porta e proferindo todos os palavrões mais baixos que seu experiente e chulo vocabulário conhecia.

Vendo a sua reação alucinada, Marcelo levantou-se pedindo desculpas ao médico e saiu para atender a mulher alucinada que, sem paciência para esperar o elevador, resolvera descer os quinze andares até o térreo pelas escadas.

— Não é possível... – falava ela, sozinha. – Isso é um castigo de Deus... não... não... Tenho que achar um outro médico que vai corrigir esse erro. Vou processar esse charlatão irresponsável que, além de tomar o meu dinheiro, ainda me vem com uma história dessas. Que vou ser mãe e de duas criaturas, filhas de um cara que mal conheço.

— Sílvia, Sílvia, – gritava Marcelo, ainda dois lances de escada atrás, tentando alcançá-la na correria.

A mulher não escutava nada...

Descia como uma bala e não havia ninguém que a pudesse impedir ou retardar o seu caminho.

Marcelo, depois de muitos tropeções e saltos, acabou por chegar até ela, já quase no térreo.

Assim que se viram no saguão, Sílvia explodiu:

— Seu traste miserável. Eu que pensava que você soubesse fazer as coisas, seu inútil... ainda nem sabe ser homem.

Espantado com as palavras agressivas, Marcelo segurou a mulher pelos dois braços e lhe disse, aos gritos:

– Quer calar a boca, sua maluca... Do que é que você está falando?

– Ora, seu verme... estou falando de você... Pois não é que agora estou carregando dois filhos seus no meu útero?

E ao falar isso, os gritos de Sílvia eram ainda mais altos, atraindo a atenção de todos quantos ali se encontrassem observando a cena, sem imaginarem o que estaria por detrás daquela gritaria alucinada.

– Nem para arrumar um preservativo que prestasse, seu traste...

Vendo as acusações levianas e públicas, a humilhá-lo perante todos os presentes, Marcelo revidou:

– Você, que é uma prostituta de luxo, que dorme com tanta gente que nem tem como dizer quem é, realmente, o pai.

Aquelas palavras foram um verdadeiro tiro no sentimento abalado da mulher, naquela hora tão delicada de sua vida.

Nesse instante, vieram-lhe à mente as dores do passado, as frustrações afetivas, a existência do marido, o filho adolescente que, agora, acabariam por ter provas concretas de sua leviandade.

Numa mistura de dor e raiva, Sílvia entregou-se às lágrimas desesperadas, num desequilíbrio típico dos surtos psíquicos em que incorrem aqueles que recebem notícias dolorosas e inesperadas.

Sentou-se no piso do saguão, com a cabeça entre as mãos, enquanto as pessoas olhavam e Marcelo tentava ampará-la, pedindo ao zelador um copo com água e açúcar.

Sílvia chorava sem parar e, depois que aceitou beber o líquido que lhe fora oferecido, Marcelo colocou-a de pé, afastando-a do local e das vistas dos curiosos, encaminhando-se para o estacionamento onde o carro os esperava.

Agora, depois da crise, a mulher permanecia calada.

Somente as lágrimas atestavam que estava viva.

Entraram no carro, cada qual do seu lado, maquinalmente.

Ao lado dos dois, os Espíritos amigos Félix e Alfonso se esforçavam para preservar o ambiente uterino contra os assaltos da mente desvairada, insatisfeita com a condição maternal que, de agora em diante, iria marcar seus dias.

Passes magnéticos isolantes mantinham as duas estruturas celulares a salvo das vibrações de ódio que Sílvia passara a desferir contra a sua estrutura uterina.

A própria escolha de descer os quinze andares do prédio pela escadaria, aos solavancos e encontrões, fora fruto do desejo de ver-se livre daqueles intrusos em sua vida.

No entanto, as medidas vibratórias de defesa adotadas pelos protetores que organizavam aquele processo de reaproximação, transformando perseguidores em filhos, eram suficientemente eficazes para proteger o ninho contra os assaltos da violência mental e emocional de Sílvia.

Durante o trajeto, Marcelo tentava contornar a situação desesperadora, desejando saber para onde ela gostaria de ir.

– Quero ir para o inferno. Quero ir para um lugar onde não exista ninguém. Estou odiando o mundo, a começar por você, Marcelo.

Vendo que a mulher começava a falar, o rapaz procurou continuar o assunto, dizendo:

– Desculpe, Sílvia, mas você estava louca, alucinada...

– Estava, não. Estou...

– Como é que você pode se deixar levar por essa maluquice?

– É porque não é você que está com dois filhos na sua barriga, filhos que não são do seu marido.

– Eu sei que isso não é fácil. No entanto, você me acusou de culpado. Eu fiz tudo o que qualquer um faria. Além do mais, você me afirmou que havia tomado seus remédios normalmente e que, dentro de sua experiente e agitada rotina, nosso encontro não foi o primeiro nem o único que possibilitaria a sua gravidez.

É, mas depois que começamos a ficar juntos, Marcelo, nunca mais tive qualquer relacionamento sexual com nenhum outro homem. Nem com meu marido que, aliás, já não me procura há um bom tempo.

Marcelo empalideceu.

Agora estava entendendo por que a revolta dela com ele.

– Ma... mmaaa... mmmaassss...

– É isso mesmo, Marcelo. Só transei com você nesse tempo todo e estes dois filhos que estão aqui dentro são filhos nossos....

Sem querer dizer que Sílvia estava mentindo, Marcelo passou a imaginar que ela bem que poderia estar inventando aquela história para colocá-lo em uma situação delicada, culpando-o por tudo e desejando chantageá-lo.

No entanto, recusou-se a dizer isso na face da mulher já desequilibrada, preferindo contemporizar.

– Veja, Sílvia, esse exame pode estar errado. As medidas de prevenção foram tomadas. Isso não pode ter acontecido.

Que tal se formos fazer outro exame?

Vendo que Marcelo começava a se preocupar também, Sílvia respondeu:

– Tudo bem, Marcelo. Pare na primeira farmácia que eu vou comprar um teste para gravidez.

Assim que a farmácia foi avistada, Sílvia desceu e adquiriu o teste rápido.

Procuraram um local adequado para a sua realização, já que se fazia necessária a coleta de uma gota de urina de futura mãe e, diante dos olhares aparvalhados de ambos, a coloração da fita indicava a realidade da gravidez.

A partir daí, Marcelo se viu envolvido no dilema:

– Como assumir uma paternidade que poderia colocar em risco tudo o que ele estava conquistando? – pensava em silêncio.

Como ficaria diante de Camila, a advogada desejada, de Letícia, a colega apaixonada por ele e de Marisa, a mulher oficial e indiferente?

Não! Não poderia correr o risco de perder tudo.

Assim, para não causar impactos emocionais mais profundos e antagonismos maiores no coração daquela mulher ferida, Marcelo respondeu:

– Sílvia, a resposta do teste de gravidez é clara e, por isso, trata-se de um fato consumado.

Acho que por hoje nós tivemos surpresas muito grandes e estressantes.

Vamos para casa, colocar as ideias em ordem e pensar no que temos pela frente. Quanto a mim, pode estar segura de que me colocarei ao seu lado para apoiá-la. Existem muitas escolhas que podem ser feitas e, aquela que lhe parecer melhor, iremos contar um com o outro, está bem?

Diante daquelas palavras amistosas, bem diferentes da agressividade observada no rol do prédio, Sílvia se sentiu mais confortada e respondeu:

– Eu sei que para você, Marcelo, também é um problema grave e que, tanto quanto eu, você não desejava que isso acontecesse.

Concordo com sua sugestão. Vamos para casa e, amanhã, mais calmos, conversaremos.

Só quero que ninguém fique sabendo sobre isso porque, se a minha escolha for a de tirar, não será necessário que outros compartilhem dessa decisão.

Sílvia se referia à prática drástica e violenta do aborto que, de forma clara, lhe surgira na mente como uma solução rápida e simples para a manutenção das suas rotinas, bem como para a preservação de sua falsa moralidade.

Marcelo, que nada sugerira verbalmente, mas que, de forma íntima também cogitava da mesma solução, apresentou-se mais conformado e sorriu, respondendo:

– Se precisar, eu conheço quem faz e até arco com as despesas. Mas deixa isso para amanhã!

Procurando parecer carinhoso, segurou nas mãos de Sílvia e deu-lhe um beijo rápido nos lábios, antes que descesse do carro, como a reforçar suas palavras com um gesto de carinho físico. Afinal, se tiveram intimidade para conceber os filhos, por que não ter para fortalecer e acalmar a louca da mulher?

Sílvia sorriu, mais calma, e desceu em direção ao próprio carro que a levaria de regresso para casa.

Marcelo, nervoso e livre da companhia feminina, intrigava-se com o resultado do exame, pensando que se não estivesse no local e na hora em que o médico anunciou a situação, não acreditaria no que estava ouvindo.

Além do mais, afastado daqueles momentos de pressão emocional, voltou a pensar na possibilidade de fraude de Sílvia, ao lhe atribuir a paternidade, não tendo como provar que, efetivamente, ele havia sido o único parceiro, inexistindo outros encontros com outros homens. Quem sabe, aos olhos de Sílvia, ele não seria o melhor partido para responsabilizar pelos filhos acidentais?

No entanto, com a aproximação da fatídica reunião geral do escritório marcada para a próxima semana, resolveu adotar uma conduta prudente, sem acusar ou levantar suspeitas até que os resultados do encontro profissional se apresentassem favoráveis aos seus intentos. Precisaria do apoio de todas as amigas até que tudo fosse resolvido.

Disfarçou, então, qualquer mostra de preocupação e, nos dias seguintes, compareceu ao trabalho como se nada o preocupasse.

Camila o envolvia com carinhosas demonstrações e, nas últimas semanas, parece que aceitara tornar-se mais quente nas intimidades, mesmo que não permitisse a consumação da cópula, na relação sexual completa.

Isso euforizava Marcelo que, preso ao carinho físico da mais bela de todas, antevia as alegrias ao impressioná-la com seu avassalador desempenho diante dos demais advogados, na reunião que se acercava.

Ao mesmo tempo, Letícia o procurava, discreta, convidando-o para jantares íntimos, nos quais esperava ver seus sentimentos correspondidos, ainda que fossem, apenas, sonhos de mulher apaixonada em uma relação platônica.

O problema maior era que a relação não se fazia tão platônica assim.

Entre a euforia do vinho e os perfumes que Letícia usava, Marcelo acabava se deixando levar ao exercício pleno das intimidades, satisfazendo a jovem que o desejava, ao mesmo tempo em que dava vazão aos seus instintos viris, vivenciando o papel de macho da espécie.

No entanto, agora não era hora de contrariar nenhuma das mulheres.

Tudo estava ajustado para o *show*.

※ ※ ※

No plano espiritual, a situação era a seguinte: no local da

reunião, o ambiente deletério já havia sido instalado pelo Presidente e seus asseclas, organizando um verdadeiro circo que armaram no local, trazendo a sala de reuniões do escritório como o picadeiro principal.

Afastadas de tais faixas, entidades elevadas haviam traçado discretos e potentes campos magnéticos de retenção, que permitiam a passagem de todos os convidados do Presidente que se dirigissem para o Show, a fim de presenciarem o sucesso das estratégias do seu líder no momento apoteótico do encontro dos envolvidos na perseguição, sem notarem, no entanto, que estavam ingressando nessa atmosfera.

Depois de terem ingressado nela, como lagostas que se vissem colhidas pelas armadilhas, não poderiam mais sair da área, contidas pelas defesas de energia.

Assim que se fizesse o momento, os Espíritos amigos tratariam de ir aproximando as linhas magnéticas do círculo central onde os fatos se desenrolavam, mantendo todos os integrantes daquela agremiação trevosa, inclusive seu Presidente, em sua área de influência luminosa.

As coisas corriam como todos estavam planejando.

Marcelo estava feliz, com o sucesso de suas ideias.

Sílvia estava decidida a se livrar dos problemas uterinos, como definia a gravidez indesejada.

Letícia sonhava com a possibilidade de conquistar Marcelo, que, aos seus olhos, se tornava cada vez mais real a cada encontro.

Camila estava ansiosa por se ver livre de Leandro, graças à iniciativa de Marcelo.

O Presidente se preparava para o grande momento de suas longas providências, no dia das revelações.

Marisa, na companhia cada vez mais intensa de Luiz, se euforizava com a perspectiva de ter prejudicado o ainda marido, enviando aos donos do escritório os documentos que provavam a relação sexual espúria de Marcelo e Sílvia.

Luiz, desfrutando das exaltadas emoções erotizantes que a companhia de Marisa lhe proporcionava, lutava para esquecer seus dias de aventuras promíscuas com mulheres e inúmeros homens com os quais havia se relacionado, leviana e animalescamente.

E por cima de todos, as forças do Bem se ocupavam em brindar-lhes a insensatez com o convite da transformação que remodela os caminhos, reequilibra as almas, corrige as falhas, retempera as forças, redireciona os passos para que as dores maiores possam ser evitadas.

Sobre todos, Félix, Alfonso e Magnus se preparavam para cooperar com a ação do Amor em favor deles, indistintamente.

Entre eles, ainda existiam o Chefe e Juvenal, almas que padeciam a incerteza da reencarnação, tornada pior pelas ideias renovadas de serem expulsos do útero materno.

A partir do momento em que Sílvia aventara a hipótese de recorrer ao aborto clandestino, o Chefe e Juvenal passaram a sofrer os ataques do medo, do pavor da retaliação, do desespero de não poderem fugir dali, afastando-se do ambiente no qual suas novas estruturas físicas poderiam ser mutiladas sem que nada pudessem fazer, sem a menor chance de defesa.

Isso correspondia a um processo de enlouquecimento similar ao de Sílvia, longamente explorada por ambos nas obsessões sexuais de que fora vítima.

Entre os três, longas etapas de dor e desespero estavam sendo tramadas, apesar de todas as tentativas das nobres entidades em ajudarem a mulher para que honrasse os compromissos morais que estavam colocados sobre os ombros e o coração daquelas que, como mulheres, podem se tornar mães no mundo.

Mais uma vez fazia sentido a advertência de Jesus, alertando sobre as condutas humanas nos dias de sempre:

"É necessário que o escândalo venha. Mas ai daquele que se tornar a pedra de escândalo."

38

OS ENVOLVIMENTOS DO PASSADO E A TRÁGICA ESCOLHA

Como já dissemos, desde aquele dia em que o resultado dos exames apontaram para a existência de gêmeos em seu ventre, Sílvia passara da inocente condição de uma pessoa que pensava estar doente, para a deliberada posição daquela que deseja livrar-se da dificuldade pela maneira mais simples.

Quando chegou em casa, longe de meditar sobre a questão, seus pensamentos já haviam escolhido o caminho mais adequado para a solução daquilo que surgia como um terrível obstáculo à sua felicidade pessoal.

– Ser mãe, novamente? Nunca. Só eu sei o que me custou ter que passar por esse sacrifício, perder a forma, ficar enorme, com dores em todos os músculos, não encontrar posição, ficar parecendo um balão, não causar mais nenhum interesse nos homens, não ser objeto de seus olhares cobiçosos...

Ter que aguentar, de um lado, meu marido pateta, sem nenhuma possibilidade de entendimento e, agora, de outro, um "cara" comprometido, com família e tudo o mais. Sem falar no escândalo, no julgamento das pessoas, na vergonha do meu filho, no que vão dizer sobre mim e minha família.

Tudo isso não pode se tornar público. Meus parentes quererão saber quem é o pai e, naturalmente, meu marido não vai assumir esse fato. Além do mais, com base nessa prova material, poderá me acusar de infidelidade, com razão. A separação pode alterar a rotina da vida e meu filho ficará muito decepcionado com meu comportamento.

Não... esses dois estranhos não vão nascer.

Tudo isso era o que passava pela cabeça de Sílvia, esquecida de que aqueles Espíritos eram seus companheiros de longa data, não apenas desde a sua recente juventude, mas, sim, desde outras vidas, quando com ela haviam se ajustado pelos padrões inferiores das condutas levianas.

Haviam se conhecido há mais de quinhentos anos, quando Sílvia, na Espanha, dotada de grande formosura, mas com poucos recursos financeiros, aceitara unir-se a um fidalgo viúvo que por ela se apaixonara depois de lhe ter aceitado a oferta de uma noite de amor, mediante remuneração. Atendendo em modesta estalagem à beira da estrada, onde as caravanas estacionavam para a troca de cavalos ou o abastecimento e descanso dos passageiros, não foi difícil para o cavalheiro encontrar meios de agradar a mulher que, experiente e sonhadora, logo entendeu a grande oportunidade de sua vida.

Encantado pelos atributos e performance da jovem, que possuía idade para ser sua filha, o velho e fogoso senhor levou-a para a sua cidade, às escondidas, dotou-a de roupas e joias e apresentou-a à sociedade preconceituosa de seu tempo como uma distinta dama chegada de outra região e que fora, por ele, pedida em casamento. Os cuidados que recebeu, o tratamento para a melhoria de sua aparência, a alteração do penteado, as joias e roupas diferentes, conferiram-lhe outra personalidade, quase nada mais existindo da antiga e miserável prostituta de bar.

No entanto, a jovem, que passara a ser conhecida como Felícia, ao mesmo tempo em que vira na figura do viúvo Ramón a solução para a vida difícil que levava, encantou-se com a figura jovem e vigorosa de Pablo, o filho único do marido, da mesma idade que ela e que, mesmo remoendo a inconformação com a conduta arrojada do genitor, se deixou também encantar pelas belezas especiais de Felícia.

Ramón empreendia constantes e longas viagens para fiscalizar o andamento de seus negócios, administrando seus domínios.

Foi então que o triângulo amoroso teve início, com o envolvimento físico da madrasta com o rapaz, às escondidas do viúvo que, nem de longe, sabia do fato.

E esta situação prosseguiu até que a jovem viu-se grávida de Pablo.

Como mulher sem parentes e sem ter a quem recorrer, Felícia tudo fez para esconder do esposo o seu estado, tendo-o revelado apenas a Pablo, aquele que ela considerava ser o pai da criança, dizendo-lhe que esperava que adotasse uma medida adequada para assumir a paternidade daquele filho, protegendo-a da ira de seu marido. Pablo, assim, se viu envolvido em uma difícil situação. Como diziam amar-se, Felícia esperava que o rapaz a levasse dali, passando a morar em lugar distante para que pudessem criar o filho que se anunciava.

Ramón, por sua vez, era um homem incapaz de gerar filhos, ainda que se mantivesse sexualmente ativo. O seu casamento com Felícia se tornara, na verdade, uma forma de apresentar-se à sociedade de seu tempo ostentando uma joia de rara beleza ao seu lado, além do fato de, é claro, poder desfrutar de seu físico jovem e estimulante. Assim, a gravidez da nova esposa seria objeto de gracejo e ironia na pequena comunidade, já sabedora da impossibilidade de Ramón em gerar descendentes em decorrência de evento que o tornara estéril.

Como filho único, a ligação de Pablo e Ramón era muito estreita, de sorte que pai e filho eram cúmplices em muitos equívocos e se acobertavam mutuamente.

No entanto, as belezas da mulher fizeram com que o rapaz não suportasse o respeito que devia ao genitor, envolvendo-se clandestinamente com sua nova mulher.

Então, para que tal estado de coisas não fosse modificado, Pablo imaginou um plano às escondidas de Felícia.

Comunicaria ao genitor o estado da gravidez da mulher, revelando-lhe que a mesma havia se entregado a um estranho, numa das viagens do pai.

Recusando-se a acompanhá-lo, Felícia ficara no casarão sob os cuidados dos criados e sob a custódia de Pablo que tinha, nessas ocasiões, a perfeita oportunidade de manter as aventuras sexuais com a mulher desejada que tanto lhe correspondia ao calor.

Com essa história, Pablo comunicaria ao pai a prevaricação da mulher, a gravidez espúria, mantendo-se em bom relacionamento e, quem sabe, possibilitando a Felícia a oportunidade de definir sua vida.

Ao tomar conhecimento dos fatos, Ramón foi acometido de um acesso de ódio brutal contra a mulher. Desejava matá-la. Tinha ímpetos de fazer valer seus privilégios de fidalguia para recambiá-la à condição de meretriz, expulsando-a de casa.

Pensando em tudo, Pablo, que bem conhecia os ímpetos paternos, esperou que o mesmo se acalmasse e, depois, sugeriu outra reação.

Por que não obrigar Felícia a se manter unida a eles, para pagar a afronta que lhes fizera?

Não se podia esperar de uma prostituta que mudasse de vida só porque mudou de roupas – argumentava o rapaz.

– Eu entendo, senhor meu pai, que o seu interesse masculino por uma bela mulher é apreciável. Afinal, não se trata de uma dessas que vivem emporcalhando nossas ruas. Felícia é diferente, mais bonita, mas não deixa de ser uma prostituta.

O velho escutava, procurando se acalmar e manter o controle dos pensamentos.

– Se a jogamos na rua, isso vai soar como uma vergonha para ela e para nós, igualmente, depois de toda a encenação que foi feita sobre a sua chegada até aqui.

Da mesma forma, não acho plausível aceitarmos o nascimento de uma criança aqui em nosso meio, já que toda a cidade conhece o seu estado de incapacidade para gerar. Assim, acho que poderíamos mantê-la aqui, como prostituta mesmo, depois de providenciarmos que essa criança lhe seja retirada e, então, nos sirva como empregada, podendo pagar por tudo o que recebeu..

Olhando com admiração para a sugestão do rapaz, sem imaginar que o que ele mais desejava era manter-se ao lado de Felícia, com a possibilidade de continuar valendo-se de seu corpo para o deleite de seu prazer, o ancião abraçou-o e lhe disse:

– Filho, você tem a quem puxar. Sua inteligência, às vezes, me surpreende.

Vamos fazer assim mesmo. Mantemos essa vadia por aqui – afinal, é difícil arrumar outra que seja tão boa nessa área –, e a transformamos em uma serviçal. Para nós, não será mais a esposa. E se se permitiu deitar com um estranho, poderá ser usada por nós dois, que, pelo menos, temos sangue nobre. Isso se for do seu agrado.

Vendo que o genitor chegara ao ponto desejado, Pablo respondeu:

– Veja, meu senhor, não digo que me agrade como mulher, já que pretendo me unir a uma dama da nossa melhor nobreza, mas, como diversão, não posso negar que seja uma iguaria apreciável.

– Você cuida de se desfazer dessa criança e, para afastar qualquer suspeita, estou deixando a cidade na próxima semana, viajando por mais seis meses, atendendo aos nossos negócios. Por esse tempo, você permanece aqui até a minha volta, administrando as coisas e mantendo a infeliz para que pague por sua prevaricação.

– Está bem.

– Ah! Pablo, já que as coisas estão assim combinadas, informe à "minha esposa" que se prepare para mim esta noite, pois irei deitar-me com ela, antes de partir, aproveitando as possibilidades desse caro investimento.

– Está certo, meu senhor...

E, então, sem que Felícia entendesse o que havia acontecido, percebera a mudança de atitudes de Ramón, mais grosseiro e rude nos contatos íntimos daqueles dias, ao mesmo tempo em que observou em Pablo um distanciamento enquanto o pai permanecia em casa.

No entanto, assim que o ancião se afastou, em viagem, o rapaz informou-a de que não poderiam ter a criança, mas, se ela aceitasse abortar, ficaria morando ali, protegida. Se, entretanto, não o aceitasse, as ordens do genitor eram no sentido de tirar-lhe a vida e sumir com o cadáver.

Felícia assustou-se e, sem ter a quem recorrer, acabou por se submeter ao procedimento evasivo, promovido por pessoa experiente que, sob o pagamento régio financiado pelos recursos de Ramón, guardou o segredo do aborto criminoso.

A partir daquele momento, Felícia se tornara a mulher usável de ambos os homens, sabendo que não mais gozaria de qualquer regalia de mulher da nobreza e que estaria vinculada aos dois nas práticas levianas a que se dedicara desde o início da juventude.

Assim, voltara a ser a prostituta, agora abrigada em uma casa faustosa e com dois clientes exclusivos, graças à consciência culpada tanto pela traição ao marido, usando o próprio filho, quanto pela gravidez e aborto cometido, ligando-se ao Espírito que houvera sido expulso de seu corpo e que se agregara, desde então, ao seu psiquismo de mulher como um fator mentalmente desequilibrante.

Sem mais qualquer pudor, Felícia passara a ser a prostituta de Pablo, por quem se apaixonara e ao qual imaginava unir-se como esposa um dia, e de Ramón ao mesmo tempo, servindo ao velho fidalgo, para compensar-lhe o investimento e produzir-lhe uma revitalização do interesse pela vida.

No entanto, em seu coração de mulher, as sensações de afetividade haviam sido substituídas pelo mecanismo sexual instintivo, viciando-lhe os centros do prazer e reforçando as suas tendências inferiores.

A devassidão, então, tomou conta daquele casarão que, agora, guardava em suas paredes o segredo daquele grupo, a produzir mais e mais exagerações e leviandades, incluindo aí a manutenção da prática sexual envolvendo os três, simultaneamente.

Todavia, a perseguição das entidades trevosas, seja as que se mantinham ali para aproveitarem dos eflúvios vibratórios daquelas cenas deprimentes, seja as que desejavam ser acolhidas como partícipes da orgia, foi estreitando os processos obsessivos recíprocos, produzindo perturbações nas três criaturas que, passados os anos, acabaram por se desgastarem profundamente e se associarem em processos de resgate de longo curso.

Agora, recambiados à nova experiência – ela, como Sílvia, encarnada e Ramón e Pablo como o Chefe e Juvenal, seus futuros filhos – a Justiça Divina possibilitava a reaproximação do trio viciado no exercício da sexualidade desajustada, para que essa perturbação do comportamento pudesse ser transformada em afetividade nascente, substituindo a excitação pela sublimação do amor de mãe.

Por esse motivo é que os Espíritos amigos tanto ajudavam Sílvia a que se sentisse abastecida por novas forças, por sensações elevadas, como costuma acontecer com as mulheres que se veem beijadas pelas experiências da maternidade.

No entanto, apesar de todas as suas tentativas, as entidades generosas não conseguiam sobrepor-se ao livre-arbítrio da futura mãe, agora na posição de aceitar ou não os mesmos que a exploraram de forma tão vil nos séculos passados, de onde a perseguição e a imantação aos prazeres ignóbeis estendeu-se a inúmeras outras jornadas terrenas, repetindo-se os mesmos delitos com uma ou outra diferenciação.

Sílvia, Espírito, não suportava aquelas duas almas que se uniam ao seu corpo, ainda que com elas tivesse aceitado viver uma vida de devassidão e intimidades na Espanha de outrora..

Não conseguia convertê-los de amantes em seus filhos, entregar-lhes o seio para que ali encontrassem não mais o prazer do sexo, mas o alimento que sustentasse suas vidas.

Não aceitaria perder as linhas corporais que a sua vaidade continuava a cultivar, apesar de já não ser uma mulher esplendorosa. Além do mais, os compromissos sociais pesavam muito em sua mente, tanto quanto, naquela ocasião, todos os preconceitos haviam aconselhado Pablo a pleitear a mesma solução, compartilhada com a autorização e os recursos do genitor.

Ramón e Pablo estavam espiritualmente comprometidos pela escravização sexual de Felícia, tanto quanto pela solução abortiva que lhe impuseram, não apenas uma vez.

Hoje, aquele primeiro filho abortado havia regressado à sua existência, correspondendo-lhe ao único rebento que adornava o lar e o coração de Sílvia.

No entanto, viera igualmente em situação delicada, fruto de uma aventura irresponsável com aquele que se tornara o seu marido, depois de suas incontáveis experiências levianas. Quando se vira grávida do seu primeiro filho, também cogitara, igualmente, em afastar aquele problema de seu útero. No entanto, como desejava usar a gravidez como arma para modificar o curso de sua existência, deixou-se ficar até que já não mais se apresentou viável a extração da criança do seu ventre.

Resolveu, então, ter o filho e casar-se com o rapaz que a engravidara. Foi assim que aquela primeira criança nascera. No entanto, estas duas não teriam o mesmo destino.

Não aceitaria recolher o fruto de sua aventura, indesejável, transformando-se em uma trocadora de fraldas, administradora de mamadeiras, sem poder dormir, sem descansar, sem mais outra forma de continuar vivendo a sua rotina de mulher importante, advogada e "prostituta de luxo".

Esse tormento passou a envolver os dois Espíritos que a ela se uniam e que, ainda que em estado de confusão mental, recebiam na acústica de suas almas, intimamente ligadas à da futura mãe, as ameaças de assassinato, os pensamentos repulsivos e os horrores da expulsão uterina, antes mesmo que ela acontecesse.

Em seus corações agoniados, o medo passara a ser a marca de seus minutos.

Agitavam-se, descontrolados, gritando para que Sílvia não os matasse. Suplicavam-lhe a oportunidade, como que relembrando os momentos do passado, chamando-se pelos antigos nomes e referindo-se à jovem pelos apelidos de seu tempo.

Ao mesmo tempo, Sílvia, decidindo-se pela expulsão que resolveria todas as questões mais delicadas, parecia haver chegado a um ponto de equilíbrio e satisfação.

Naqueles dias, comunicou a Marcelo a sua decisão e, como o rapaz lhe havia hipotecado o apoio necessário, sugerindo-lhe, veladamente, a possibilidade da expulsão abortiva, a opção de Sílvia lhe serviu como uma luva, aliviando-lhe o Espírito preocupado, já que a paternidade, naquelas condições, causaria dissabores e prejudicaria todos os seus intentos, atuais e futuros.

Ele sonhava em aproximar-se ainda mais de Camila e sabia que não poderia ferir os sentimentos de Letícia.

Por isso, a sua estratégia deveria ser cuidadosa e bem encenada, inclusive com o aborto livrando-o de qualquer suspeita, afastando a sua responsabilidade e os resquícios físicos que provariam sua leviandade.

Mais do que depressa, Marcelo mobilizou-se para arrumar a solução escolhida, obtendo o endereço, marcando a consulta e dispondo-se ao pagamento para que o trabalho fosse realizado com a segurança e discrição indispensáveis.

Nas decisões desse tipo, o Mundo Espiritual Superior tudo procura fazer para que a pessoa repense e reconsidere sua escolha.

Em cada caso, os Espíritos protetores não se colocam como juízes ou algozes dos seus protegidos. Desde o início, tentaram impedir que as circunstâncias se produzissem, dando bons conselhos, atuando para que os encarnados não se deixassem dominar pela volúpia do prazer, que não se atirassem na lama dos procedimentos incompatíveis com a decência. Depois que não são escutados, permanecem tentando ajudar para que, desse comportamento equivocado, as consequências sejam as menores.

E quando elas não são impedidas, as almas amigas tentam ajudar os encarnados a assumirem seus erros, ao invés de tentar resolvê-los valendo-se de erros mais graves.

Por isso, na véspera da ida à Clínica onde esse procedimento seria realizado por pessoas inescrupulosas, que haviam conseguido o diploma de médicos, mas que deveriam exercer o seu ministério, na verdade, em um açougue, Sílvia foi retirada do corpo por ocasião do sono e levada ao mundo espiritual para um derradeiro entendimento.

Ao mesmo tempo, as duas entidades que se justapunham ao seu veículo físico e que, a esta altura, traziam no perispírito a aparência estranha de crianças com semblantes ainda adultos, espécie de anões em processo de miniaturização ou restringimento, foram igualmente conduzidas.

Ao seu lado, entidades amigas e companheiros de outras vidas compunham o cortejo carinhoso das almas empenhadas em amparar-lhe os passos nesta vida, cujo compromisso principal se estendia diante de seus olhos. Quando do planejamento de sua atual encarnação, esta havia sido modelada, antes do seu início, para que, finalmente, todos os Espíritos que haviam sido vitimados naquela existência passada, reencontrassem o caminho do equilíbrio do afeto.

O primeiro filho, aquele que houvera sido abortado por Felícia, havia conseguido escapar ao homicídio e recebia o carinho de mãe, ainda que imatura para amar profundamente.

Os outros dois ali estavam, prontos para mergulhar na carne pelo constrangimento da reencarnação que não haviam planejado, mas que não tinham como evitar.

No entanto, a angústia, a inconformidade, a rebeldia e o semblante de medo e desespero eram patentes no Espírito de Sílvia e no de seus dois futuros filhos.

Presidindo aquele encontro no mundo espiritual, Félix acercou-se da futura mãe e falou, compassivo:

– Minha filha, tanto esperamos por este momento em sua jornada, que a Bondade Divina nos permitiu este encontro de entendimento.

Algo perturbada pela ação magnética das entidades inferiores que se justapunham ao seu corpo, ao mesmo tempo que encantada pelas luzes feéricas que rodeavam os Espíritos amigos e que a envolviam no halo de forças positivas, Sílvia quis afastar-se, mas não conseguiu.

– Quem é você? Um magistrado, um desembargador?

A jovem assimilava as imagens e seus pensamentos tentavam decodificá-las pelos padrões de sua experiência física como advogada.

– Não, minha filha. Eu sou apenas seu irmão, ainda que não devamos nos esquecer de que é um dever nos tornarmos magistrados de nossas próprias vidas.

– Como assim? – falou, áspera.

– Somos todos defrontados por nossos atos e, convidados a observá-los pela nudez da Verdade, seremos aqueles que julgaremos mais severamente tudo quanto fizemos.

Você se coloca em uma privilegiada posição, minha filha.

Seu corpo é berço de vida para dois irmãos que precisam voltar à existência por seu intermédio.

Entendendo que se tratava da questão decidida em seus pensamentos, Sílvia respondeu:

– Esse assunto já está resolvido. Não tenho mais que pensar nele.

– Acredito que seria bom que sua alma retomasse a lucidez de si mesma para que o entendimento de agora pudesse abreviar o sofrimento que já se desenrola há mais de quinhentos anos.

– Como assim ? – perguntou, nervosa.

– Estes irmãos – e aproximou Ramón e Pablo – são os que a usaram no passado, quando você também aceitou usá-los como mulher leviana à procura de posição, de realce social. Você desejava mudar de vida e eles queriam prazer. Uniram-se os interesses e os delitos se sucederam, abundantes. Consorciados no erro, passaram a se explorar e a se fazerem sofrer. Dores e ódios, desgastes e vícios consumiram os séculos e, agora, eis que você os pode asilar no próprio ventre e torná-los os filhos que, bem criados, por sua vez poderão ser o seu arrimo no futuro, quando a velhice tingir os seus cabelos.

– Mas esses demônios me perseguem e fujo deles sem cessar. Como viver em companhia daqueles que me exploraram?

Sílvia estava em prantos de desespero e ódio.

Entendendo a reação de sua alma diante do testemunho que lhe cumpria dar, Félix ponderou:

– Os demônios não são criaturas perversas, minha filha. São almas ignorantes a caminho da transformação.

E essa transformação só pode acontecer com a modificação que a semente do amor incute no âmago dos que sofrem.

Para os dois, você também surge como demoníaca, Sílvia. Eles se valeram de suas orgias para se alimentarem como no passado e, quando não tinham o que fazer, mais e mais se divertiam nas aventuras que você mesma procurava, sem necessitar da influência deles.

Sua volúpia para o prazer constitui nódoa difícil de ser limpada de sua alma, a não ser pela força do sentimento maternal, expressão verdadeira que pode fazer a mais depravada prostituta escolher uma vida de sacrifícios e devotamento para criar a prole que lhe chegou de surpresa, mesmo que contra a vontade.

Sabemos de seu desejo de matar a vida antes que ela se consolide com o nascimento. No entanto, isso seria duplo crime que voltaria a pesar sobre os outros muitos que estão esperando pagamento.

Veja estes seres, Sílvia.

– São horrorosos....

– Você também tem culpa nisso, minha filha. Somos todos o que fazemos uns para os outros. E ao renascerem por seu intermédio, terão um novo corpo, um rosto diferente, uma organização harmoniosa para que recomecem novamente a trajetória.

– Mas eu não os quero como meus companheiros.

– Eles já são seus companheiros há mais de quinhentos anos. Por que não transformá-los em filhos para sempre? Não haverá como fugir do que você mesma praticou um dia.

Entendendo a necessidade da aproximação e da aceitação de sua alma, Félix deu um sinal para que os dois pudessem ser trazidos até onde estavam, o que agitou a mulher, que se mantinha contida pelas forças do ambiente espiritual onde esse encontro acontecia.

E quando chegaram nas proximidades do Espírito de Sílvia que, encolhido, procurava afastar-se, demonstrando repulsa instintiva, os dois antigos exploradores, transformados em comparsas e sócios de orgias sucessivas, traziam o olhar cheio de angústias, ainda mais torturados pelo filme de terror que a mente de Sílvia projetava para eles, no processo do aborto que se aproximava.

– Não mate a gente... não faça com a gente o que a gente fez com outros.

Não queríamos fazer mais mal a você. No entanto, não sabemos como, acabamos presos ao seu corpo. Teremos que nascer por você. Por favor, não nos destrua. Estamos sentindo as dores do medo e o pavor nos fustiga. Não temos chance de sair dessa união, a não ser que você seja nossa mãe.

As súplicas eram apavoradas e emocionantes e as duas criaturas, parecendo dois anões, se esforçavam por aproximar-se de Sílvia, que os afastava com as mãos, como se não quisesse qualquer contato.

Pablo, aquele que se apaixonara pela mulher e a transformara em prostituta dentro de sua própria casa, depois de muito esforço, achegara-se mais e, num gesto de supremo desespero, agarrara-se às pernas de Sílvia, suplicando seu perdão, repetindo-lhe as frases de amor do passado distante e tentando, a todo custo, demonstrar um carinho que não fosse o exercício do sexo brutalizado.

Sílvia sentia as emoções do pretérito fluírem novamente ao presente. Aquela voz, aquelas palavras, aqueles sentimentos eram lembranças fortes adormecidas em sua alma.

Felícia reaparecia na superfície de Sílvia.

Seu rosto se transformara, suas roupas passaram a ser aquelas que a serva da casa aceitara usar e, até mesmo alguns dos traços do sofrimento físico que suportara ao longo dos anos se apresentou em seu semblante.

Ao vê-la ressurgida diante de seus olhos, os dois Espíritos que estavam magnetizados ao seu útero passaram a chorar de arrependimento.

Ambos se ajoelharam diante de suas pernas, como míseros culpados, como os que assumiam a gravidade de seus comportamentos, a rogar a complacência de uma nova oportunidade.

– Veja, pai, é ela mesma...

– Sim, Pablo, a mesma beleza de nossos dias de loucura. Como pudemos fazer isso com ela?

– Sim, pai, como pudemos...

E no gesto mais dramático até aquele momento observado,

Ramón abraçou-se a Pablo e, contendo o soluço que lhe dificultava a expressão, exclamou, vencido:

– Nobre mulher, nós... que a exploramos... até hoje... como prostituta,... na nossa ignorância..

agora... suplicamos,... humildemente,...

lhe... rogamos... que... no... nos per... permita... cha... cha... chamá-la de... MÃE!

Existia tanta sinceridade naquela petição, que não havia ali quem não se emocionasse diante dos esforços de Ramón e Pablo em limparem suas consciências dos desvios cometidos ao longo de tantos séculos de iniquidades.

Sílvia, emocionada, não sabia como agir. Suas deliberações eram firmes e a repulsa que mantinha em relação aos dois continuava presente, ainda que a emoção também a envolvesse.

Vendo que chegara a hora das despedidas, Félix reencaminhou os dois à proteção de Espíritos amigos e falou à mulher:

– Agora, minha filha, as decisões estão em sua consciência.

Neste momento, você pode atender à súplica do desespero e, esteja certa de que não lhe faltarão mãos luminosas para honrar e santificar o seu sacrifício.

Diante da nobreza do coração materno, empalidecem todos os conceitos sociais de um mundo hipócrita e oportunista, que valoriza mais as que se prostituem do que as que aceitam se tornarem mães.

No entanto, tudo isso é, apenas, a loucura de alguns momentos na insanidade das sociedades.

Diante dos loucos internados num hospício, que pensar daqueles que os tomem como referências para adotarem esta ou aquela escolha?

Ignore as palavras más, os conceitos errados. Assuma seus erros pessoais e enfrente a consequência de todos os equívocos, porquanto Deus perdoa aqueles que se arrependem, mas a lei pune os que querem corrigir seus equívocos escondendo-os com outros piores.

Assuma com coragem e não lhe faltarão amigos invisíveis a lhe sustentarem os passos.

Em todos os momentos difíceis, estaremos autorizados a lhe

estender o amparo do trabalho digno, do pão honesto, do descanso necessário e da alegria ao contato com os antigos desafetos.

Suas noites serão repletas de sonhos de ventura e seus dias encontrarão dificuldades naturais, que serão superadas com o esforço e com a rapidez adequadas.

Se o companheiro se afastar, isso não modificará a natural convivência que você e ele mantêm, como dois estranhos na mesma casa.

Se se fizer necessário, mude de bairro, mude de cidade, mude de vida, e estaremos sempre com você.

Mas se optar pela estrada que lhe parece a mais fácil aos interesses imediatos, a lei a alcançará como aquela que traz ao agricultor os frutos correspondentes ao tipo da semente que colocou na Terra.

Tentaremos ajudá-la sempre, mas, nesta segunda hipótese, o sofrimento moral cobrará um preço que você precisará pagar pessoalmente.

Aos que se entregam no heroísmo da coragem, Deus sustenta como lutadores valorosos, apesar dos erros do passado, das covardias do ontem.

Aos que se pretendam manter nas aparências da coragem, escondendo a covardia por condutas que ocultem a fraqueza, Deus não as pode impedir na queda, remédio amargo que escolhem, a fim de que não se iludam a respeito do erro que cometeram, em ofensa frontal à Verdade.

Ajudará a que levantem também. Ajudará sempre na recuperação.

No entanto, esse será um procedimento de reparação ao mal praticado, enquanto que o outro, será um cântico da Providência ao soldado heroico que enfrenta a luta sem recuar nem fraudar o seu dever.

Pense nisso, Sílvia.

A decisão será sua.

E então, Félix autorizou que a mulher fosse levada para casa, naquela noite perturbadora para seus sentimentos femininos, acordada no corpo com a noção clara daquele encontro, com as emoções à flor da pele e a lembrança daquelas duas criaturas que se agarravam aos seus pés, chamando-a de Mãe.

O amanhecer a receberia entre as noções elevadas do Espírito e as conveniências de uma mulher num corpo carnal.

E por mais que o mundo invisível tivesse se esforçado, a viciação mental e a ausência do hábito de orar haviam mantido em Sílvia as raízes da decisão infeliz, no sentido da extirpação da vida.

Na hora marcada, não importando a sensação de dor íntima, o raciocínio frio de que deveria terminar o que havia começado martelava em sua cabeça.

* * *

A clínica de aborto era uma outra sucursal daquela organização trevosa que tecia seus tentáculos em diversas direções sobre aquela comunidade.

Como no escritório de Alberto e Ramos, ali também a atmosfera espiritual era das piores e os que ali trabalhavam carregavam em sua alma as marcas escuras dos comparsas de um mesmo delito. Médicos, enfermeiros, atendentes, ajudantes, todos os que se locupletavam com a indústria da morte eram estigmatizados pelas forças negativas a que serviam, ainda que seus corpos, roupas e posições materiais lhes garantissem uma aparência de realce social.

Mancomunados com policiais e autoridades que conheciam o negócio e, muitas vezes, dele se serviam a custo zero, a instituição exibia uma fachada de consultório sério, a fim de que não transparecesse o que acontecia em sua intimidade. O seu interior era discreto e bem decorado, de maneira a tentar reproduzir uma clínica de certo nível social.

Senha prévia encaminhava as pessoas para o atendimento ginecológico durante o qual o procedimento seria realizado.

Sacos de lixo vulgar eram usados como receptáculos dos resíduos dos procedimentos, ao mesmo tempo em que entidades perturbadoras ali se agrupavam, ouvindo-se os gritos de desespero, de revolta, de ódio de tantos quantos tinham, estampados em si mesmos, os procedimentos dolorosos da dilaceração.

A atmosfera psíquica pesava intensamente, sobretudo pela agonia dos Espíritos que ali se dementavam nos momentos finais da agressão.

E o que mais angustiava à visão espiritual era a presença de inúmeras entidades amigas, Espíritos valorosos no amor aos encarnados e desencarnados, seus tutelados, que mesmo naquele momento se mantinham presentes, buscando envolver a pessoa com outras ideias, quem sabe para ajudá-las a modificar a inclinação.

Espíritos dignos do nome com que se dão a conhecer – anjos da guarda – ali demonstravam o tamanho do próprio amor, acompanhando a mulher até o final, lastimando-lhe os atos, chorando pelas faltas que elas cometiam e considerando-se culpados por não terem conseguido impedir que elas caíssem nas teias da equivocação.

※ ※ ※

Se o leitor querido soubesse o que é ver esses Espíritos verterem lágrimas de dor moral, sentindo-se impotentes e envergonhados pelo delito de seus tutelados, jamais se permitiriam cometer o mais pequenino dos erros.

Ao lado das almas que se dementavam no desespero de sentirem o dilaceramento de seus corpos embrionários e das entidades trevosas que os arrebanhavam para usar seu desequilíbrio como fator obsessivo dos mesmos que os haviam expulsado, as entidades amigas pareciam pombas pousadas no interior de chiqueiros, não se importando com os respingos de lama e o mau cheiro, desde que isso pudesse ser uma última tentativa de salvar do equívoco os seres tutelados por esse amor sem condições.

Quando não havia mais jeito, alguns se afastavam do local, esperando a saída de seus protegidos. Outros se mantinham tentando ajudar os técnicos para que não se entregassem mais a esse tipo de anestesia mental e emocional, motivada pelos interesses materiais e as ambições de posição e conquistas.

No entanto, ainda que ombreassem com entidades perversas e desequilibradas, que as ridicularizavam pelo esforço de salvação, as entidades amigas eram sempre minoria naquele ambiente.

Quando alguma conseguia lograr afastar o tutelado dali, por alguns minutos que fosse, isso já poderia ser considerado uma vitória.

※ ※ ※

Não era o caso de Sílvia.

Disposta a ir até o final, lá compareceu sozinha, aguardando a sua vez e, assim, submetendo-se ao procedimento, sentindo, no fundo de sua alma, uma mistura de alívio físico e peso na consciência.

Depois de ter sido livrada das incômodas presenças, cuja repercussão nos Espíritos reencarnantes não detalharemos para que não tornemos ainda mais dramática e impressionante esta passagem, Sílvia ficou em repouso em pequena sala de recuperação, acometida por uma crise de choro e atendida por uma fria psicóloga, já acostumada a essa reação na maioria das mulheres que se submetiam a tal procedimento.

As palavras metálicas e sem emoção procuravam trazer a jovem de volta a uma realidade cruel e sem graça.

Desde aquele momento, no entanto, os dois que haviam solicitado a oportunidade de chamá-la de mãe, apegaram-se à ela na condição de desequilibrados em atroz sofrimento, num misto de angústia e desejo de vingança.

Ao invés de afrouxar os laços inferiores que os unia, a conduta de Sílvia tornou-os ainda mais apertados e dolorosos.

A partir de então, a mulher passaria a sentir o peso da perseguição alucinada em um organismo que carregava, em sua consciência, a culpa pela escolha que fizera.

***

Valendo-nos das lições contidas na mesma obra mediúnica já citada anteriormente (*), vale lembrar os ensinamentos imortais a respeito das consequências da conduta abortiva, tanto para a mulher quanto para o homem que dela participa.

"É dessa forma que a mulher e o homem, acumpliciados nas ocorrências do aborto delituoso, mas principalmente a mulher, cujo grau de responsabilidade nas faltas dessa natureza é muito maior, à frente da vida que ela prometeu honrar com nobreza, na maternidade sublime, desajustam as energias psicossomáticas, com mais penetrante desequilíbrio no centro genésico, implantando nos tecidos da própria

---

(*) Página 236.

alma a sementeira de males que frutescerão, mais tarde, em regime de produção a tempo certo.

Isso ocorre não somente porque o remorso se lhes entranhe no ser, à feição de víbora magnética, mas também porque assimilam, inevitavelmente, as vibrações de angústia e desespero e, por vezes, de revolta e vingança dos Espíritos que a Lei lhes reservara para filhos do próprio sangue, na obra de restauração do destino.

No homem, o resultado dessas ações aparece, quase sempre, em existência imediata àquela na qual se envolveu em compromissos desse jaez, na forma de moléstias testiculares, disendocrinias diversas, distúrbios mentais, com evidente obsessão por parte de forças invisíveis emanadas de entidades retardatárias que ainda encontram dificuldade de exculpar-lhes a deserção.

Nas mulheres, as derivações surgem extremamente mais graves. O aborto provocado, sem necessidade terapêutica, revela-se matematicamente seguido por choques traumáticos no corpo espiritual, tantas vezes quantas se repetir o delito de lesa-maternidade, mergulhando as mulheres que o perpetram em angústias indefiníveis, além da morte, de vez que, por mais extensas se lhes façam as gratificações e os obséquios dos Espíritos Amigos e Benfeitores que lhes recordam as qualidades elogiáveis, mais se sentem diminuídas moralmente em si mesmas, com o centro genésico desordenado e infeliz, assim como alguém indebitamente admitido num festim brilhante, carregando uma chaga que a todo instante se denuncia.

(...)

Além dos sintomas que abordamos em sintética digressão na etiopatogenia das moléstias do órgão genital da mulher, surpreenderemos largo capítulo a ponderar no campo nervoso, à face da hiperexcitação do centro cerebral, com inquietantes modificações da personalidade, a raiarem, muitas vezes, no martirológio da obsessão, devendo ainda salientar o caráter doloroso dos efeitos espirituais do aborto criminoso, para os ginecologistas e obstetras delinquentes."

* * *

No atual momento social, é importante assinalar que, seja em função de uma decisão pessoal não protegida pela lei, seja por força de uma lei que autorize o extermínio de entidades inocentes, as consequências espirituais para quem se submete, quem pratica, quem autoriza, quem estimula serão inafastáveis, sempre.

Daí, não interessa se o aborto é cometido no escuro das legislações ou sob a égide de sua autorização, isso não retirará dele a marca de um delito nefasto praticado contra a Lei Divina, segundo interesses humanos, excetuada a hipótese da sua utilização para a proteção da vida materna, em caso de risco.

Qualquer maneira, por mais sedutores que sejam os argumentos de ocasião, corresponderá à prática do delito moral e, as consequências espirituais e psicológicas advindas de sua realização, corresponderão sempre às do crime a macular aqueles que o praticam, de uma forma ou de outra.

Legisladores que o defendam, autoridades que o sancionem, profissionais que o pratiquem sob a garantia da lei que os autorize, pessoas que o estimulem ou defendam, estarão vinculados aos efeitos nocivos a repercutirem sobre si próprios, tanto quanto aqueles que defendem, abastecem, estimulam, preparam o assalto ao patrimônio alheio ou aos cofres públicos de uma nação, agravados, no aborto pelo fato de que, nele, a vítima está totalmente indefesa.

Não é por acaso que o fruto de boa parte dos delitos desse tipo, praticados pelas pessoas ao longo dos séculos, tenha sido a necessária perturbação emocional, a se manifestar na vida presente ou na vida futura, em esquizofrenias, neuroses, paranoias e enfermidades físicas limitadoras da capacidade reprodutiva dos seres, além de obstáculos à perfeita exteriorização afetiva.

Não se trata de um filme de terror, queridos leitores.

O que as pessoas estão fazendo, nessa área, é o terror ao vivo.

E alguns estão tentando legalizá-lo como se isso fosse virtude de uma sociedade liberal, esquecendo-se de que se trata de enaltecer a sociedade da libertinagem irresponsável, encaminhando-a para as dores do umbral e da consciência de culpa.

39

FINALMENTE, A REUNIÃO

Nos dois lados da vida, a reunião estava preparada.

Nenhum dos encarnados que dela participaria tinha condições de avaliar a complexidade daquele encontro. Todos eles, em realidade, tinham os pensamentos e atenções voltados para a oportunidade de desferir seus golpes, no esforço de manter seus domínios ou de conquistar seus objetivos.

As realidades invisíveis, no entanto, eram mais preponderantes do que as arrumações rotineiras que a sala de reuniões daquele escritório solicitava.

Como se explicou antes, periodicamente se faziam estes conclaves coletivos, nos quais os dois grupos que militavam no escritório se encontravam para conversarem sobre problemas gerais, rotinas que precisavam ser alteradas, discussão de casos mais delicados, entre outros assuntos que estariam na pauta principal, elaborada pelos dois proprietários.

Era um dia agitado para todos os envolvidos, principalmente porque nessas reuniões se comunicavam mudanças de rumo, modificações de posição na hierarquia de comando, além de se estabelecerem procedimentos avaliatórios que levavam os participantes ao máximo de estresse.

Inseridos num sistema de produção, a considerar como aceitáveis somente os lucros e as vantagens conquistadas nas diversas ações que haviam sido propostas, acima até mesmo do teor das sentenças obtidas, os integrantes do escritório sempre se viam sujeitos a tais cobranças ou a concretização de metas, de onde a lucratividade do conjunto se verificava, com o pagamento das quotas parte para cada participante, de acordo com o acerto prévio quando do ingresso de cada um naquele sistema de trabalho.

Em realidade, a reunião era conduzida pelos dois proprietários que, depois de abrirem o encontro, explanavam sobre os principais objetivos e sobre a pauta que haviam fixado para o seu desenvolvimento, garantindo, depois, aos demais, o direito da palavra livre, quando outros tipos de assuntos poderiam ser tratados.

Todos estavam presentes, sem exceção.

Letícia, Camila, Sílvia e Marcelo, reunidos em um dos ângulos da sala escutavam as orientações e comentários.

Ao lado deles, Leandro e Alberto mantinham o tom sério e sisudo do encontro, enquanto que, do outro lado, Ramos, Clotilde e seus poucos auxiliares se ocupavam das mesmas medidas, apresentando números e estatísticas.

Até então, nada de diferente das anteriores reuniões.

Cobranças por melhores desempenhos, questionamentos diretos sobre a queda da produtividade e das receitas, críticas sobre o aumento das despesas e a diminuição de clientes, tudo isso eram argumentos que os dois proprietários sempre usavam para poderem extrair o máximo de seus colaboradores, ao mesmo tempo em que demonstravam sua liderança e a definição dos objetivos a serem buscados pelos seus funcionários.

Sempre dependentes das remunerações obtidas de sua clientela, os dois proprietários não se limitavam a queixar-se das receitas. Eram mesquinhos a ponto de acusar frontalmente os próprios colegas, fazendo-os sentir o peso da desconfiança e da dependência econômica que mantinham em relação ao próprio escritório que, aliás, haviam encontrado pronto e instalado, quando chegaram para o trabalho.

A fama e a competência daquela agremiação jurídica se fizeram graças à astúcia e ao suor dos dois proprietários ali presentes, o que seria suficiente para que todos os demais se sentissem extremamente felizes pelo fato de terem podido ser aceitos para o trabalho que se lhes oferecia, de maneira a que a contrapartida que se esperava de cada um era a absoluta fidelidade e a observância das ordens e disciplinas internas.

Os salários vantajosos que todos recebiam eram suficientemente gordos para comprar todo tipo de idealismo que viesse a colocar em risco a posição dos advogados, sempre dependentes de ganhos incertos para a manutenção de suas vidas e seus caprichos pessoais.

Como todos conheciam os procedimentos de ambos os donos, os outros advogados evitavam contestar qualquer injustiça que pudesse ser cometida nas avaliações que eles fizessem sobre o desempenho geral, permanecendo calados para que suas ideias pessoais, suas opiniões e pensamentos não passassem a ser conhecidos dos donos do negócio.

Entretanto, naquela tarde as coisas não seriam como antes.

Envolvido pela afetividade que lhe parecia devotar a jovem e exuberante colega Camila, Marcelo estava pronto para desfechar o golpe contra Leandro, a partir do qual, com o apoio das outras companheiras, conquistado com a utilização de suas fragilidades emocionais e carências, conseguiria atingir o posto cobiçado, tanto quanto impressionar com sua coragem o coração da amada companheira de escritório.

Seu estado era um misto de nervoso e ansiedade. Ao mesmo tempo, as exortações de Alberto e Ramos iam acrescentando indignação e repulsa ao seu Espírito, pronto para desmascarar aqueles que ali se fantasiavam de honestos, mas cujo desejo era sempre lesar um pouco mais, retirar mais e mais recursos, aproveitar as oportunidades para a vantagem financeira.

Dentro desse clima, Marcelo era consumido pela volúpia de desempenhar o seu papel salvador e purificador da consciência, desmascarando Leandro através da apresentação das provas.

Letícia se mantinha neutra, já que estava confiante nas palavras de Marcelo e sua cumplicidade afetiva estaria sempre pronta a dar a sustentação adequada aos fatos apresentados por ele.

Camila aparentava uma nervosa tranquilidade, já que em seu íntimo, sabia que aquela seria a estratégica oportunidade de tudo vir à tona, de todos os fatos se apresentarem na sua nudez verdadeira, atuando como grande faxina que acabaria com as perseguições de Leandro e suas desonestas investidas contra seus documentos e pastas.

Sílvia estava um pouco aérea, desatenta.

Carregava no íntimo a lembrança trágica dos momentos vividos dias antes, quando sua decisão acabou com a vida de dois seres que já tinham seus corpos instalados em seu ventre, ainda que estivessem extremamente pequeninos.

Ao seu lado, grudados em sua atmosfera psíquica, como que a inundarem sua consciência com acusações e gritos, os dois antigos sócios de devassidão haviam-se tornado em duas inteligências devotadas ao ódio e à exploração de suas energias.

Para justificar-se perante os colegas, nos últimos dias Sílvia alegava cansaço profissional, coisa que, aliás, era muito natural em todos os que tinham que enfrentar as inúmeras circunstâncias da vida forense.

No entanto, na atmosfera emocional da jovem, as lutas internas, a sensação de ruptura de compromissos, a falta de perspectiva para seguir vivendo nessa mesma insana e desagradável rotina, aliadas à sangria vibratória que lhe era produzida pela ligação com os antigos comparsas, eram a causa verdadeira para o seu estado de apatia e indiferença.

Sílvia, na verdade, estava ingressando numa faixa de desequilíbrio emocional, da qual só sairia se adotasse conduta que pudesse neutralizar tal influência, modificação essa que não seria possível encontrar naquela forma de ser e viver que eram tão comuns e levianas, nas suas rotinas de vida.

※ ※ ※

Já no ambiente espiritual, as coisas eram muito piores.

Na faixa mais próxima dos encarnados, onde imperava a ação do Departamento que se consolidara na região astral do escritório, as inúmeras entidades se divertiam com as palavras dos donos e, nessas ocasiões, tratavam de influenciar a todos indistintamente, para que as respostas, os comportamentos, as dúvidas e conflitos acabassem produzindo desavenças mentais com as quais todos se alimentavam e desfrutavam a valer.

O Presidente se sentava numa cadeira especial, colocada como se fosse a autoridade clerical nas antigas cerimônias da inquisição. Ao seu lado, os asseclas se apinhavam, todos os seguidores imediatos e responsáveis pelos intrincados processos de perseguição dos encarnados, desempenhando as atividades que lhes haviam sido selecionadas pela administração geral.

Tais homens de confiança se sentavam logo ao lado do Presidente e haviam sido, quando encarnados em sua última existência, na sua maioria, políticos, autoridades e advogados notabilizados pela astúcia e precariedade moral.

Faziam coro com eles, os funcionários que os serviam. Considerados Espíritos de categoria inferior, tais empregados eram aqueles que se mantinham na prestação de serviços à Organização, depois de terem conseguido obter alguns favores.

Entidades perseguidoras e intimamente ligadas aos encarnados se sentavam ao lado deles, responsabilizando-se pela condução da interferência negativa na esfera da vida daquela pessoa, todos com direito a descreverem os fatos e a demonstrar a estratégia adotada na concretização de suas tarefas, juntos de cada um dos encarnados que vigiavam.

Marcelo era acompanhado pelos homens de confiança do Presidente que, depois de ter perdido os dois que cuidavam de sua influência, substituiu-os por Espíritos ligados a ele próprio.

Camila era observada pelas mesmas entidades, atentas a todo tipo de modificação de roteiro e cientes de todos os desdobramentos decorrentes da importante participação que teria no desenrolar dos fatos.

Letícia vinha acompanhada de Gabriel, na indumentária monstruosa com que se apresentava aos olhares assustados dos outros desencarnados, que nem de longe desconfiavam de sua real condição espiritual.

Sílvia carregava a atmosfera aturdida e pardacenta, como já comentado.

Leandro, perfeitamente sintonizado com Alberto, era conduzido pelas intuições inferiores e sabia ser rápido e cruel sempre que necessário, diretamente submetido pela influência do Presidente que, supervisionando tudo pessoalmente, controlava Marcelo, Alberto, Ramos e Leandro, sabendo manipular-lhes as inclinações viciosas e conhecendo as suas fraquezas de caráter.

Com exceção de Marcelo, cuja faixa etária menos avançada ainda não lhe permitira afundar tanto no lixo moral como os seus oponentes, os quais haviam conquistado a riqueza material com mais facilidade, os outros três eram pessoas frias, calculistas e perigosas, acostumadas ao jogo do poder, suscetíveis de quaisquer coisas para que se mantivessem na aparente condição de pessoas honradas e ricas.

Marcelo, contudo, como já dissemos, desejava correr o risco para impressionar Camila e galgar um patamar social mais compatível com suas ambições.

Da mesma maneira, Jefferson, o Espírito perseguidor de Luiz e Marisa, ali se fazia presente, observando o resultado das sugestões espirituais que plantara no pensamento de seus perseguidos, com o envio das fotografias e demais documentos incriminadores, no sentido de ferir as pretensões de Marcelo, arruinando a sua reputação na frente de todos os demais.

As demais entidades inferiores que compunham aquele departamento trevoso se apinhavam ao redor da arquibancada ampla que se instalou naquele ambiente, estabelecendo torcidas a favor e contra os integrantes daquele conflito e preparadas para continuarem a agir para a manutenção das influências negativas sobre todos.

Eram os empregados, os ajudantes, os membros menores e os inúmeros convidados de outras agremiações inferiores a se congregarem no local, atendendo à convocação da direção trevosa daquele núcleo.

E graças às medidas do Presidente, com a reunião de inúmeros representantes da tarefa persecutória naquele ambiente, para o qual fora igualmente transferido o centro das decisões da Organização, a atmosfera fluídica espessa interferia no equilíbrio emocional dos participantes daquele certame de ideias e de interesses.

Ao mesmo tempo em que Alberto e Ramos alternavam a palavra sob os olhares atentos dos demais integrantes do escritório, as almas ignorantes que se mantinham ligadas às suas palavras gargalhavam de suas expressões de respeitabilidade, atirando-lhe na face as misérias que ele mesmo já havia cometido ou mandado cometer.

Apupos da plateia cortavam o ar daquele ambiente, sob o escárnio constante dos que, testemunhas invisíveis das condutas inferiores de todos os participantes, sabiam divertir-se à custa das mentiras e da hipocrisia humana, revelando aos demais integrantes daquela inusitada assistência, os lances mais picantes, mesquinhos e podres a envolverem as condutas dos homens que se pretendiam ver respeitados por conta de suas aparências mentirosas.

Eram apenas criminosos mais velhos, diante dos criminosos mais novos aos quais iam passando as artimanhas, as estratégias de seus golpes, as táticas de sobrevivência, entre outras aulas criminosas.

Estas eram as expressões que se gritavam das galerias. Alguns dos vivos no corpo podiam contar com uma plateia organizada, de forma que não apenas no ambiente físico é que se podia observar a divisão de interesses entre os de Alberto e os de Ramos. Também entre as entidades, havia aquelas que aplaudiam um enquanto criticavam ou ridicularizavam o outro e suas equipes, respectivamente.

No mundo invisível, não faltavam os que aplaudiam as falcatruas, as safadezas jurídicas, relatando-as como exemplos de conduta ideal, demonstrando a capacidade profissional daqueles que ali estavam, como modelos de péssimos profissionais, descompromissados com a Verdade.

As notícias de equívocos ou negociatas que ali se divulgavam não tinham o condão de diminuir a consideração desses Espíritos em relação aos seus agentes humanos. Seus crimes eram notificados no mundo invisível, como forma de se enaltecer a inteligência e a esperteza, levantando expressões admirativas entre os que ali se ajuntavam, no espetáculo deprimente de inteligências que negam a si mesmas as condições da racionalidade.

Marcelo, inexperiente, pensava que seu plano seria vitorioso, sem supor que para se derrubar um rinoceronte são necessários mais do que alguns espinhos.

E eram somente espinhos que ele possuía como provas de suas acusações.

Algumas fotografias e o depoimento de algumas das amigas de escritório contra outro colega ali presente.

Na arena daquele circo, nos dois lados da vida, não faltavam os acusadores, os defensores, o público insano, as feras prontas a devorar os incautos.

De igual sorte, envolvendo a todos e por cima da estrutura espiritual inferior, a teia luminosa do Bem se estendia.

Assistindo a tudo aquilo, guardando a serenidade possível para aquele momento, tão importante, de definições, Félix, Alfonso, Magnus e toda uma plêiade de almas luminosas se mantinham em oração, rogando a Jesus que os ajudasse a conseguir modificar o rumo das vidas humanas, sem que isso correspondesse à violação de suas vontades e de suas liberdades.

Limitados pelo respeito à Lei do Universo, os Espíritos superiores tinham que amparar aos que ali se achavam sem usarem dos mesmos métodos de que os maus se utilizam, valendo-se da persuasão e do convencimento, da demonstração da verdade e do reencontro com as almas amadas, as quais continuam, ainda que de longe, vibrando pelos que amaram.

O ambiente acima daquele escritório se tornara especial, com o envolvimento sutil das linhas de energia a impedir que as mais de duas mil entidades inferiores ali reunidas, incluindo aquele que as dirigia, pudessem dali se afastar, garantindo assim que, na pior das hipóteses, aqueles que não aceitassem a modificação de conduta, seriam envolvidos pelos fluidos anestesiantes e encaminhados a processos de recuperação lenta da consciência, possibilitando um alívio ao ambiente material e psíquico da sociedade terrena onde exerciam seus intentos de perseguição e domínio.

Interessado nesta questão, sobretudo no dilema de coibir o mal e de respeitar o livre-arbítrio das entidades maldosas, Magnus indagou:

– Até que ponto os Espíritos superiores consideram necessário respeitar as deliberações negativas das entidades ignorantes?

Escutando-lhe a pergunta de aprendiz interessado e sincero, Alfonso salientou:

– Querido irmão, a sabedoria do Universo tem recursos para agir em todas as direções, dentro de todos os padrões de concessão e responsabilidade correlata.

Se as leis estabelecem a questão da liberdade como patrimônio inalienável do ser, a Lei de Progresso estipula que a ninguém será permitido permanecer estacionário, por omissão, preguiça ou maldade. E se as forças do Amor são capazes de visitar o cárcere do alienado no mal, que matou seu semelhante para tomar-lhe um par de sapatos, de forma ainda mais determinada se ocupa em garantir aos que lutam no caminho reto do Bem, as condições de trabalho e realização dos ideais que esposam honestamente e com desinteresse.

Sempre chega o tempo em que os que escolheram o mal por interesse encontram o limite da Lei Universal. Se lhes é permitido fazer o mal, isso não quer dizer que possam eternizar-se no mal.

Diante das necessárias regras do Espírito, atendendo aos mecanismos de transição já instalados na Terra de agora, as forças do Bem estão autorizadas a promover as medidas necessárias à transformação pela conscientização quanto ao erro praticado. Confrontados com seus crimes e surpreendidos em suas condutas mesquinhas, as almas que entenderem o tamanho de seus débitos, aceitando o convite da transformação, serão encaminhadas aos núcleos de auxílio preparados para recebê-las no plano invisível onde nos encontramos, aliviando a psicosfera do planeta e conduzindo para o tratamento os enfermos mais renitentes que aceitaram a terapia.

No entanto, franqueada a possibilidade do reajuste a todos, os que não a aceitarem já não poderão ter a oportunidade de permanecerem nas mesmas condições, como se pudessem ridicularizar as forças que governam a vida, impunemente.

Sem agir como quem se vinga, o Amor garante a cada um o direito de receber aquilo que semeou e que colherá, indefectivelmente.

Por isso, qual imensa transferência de um presídio velho que está sendo reformado, para outro que possa garantir aos detentos condições de recuperação, sem deixar de ser uma casa prisional, grandes comboios já estão retirando da superfície do planeta a massa disforme e inferior das entidades aqui enraizadas há milênios, encaminhando-as a outros planos adequados à transformação de suas mentes, ao contato com as regras disciplinadoras da vida espiritual.

Assim, Magnus, aqueles que aqui não aceitarem a convocação superior para que se reajustem, estarão compelidos por suas próprias escolhas a seguirem nesse comboio de transferência, encaminhados para planetas semelhantes àquele que a Terra está deixando de ser, uma vez que se dirige para a transformação moral e vibracional que lhe facultará o ingresso nas faixas de mundo de regeneração.

Entendendo as referências claras, comparando-as às Verdades já estudadas em diversas outras situações, Magnus ponderou:

– Sim, é o processo da separação do joio e do trigo, não?

– Exatamente, meu filho. Através das atitudes vivenciadas livremente nos dias de hoje, cada um de nós estará marcando seus passos com a lama ou com a luz que já possua ou tenha desenvolvido em seu íntimo. Não mais a artificiosa conduta dentro das igrejas, no seio das religiões diversas.

O que vai imperar nesse processo é o teor de vibrações próprias de cada um, a autorizar a sua qualificação como a dos que aceitam a mudança ou a daqueles que a querem obstar, imaginando que um planeta lhes pertença para toda a eternidade.

Tais Espíritos, agora pressentindo a chegada da última hora, estão se agitando em todas as dimensões espirituais do orbe.

Não apenas na multiplicação de guerras e distúrbios sociais no ambiente encarnado. Estão em todas as faixas inferiores que circundam a Terra e aquelas que, inclusive, se acham abaixo da superfície.

Em todos os lugares, como se fossem almas penadas levantando de seus túmulos, saem para defender os privilégios criminosos, as condutas permissivas e imorais, as forças mesquinhas que vitimaram multidões sob suas armas, chicotes e bombas.

A agitação é imensa em todas as áreas das faixas inferiores. No entanto, de todos os lados acorrem almas nobres, no sentido de se martirizarem por amor ao Pai e aos irmãos encarnados, mergulhando na estrutura física do planeta, renascendo em corpos de crianças dotadas de outros padrões de energia, alterando, com sua bondade natural, seu pendor para as artes, seu talento para o belo e seu desejo de transformação, toda a paisagem social fumegante que tais Espíritos deportados estão tentando produzir no ânimo de seus irmãos vivos no corpo de carne.

Há, assim, Magnus, uma verdadeira estrada luminosa entre os dois planos, através da qual, seres melhores começam o processo de povoamento da nova Terra, com esforços na vivência das virtudes do Amor e da Paz, ao mesmo tempo em que os seres renitentes nas velhas fórmulas viciosas se veem compelidos a abandonar a carcaça biológica que lhes serviu de proteção, antes que a possam reduzir a escombros, inutilizando-a ao mesmo tempo em que se matam.

Garante-se a todos os envolvidos, dessa forma, a oportunidade de escolha e a responsabilidade por aquilo que decidiram para seu futuro.

O que seria impraticável é imaginar que Deus, distraído, não estivesse ocupado em dar uma definição para as questões morais da sociedade humana em crescimento.

E se o Pai se serve do Amor para modificar o caminho, indicando a melhor rota, não nega aos que não o aceitem a possibilidade de prosseguirem pela estrada dolorosa da experiência sofrida, aquela que, da mesma forma, os reconduzirá à maturidade espiritual.

Por isso, aqueles que aqui se acham envolvidos nesta trama infeliz, encarnados e desencarnados, estão tendo suas derradeiras oportunidades de ação, não se lhes negando a última chance para arrependerem-se e aceitarem ingressar nos departamentos existentes em nosso plano para o tratamento e a desintoxicação dos fluidos deletérios do mal, inoculados em suas almas pelos pensamentos e sentimentos inferiores.

É assim, Magnus, que se caracteriza o fim dos tempos. Estão se implementando as medidas para que cheguem ao final os tempos da Maldade.

Para que isso aconteça, os maus desejarão se transformar ou serão transportados para outros lugares com os quais se afinizem pela identidade de suas vibrações inferiores. Outros lugares que estão brilhando no céu noturno como outras moradas na casa do Pai. Outros mundos que farão o papel de mundos prisão e mundos escola, simultaneamente.

As orientações eram muito interessantes, uma vez que não se tratava, então, apenas de um procedimento para transformação daqueles que ali se achavam. Era uma ação deliberadamente autorizada pelas forças superiores com a finalidade de cooperar com a limpeza vibratória do mundo físico, preparando a futura instalação do Reino de Deus no coração das pessoas.

E para que isso pudesse acontecer, importava que as estruturas velhas ruíssem e fossem substituídas por outras, mais novas, no curso das décadas.

Magnus entendia, então, que não se tratava de uma sucessão

de cataclismos e acidentes telúricos, apenas, que iriam propiciar essa modificação. Ainda que eles acontecessem em função das modificações ambientais, o movimento espiritual estava propiciando a alteração do padrão vibratório dos que seriam admitidos na atmosfera planetária, estimulando os bons a se manterem no caminho do bem e analisando nos outros se havia sincera disposição em desenvolver tais sentimentos, sob pena de, não se mostrando possível esse crescimento a curto prazo, a transferência se fazer, compulsória, para ambiente adequado e equivalente em barbárie e inferioridade.

* * *

Assim, queridos leitores, não imaginem que não existam, nas inúmeras estrelas e planetas que pendem sobre as nossas cabeças, aqueles onde a carne humana ainda é devorada, crua, nos rituais da alimentação antropofágica, nas clãs e tribos que cultuam os ritmos frenéticos dos batuques. Nesses lugares, sempre haverá espaço para aqueles que, na Terra, gostam de participar de gangues, de arruaças, de violências. Haverá espaço para os que se ocupam da destruição de construções, de estruturas sociais, a fim de que, utilizando todos os seus potenciais agressivos, se ponham a destruir rochas, a escavar cavernas e a pichar seus interiores.

Se observarmos bem, talvez pudéssemos encontrar em nossas pinturas rupestres as manifestações dos primeiros pichadores, transferidos para este planeta com a finalidade de corrigirem-se e de melhorarem as suas estruturas, num passado longínquo.

Aos que se dedicam à desordem haverá bastante espaço para ocupar. Aos que se deixaram arrastar pela sexolatria, não faltarão fêmeas primitivas para lhes servirem de companheiras no exercício genético.

Aos que não resistiam aos bailes devassos e violentos, haverá possibilidades multiplicadas de reproduzi-los nas numerosas refregas entre tribos e grupos, à beira de lagoas barrentas, onde se fartarão da água salobra.

Aos que exercitam a violência como sinal de liderança, turbas primitivas estarão preparadas para seguir os brados guerreiros que tanto lhes agradam. Aos que gostam de roubar o patrimônio dos governados, não faltarão pirâmides a construir, durante cuja edificação poderão malversar toda a série de recursos que desejem, até que sejam flagrados, presos, torturados e punidos.

E enquanto esse novo mundo vai saindo do primitivismo grotesco para as fases iniciais da civilização da barbárie, a Terra, expungida de tais elementos, poderá seguir em seu rumo de crescimento, como palco para novas realizações do Espírito humano, elevado à condição de Espírito luminoso e esclarecido.

Mas para que tais definições pudessem acontecer, seria necessário que todos, encarnados e desencarnados de nossa história, pudessem agir com liberdade e escolher seus caminhos, segundo seus interesses.

Por isso é que o mundo espiritual superior permite que exercitemos nosso livre-arbítrio. Sem ele, nunca demonstraríamos quem, efetivamente, nós somos.

✳ ✳ ✳

Alberto e Ramos haviam terminado a sua arenga irritante e provocadora.

Agora, a palavra estava franqueada aos outros integrantes da reunião.

40

MARCELO, AS DENÚNCIAS E AS SURPRESAS

Em geral, poucos faziam uso da palavra depois que os mais importantes davam o seu recado. Alguns assuntos internos ou problemas jurídicos mais intrincados eram discutidos e as rotinas não se alteravam.

No entanto, naquele dia, envolvido pela emoção e pelo nervosismo, Marcelo atuaria de modo diferente, trazendo na ideia a certeza de que aquele era o momento crucial de todos os seus últimos meses, dedicados à preparação do golpe fatal.

Imaginava que, com suas informações, cooperaria para a modificação de certos comportamentos tanto quanto para o alerta dos responsáveis pelo escritório, sobretudo no que dizia respeito ao tráfico de influências, à pressão psicológica, à extorsão de clientela.

Assim, com os documentos que trazia, como se os tivesse conseguido por sua própria iniciativa, Marcelo começou dizendo:

– Senhores, gostaria de sua atenção para trazer ao conhecimento de todos um assunto delicado tanto quanto muito grave.

Diante de sua iniciativa, os demais fizeram silêncio e se puseram a escutá-lo.

– Acabamos de ouvir à exortação de nossos maiores sobre o aumento de lucros, a ação mais diligente e a conquista de maior mercado para que o resultado final possa ser ampliado.

Todos temos nos empenhado nisso como a motivação de nossas vidas. Afinal, é daqui que retiramos nosso sustento e concretizamos nossos ideais pessoais.

Longe se encontra o tempo em que nossa ingenuidade acreditava na lisura da Justiça, na isenção de autoridades, na correção de condutas de funcionários, na exata construção das instituições.

A prática e a experiência nos balcões de cartório e salas de audiência, nos departamentos administrativos e nas repartições públicas tirou-nos a ingenuidade que trazíamos no início, a respeito de que cada um cumpriria seu dever, sem nada pedir em troca: o funcionário trabalhando eficazmente, a autoridade agindo com lisura, as instituições sendo governadas por homens íntegros.

Logo pudemos nos deparar com outra realidade, governada, em verdade, pelo deus dinheiro. Em todas as partes, com raríssimas exceções, a conquista de objetivos esbarra nas necessidades de gratificação, de presentes, de propinas, enfim, naquilo que conhecemos por inumeráveis nomes, mas que, no fundo, são a mesma coisa: corrupção.

Quando tais procedimentos se impõem para que desempenhemos as tarefas que nos cabem, não devemos nos esquecer de que cabe ao cliente que nos contratou a responsabilidade efetiva por aceitar o jogo das propinas e financiá-las, a menos que o advogado faça parte do processo de corrupção de maneira consciente e livre.

Se o cliente aceita e nos autoriza a entrarmos no jogo para defender seus interesses nos valendo dessas práticas, a princípio isso é problema dele. Ainda pesará sobre nós, entretanto, a questão ético-moral de nos inserirmos nessa ciranda de desonestidade, que cada um lida à sua maneira no foro da própria consciência.

No entanto, estamos nos vendo surpreendidos por procedimentos que trazem a corrupção para dentro destas paredes, a macular todos os nossos "currículos", expondo-nos a juízos perigosos e favorecendo que acabemos nos autodestruindo.

O tom grave fazia o silêncio do ambiente ficar ainda mais pesado.

– Podem os senhores estar imaginando que se trata de um discurso teórico de indignação idealista, como se estivesse a falar das realidades filosóficas da vida jurídica.

No entanto, estou me referindo a fatos concretos.

Certo dia, um cliente me procurou com a seguinte indagação:

Doutor, por que o senhor não faz em meu processo, a mesma coisa que certo advogado do seu escritório fez com o caso do meu tio?

E surpreso, então, pude descobrir que o advogado do tio havia marcado um encontro para receber dinheiro grosso a fim de que, com isso, comprasse as autoridades que deveriam decidir o seu problema.

Então, o cliente que me procurava esperava que eu fizesse a mesma coisa no caso dele, porque a esse preço, conseguiria atingir o objetivo, direito esse que não tinha nenhuma base legal para ser conquistado.

Expliquei que não fazia tal coisa, mas, para minha surpresa, ele reforçou a informação e deu as cifras de quanto o tio pagou para ter o seu caso resolvido favoravelmente.

Alertado para esse estado de coisas, passei a adotar algumas condutas que me pudessem respaldar nas afirmativas que estou fazendo nesse momento.

E graças a isso, pude reunir elementos de prova que trago à mesa para conhecimento de todos, afirmando que as nossas receitas não têm sido maiores porquanto elas têm permanecido nas mãos de alguns que as guardam para si mesmos, transformando-as em carros novos, viagens e outras vantagens que, conseguidas através de fraude, além de não beneficiar aos demais colegas desta sala, ainda comprometem a honradez e o caráter deles.

Falando assim, provocou nos que desconheciam o problema, exclamações de surpresa e de protesto por estar generalizando a acusação.

– Tenham calma. Não me refiro a todos. Apenas àquele cuja consciência, já neste momento, deve estar ardendo, com a possibilidade de terem sido descobertas as suas tramoias.

Alberto e Ramos permaneciam em silêncio, com o rosto coberto por leve palidez, diante de um comportamento que ambos julgavam inadequado para o grupo ali reunido.

Vendo que se fazia necessário tornar-se mais objetivo, Marcelo prosseguiu, apresentando, a todos, as fotografias dos diversos encontros clandestinos em que Leandro recebia o dinheiro e o transportava para direção ignorada.

Marcelo espalhara as fotos, tanto quanto o depoimento a que

se referia, colhido em seu próprio escritório daquele cliente que havia mencionado minutos antes e que solicitara a adoção das mesmas práticas criminosas e corruptas.

Os documentos iam chegando a todas as mãos, já que se ocupara de fazer tantas cópias quantas fossem necessárias.

Imediatamente, todos os olhares se voltaram para Dr. Leandro, colhido pelos instantâneos fotográficos.

Além disso, Marcelo havia tido o cuidado de conseguir documentos que demonstravam a coincidência de datas entre o recebimento dos recursos e a compra de novos veículos, de alto custo, indícios importantes para a prova de que os recursos que obtivera junto aos clientes não haviam servido para nenhum tipo de conquista legal, mas, sim, para enriquecer o próprio chantagista, pessoalmente.

– Isso que estou mostrando corresponde à prova de algo, no mínimo, estranho na prática dos advogados deste escritório. Sempre respeitado por sua seriedade aparente, não posso imaginar que tenhamos nos permitido chegar a tal comportamento, cobrando-se daqueles que estão se conduzindo da melhor forma possível condutas que os que se acham acima de nós se esforçam em fraudar, descaradamente.

E se, outrora, estive entre os que admiravam a capacidade profissional e os métodos de Dr. Leandro, depois de tudo isso e de outras coisas mais, acontecidas no interior dos escritórios, passo a lastimar a condição de pertencer a uma instituição que o tem como um dos mais importantes membros.

A situação havia atingido o ponto mais delicado até aquele momento.

Vendo que seus planos estavam se concretizando segundo suas estratégias, Marcelo continuou, enquanto os outros corriam os olhos sobre os documentos.

– Não é suficiente, infelizmente, esse tipo de fraude, que fere não apenas a nossa reputação, como também o patrimônio de Dr. Alberto e Dr. Ramos, na medida em que drena para uma única pessoa recursos que poderiam vir a compor os honorários do escritório, como uma cobrança legal pelos serviços prestados.

Não bastando esse comportamento, antiético à toda prova, posso afirmar que Dr. Leandro passara a controlar o andamento dos casos de diversos advogados aqui presentes, invadindo a privacidade de suas salas e suas pastas, rompendo o sigilo profissional que deve ser protegido entre o cliente e o advogado, aproveitando-se dos momentos em que os profissionais saem, ao final do expediente, para mexer em seus papéis, avaliar os seus procedimentos e observar se estão ganhando valores por fora.

Naturalmente, medindo os outros por si mesmo, acha-se no direito de usar desse tipo de comportamento para fiscalizar clandestinamente seus colegas de profissão.

Sentindo que poderia ajudar nesse momento, Camila comentou:

– Isso já aconteceu pessoalmente comigo. Inúmeras vezes, Dr. Leandro fez veladas ameaças ou comentários indicadores de que havia devassado o conteúdo de minhas pastas, em busca de vestígios de cobranças de honorários ou pagamentos de valores não apresentados ao caixa do escritório.

Entendendo que Marcelo precisava de algum tipo de apoio, igualmente Letícia viera em seu auxílio, confirmando que ela também havia notado que os documentos de seu escritório eram movidos na sua ausência, coisa que não era fruto da limpeza regular e sim de alguém que não conhecia, mas que se ocupava em penetrar em sua sala para vasculhar as pastas de seus clientes.

A esta altura, a postura de Dr. Leandro já era totalmente outra.

Ainda que controlado, estava com a cor alterada, indicando o estado nervoso a que se via compelido. O seu silêncio, no entanto, denotava algum tipo de meditação naquilo que pretendia falar.

Antes, no entanto, que tomasse a palavra, Dr. Ramos, o outro sócio, assumiu a frente e comentou:

– As suas acusações, Dr. Marcelo, são extremamente graves para todos nós. Primeiramente porque esse tipo de conduta frustra a nossa relação de confiança, a sustentar uma sociedade. Todo convívio social passa pela noção de responsabilidade compartilhada, com base na confiança recíproca. Com as suas informações, esse comportamento coloca em risco a existência de nossa união, já que frauda os esforços de todos e desvia os valores que poderiam ter sido conseguidos de forma limpa e divididos entre todos nós.

Espero, assim, que Dr. Leandro se manifeste sobre essas práticas.

Alberto estava nervoso, agora que as condutas de seu braço direito estavam sendo desnudadas.

Convocado a se manifestar, Leandro olhou para seu superior que, de forma pouco amistosa, não lhe acenava com maiores sinais de apoio.

Vendo, então, que estaria sozinho para defender-se contra os argumentos e documentos apresentados, Leandro passou a fazê-lo, como podia:

– Não tenho como negar que sou a pessoa das fotografias.

Realmente, estive nesses lugares e recolhi as malas que estão, igualmente, flagradas pela câmera.

Sou um profissional e já há mais de duas décadas me dedico a este escritório e sirvo ao Dr. Alberto, por quem tenho o maior apreço.

No entanto, já que não me faltam motivos para tal comportamento, preciso explicar que em nenhum momento ali estive para satisfazer meus próprios interesses.

Estive nesses encontros, e não se limitaram apenas ao que estamos vendo nestas fotos, com o conhecimento do próprio Dr. Alberto, a quem o dinheiro se destinava.

A palavra de Leandro transferia o centro das observações para o outro lado da mesa.

Marcelo não imaginava que o referido proprietário soubesse das condutas de seu braço direito.

No entanto, Dr. Leandro, sem saber como defender-se, colocava as coisas na direção daquele que era o dono do negócio.

Sim, para surpresa dos integrantes daquele colegiado, Alberto era citado como aquele que tinha ciência dos fatos.

– Mais do que isso, senhores – continuou Leandro, como que a vomitar tudo o que sabia, mesmo que isso comprometesse o antigo chefe, como forma de salvar-se da acusação de corrupto – foi o próprio Dr. Alberto quem acertou todos os detalhes, quem negociou todas as estratégias, quem me mandou ir buscar a grana e a quem repassei todo o recurso conseguido, não sabendo para que se destinava.

Naturalmente agradecido por meus préstimos e minha discrição, ofereceu-me pequeno prêmio para que essa conduta ficasse esquecida e ninguém mais viesse a saber de tal procedimento.

O clima no interior da sala pesava mais do que antes.

O caso havia atingido o centro das decisões.

Antes era apenas um probleminha de conduta de um dos advogados em relação à toda estrutura do escritório.

No entanto, agora, era Alberto aquele a quem se atribuía a responsabilidade pelo ato de chantagem.

Ramos se admirara ante a acusação.

As suas relações com Alberto eram antigas e pareciam ser sempre muito sólidas, com base na confiança conquistada desde os tempos da sociedade com o falecido Dr. Josué.

Alberto, constrangido com a acusação que não esperava, sobretudo por estar acostumado a contar com a canina subserviência de Leandro, era aquele a quem, agora, competia explicar-se.

No entanto, antes de começar a dizer sobre o núcleo da acusação, experiente e matreiro, Alberto passou ao discurso genérico:

– Todos sabem que, antes de se poder avaliar o teor da acusação, necessário se faz avaliar se a acusação, em si, merece crédito em face daquele que a esteja levantando.

Até aqui pudemos ouvir as palavras de um jovem e talentoso advogado que, imaginando defender a ética e reclamando da situação constrangedora a que sua reputação se viu exposta, sentiu-se no direito de acusar um colega, usando fotografias e historinhas como prova.

No entanto, antes que possamos chegar ao núcleo das acusações, impõe-se, primeiramente, desmascarar o acusador, pessoa que sempre mereceu nossa maior confiança, fazendo conhecer a sua conduta perigosa e extremamente indigna. E se os que acusam, alegando a defesa da ética e da moral, em verdade, são antiéticos e imorais, aquilo que falam não merece qualquer tipo de consideração.

Sem entender o que se passava, Marcelo viu o rubor subir à face com as acusações igualmente diretas de que era objeto:

– Espero que o senhor tenha coragem de apresentar a base de suas afirmações levianas e mentirosas. Porque esse negócio de atacar com palavras aqueles que o acusam com provas concretas, é estratégia de político corrupto.

– Calma, meu jovem. Você é muito inexperiente e ainda precisa aprender muita coisa na vida – comentou Alberto, calmo.

Então, retirou de uma gaveta próxima que se encontrava fechada à chave, um envelope recheado com as fotografias que lhe haviam chegado, enviadas, anonimamente, com o flagrante de sua chegada ao motel.

Além disso, havia também o documento oficial que atestava a titularidade dos dois veículos que estavam estacionados no interior da garagem da suíte, a demonstrar que ali se encontraram o acusador e a outra colega, Sílvia, ambos casados e adúlteros.

Quando as fotografias começaram a ser espalhadas, as pessoas à mesa passaram a se comportar espantadas com as novas provas, como se elas próprias nunca tivesse tido nenhum comportamento indecente ou leviano. Marcelo se vira surpreendido com tudo aquilo.

Parecia-lhe que uma grande nuvem de demônios se havia abatido sobre ele, para destruí-lo. Aquelas imagens e aqueles documentos atestavam a sua conduta sexual oculta das outras pessoas. Não lhe passara pela cabeça que a autora daquelas denúncias era a própria esposa, que ele imaginava uma mulher superficial e interessada apenas em vestidos e em gastar o seu dinheiro.

Não sabia ele que Marisa estava interessada, sobretudo, em vingar-se de seu comportamento adúltero, sem aparecer como o braço que manipula o chicote.

– Estas fotografias são bastante reveladoras, por si mesmas – falou, altivo, Dr. Alberto, antegozando a desmoralização que produzia sobre o rapaz.

Ao receber as fotografias em suas mãos, Sílvia se deu conta de que estava diretamente envolvida naquele flagrante e, sem poder se conter, levantou-se, esbravejando:

– Que significa isso? Quem teve a ousadia de invadir minha privacidade e fiscalizar o que faço de minha vida?

– Não sabemos, Dra. Sílvia – respondeu, mais tranquilo e mais cínico, o proprietário que, agora, era quem acusava.

Estas fotografias me chegaram sem apontar o remetente. No entanto, as imagens dizem mais do que as palavras e a sua reação atesta que, em verdade, os fatos se deram como as imagens revelam.

Sílvia, já abalada com a questão do aborto, circunstância esta que desejava manter oculta para que as aparências não a arruinassem, agora se via perigosamente exposta diante dos olhares de todos os colegas, já que sua conduta pessoal no ambiente de trabalho sempre havia sido moldada pela seriedade e pela firmeza moral na defesa dos postulados éticos.

Como se explicar, agora, diante dos fatos estampados? Ela, casada, adulterando com Marcelo, o outro colega, igualmente compromissado?

Entendendo o alcance da resposta de Alberto, voltou-se para Marcelo e, agressiva, disse:

– Foi você quem fez isso? Você tem alguma coisa a ver com essa cachorrada?

Não lhe bastava transar e desfrutar? Maldita hora em que aceitei me deitar com você, pensando que fosse um homem!

Em desequilíbrio, Sílvia tremia e chorava ao mesmo tempo, demonstrando que não tardaria em atacar Marcelo com tapas e socos caso não fosse contida em seu lugar.

Marcelo, por sua vez, mal tinha tempo em se explicar para Sílvia, porque a reação da colega produziu, imediatamente, uma idêntica reação em Letícia.

A jovem, apaixonada por Marcelo, percebendo que o rapaz a traía com a outra, entendera que o moço estava mais interessado em usá-la do que em lhe corresponder ao interesse amoroso.

Letícia era a mais frágil de todas, emocionalmente falando.

E enquanto Sílvia procurava se acalmar um pouco, à custa de água com açúcar, Letícia se levantava e se dirigia ao rapaz, na frente de todos:

– É verdade, Marcelo? Enquanto você me beijava em meu apartamento, partilhando comigo os momentos de intimidade que só nós dois conhecemos, ao mesmo tempo você e Sílvia se envolviam nessa pouca vergonha? Não posso acreditar no que vejo.

Identificando a reação coletiva que se seguia à sua inicial denúncia, Alberto passara a desfrutar a satisfação de ver os fatos surgindo, um depois do outro, todos a denegrir a integridade do infeliz rapaz.

Aceso o pavio, agora era deixar que a explosão viesse.

Letícia, em descontrole, não conseguira conter os comentários diretos.

– Em verdade, bem que eu não entendia direito o que é que você pretendia. No começo, pensei que fosse para livrar-se da solidão, diante de uma esposa pouco companheira. Depois, passei a ver você como um amigo íntimo em quem podia confiar. Sentia o seu desejo de ser tocado, de ser acariciado, a satisfação de seu olhar. Nas últimas semanas, sua procura me fez sentir a mais feliz das mulheres... tudo isso para descobrir que você é tão leviano quanto qualquer outro?

Isso é demais para mim.

Nova crise de choro impedia que o rapaz pudesse se explicar.

A situação estava se tornando cada vez mais trágica e dramática.

Marcelo não sabia como sustentar-se, agora, principalmente diante do olhar de Camila.

A jovem a quem amava, a mulher que o conquistara e a quem pretendia impressionar com seus atos de bravura, agora mirava-o diretamente, sem dizer nenhuma palavra.

Seus olhos orvalhados, seu rosto triste eram o sinal de sua dor interior.

Mas Alberto ainda não tinha acabado.

– Pelo que os senhores estão vendo, na verdade, o que nos parece claro é que o Dr. Marcelo, envolvendo-se com as duas colegas aqui presentes, as estava usando para desferir o golpe contra nosso Dr. Leandro.

Mas como acreditar que possam ser verdadeiras estas suas

acusações, que não sejam fruto de fatos perfeitamente explicáveis, se ele próprio está enterrado até o pescoço em uma trama que desrespeita duplamente o casamento, tanto o dele quanto o da Dra. Sílvia, além de envolver outra colega de escritório? Isso é que não tem explicação.

Para colocar mais lenha nessa fogueira, o Dr. Ramos, que até ali se mantinha em silêncio, passou às mãos do sócio algo que havia mandado Clotilde buscar em seu cofre pessoal, na sua sala.

– Alberto, tenho isto que guardei já há algum tempo e que não julgava importante, já que não representa nenhum delito mais grave. Não acreditava precisar apresentar, mas, observando o rumo que as coisas tomaram, acho que pode compor o quadro da Verdade real, como forma de podermos desmascarar os verdadeiros desonestos em nosso meio.

Passou, então, às mãos do sócio, o envelope que continha as fotografias do almoço de Camila e Marcelo, nas quais os dois aparecem de mãos dadas, imaginando que ninguém os estaria observando.

Quando Alberto viu as fotos, deu uma sonora gargalhada, algo quase demoníaco, e dirigiu-se a Marcelo nestes termos:

– Mas você conseguiu com as três, meu jovem. Bem que eu o subestimei....

Ato contínuo, passou as fotos novamente pela mesa, a fim de que todos pudessem constatar a conduta carinhosa que Marcelo também havia adotado com Camila, atestando que o quadro de sedução se fechava, com o interesse espúrio do homem que quer usar as suas amigas para conseguir um objetivo diferente do contato íntimo com o sexo oposto.

Essa foi a paulada que faltava na reputação do moço.

Quando as fotos chegaram às mãos de Camila, foi a sua vez de começar a chorar, diante da evidência de seu envolvimento afetivo com Marcelo.

O rapaz não sabia o que dizer.

Afinal, havia-se dedicado à Camila por um sentimento verdadeiro, uma paixão que crescia a cada dia e que o fizera aceitar o risco que correra naquela tarde/noite em que acabara com a própria carreira profissional naquele escritório.

Entrara triunfante e estava sendo arrasado.

Leandro, o primeiro acusado, não sabia o que pensar de tudo aquilo. Diante da sucessão de corações femininos despedaçados, a demonstrar a astúcia de Marcelo aos olhos de todos os presentes, as denúncias contra sua pessoa pareciam coisa de criança.

Ao mesmo tempo, havia desrespeitado uma tradição naquele escritório, ou seja, a de que o subordinado jamais acusava o superior pelas falcatruas, roubos e mentiras que testemunhava ou do qual participava.

Isso porque, os negócios que existiam entre os donos do escritório, eram tão intrincados e estranhos que somente entre eles é que poderiam ser resolvidos, parecendo que ambos se roubavam mutuamente e, como um casal adúltero, mutuamente se perdoavam, continuando a trajetória de golpes e enganos, sempre contando um com o aval e apoio do outro.

Por isso, Leandro sabia que, para se salvar das acusações, havia rompido a cadeia de silêncio e de obediência que mandava assumir os fatos e aceitar as consequências, antes de acusar aquele que o mantinha no posto baseado na lealdade e confiança irrestritas.

Entre os diversos casos que eram do seu conhecimento, encontravam-se o desaparecimento de pessoas, a contratação da morte de desafetos ou de partes que dificultavam a solução de seus negócios.

Leandro sabia que, no nível mais alto da administração do escritório, já não se discutiam as questões jurídicas nem as teses processuais elevadas. O que se encontrava era a barganha graúda, o peso dos cofres cheios a corromper a Verdade para a obtenção das vantagens da vida. Nesse nível de influência, ambos os donos teciam a teia de interesses para agradar certas autoridades venais que faziam parte do amplo esquema da Organização, implantado no mundo através dos representantes corruptos e igualmente abjetos que lhes prestavam serviço.

Haviam-se transformado em raposas da pior espécie, fazendo parte das reuniões mais requisitadas no cenário social, apresentados como representantes admiráveis da profissão que um dia juraram honrar.

Agora, Leandro estava consciente de que sua vida corria perigo. Ele era um arquivo vivo.

Não seria mais aceito como digno de confiança por Alberto. Da mesma forma, sabia de muita coisa, de muita sujeira, de muito crime para poder permanecer livre em segurança.

O raciocínio de cada um, naquela sala, era um verdadeiro vulcão em erupção.

E por incrível que pareça, Alberto e Ramos, ainda que pálidos, se mantinham serenos.

Marcelo era o próprio trapo humano.

Havia perdido tudo o que lutara para conseguir.

Não poderia mais se manter naquele ambiente e, provavelmente, naquela cidade, teria muita dificuldade de se sustentar como advogado em outro escritório.

Isso porque os dois sócios principais saberiam espalhar nas diversas rodas de advogados, a versão de sua desonestidade, de seu comportamento indecente, a ponto de estar certo de que não encontraria outro escritório para começar sua vida, mesmo que do zero.

Precisaria sair da cidade, abrir seu próprio negócio, sem contar com nenhum cliente.

Além do mais, não sabia qual o risco de vida que estava correndo.

Muita gente, naquela sala, agora, estava suficientemente prejudicada para não desejar a sua morte como forma de se vingar de seu comportamento temerário.

Sílvia descobrira, igualmente, que ele usara a todas as mulheres para, segundo sua mente astuta, derrubar Leandro. Ela também não tinha mais condições de permanecer naquele lugar.

Letícia era a mais perturbada, nos arroubos de seu afeto traído, sem conseguir medir a amplitude das consequências dos atos do rapaz.

Camila, humilhada publicamente, jamais havia imaginado que, naqueles meses em que se envolvera com ele, pudesse estar sendo mais uma, apenas um pequeno peão no tabuleiro que Marcelo manipulava.

Leandro, por causa dele, perdera tudo, inclusive o sossego, enquanto que Alberto e Ramos poderiam estar em crise, exatamente como fruto de suas denúncias, caso um não se explicasse e o outro não aceitasse as explicações.

Marcelo, por sua vez, descobria um mundo cruel, longe daquele pequeno cenário que pensava poder construir segundo seus próprios interesses.

※ ※ ※

Se, no plano material, as coisas estavam indo na direção descendente rumo ao abismo, no plano espiritual tudo estava sendo visto e sentido com uma euforia eletrizante e incomum.

O Presidente dominava a cena.

Ali comungavam mais de vinte centenas de entidades perturbadoras que, como falamos, haviam sido convidadas pelo líder a fim de desfrutarem da satisfação e do gozo propiciado pela vingança bem conduzida.

Enquanto a cena terrestre ia se desenrolando, o Presidente atuava sobre as partes, intuindo-as através de fluidos escuros e fios magnéticos, colocados em suas mentes, para que soubessem agir no sentido de se estabelecer a confusão e facilitar a ruína daquele grupo.

– Estamos assistindo aos últimos dias dessa maldita estrutura – vociferou a entidade líder, assumindo uma forma desagradável para o olhar de todos.

Parecia que o ódio, longamente represado, se expressava, agora, de forma potente, na manipulação de todas as suas forças para o cântico final da destruição com que pretendia saciar sua sanha de vingança.

De suas mãos partiam raios agressivos na direção de todos os ali reunidos, porque a pretensão do Presidente era ferir, antes de acabar com aquele núcleo.

Sem entender bem o que acontecia, um dos mais achegados participantes daquele conclave, ponderou:

– Mas, Presidente, esse grupo não nos tem sido útil nos processos de perseguição? Por que destruirmos quem nos tem servido tão bem aos interesses?

– Esse é um caso pessoal que hei de resolver para que os bandidos jamais possam sair ilesos.

E minhas decisões não devem ser questionadas.

Entendendo que não poderia esperar maiores explicações, o agente maligno que se posicionava ao seu lado calou-se, esperando o desenrolar dos fatos.

Enquanto todos se divertiam, a cada novo lance e nova revelação, projetando os estiletes de ódio na direção de Leandro, Marcelo, Sílvia, Letícia, Camila e dos demais participantes, o Presidente se deixava exaltar pela vingança longamente sonhada, alinhavada passo a passo, usando a invigilância de todos e a falta de elevação de seus ideais para que ela lograsse ser concretizada naquela tarde.

Todas as entidades que estiveram envolvidas nos passos preparatórios lá se encontravam assistindo.

Inclusive os dois desfigurados Espíritos, cujos corpos haviam sido retalhados no útero e que se mantinham imantados a Sílvia, ali participavam do triste e degradante evento, passando por entidades perturbadoras implantados na estrutura nervosa da moça desequilibrada, não guardando nenhum traço físico que revelasse as identidades anteriores conhecidas como o Chefe e Juvenal.

Eram os filhos recusados, a gritarem nos ouvidos espirituais de Sílvia as acusações grotescas, ao mesmo tempo em que, momentos depois, sussurravam-lhe chamamentos filiais, invocando-lhe a proteção materna.

Eram dois dementados acoplados a uma que se encaminhava, igualmente, para o desequilíbrio, principalmente agora que a sua conduta leviana fora revelada diante de todos os olhares.

Esse fato que, na vida de muitas pessoas, nenhum arranhão produz na estrutura psicológica, em Sílvia, debilitada pela prática do aborto recente, chegara como um novo choque sobre um equilíbrio mental já desmantelado, inclusive com a conexão nociva dos Espíritos sofredores e vingativos que a assessoravam.

Jefferson, o perseguidor de Luiz e de Marisa vira-se prestigiado com um assento de honra, nas proximidades do Presidente, em decorrência de sua habilidade em manipular o pensamento vingativo e os baixos sentimentos da esposa de Marcelo para enviar as fotos ao escritório.

Gabriel, ainda oculto das atenções e suspeitas, se punha ao lado de Letícia, tentando manter o equilíbrio da jovem, a fim de ajustá-la a um padrão de forças menos destrutivo, o que era difícil para seus esforços, naquela contingência.

Restava, então, o Presidente.

– Eu sou Josué! – gritou, ele, estentórico e trovejante, para susto de todos os presentes.

Finalmente, tenho minha vingança...Ra! Ra! Ra!... – ironizava, para espanto coletivo naquele ambiente pestilento.

Eu sou aquele que estes dois malditos sócios mataram lentamente, inoculando-me substância tóxica que desenvolveu o câncer letal, em meu corpo.

Pensaram que seu crime ficaria impune para sempre...

Ah! Isso é que não...

E enquanto gritava, ia se transformando em uma forma horrenda, projetando os olhos que se afogueavam, apresentando uma espuma viscosa e esverdeada pelos cantos da boca que se fazia sinistra e animalesca.

Não imaginem, leitores queridos, que assumira a forma do demônio, representado nas estampas da Terra. Suas forças degeneradas, acumuladas e cultivadas por anos de ódio, somados aos séculos anteriores de trapaças e crimes, ali se exteriorizavam de forma própria, causando espanto nos próprios asseclas, que jamais haviam imaginado sentir medo, eles que eram especialistas em espalharem o temor nos irmãos encarnados.

– Eu os sustentei quando estava ali, naquele escritório de sujeira e ódio.

Adotei-os como meus pupilos e lhes ensinei as coisas que não sabiam. Tornei-os meus sócios e lhes transmiti as formas de conseguirem sucesso, respeito e riqueza.

No entanto, não lhes bastava esse favor. Pretendiam acabar com a vida daquele que lhes havia oferecido a oportunidade de crescerem.

Ajustados a esse interesse indecente, acreditaram poder me prejudicar, ocultando em garrafas de saboroso vinho que sabiam ser de minha apreciação, os agentes nocivos que desencadeariam as tumorações, debilitando-me a saúde.

Falando pausadamente, narrando os próprios dramas, detinha-se nos lances mais dolorosos e dramáticos para extrair de suas palavras todas as mais poderosas emoções.

Inicialmente, não suspeitei de suas condutas. No entanto, depois de algum tempo, quando a doença já corria por sua própria conta, surpreendi comentários sussurrados, feitos pelas costas, comemorando o sucesso de suas empreitadas criminosas e assassinas. Confirmei minhas suspeitas logo a seguir, quando consegui, através de detetive, o teor das conversas particulares mantidas por ambos ao telefone.

Até hoje não me esqueci das frases de satisfação quando o resultado dos meus exames atestaram a existência do câncer destruidor, adiantado em sua jornada corrosiva, a vaticinar-me poucos meses de vida.

Foi então que, sem pretender modificar as coisas, para que todos acabassem sendo vingados no devido tempo, tratei de organizar-me para este momento.

Reuni todas as provas de todos os crimes já praticados contra o Governo, contra os órgãos e agentes públicos, todas as provas do pagamento de propinas contra os funcionários corruptos que se associavam e se associam ao nosso escritório e os deixei a cargo desse tolo ambicioso, desse idiota útil que está diante de nós e que plantei nesse local como a marionete que manipulo conforme meus desejos, antes de morrer.

Assim que descobri toda a tramoia contra minha posição de sócio principal, eu mesmo o levei para o escritório, Na minha frente, os dois sócios, fingindo-se de amigos devotados, se demonstravam compungidos com minha enfermidade. No entanto, nas minhas costas agiam como verdadeiras víboras, prontas para o golpe.

Marcelo passou a ser meu homem de confiança nessa estrutura. Recém-formado, precisando de uma oportunidade, aceitou sem pestanejar a condição de ser meu representante na estrutura, colocando-me a par de todas as ocorrências e me auxiliando, enquanto a saúde me permitia exercer as funções jurídicas, no desenvolvimento dos casos, na compreensão das questões, no atendimento dos prazos e na visita aos balcões forenses.

Minha morte não tardou. No entanto, tive tempo de organizar minha vingança desde os dias de vida física. Reuni todos os documentos e os coloquei sob a responsabilidade do rapaz e de autoridade que me devia inúmeros favores, com a indicação de que, diante de certas circunstâncias, fossem revelados aos responsáveis pelas apurações dos diversos delitos, programando-se, assim, uma bomba de efeito retardado para explodir quando achasse adequado o momento.

Agora esse momento chegou.

Eles haverão de se matar, com ódio entre si, desejosos de se atacarem e se destruírem para que não caiam sozinhos nas desgraças do mundo.

A descoberta de suas misérias será a derrocada de suas vidas, com a perda de tudo o que juntaram, com a humilhação pública e seus nomes achincalhados nos jornais e noticiários.

A incredulidade dos colegas de seu meio será a marca do espanto indispensável para que se conscientizem de que, neste mundo, a honestidade é sempre a fantasia do vício, que se oculta escondendo o veneno que a corrompe.

Que se desmoralizem os virtuosos de ocasião como esse tolo que me serviu de instrumento, que acabou desmoralizado pelas próprias fraquezas, tão facilmente manipuláveis.

E nos desvarios do sexo, nas ansiedades da tentação, nos prazeres diversos que se orquestram para afundar os devassos em suas próprias orgias, encontraremos sempre a porta fácil para interferir nas vidas humanas, desprezando os que já estão no lodo e nos concentrando nos que querem se manter de pé, como exemplos inexistentes de virtudes caducas e mentirosas.

Chega de espera. A rede está fechada e os peixes caíram todos, de uma só vez.

A morte dos menos importantes será o caminho que restará ao serviço de limpeza. Isso, agora, é questão de horas. Demétrio, o hipnotizador de minha confiança, que se liga a Leandro há muito tempo, apertará o cerco, inoculando ainda mais o estilete do ódio em seu coração, para que não permita que Marcelo reconstrua sua vida enquanto que a dele entra em ruínas.

Letícia receberá a carga de desajuste que a manterá, indignada, na atmosfera da vingança.

Enquanto isso, alguns parecerão que se livrarão sem ferimentos, mas, em realidade, terão os mais dolorosos à sua espreita.

É só uma questão de tempo e paciência, coisa que não nos faltará.

✸ ✸ ✸

A reunião entre os encarnados encaminhava-se para o trágico fim, imprevisível para todos os seus componentes.

Com a voz de barítono respeitável, Alberto estabeleceu as novas diretrizes:

– Leandro, eu sempre pensei que você corresponderia à confiança que lhe devotei todos estes anos, mas, como pude ver hoje, não se colocou à altura dela. Assim, espero que amanhã já não esteja mais por aqui.

Quanto aos outros, Marcelo não merece mais, de nenhum de nós, a menor consideração.

Trate de pegar suas coisas e desaparecer hoje mesmo da nossa presença.

Dirigindo-se às mulheres, considerou, menos rigoroso:

– As jovens estão em uma posição mais frágil, vitimadas pela astúcia de um homem ao mesmo tempo atraente e indecente.

Nada tenho contra a manutenção de suas tarefas no escritório, desde que se mantenham dentro de nossas antigas exigências de decoro, coisa que não se estende à Dra. Sílvia que, por óbvios motivos, não se enquadra mais às nossas posturas éticas.

Assim, quando lhe pareça conveniente, deve reunir seus pertences e desocupar sua sala para a respectiva dedetização material e moral do ambiente.

E, dispensando os integrantes da reunião, informou a todos que o restante do entendimento seria realizado, particularmente, a portas fechadas, entre ele e o sócio Ramos, que deveria permanecer no recinto.

41

NOVAS SURPRESAS

– Ramos, meu amigo, jamais pensei que seu plano fosse dar tão certo como deu. Se fosse depender de meus próprios recursos intelectuais, estou seguro de que as coisas não teriam saído tão bem.

– Não lhe falei que as nossas ideias seriam coroadas de êxito, Alberto?

Com isso, conseguimos nos livrar dos dois maiores problemas, Leandro e Marcelo.

O primeiro, que se tornara um estorvo aos nossos objetivos, por saber muita coisa sobre os nossos procedimentos.

E o segundo, por ser, ainda, o espinho a lembrar a presença do maldito Josué em nosso meio.

– Você não acha que, agora, menosprezado, diminuído e se sentindo indigno de nossa confiança, Leandro não pode se voltar contra nós e acabar nos prejudicando por tudo aquilo que ele sabe?

– Bem, Alberto, isso é um risco que tanto nós quanto ele próprio estará correndo. Além do mais, da mesma coisa que nos acusar, acabará também se vendo acusado. Por isso, é que precisávamos criar as condições para que ele agisse da forma covarde como agiu, facilitando que a sua decisão pudesse estar baseada na quebra da confiança por parte dele. Assim, estaremos mais garantidos em sair desse envolvimento sem maiores culpas, atribuindo-lhe a responsabilidade pelo comportamento covarde.

– Bem, isso é verdade.

– Agora – continuou Ramos – se você quer tornar as coisas ainda melhores, parecendo ser generoso com o homem forte que o ajudou a limpar a sujeira de nossas táticas, amanhã, antes de ele ir embora, convoque-o e o premie como uma forma de demonstrar tolerância e garantir a sua cumplicidade.

Pensando na forma de fazê-lo, Alberto imaginou dar-lhe dinheiro.

– Não, meu amigo. O dinheiro é algo que pode ser usado contra nós, caso ele não se sinta devidamente agraciado, como se estivesse entendendo que estamos comprando o seu silêncio a peso de ouro.

Isso não é conveniente. Seria melhor dar-lhe algum bem razoavelmente valioso, que lhe parecesse uma forma de compensação e, finalmente, um reconhecimento por seus serviços prestados.

Lembro-me de um de nossos clientes que está realizando um loteamento grande em certa área bem valorizada e que, segundo nossos ajustes, nos entregou dez lotes como pagamento de nossa intermediação para a aprovação do projeto, junto à prefeitura e às autoridades.

Conseguimos tornar concreto o loteamento sem gastarmos muito em propinas. Acho que foram queimados apenas três lotes, se não me engano, não é?

– Isso mesmo, Ramos. Ainda temos mais sete lotes disponíveis que precisamos dividir entre nós dois.

– Pois é, Alberto, sete é um número ímpar e, o que é pior, primo... que tal se dermos um terreno para Leandro e, com seis restantes, dividirmos meio a meio?

– Perfeito, excelente ideia. Amanhã providenciarei os documentos para a transferência do terreno junto ao loteador, entregando a Leandro essa prenda para que se satisfaça, além dos imensos valores que já conseguiu ao longo dos anos, servindo-me como sempre serviu.

Ainda assim, fico pensando se não será necessário providenciarmos o seu desaparecimento acidental, para nos precavermos de suas atitudes futuras?

– Não creio, Alberto. Ele está com a culpa na consciência porque sabe que errou. E sendo ajudado com um precioso presente, haverá de ficar ainda mais agradecido a você pela compensação. No entanto, se parecer que pode nos complicar a vida, sabemos a quem recorrer para os acidentes costumeiros.....

– Ótimo. Agora, precisaremos tomar cuidado com as pessoas que nos cercam, a fim de que os novos membros de nossa equipe sejam menos perigosos.

Além disso, estarei procurando alguém que possa substituir Leandro com menos risco para nossas atividades.

Escutando Alberto falar sobre o assunto, sem desejar invadir a sua esfera de decisões, Ramos ponderou:

– Veja, Alberto. Você vai precisar de alguém que seja inteligente e esteja familiarizado com nossas rotinas. Os que estão aqui no escritório são pessoas que convivem conosco e estão cientes de nossos métodos. Marcelo não ficará mais e, ainda que se mantivesse, é muito perigoso para nós.

A outra ninfomaníaca não possui condições para ser confiável, além do fato de estar muito comprometida com Marcelo.

Não acho prudente que você coloque aqui alguém estranho, sem ser do nosso conhecimento, porque essa pessoa precisaria ser de nossa estrita confiança por estar muito entrosada em nossas mais secretas operações.

Letícia é a mais nova e, apesar de ser bastante competente, é perigosa pela instabilidade emocional que demonstrou no dia de hoje, revelando seu envolvimento com Marcelo.

Assim, creio que a mais adequada para ocupar o posto de Leandro, seja Camila, que se manteve serena, envergonhada, mas digna, capaz de ser modelada segundo os seus desejos, sem colocar em cheque os nossos interesses.

Nossas equipes de trabalho são diferentes, mas nossos interesses sempre foram os mesmos.

Não podemos nos arriscar com inovações.

Ouvindo as ponderações de Ramos, a quem aprendera a admirar pelas soluções eficazes que sempre conseguia sacar da manga da camisa para resolver pendências complicadas, Alberto perguntou:

– Você acha mesmo que Camila reúne condições para ocupar o lugar de Leandro?

– Creio que inteligência não lhe falta, ao mesmo tempo que autocontrole tem sido uma das mais claras virtudes ao longo destes anos, aqui no escritório. Agora dependerá de você saber ensiná-la como é que a orquestra toca. Ela não é tola. Acho que já está inteirada de muita coisa mesmo sem a gente ter revelado. Parece ser uma pessoa ambiciosa e inteligente, dona de uma vontade decidida, que muito poderá ajudar nossos objetivos.

– É, por esse ponto de vista, as coisas parecem que podem ser ajustadas.

– Pense, Alberto. Vamos fazer o velho joguinho de fingirmos indignação para os que nos veem lá fora, até que as coisas se organizem, deixando para as próximas semanas a retomada dos nossos entendimentos diretos.

– Combinado. Hoje, entretanto, espero você para um jantar de comemoração lá em casa.

– Tudo bem, às nove estou por lá.

✳ ✳ ✳

No plano espiritual, a reunião dos perseguidores caminhava para o final, com as demonstrações de poder do Presidente intimidando a todos os que se congregavam ao seu redor.

Faltava apenas que se ultimasse o golpe final contra Marcelo, coisa que Demétrio estava, já, encarregado de fazer.

Assim, todos se viam saciados em suas ambições pessoais, considerando a vingança concretizada, ao mesmo tempo em que as últimas consequências seriam de se esperar para as próximas semanas.

Quando, entretanto, todos se preparavam para deixar o ambiente trevoso, alguns mais apressados regressaram, assustados.

– Senhor, estamos presos. Não podemos sair.....

– Como é que é o negócio? Como é possível que não possamos nos ausentar daqui?

– Nós tentamos sair, mas não conseguimos romper uma barreira que nos mantém retidos neste espaço.

E o que é mais interessante, é que esse obstáculo parece que está se fechando sobre nós.

Entendendo que aquilo não podia ser construção senão de Espíritos elevados, o Presidente vociferou:

– Isso é coisa da gente do maldito covarde... o crucificado... estão pensando que podem com a gente...

Homens, chegou a hora do embate... já nos atacaram de inúmeras formas e em todos os lances de nossa organização encontramos a invasão desses miseráveis, reles representantes de um mendigo que se fez herói dos idiotas. Basta de paciência. Basta de tolerância com esses asseclas fingidos, verdadeiros monstros ocultos sob mantos brilhantes.

Estamos em muitos... nossa força é gigantesca. Ninguém poderá nos deter aqui, tornando-nos prisioneiros de nossa própria edificação.

Unamos nossas forças, agora, para que as lutas desse instante possam, por fim, desajustar as prepotentes linhas de ataque dos representantes do Cordeiro, envergonhando-os para sempre.

Vamos, ao ódio contra esses impostores....

E a sua convocação produzira, num primeiro momento, uma onda de selvagem euforia, como nos antigos tempos de guerras, quando os comandantes exaltavam suas tropas para a batalha sangrenta que os esperava logo mais.

– Vamos ao ataque. Lutemos contra esses covardes que nos querem prender, dizendo que são criaturas que nos respeitam os direitos. Que respeito existe quando se impede que exerçamos nosso direito de ir aonde quisermos?

– Isso mesmo... Ataquemos esses lobos disfarçados de bonzinhos...

E a algaravia continuava, nas arruaças que tornavam aquele ambiente ainda mais desajustado, agora numa mistura de coragem e medo, arrogância e temor.

O Presidente, envolvido pelos que compunham sua corte, se mantinha ao centro, enquanto que todos os outros que lhe sustentavam a empresa de ódio e terrorismo espiritual se conglomeravam ao redor, já que não mais podiam ausentar-se do lugar.

Pareciam buscar a segurança do senhor feudal dos antigos tempos da idade média, correndo para a fortaleza onde se ocultariam dos ataques adversários.

Josué, na condição de Presidente, precisava dar a todos a segurança de uma resposta que mantivesse alto o moral do grupo, como a prepará-los para a luta através de suas próprias demonstrações de coragem.

— Pensam, vocês que se valem da invisibilidade, que nós os tememos?

Aqui estamos há milênios, dominando os idiotas pelo culto aos prazeres, pelo entrosamento com suas orgias, pelo desfrute de seus vícios numerosos que jamais desejam deixar. Aqui dominamos aqueles que nos amam, que nos querem como seus amigos, que repudiam a influência luminosa, que não desejam seguir com a claridade, mas, ao contrário, sonham em abraçar o convite ao prazer, ao sexo depravado e insaciável. Aqui estão os homens que são livres para escolherem seus caminhos, no sentido de continuarem a dividir conosco os seus urros de gozo e contentamento, os seus brindes e suas arruaças. Por que é que vocês não nos deixam em paz?

Retirem-se para lugares onde os santos os aceitem. Fiquem por lá e nós não nos hostilizaremos mais. Não há qualquer receio da luta que levaremos até o fim. No entanto, por que lutar quando podemos nos bastar em um acordo que nos garanta a possibilidade de ação sem interferências recíprocas?

Josué gritava estas argumentações a esmo, sabendo, no entanto, que elas eram escutadas por todos aqueles que ali se congregavam a apertar o cerco.

E quanto mais ele o fazia, mais apertados os laços se apresentavam, empurrando todos os mais de dois mil Espíritos trevosos para o mesmo centro.

Só não se viam constrangidos por esse mecanismo, aquelas entidades que, por suas ligações magnéticas com os encarnados, não poderiam ser deles afastados pelo processo de aprisionamento, para que não lhes causasse um choque de graves proporções.

Tais Espíritos, como Jefferson, Demétrio, o Chefe e Juvenal, continuavam ligados aos seus perseguidos, nos quais conseguiam encontrar algum tipo de abrigo.

Todos os outros, no entanto, eram constrangidos a se reunir, apertados cada vez mais, até que não conseguissem maior espaço para se locomoverem.

Foi então que o ambiente se modificou.

Vindo do Alto, sem que as referidas entidades pudessem entender como, um jato luminoso recaiu sobre o Presidente. Josué, tocado pela luz intensa, desejou afastar-se. No entanto, tantos eram os que o cercavam, que não tinha espaço para nenhum passo. A luz, por sua vez, ainda que não se parecesse com nenhuma chama, produzia nele a sensação de queimadura intensa.

Ao mesmo tempo, Josué tentava manter o padrão de liderança pela violência, gritando para seus comandados:

– Vamos, resistam... vejam como são covardes os falsos cordeiros.

Aprisionam e depois ferem, ao invés de aparecerem frente a frente para a luta de igual para igual.

Não tenham medo. Eles não podem fazer nada contra nós...

No entanto, por mais que Josué gritasse, todos os seus seguidores estavam aparvalhados diante da exuberância daquele espetáculo que, de uma forma ou de outra; assustava.

Enquanto Josué tentava proteger-se da luz intensa, usando as capas escuras com as quais se envolvia, aqueles que o rodeavam também sofriam a mesma sensação, o que os obrigava a se afastarem do centro, para deixar o Presidente sozinho, suportando a sensação de fogo diretamente sobre o perispírito densificado como se fosse a própria a carne.

Foi então que uma voz trovejante e doce se fez ouvir:

– Filhos, a hora é chegada em que o rebanho será separado.

O trigo bom e sadio, suportando a companhia do joio pobre e doente deve ser resgatado.

Milênios foram gastos para a preparação da colheita. Agora, aqueles que tiveram oportunidades para se regenerarem estão sendo chamados a que se definam.

Sem a regeneração adequada, o joio continuará joio, condenando-se ao fogo que o depurará ao longo de outros milênios.

No entanto, a Bondade Soberana que nos governa não deseja ferir, senão educar.

Por isso, antes que sejam tomadas as últimas medidas, aqueles que desejam, realmente, aceitar o trabalho da transformação efetiva, sem rebeldias nem ardis, possuem, neste, o último momento para a decisão.

Não serão recolhidos como vencedores. No entanto, serão acolhidos como doentes que aceitam a cirurgia para a recuperação de suas almas.

Aqueles que não o desejarem, no exercício de seu livre-arbítrio, poderão despedir-se da longa jornada no planeta porquanto, doravante, para vocês, o tempo na Terra está acabado.

A poderosa exortação penetrava a consciência de todos os que ali se achavam reclusos.

Extasiados e assustados, a maioria não sabia o que fazer. Apenas o Presidente se agitava, lutando contra as forças dominantes do Bem que convocava os que ali se achavam à própria transformação.

— Todo aquele que for sincero em suas convicções, reconhecendo seus erros, arrependendo-se de tudo o que fez, aceitando sem condições o tratamento que se lhes oferece para modificação de seus defeitos milenares, poderão encaminhar-se para os limites que os contêm e, desde que sejam verdadeiros, passarão pelas linhas de contenção e estarão libertos para receberem o atendimento das mãos luminosas que os amparam.

No entanto, todos aqueles que estiverem tocados somente pelo medo ou pelo interesse de fugirem das consequências de seus atos, que não se atrevam a tentar porquanto sofrerão as consequências em si próprios, pelo padrão de energias negativas que acumularam e ainda preservam.

Dessa maneira, informados de como procederem, os gritos começaram a se escutar por todos os lados.

A maioria partirá para os limites invisíveis que os prendiam. No entanto, como não desejavam despir-se das antigas maneiras de ser, sempre acostumados a corromper, a adulterar, a trocar favores, imaginando que poderiam continuar enganando para sempre, eram colhidos por uma reação que multiplicava a energia negativa que mantinham atuando em si mesmos.

Como uma descarga elétrica, eram projetados à distância, caindo sobre os outros no aglomerado em que se ajuntavam, pressionados, entrando em pesado sono, depois do grito desagradável com o qual demonstravam a dor que lhes percorria o ser, assinalando para todos os demais que não havia como iludir as linhas de defesa que os circundavam.

Sim, era uma linha de defesa do mundo superior contra entidades desse padrão que, já há algum tempo estavam sendo objeto de exílio da superfície do planeta, tanto quanto abriam espaço para a chegada, através da reencarnação, de entidades mais evoluídas que iriam modificando as vibrações planetárias, com as transformações fluídicas que implementariam.

Daquele aglomerado de almas prisioneiras de si mesmas, apenas duas conseguiram vencer as linhas de defesa, depois de se apresentarem profundamente arrependidas do que haviam realizado no mundo, ao longo dos séculos que suas memórias podiam abarcar.

Várias entidades não ousaram caminhar até os limites de contenção, preferindo se manter no centro, observando as reações dos que a ela se atiravam, desferindo xingamentos na direção de todos os que, impressionados com o fenômeno e temerosos das consequências de seus atos, tentavam, levianamente, sair da rede em que se viram aprisionados.

Outros mais gritavam para Josué, acusando-o de enganador, de ter preparado aquela armadilha para todos eles, já que ali estavam atendendo ao seu convite pessoal.

Alguns que estavam mais próximos tentavam agredir o antigo líder que, sem saber como agir, por mais que se esforçasse em manter o controle de si mesmo, ia cedendo aos golpes daquele instante, enfraquecido pela luminosidade que se projetava sobre ele.

– Josué, ser líder é assumir pesado compromisso.

Se a sua conduta, até o presente momento soube arrastar os liderados pelos caminhos tortuosos e enlameados do ódio, saiba se redimir de tão grave desatino, liderando-os para outra estrada. Seu arrependimento poderá ajudar outros a que se conduzam igualmente a você!

Escutando as exortações que lhe eram diretamente dirigidas, revestiu-se da maior dureza possível para que não se permitisse vencer, orgulhoso que era, diante dos próprios comandados.

– Eu os odeio, representantes do cordeiro... covardes e perigosos que não são capazes de aparecer para o entendimento frontal como deveria ser...

Vocês têm medo do quê? Se estamos todos presos, por que não se dignam surgir para o enfrentamento direto e pessoal?

Intensificada luminosidade se apresentou dentro do facho radiante e um ser diáfano desceu, à vista de todos os presentes, para assumir posição diante de Josué.

– Aqui estou, meu irmão... Não para combater, mas para lhe estender a mão para que o arrependimento o auxilie no derradeiro instante de sua jornada.

Josué não sabia o que fazer. Desejou avançar para a entidade com o fito de feri-la, mas não teve forças.

– Eu conheço seus sofrimentos. Somos amigos de outras eras e estivemos empenhados nas mesmas lutas de um dia, sob a bandeira do Evangelho.

No entanto, separados por pontos de vista diferentes, seguimos por trilhas distintas, até que as labaredas da fogueira acesa por você conduzisse meu corpo para o seio das chamas devoradoras que me purificaram o testemunho para a elevação de meus ideais.

Desde então, tenho estado em busca de apagar o incêndio de sua consciência, meu irmão. Os séculos se sucederam e as perseguições políticas nas estruturas do clero o afastaram da retidão do culto simples desse nosso Jesus amigo e compassivo.

Sempre a supremacia do poder humano e do dinheiro a corromper os menos afortunados, estendendo esse roteiro de sangue e lágrimas na extensão de seus passos.

Ao mesmo tempo, estive empenhado nas manifestações preparatórias da chegada do Consolador que fora prometido ao mundo pelo Divino Mestre quando andava entre os homens.

Sem méritos suficientes para tal empreitada, ainda que procurando fazer o melhor que me cabia, apartamo-nos da primeira hora de entendimentos, e nos colocamos em caminhos que pareciam opostos. Agora, diante das considerações evolutivas, chega a hora das definições.

Dois grupos se entrelaçam na arena terrestre. Um a despedir-se por não conseguir elevação suficiente para permanecer e outro a chegar, com o objetivo de acelerar a melhoria do mundo, na implantação de uma nova era.

Não desejo que essa contingência da evolução nos seja o obstáculo ao reencontro e, por isso, me apresento diante de sua alma, antiga companheira, para que retomemos a empreitada no rumo da luz do Espírito.

Josué, seu Espírito é valoroso, cheio de talentos para se permitir consumir em uma outra jornada de milênios na escuridão de um planeta inferior. Não se entregue a essa nova queda, porquanto o destino que aguarda os que não se reerguerem será compatível com o mal que não desejarem expurgar de seus corações.

Aceite o convite final para que, beijado pelo arrependimento, possamos encontrar o consolo da velha amizade, convertida em enlace sublime ao longo dos séculos do porvir.

A emoção da luminosa entidade se fazia contagiante.

Aproveitando a modificação do ambiente, com a diminuição do tônus negativo, inúmeros Espíritos se fizeram presentes e visíveis aos olhares assustados e confusos de todas as entidades trevosas que ali se ajuntavam.

– Estamos acompanhando seus planos desde os antigos tempos e, sabendo edificar sobre as ruínas da destruição, pudemos chegar até aqui, com a marca do Amor Sábio que permite os desatinos de alguns anos para, deles, retirar o ensinamento que transforma para a eternidade.

Não resumimos este encontro a uma consequência grotesca de um casal infeliz que resolveu alterar o rumo de seus caminhos. Nem ao planejamento mesquinho dos que se aproveitaram dos deslizes humanos para resolver seus problemas pessoais. Nem daqueles que estavam à espreita para ganharem com a desgraça de alguns. Muito menos reconhecemos casualidade nas ações das faixas negativas a manipular os sentimentos humanos mais inferiores.

Sobre todas as coisas, a ação do Bem se patenteia, aproveitando as lutas do Mal para salvar os maldosos porquanto, a Bondade Divina não os considera maus. São, apenas, filhos da ignorância e vítimas de si próprios. Por mais tempo que adiem a transformação, mais tempo terão lançado contra si mesmos as sentenças condenatórias.

Daqui para diante, o destino de todos é o degredo a mundos inferiores, onde as mais pobres e rústicas formas primitivas que existem na Terra produzirão saudades no âmago dos seres exilados para as superfícies estéreis e calcinantes de outros orbes.

Na Justiça do Universo nada se perde. Serão todos considerados missionários da transformação dos novos mundos. No entanto, pagarão em sofrimentos intensos a rebeldia de cada instante.

Percebendo que a mente de Josué mantinha-se ativa, questionando suas palavras, ainda que sua voz não se fizesse escutar, receosos, a luminosa entidade continuou:

– Todos, **encarnados e desencarnados** que se afinizem com as vibrações amesquinhantes serão levados para a nova habitação.

Os que não estiverem sendo conduzidos neste momento, estarão sendo recambiados no tempo certo, porquanto a modificação das tendências se fará sem sobressaltos. Durará alguns séculos todo o processo, mas, certamente, as divergências vibratórias se farão sentir mais intensamente deste período em diante, pelo agravamento constante dos processos de seleção e pelas reações da ignorância à aproximação do momento decisivo.

Todos os que vocês usaram, no corpo ou fora dele, serão selecionados por si próprios e, do resultado final de suas vibrações verdadeiras, extrair-se-á a condição de habitante do mundo terreno melhorado ou de passageiro com bilhete garantido para as pousadas primitivas que os aguardam.

Josué não conseguia mais se manter de pé.

A força da entidade era tal, que o desejo de agredi-la foi transformado em fraqueza e vergonha.

O silêncio estendeu-se por longos minutos, como se Josué estivesse a tentar reunir as últimas forças para adotar a escolha consciente que poderia modificar o rumo de seus passos por mais alguns milênios.

Depois desse longo hiato, ouviu-se a voz do Presidente, reduzido a frangalhos morais:

– Não tenho como voltar atrás, ...ainda que reconheça meus erros... – falou com dificuldade.

Merecerei qualquer castigo, de tal maneira que prefiro recomeçar no inferno que mereço a estar ao seu lado, cuja bondade sincera, ainda que não seja de seu desejo, humilha meu ser.

Quem sabe, em uma outra ocasião. Prefiro, agora, o degredo. E pretendo levar todos os que me acompanharam até aqui.

Vendo a teimosia do antigo amigo que se fizera adversário, a nobre entidade inclinou a cabeça, resignada e triste e respondeu:

– Sua escolha é soberana e respeitada. No entanto, não terá mais o cortejo dos que acreditaram em sua palavra. Estará sozinho, afastado de todos eles. Quem sabe, ao preço da solidão, você medite sobre a sabedoria de como liderar melhor os seus companheiros, no futuro.

Josué quis protestar, mas as forças lhe faltaram.

Imediatamente a entidade veneranda se ergueu no ambiente, seguida de todas as outras, enquanto que os Espíritos trevosos que haviam mantido a Organização funcionando por longo período se viram envolvidos por um brando anestésico e tombaram, para acordarem mais tarde, em ambiente diferente e confuso, que os congregava para que fossem levados aos respectivos destinos celestes, nas diferentes moradas que existem na Casa do Pai, mundos primitivos ou de expiação mais cruel do que aquela que existe na Terra de agora.

Como que por encanto, ao desaparecerem os mantenedores vibratórios daquelas construções terríveis, os prédios e as diversas ramificações que se enraizavam na atmosfera espiritual da cidade se desfizeram como se fossem uma miragem a sumir diante dos olhares de todas as entidades que nelas prestavam algum tipo de serviço.

Todas as almas que ali se achavam comprometidas, assustadas com o fenômeno, se viram perdidas, despejadas dos antigos pardieiros escuros e, sem rumo, não entendendo o que havia acontecido e o que seria delas, pareciam autômatos hipnotizados que, repentinamente, fossem devolvidos à lucidez.

Ao mesmo tempo, inumeráveis caravanas de Espíritos generosos e devotados se mantinham a postos, espalhadas pelas esquinas das ruas movimentadas, a atender todos os que desejassem encontrar um novo caminho.

Assim, Espíritos luminosos se mantinham postados à entrada dos bueiros das vias públicas daquela região, tentando amparar as inúmeras entidades invigilantes que foram colhidas pela súbita transformação e que, vendo-se expostas ao ambiente novo, tentavam encontrar abrigo nos buracos existentes nas sarjetas nos quais buscavam se esconder, fugindo da luz da nova realidade.

Era um verdadeiro formigueiro de almas nos dois sentidos da existência, todas empenhadas na realização do projeto do Cristo, melhorando a Casa Paterna que era representada pela Terra, a fim de que, aqueles que se espiritualizaram, pudessem nela encontrar o refúgio depois da longa tortura.

Muita coisa ainda estava por fazer porque aquela havia sido, apenas, pequenina batalha a movimentar todas as forças do Amor que dirigem os destinos humanos dos altos cimos da Vida.

Nas ruas da cidade, muita leviandade se repetia, muitos escritórios e clínicas de aborto, clubes e logradouros eram destinados ao exercício da maldade e do vício. No entanto, para todos eles estava demarcada a hora exata, no curso da qual, os seus integrantes exerceriam as últimas ações no caminho do mal, em processo de banimento de todos os quadrantes da Terra.

Valendo como hospitais improvisados, como prontos-socorros de emergência, as casas espíritas se mantinham ativadas como pousada de amparo e descanso para tantos quantos aceitassem o processo da renovação, ainda que, para tal despertamento, tivessem que ver envolvidos pela dor.

Os ambientes espirituais que as instituições cristãs espíritas sérias possuíam e possuem favorecia a transformação dos aflitos e a administração dos eflúvios salutares que visavam o reequilíbrio mínimo dos candidatos à transformação, antes que fossem encaminhados ao destino que lhes cabia enfrentar, destino diferente daqueles que teimavam no mal. No entanto, destino que lhes permitisse reparar seus equívocos pelo despertamento de suas consciências.

Assim, em que pese serem todas as igrejas locais de elevação espiritual, quando não se confundem com empresas ou negociatas espúrias, as casas de oração que se espiritualizavam, tanto física quanto na atmosfera mental, se tornavam aptas a receber uma imensa gama de almas desequilibradas, para serem amparadas através dos processos da meditação superior, da irradiação magnética, dos tratamentos coletivos e das aulas de autodescobrimento promovidas por um sem número de trabalhadores invisíveis devotados e empenhados na modificação do padrão inferiorizado das vibrações humanas.

O que não havia como negar era a noção clara de que, agora, era a hora da partida para todos os que se mantivessem arraigados nos antigos erros e no exercício das mesmas viciações mentais, materiais e morais.

* * *

Era assim que as duas raposas costumavam resolver seus problemas pessoais, quando tinham outros incomodando o caminho.

Os dias se passaram e, como haviam combinado, Leandro foi despedido com o prêmio para sentir-se compensado. Marcelo não voltou mais ao escritório, tendo mandado uma pessoa retirar seus últimos pertences.

Sílvia afastou-se definitivamente, entregando todos os seus casos para que Camila pudesse cuidar, alegando incapacidade física para dar continuidade aos processos. Reclusa em casa, entrara em depressão e começara a colher os frutos amargos do processo abortivo a que se submetera, além do acúmulo de anos e anos de leviandades, a se apresentarem ante sua consciência culpada, acusando-a de imunda e depravada. Estava em processo de desagregação da personalidade.

Letícia se encontrava como que hipnotizada diante dos fatos. Não sabia como avaliar seus sentimentos e suas atitudes se tornaram maquinais. Só não enlouquecera por conta da ajuda espiritual de que se via objeto, com a proteção vibratória de Gabriel, sustentando seus impulsos com ideias de tolerância e perdão, calma e cabeça tranquila para qualquer decisão.

Se não fosse por isso, Letícia já teria resvalado para a terrível estrada do suicídio, situação esta que não deixou de lhe passar pelo pensamento.

Estava ferida, humilhada, envergonhada por ter-se apaixonado por um usurpador, um rapaz sem escrúpulos, que se havia aproveitado da sua intimidade e a ela recorria para satisfazer-se no ego de homem desejado, mesmo que se encontrasse apaixonado por Camila e mantivesse relação sexual com Sílvia.

Camila era a única que conseguira evitar o contato íntimo pleno com Marcelo, apesar de ter-se permitido intimidades calorosas com o rapaz.

42

DESPEDINDO-SE DA TERRA

Alguns dias depois, em um dos luxuosos motéis da cidade, a suíte mais cara estava reservada para um encontro especial.

Em seu interior, se podia observar um casal em um momento de festividade e comemoração importante.

A diferença de idade não parecia alterar as disposições íntimas entre ambos os parceiros, parecendo clara a euforia do homem, mais velho, e a alegria indiferente da jovem.

Enquanto isso, os Espíritos amigos se mantinham a postos, acompanhando os derradeiros acontecimentos, com os quais retiravam outras tantas lições para o amadurecimento individual nas questões da afetividade e do exercício da sexualidade.

– Eu não lhe falei que tudo sairia como havíamos previsto?

A frase era a repetição de muitas outras que já haviam sido trocadas ao longo de todo o processo de desenvolvimento de um longo plano, meticulosamente traçado para a conquista de objetivos.

Diálogos rápidos e misteriosos que, muitas vezes, foram interpolados no meio de nossas narrativas, dando a noção do ajuste de intenções, nos planos bem alinhavados pela malícia e pelo interesse inferior.

– Ainda bem que eu atendi aos seus conselhos e levei as coisas para o rumo que você me havia orientado.

E, graças a isso, podemos hoje estar aqui, comemorando este grande feito. Como eu lhe sou grata, Ramos.

Ouvindo a confissão de gratidão daquela jovem desejável, o maduro advogado se sentiu enlevado, voltando a viver as antigas sensações de heroísmo juvenil, as mesmas que levaram Marcelo a fazer o que fez.

– Sim, Camila, conhecendo Alberto como conheço, estava seguro de que conseguiríamos atingir o objetivo de limpar a nossa área de ação, ao mesmo tempo em que isso significaria a sua ascensão profissional. Um brinde à sua nomeação como a mulher de confiança do meu sócio, querida.

E a champanhe cara era vertida em comemoração ao sucesso triunfante do plano de ambos, graças ao qual Camila, amante de Ramos, era colocada no lugar de Leandro, diretamente ligada ao sócio Alberto, o que permitiria que seus movimentos pudessem ser diretamente controlados pelo falso amigo de tantos anos.

※※※

Isso mesmo, queridos leitores, ali estavam os amantes Ramos e Camila, reunidos em um lugar adequado para as demonstrações licenciosas e mecânicas de um afeto que não poderia corresponder, senão, à troca de interesses físicos por interesses econômicos, se considerarmos as noções morais pouco elevadas dos que se uniam para obter o que tanto queriam.

Ramos, homem desgastado pela vida e envelhecido pelo tempo, se sentia remoçado ao contato com a jovem exuberante, ainda que ele usasse seu dinheiro e se aproveitasse de sua influência e reputação social para atrair a moça.

E esta, dotada de uma ambição maior até mesmo que sua beleza, fazia da relação espúria o trampolim para as conquistas mais desejadas de sua condição feminina.

Não havia amor entre eles.

No entanto, ambos se usavam e se consumiam segundo as conveniências do momento. Camila sabia que as concessões de Ramos, abrindo caminho para que conseguisse se tornar o braço direito de Alberto, o que permitiria, por fim, que ele próprio controlasse todos os passos do sócio, corresponderiam ao seu dever de se entregar como mulher e se portar como aquela que satisfaz o desejo físico e a ambição de um velho em ser admirado por ser visto ao lado de uma bela representante do sexo oposto.

Não haviam conversado diretamente sobre esse acerto. No entanto, as cláusulas claras de tal contrato de interesses estavam estampadas nas entrelinhas de suas conversas e encontros, já existentes ao longo de um bom tempo, perfeitamente disfarçadas por uma conduta inteligente e discreta, a permitir que, no momento adequado, o laço da armadilha se fechasse.

Todos estavam imaginando usar o outro, de forma a se valerem das fragilidades alheias.

No entanto, todos acabaram usados para que as necessidades evolutivas seguissem seu curso pelos caminhos que cada um havia escolhido para si mesmo.

※ ※ ※

Aproveitando-se da intimidade, entre um gole de champanhe e um beijo, Camila, envolvida pelos braços do amante, confessou:

– Sabe, querido, estou muito preocupada com Marcelo.

Nestes dias que passaram, ele tem me procurado insistentemente, acusando-me de traição, de ter ocupado o seu lugar, de tê-lo colocado em uma situação complicada, acabando com sua carreira.

Nas poucas vezes que atendi ao telefone, estava desesperado e agressivo.

Havia dito que Marisa, a esposa, o havia abandonado, indo morar com outra pessoa, que tinha perdido tudo na vida e que isso não iria ficar desse modo. Se ele caísse, muitas outras pessoas iam cair com ele.

Depois que deixei de atender ao telefone, passou a deixar recado na caixa postal do meu celular. Escute este, que eu não desgravei exatamente para que você o conhecesse.

Colocou para o amante o recado no qual Marcelo se dizia apaixonado, delirava com sonhos de união, agora que a esposa se afastara dele, pedia para que ela acreditasse em seu amor, que estava desesperado e que não daria sossego enquanto não atingisse seu objetivo.

O tom de voz de Marcelo era cavernoso, próprio de alguém que está às portas do desequilíbrio.

De um lado, se derretia em confissões de amor e paixão. De outro, ameaçava destruir sua vida, acabar com ela se, por acaso, o substituísse por outro, não lhe dando a oportunidade de convivência íntima.

Confessava que havia errado, mas estava arrependido e jamais havia mentido sobre o afeto que o ligava a ela.

Entendendo que se tratava de ameaça grave, Ramos escutou todo o conteúdo da mensagem várias vezes. Solicitou que a moça lhe emprestasse o celular para que pudesse tomar algumas providências junto às autoridades que conhecia e, por fim, tratou de lhe atenuar as preocupações, tranquilizando seu Espírito para que a noite pudesse continuar entre a excitação e o prazer compartilhado, na euforia irresponsável de quem pensa que pode usar os outros como peças em um jogo, sem nunca prestar contas do que tenham feito.

Na verdade, Ramos sabia quem contratar para dar fim à vida daquele incômodo no caminho dele e de Camila.

※※※

Por sua vez, longe dali, Letícia se entregava ao desequilíbrio mais profundo que havia sentido desde a idade adulta.

Ainda que a companhia de Gabriel lhe servisse de apoio magnético, a jovem periclitava. Havia procurado Marcelo por diversos dias, mas, sem sucesso, também se valia do celular para deixar recados desesperados, nos quais humilhava a própria dignidade feminina, suplicando ao rapaz que correspondesse aos seus carinhos.

Num misto de ódio e amor, dizia ao rapaz que ele havia sido o mais indecente dos homens que conhecera, mas que, ela não sabia por qual motivo, não conseguia esquecê-lo, o que a levava ao limite de sua sanidade.

E da mesma forma, nas entrelinhas, deixava a entender que não iria enlouquecer sozinha.

Se perdesse o juízo, antes de isso acontecer, o rapaz haveria de receber a conta do que fizera com ela.

Marcava encontros a esmo, determinava lugares e horários, fazendo ameaças de revide, informando que jamais seria feliz com outra pessoa além dela própria, porque ela não o permitiria.

A esta altura, Letícia já tinha informações sobre o afastamento da esposa de Marcelo, porque, em certa tarde, Letícia fora pessoalmente até o prédio onde o casal residia, com a finalidade de revelar à sua esposa todos os fatos e, assim, deixar tudo em pratos limpos para que resolvesse seus problemas íntimos, ainda que isso fosse somente o exercício da vingança pela desconsideração recebida.

O orgulho ferido habitando o mesmo coração que amava não permitia um ponto de equilíbrio entre o ódio passional e à racional aceitação dos fatos.

Queria Marcelo, mesmo que fosse para fazê-lo sofrer por algum tempo e, depois, descartá-lo.

Se ele não a aceitasse, a ideia de assassiná-lo e, depois, matar-se, corria fértil pela sua mente, apesar de todos os esforços de Gabriel.

※※※

– Aquele maldito advogadinho me paga. Perdi tudo por causa dele, safado, cachorro... – era o pensamento igualmente descontrolado de Leandro, desapossado de sua condição de braço direito de Alberto, cargo que exercia já há vários anos.

Não tenho como prejudicar aquele velho ordinário que, de uma forma ou de outra, também detém segredos e documentos que me colocam em suas mãos, incriminando-me.

No entanto, esse miserável do Marcelo me paga. Não pense que vai ficar feliz, podendo andar por aí livre e solto, enquanto eu amargo a ironia dos amigos, as perguntas irônicas sobre a minha saída do escritório, a perda das rendas e o aumento de minhas dívidas. Como é que vou continuar pagando o meu barco, se não tiver de onde tirar mais dinheiro?

E porque a ideia de seguir trabalhando honestamente como advogado lhe surgia como uma resposta da própria consciência às situações de dificuldade, respondia a si mesmo:

– Advogar, eu? Andar por corredores de fórum, encostar o

umbigo no balcão, ter que esperar ser atendido, aguardar na porta de autoridades o beneplácito de seu atendimento, as mesmas autoridades que me recebiam sorridentes quando ia lhes levar dinheiro para nossos acertos?

Isso é que não faço mais.

Entre os pensamentos indignados e os goles de bebida, Leandro pretendia afogar seus sofrimentos, partilhados na solidão de uma vida sem sentido e sem família. Anos atrás, seduzido pelas conversas de Alberto e Ramos que sempre enalteciam a condição de homens criados para as aventuras inconfessáveis do sexo livre, resolvera romper seu casamento porque sua esposa não mais lhe correspondia ao ideal de mulher atraente e escultural, preferindo trocá-la por mocinhas oportunistas com as quais flertava e se distraía periodicamente, sem se apegar senão aos seus corpos e curvas, pagando-lhes quanto pedissem.

Agora, não encontrava em nenhum de seus corpos quentes e insaciáveis, o apoio amigo, a condição de companheiras pacientes e compreensivas, capazes de escutar seus desabafos e entender seus sofrimentos.

Para as mocinhas, tempo era dinheiro e, por mais que pagasse, escutavam suas queixas como máquinas registradoras, olhando para o relógio como se não passassem de caça níqueis, indiferentes às suas dores.

Não! Aquele era o momento para o calor da velha companheira, aquela que suportara as suas equivocações e que tolerara seus achaques, graças aos anos vividos juntos, desde o frescor da juventude.

No entanto, Leandro estava sozinho.

A única companhia que o envolvia era a de Demétrio, o Espírito que o espreitava com as ordens de Josué, antes de terem sido afastados daquele círculo trevoso no qual havia-se transformado o escritório, além das entidades que esse hipnotizador arrebanhara com o seu poder para induzir sua vítima desequilibrada a praticar o crime contra Marcelo.

– Veja, Leandro – sugeria, ardiloso, o Espírito obsessor – como você está desesperado e Marcelo se encontra todo feliz.

Não acha que há uma grande injustiça nessa história? Ele, sem qualquer consequência, jovem ainda, pleno para retomar sua vida profissional, enquanto que você, aí, acabado, jogado às traças, como um velho inútil?

Em breve, Marcelo estará tomando seu lugar junto ao corpo quente dessas menininhas que você usa e elas jamais quererão saber quem você é!

Vai deixar as coisas ficarem assim?

Leandro não ouvia as palavras de Demétrio na acústica física, mas uma indignação crescia em seu íntimo, facilitada pela imersão do cérebro nos fluídos etílicos, sempre nocivos para o equilíbrio e para a clareza das decisões.

Era a resposta de seu Espírito imaturo para os insucessos diante da vida, nas perdas de cada instante.

A sociedade moderna, tendo adestrado os homens para serem hábeis e astutos competidores, não os treinou para enfrentarem a derrota com a mesma coragem com que se atiram às lutas da conquista material.

Derrotadas em seus sonhos, perdendo seus nichos dourados, decaídas de seu status, as criaturas se veem diante de seu real nível de evolução espiritual, surpreendendo-se quais crianças perdidas, derrubadas do caminhão que transportava os seus sonhos ao destino que, agora, não poderão mais atingir.

E por causa disso, a maioria se permite o exercício da autodilaceração, da depressividade, da vontade de vingar-se do mundo, das pessoas, atribuindo culpas e responsabilidades a todos aqueles que surjam à frente de seus pensamentos.

A vergonha da derrota ainda não foi convenientemente transformada pelas pessoas em uma força de reação no caminho da autossuperação, da renovação de esforços, da ruptura com o passado de erros, para a construção de um futuro diferente.

Os que perdem seu tempo nos caminhos da indignação infantil, procurando responsáveis pelos momentos dolorosos que passaram, são homens e mulheres pela metade, não crescidos espiritualmente, carentes de confiança em si mesmos e em uma Força Superior que só lhes parecia existir enquanto lhes favorecia com concessões e regalias.

Assim, Leandro não passava de um infante, mobilizado por forças e influências perniciosas que encontraram apoio e espaço em seus pensamentos de autocompaixão, a fim de que, semeadas as ideias de vingança, tais sementes pudessem produzir os efeitos determinados por Josué.

– Não... aquele safado há de me pagar o desaforo, acusando-me sem provas e me colocando naquela situação desagradável... perdi tudo por causa dele.

Não permitirei que seja feliz enquanto fico amargando esta solidão e o prejuízo de não ter mais renda, não ganhar mais nada, ainda mais agora que estou velho.

Marcelo pode pensar que tudo está resolvido, mas ele não vai viver o suficiente para sorrir sobre meus soluços.

* * *

Por todos os lados, os jogos continuavam iguais, sempre com os desejos de levar sofrimento e tirar vantagens das angústias de seus semelhantes.

Dentre todas as pessoas envolvidas nessa trama tenebrosa, apenas Sílvia não pensava em matar Marcelo.

Talvez porque se achasse acostumada a usar as pessoas para extrair o prazer físico e nada mais, ficara indignada com as desagradáveis descobertas bem como se abatera por ter a sua conduta leviana com um colega do próprio escritório exposta ao conhecimento público.

Sua imagem de mulher respeitável e séria havia sido destruída e, por isso, não poderia mais lá permanecer por causa de seu orgulho ferido. Além do mais, não poderia levar consigo seus antigos clientes e suas causas porque, em verdade, pertenciam ao escritório e não a ela.

No entanto, tinha um filho ingressando na adolescência e, mesmo que o marido não servisse para muita coisa no campo afetivo, o garoto era o apoio indispensável para que seguisse querendo viver.

O problema era que a perturbação obsessiva promovida pelos dois filhos abortados se lhe incrustara no Espírito, abatendo seu ânimo e cobrando o preço de sua leviandade.

Suas forças escasseavam e sua mente se sentia frágil, constantemente convocada ao suicídio.

— Seus problemas acabarão com sua morte... – gritavam os seus dois obsessores, igualmente alienados quanto à realidade da vida dos homens.

Vamos, venha para a nossa companhia. Somos velhos amigos. Nossa casa em Aragão nos espera novamente... Entre nós três continuaremos nossos encontros de prazer, aproveitando nossas relações de amor e carinho...

Venha, Felícia, estamos precisando de você para que continuemos felizes, como sempre fomos.

Nossas noites de paixão, nossos desejos ardentes, nossos momentos de alegria e vinho se repetirão....

E as sucessivas lembranças caíam sobre sua consciência como um fogo a requeimar sua alma, traduzindo-se em insatisfação para com a vida presente, em vontade de morrer para ser feliz e, ao mesmo tempo em pavor diante de uma morte que a colocaria nas mãos de seus próprios adversários desencarnados, os quais costumava encontrar frente a frente nos momentos de sono físico.

Nessas horas noturnas, a agitação espiritual impedia que sua mente descansasse. A presença das duas entidades, grudadas em seu perispírito como dois tumores enraizados nela mesma, proporcionavam-lhe momentos de pavoroso desespero, numa luta incessante e ineficaz para arrancá-los de seu perispírito.

Os únicos instantes de felicidade eram aqueles quando seu filho se acercava de sua cama, preocupado com seu estado de desequilíbrio, a lhe pedir:

— Mãe, não fique assim... eu preciso de você. Vamos, melhore para mim, não fique doente... se ajude... eu já lavei a louça do almoço como você sempre me pediu, mas eu nunca me preocupei em fazer... Por favor, mãe, não fique assim....

As solicitações do menino-rapaz eram extremamente pungentes, única demonstração de afeto verdadeiro que havia impedido que Sílvia buscasse o recurso do suicídio, como se isso fosse o fio de esperança a mantê-la lúcida e em busca de uma solução para sua angústia.

— Filho, mamãe está tentando não ficar assim. Reze por mim, por favor. Fique comigo. Estou precisando de você mais do que de qualquer coisa.

E entre os dois Espíritos, adversários do passado, estreitava-se o laço de um verdadeiro afeto e confiança que se enriquecia naquelas horas de sofrimento que os unia, rasgando o véu da queda moral, do ódio e do desejo de vingança que os havia marcado naquela época em que ela se fizera amante dupla do pai e do filho, na antiga Aragão espanhola.

Os momentos de aproximação de ambos eram um esforço tão intenso do filho para a recuperação de sua mãe, que até mesmo o coração indiferente do marido, acostumado a uma relação mecânica e formal com Sílvia, viu-se tocado pelo seu abatimento e pelo carinho desse filho.

– Vamos, pai, não fique aí lendo jornal enquanto a mãe está sofrendo.

– Ora, menino, sua mãe não está tão mal assim... – respondia o pai, enquanto não se dirigira até o quarto, coisa para o que foi compelido pelas mãos do garoto, agoniado.

– Vamos comigo, pai, venha ver. Acho que a mãe precisa de um médico.

Levado até o quarto, já que ambos não dormiam juntos há muito tempo, o aspecto de Sílvia foi o suficiente para que Jamil, o esposo, não se mantivesse mais indiferente ao seu estado.

– Sílvia, mas o que está acontecendo com você, mulher?

– Ora, Jamil, estou cansada, desempregada e só tenho Alexandre para me amparar – falou ela, sem desejar acusá-lo de nada.

– Não, mãe, o pai está aqui também e vai me ajudar a salvar você.

Vendo que a voz do filho era a do desespero diante da impotência, Jamil esqueceu-se daquela leviana mulher que, sua velha conhecida de aventuras da mocidade, acabara engravidando para, conforme ele sempre desconfiara, segurar um bom partido.

Naquele momento, diante de seus olhos, estava a mãe de seu filho, um outro ser humano, de olhos encovados, semblante amedrontado e corpo fraco, preso a um leito não mais para a sensação prazerosa do gozo irresponsável. Ali, um outro ser vivo recolhia o fruto amargo de suas semeaduras.

— Sim, Alexandre, nós iremos ajudar sua mãe para que melhore.

Vendo as palavras titubeantes de Jamil, Sílvia respondeu, não desejando ser objeto de sua compaixão piegas:

— Não desejo ser peso para seus ombros, Jamil. Nós sabemos como tem sido nossa vida e não espero que se veja obrigado a me conceder aquilo que nunca lhe ofereci, no carinho, na atenção e no devotamento que jamais lhe dediquei.

— Não se preocupe, Sílvia. Nós todos temos errado muito e não a olho como a antiga namorada das ilusões mortas. Olho para você como um ser humano como eu, sabendo que se eu estivesse em seu lugar, seu coração adotaria para comigo a mesma atitude que espero poder ter para com você.

Os olhos da mulher se fizeram molhados pelo comentário carinhoso e espontâneo do marido já que, ambos, desde há muito tempo, se haviam esquecido que uma união se constrói não de sexo, de prazer, de culto ao corpo, mas, sim, de afetividade, solidariedade, palavras de apoio, estímulo e de mãos estendidas.

Ali estava aquele que ela enganara tantas vezes, nas aventuras imaturas e sem sentido, mas que, agora, representava, para suas dores, o apoio necessário para tentar sair daquele cipoal confuso, no qual sofrimentos físicos se mesclavam a abatimento espiritual e desejo de morrer.

Ao contato com o afeto do filho e a atenção do marido, a esperança de Sílvia se fez mais intensa.

Vendo que não poderia ser digna de uma ajuda de tal porte sem corresponder com sinceridade e autenticidade, cansada da vida mentirosa de prostituta de luxo que levava, adotou a decisão de, por primeira vez, ser verdadeira diante dos olhos e ouvidos do companheiro prestimoso daquele instante.

Pedindo ao filho que os deixasse sozinhos e ao esposo que se sentasse ao seu lado no leito, passou a revelar-lhe o longo rosário de dores morais e atitudes pouco dignas a que se permitira, coisas que não eram de todo desconhecidas do marido, nos fingimentos consensuais que ambos se permitiram, apenas para manter as aparências e para que o filho não ficasse sem uma casa nos moldes tradicionais das famílias estruturadas.

Ambos se haviam autorizado a manutenção de uma vida sexual independente, desde que preservados os limites do lar, onde se apresentavam como pessoas distintas ou, ao menos, respeitáveis.

— Tudo isso que você está me contando, Sílvia, apesar de nunca ter tido conhecimento anterior, já supunha, porque a minha vida, desde nosso ajuste há tantos anos, também tem sido trilhada por esse mesmo padrão.

— Eu sei, Jamil, e não desejo que você se sinta obrigado a me contar sua rotina. Apenas que, diante de sua atitude generosa para comigo, não gostaria que me apresentasse aos seus olhos sem confessar meus erros, sentindo nojo da podridão que me atola a alma, ainda que você não se importe com eles.

A sua conduta amiga me faz lembrar da mulher honesta que um dia fui. Necessitada de me arrumar financeiramente para poder estudar, entreguei-me a uma prática devassa na qual, durante a noite, ganhava o dinheiro que me sustentaria os estudos e a vida durante o dia.

Ali encontrei um rapaz que se deixou envolver por meus caprichos e experiências na cama e, então, apaixonou-se por mim. Ele não era livre, ainda que não fosse casado, enquanto que eu e você já namorávamos. Depois de algum tempo de convivência, temi que acabassem descobrindo a vida dupla que levava.

A paixão do garoto — que pertencia a uma família rica e também tinha lá seus interesses — me fez desejar não perder a oportunidade de arrumar um bom casamento.

De um lado, você, entusiasmado com nosso relacionamento, minha beleza juvenil e excitante, um homem um pouco mais maduro e posicionado, ainda que sem tantos recursos quanto o rapaz. Do outro lado, o mocinho inexperiente, cheio de vontades e sonhos, desejos e fragilidades, facilmente manipulável pela mulher astuta e inteligente.

Acontece que, depois de mais de dois anos de encontros clandestinos e apaixonados, passei a perceber que o mocinho fugia de minhas mãos. Uma força parecia afastá-lo de minha influência e, por mais que recorresse aos ardis materiais e sobrenaturais, via seu afastamento comprometer meus planos de sucesso através de um casamento apropriado aos meus interesses e futuro.

Resolvi, desse modo, engravidar de você para usar a gravidez como instrumento de pressão contra ele, já que mantinha relacionamento íntimo com os dois, alegando sempre que me preservava do risco da fecundação, tomando remédios.

Dessa forma, se ele me recusasse, ainda manteria você como o verdadeiro pai, manipulando a sua vontade e pressionando-o com vistas à união definitiva. Se tivesse engravidado dele, poderia perder tanto um quanto o outro.

Quando se patenteou a gravidez, tratei de procurar o rapaz para informar-lhe que havia feito um filho em mim, com o ânimo de lhe destruir a relação afetiva que mantinha com outra mulher.

Para minha surpresa, no entanto, recusou-me a cilada dizendo que esperaria o nascimento da criança para os exames necessários. Assumiria a paternidade se o filho fosse dele, mas não se relacionaria mais comigo.

Naquele momento, um ódio contra ele e sua malfadada mulherzinha surgiu em minha alma, mulherzinha essa que, ao seu lado, parecia ter aceitado a adulteração do homem amado, sem desejar vingar-se, rompendo o relacionamento.

Com ódio pelo casal, mantive a gravidez e busquei me apoiar no verdadeiro pai que, até então, de nada sabia, revelando-lhe a existência de um filho em meu ventre, já sem a alegria daquela que constrói um futuro, mas, sim, com o desejo de não ficar solteira com um filho para criar.

As nossas relações já não eram as melhores. Você achou o filho fora de hora e sugeriu que eu abortasse, ainda que não tivesse me empurrado para esse ato. Resolvi não me desfazer daquele ser que, de uma forma ou de outra, corresponderia a uma garantia de pagamento de pensão alimentícia.

Unimo-nos em um dia sem sol e isso parecia representar o meu próprio futuro. Formei-me e nos entendemos com o acordo dos que vivem, cada um a própria vida, com liberdade para fazerem o que desejassem dentro dos limites do respeito e discrição.

A essa altura, o marido, emocionado, dificilmente conseguia conter as lágrimas, ao lembrar tudo o que vivera ao lado de Sílvia.

No entanto, tanto quanto a de Sílvia, o negror da própria consciência naquele ambiente transformado em confessionário de amarguras e erros, o impedia de julgar a mulher, já que ele próprio não houvera sido muito melhor, desde os mesmos tempos de namoro.

Isso o fazia se sentir apequenado diante do gigantesco gesto de coragem da esposa, ao desnudar-se na alma quando, até então, estava acostumada, apenas, a desnudar o corpo para os olhares cobiçosos de desconhecidos.

Ao lado dela, no mundo espiritual, Félix e Alfonso a ajudavam com forças e boas vibrações, visando o início do processo do reerguimento moral.

As energias de tais entidades envolviam os esposos em um luminoso halo balsâmico para que nenhuma ideia má ou sentimento inferior aflorasse daquele colóquio, cujo teor era marcado pela revelação da Verdade.

As próprias entidades desequilibradas que se ajustavam ao perispírito de Sílvia encontraram momentos de repouso, propiciados pelas emanações espirituais favoráveis dos dois tutores da vida invisível, valorosos e trabalhadores.

Tomando fôlego para continuar, Sílvia apertou as mãos de Jamil, desejando senti-lo mais unido a si mesma:

– Foi então, Jamil, que me atirei a essa vida sem sentido, numa mistura de ganhar dinheiro e gastar dinheiro, desejando um prazer que nunca encontrei em ninguém, trocando uma felicidade de longo prazo que poderia ter construído ao seu lado, por alguns momentos de euforia e gozo com estranhos e desconhecidos.

Nessa jornada, por fim, encontrei o destino justo para a leviandade que me acompanhava. Não sei por que motivos, apesar de todos os meus cuidados, há mais ou menos dois meses engravidei de um rapaz casado e de boa condição social que trabalhava comigo no escritório, mas que você não conhece. Iludido pelos meus encantos, acabou aceitando dividir comigo algumas horas em um desse motéis espalhados por aí como armadilhas para os incautos da emoção.

O relacionamento não envolveu sentimentos, como sempre. No entanto, quis o destino que eu acabasse recolhendo o fruto de tantos anos de volúpias e leviandades.

Dois seres começaram a ser gerados em meu ventre e, com isso, perdi o meu chão. Novamente me achava diante da questão difícil da idade e da gravidez, desta vez não desejada.

Pensei em tudo, em Alexandre, nosso filho, nas perdas que poderiam acontecer em nosso modo rotineiro de viver e, imaginando qual seria o melhor caminho, optei por realizar o aborto clandestino, ainda que com toda a segurança de uma clínica decente.

O rapaz não me obrigou, mas, igualmente, se viu aliviado quando soube de minha escolha.

Há algumas semanas submeti-me ao procedimento. Entretanto, parece que, desde então, os gênios perversos do destino resolveram se vingar de mim. Tudo começou a ruir à minha volta, a começar do meu trabalho.

Denunciada em uma reunião profissional na qual divulgaram os documentos e fotografias de meu relacionamento com o referido colega de trabalho, igualmente casado, me vi convidada pela vergonha e pelos olhares condenatórios dos outros a me afastar dali. No entanto, desde o momento da malfadada intervenção, passei a me sentir estranha, com sonhos horrorosos e um cansaço que me destrói.

Já procurei médicos. No entanto, não encontram nada que possam apontar como causa de tais sensações.

A ferida uterina está cicatrizada, não há infecções de nenhum tipo, mas os sintomas persistem.

Não tenho mais vontade de viver e, com tudo isso que lhe contei, acho-me destinada a amargar no inferno pelos males que causei em muitas pessoas, a começar por você, Jamil.

Sílvia desabou a soluçar, dizendo:

– Eu... quero... morrer, ma... mas ... nem pra isso... tenho forças.

O esforço de Sílvia havia chegado ao clímax. Não seria mais possível continuar esperando dela o equilíbrio necessário para prosseguir.

Precisava descansar.

Jamil, envolvido pelo sentimento de carinho de Alfonso, olhou compungido para aquele trapo de gente, sentindo-se participante e em parte responsável por aquele quadro de desilusão e de dor.

Afinal, ele também agira para atender aos seus próprios interesses masculinos. Mantivera uma união formal na qual nunca colocara o afeto verdadeiro ou desejara recuperar o respeito da esposa. Limitara-se a viver de cama em cama com outras mulheres, mantendo as aparências, contando com a autorização da sua mulher de faz de conta.

Seu coração se vira atingido pela dor que Sílvia demonstrava, falando de si mesma sem emitir qualquer acusação ao esposo que, por primeira vez, a escutava, graças aos apelos do filho do casal.

Abraçou-se à mulher, igualmente aos prantos.

Foi nesse momento que um raio de luz partido de dois corações arrependidos e solitários uniu-se à luz superior que sobre eles era projetada pela oração das duas entidades espirituais que se mantinham vigilantes, para a garantia da eclosão dos verdadeiros sentimentos de respeito e de perdão, indispensáveis à correção dos próprios destinos.

– Nós vamos sarar juntos, Sílvia – falava Jamil, arrependido. – Eu lhe prometo que nós vamos sarar juntos. Você me aceita como seu... amigo sincero?

Eu não sou melhor do que você... eu fiz as mesmas coisas ruins e me envergonho por não ter, nunca, tido a coragem que você está tendo, agora.

Falando assim, com o tom de voz próprio dos que choram como crianças, Sílvia se acercou ainda mais dele, como se estivesse vendo o marido pela primeira vez em tantos anos de união indiferente e, agradecida, trouxe suas mãos aos lábios e as beijou com sinceridade e gratidão.

– Vamos olhar para a frente, Sílvia. Vamos cuidar de nossa vida juntos?

– Você me perdoa o mal que lhe fiz?

Jamil a abraçava ainda mais intensamente e, então, nesse momento, Alexandre, o filho, que escutava tudo a curta distância, se uniu aos dois para completar o quadro compungente que representava o recomeço de uma nova etapa na vida daqueles cinco Espíritos desajustados, três na carne e dois fora dela.

✳ ✳ ✳

Os dias se passaram. Sílvia, banhada em novas perspectivas,

contando agora com a vibração necessária para sentir-se amparada pelas forças espirituais, vira-se melhorada, ainda que estivesse fraca e com a persistência dos sonhos horríveis.

    Desejando ajudá-la com sinceridade, o marido, que acompanhava a recuperação difícil, foi intuitivamente encaminhado pelos amigos invisíveis a buscar socorro espiritual em um centro espírita cristão, de reconhecida seriedade e trabalho eficiente no bem.

    Consultando a doente sobre a possibilidade de ser levada até lá, não encontrou oposição já que ela, no fundo, havia recorrido aos auxílios invisíveis em inúmeras ocasiões para conseguir coisas materiais.

    Sabia da ação das entidades e, quem sabe, não poderia encontrar alento?

    Alfonso se ocupara de fazer chegar até eles a sugestão do recurso espiritual, valendo-se de um amigo de trabalho de Jamil que conhecia as aflições da sua esposa enferma, que lhe sugeriu o comparecimento ao centro espírita que frequentava, informando-o dos horários de atendimento da instituição vinculada à doutrina codificada por Allan Kardec.

    Na noite marcada para o primeiro atendimento, cheia de esperanças e amparada pelo esposo renovado pelos momentos de júbilo que passara a sentir ao lado da mulher, que reencontrara graças à dor moral compartilhada, subiram os degraus para o ingresso no ambiente da mencionada casa de oração.

    Ali, operosas mãos recebiam os visitantes, escutando-lhes as perguntas e oferecendo explicações e encaminhamentos para cada problema.

    Vendo que Jamil e Sílvia estavam muito necessitados, Olívia, que se achava à porta, naquela noite, percebeu que se tratava de um caso muito delicado, uma vez que, graças à sua visão mediúnica mais adestrada, percebera a existência de entidades perturbadoras ligadas ao perispírito da mulher, ao mesmo tempo em que vira Alfonso junto do casal, sorrindo e apontando a sala de entrevistas privadas para que os visitantes pudessem ter o primeiro contato com a realidade espiritual.

    Atendendo à orientação do mentor da casa em que trabalhava com modéstia, disciplina e obediência, Olívia acolheu-os e, com delicadeza, apontou-lhes a pequena sala à frente, postando-se à porta para anunciar os necessitados que chegavam.

– Filhos, temos trabalho... – falou Olívia, dirigindo-se aos dois servidores do evangelho que lá estavam para o atendimento naquela noite.

– Pois não, mãe, pode mandar entrar – falou Gláucia, que se levantava para ir ao encontro dos que começavam a ingressar na salinha.

Por favor, venham e sentem-se aqui.

No entanto, assim que deram os primeiros passos no interior do modesto ambiente, Sílvia fez-se lívida e estacou o passo diante do rapaz que a esperava.

Ali, perante seus olhos, estava Glauco, o agora marido de Gláucia que, sem identificá-la de imediato, mantinha-se de pé, apontando as cadeiras à sua frente para que se sentassem.

Igualmente sem entender o motivo de tal reação, imaginando que se tratasse de alguma repulsa alucinatória, Jamil exclamou:

– Vamos, querida, não é nada, é apenas o moço que vai nos ajudar. Sente-se, eu estou aqui do seu lado.

– Jamil, bendita é a hora da Verdade, em nossas vidas.

E custando muito para conter-se naquele momento tão delicado, trêmula, exclamou:

– Jamil, quero lhe apresentar o rapaz de quem lhe falei outro dia.

Estendendo a mão descarnada na direção dele, revelou, aturdida:

– Este é Glauco, o jovem que eu tentei enganar um dia, falando que Alexandre era seu filho.

Como que um turbilhão tomara conta daquele ambiente preparado pelo mundo espiritual para os encontros existenciais daqueles quatro irmãos.

Bastou essa frase para que tanto Glauco quanto Gláucia se recordassem de suas dores mais profundas de muitos anos atrás, no amadurecimento forçado pelos desencontros e sofrimentos suportados. Gláucia não a conhecera naqueles tempos. Sabendo disso, o rapaz olhou para a companheira que se lhe fazia a esposa generosa de sempre e revelou, algo constrangido:

– Gláucia, esta é Sílvia, a jovem que conheci na faculdade...

Dirigindo-se a Sílvia, igualmente apresentou:

– Sílvia, esta é minha esposa, Gláucia.

Compreendendo os caminhos do reencontro que o mundo espiritual propicia para que todos nos defrontemos com nossos equívocos de ontem, Gláucia saiu de seu lugar e, antes que o casal se sentasse, acercou-se de ambos e, sorrindo, lhes disse:

– Sejam bem-vindos, irmãos queridos. Nós já os esperávamos há muito tempo, para que pudéssemos começar uma amizade verdadeira e sincera. Que Jesus os ilumine.

Foi então que Gláucia, chamando o esposo, ofereceu o próprio marido para que Sílvia o abraçasse, sepultando para sempre o desencontro do passado e recomeçando a trajetória do crescimento espiritual.

Naquela casa, através dos passes magnéticos, Sílvia recuperaria o equilíbrio com o afastamento dos obsessores que, igualmente amparados em hospitais espirituais, seriam submetidos a tratamentos fluídicos para recomposição de suas forças, nos processos de preparo para novas experiências evolutivas.

✳ ✳ ✳

Diante de tudo o que aconteceu, pode o leitor querido perguntar-se qual teria sido o destino reservado a Luiz e Marisa, o casal que se encontrou graças aos desencontros dos demais.

E como as lutas espirituais devem ser compartilhadas por aqueles que as procuram ou as fomentam, na trajetória de sofrimentos que haviam elegido para seus caminhos, ambos encontrariam, em breve, os espinhos que haviam semeado.

Depois de alguns meses de euforias, Luiz foi acometido de renitente estado febril que o levou a exames para a adoção de tratamento adequado, ocasião em que foi constatado ser portador do HIV, contraído nas noites de experiências sexuais fugazes, não se sabe se com homens ou mulheres, condição essa que, a esta altura da convivência, já era compartilhada com a nova companheira, igualmente contaminada pelo mesmo tipo de doença.

✳ ✳ ✳

No mesmo luxuoso motel, algumas semanas depois, o casal voltava aos momentos de intimidade e diálogo franco:

– Pois então, o malandro do Alberto acabou ganhando aquela causa e não me falou nada, Camila?

– É, querido, assim as contas dele podem contar com um reforço de caixa.

– Que bom que você não me deixa ser ainda mais lesado por aquele velhaco...

E para dar outro rumo à conversa, Ramos, sorrindo, falou:

– Que sorte a nossa que aquele Marcelo já tenha encontrado o rumo da última morada, não é?

– Ah! Ramos, quando soube que tinha morrido, fiquei chocada, mas não posso negar que foi um alívio. Graças a Deus, agora, as coisas vão ficar melhores para nosso sossego, querido.

Era verdade. Marcelo havia morrido misteriosamente. Ninguém conhecia o assassino e o crime poderia, inclusive, ser interpretado como suicídio.

Ramos e Camila se divertiam, sem saber que, desde a sua morte, todos os documentos comprovando a participação dos dois sócios na morte de Josué e nos diversos tipos de crimes estavam sendo deslacrados por autoridades competentes graças à influência política do antigo amigo de Josué, depositário de tais documentos. Ao tomar conhecimento da misteriosa morte de Marcelo, dera início à revelação dos fatos criminosos, passando a provocar a apuração de todos os delitos, que, finalmente, redundaria na destruição da reputação dos dois poderosos advogados, matreiros e astutos, mas incapazes de justificar suas condutas ou esconder seus ilícitos, seja diante da Justiça dos Homens seja diante da Justiça de Deus.

Aquele encontro íntimo de prazer leviano seria o último entre Ramos e Camila.

Em breve, todos estariam desempregados, indiciados como réus nos crimes ou presos pelos delitos cometidos naquele antro de venalidades e mentiras que funcionava sob o nome de um importante escritório de defensores do Direito e da Verdade.

※※※

Estavam encerradas, por aqueles dias, as tarefas de atendimento espiritual àquele grupo desajustado.

Agora, Félix e Magnus iriam acompanhar a transição das milhares de entidades recolhidas que não haviam desejado se libertar com sinceridade das vibrações inferiores e que, deixando sobre a Terra o último suspiro, seriam levadas a planetas inferiores em evolução para o reinício de sua jornada em novos corpos carnais.

Para elas, a hora de partir tinha chegado. Estavam despedindo-se da Terra.

* * *

E quando encerramos mais uma jornada de compreensão e conhecimento espiritual, trazendo a fotografia da vida atual, nos desmandos e indecências, algo atenuadas pelo dever de sobriedade que deve permear toda e qualquer obra literária que, ainda que simples, não deseje chocar pela exibição da nua e agressiva verdade, deixamos a você, querido leitor, material suficiente para as meditações de agora, como que a nos perguntarmos se as nossas condutas, nossas mentiras, nossas leviandades, não estarão perto de nos conduzirem ao destino semelhante de tais Espíritos também.

Se tal circunstância haverá de apresentar-se para todos os seres que habitam o planeta terreno, procuremos viver de tal maneira que as garantias do Amor, da Responsabilidade Afetiva, do esforço no Bem, correspondam aos sinais verdadeiros de que nossa partida para um mundo mais atrasado ainda não foi a derradeira escolha de nossos atos maus ou de nossa indiferença no Bem.

Não bastará ter uma religião, cumprir seus rituais, participar em suas cerimônias e desfrutar de seus privilégios, imaginando-nos seres vacinados contra o exílio moral.

Será preciso acatar o que Jesus solicitou, aceitando em Espírito e Verdade tudo quanto nos seja indispensável para a demonstração de que o Reino de Deus se instalou em nossos corações.

Sem isso, poderemos imaginar que ainda temos muito tempo, mas, em realidade, nos surpreenderemos dentro do comboio dos insensatos, despedindo-nos da Terra no rumo dos planetas primitivos.

Por isso, aprendamos com Allan Kardec na obra *A Gênese,* que em seu capítulo XVIII – OS TEMPOS SÃO CHEGADOS – nos ensina com clareza, entre outras coisas importantíssimas para nossas reflexões, o seguinte:

"A NOVA GERAÇÃO

27. – Para que os homens sejam felizes sobre a Terra, é necessário que ela não seja povoada senão por bons Espíritos, encarnados e desencarnados, que não quererão senão o bem. Tendo chegado esse tempo, uma grande emigração se cumprirá entre aqueles que a habitam; aqueles que fazem o mal pelo mal, e que o sentimento do bem *não toca,* não sendo mais dignos da Terra transformada, dela serão excluídos, porque lhe trariam de novo a perturbação e a confusão, e seriam um obstáculo ao progresso. Eles irão expiar o seu endurecimento, uns nos mundos inferiores, os outros entre as raças terrestres atrasadas, que serão o equivalente de mundos inferiores, onde levarão os seus conhecimentos adquiridos, e terão por missão fazê-las avançar. Serão substituídos por Espíritos melhores, que farão reinar, entre eles, a justiça, a paz, a fraternidade.

A Terra, no dizer dos Espíritos, não deve ser transformada por um cataclismo que aniquilaria subitamente uma geração. A geração atual desaparecerá gradualmente, e a nova lhe sucederá do mesmo modo, sem que nada seja mudado na ordem natural das coisas.

Tudo se passará, pois, exteriormente como de hábito, com esta única diferença, mas esta diferença é capital, que uma parte dos Espíritos que nela se encarnam não se encarnarão nela mais. Em uma criança que nasça, em lugar de um Espírito atrasado e levado ao mal, que se encarnaria, esse será um Espírito mais avançado e *levado ao bem.*

Trata-se, pois, bem menos de uma geração corpórea do que de uma nova geração de Espíritos, e é nesse sentido, sem dúvida, que o entendia Jesus quando dizia: "Eu vos digo, em verdade, que esta geração não passará sem que esses fatos tenham se cumprido." Assim, aqueles que esperarem ver a transformação se operar por efeitos sobrenaturais e maravilhosos, serão decepcionados.

28. – A época atual é de transição; os elementos das duas gerações se confundem. Colocados no ponto intermediário, assistimos à partida de uma e à chegada da outra, e que cada uma se assinala já, no mundo, pelos caracteres que lhe são próprios.

As duas gerações que se sucedem têm ideias e vistas inteiramente opostas. À natureza das disposições morais, mas sobretudo das disposições *intuitivas e inatas,* é fácil distinguir a qual das duas pertence cada indivíduo.

A nova geração, devendo fundar a era do progresso moral, se distingue por uma inteligência e uma razão geralmente precoces, unidas ao sentimento *inato* do bem e das crenças espiritualistas, o que é o sinal indubitável de um certo grau de adiantamento *anterior.* Ela não será composta, pois, exclusivamente de Espíritos eminentemente superiores, mas daqueles que, tendo já progredido, estão predispostos a assimilar todas as ideias progressistas, e aptos a secundar o movimento regenerador.

O que distingue, ao contrário, os Espíritos atrasados, é primeiro, a revolta contra Deus pela recusa de reconhecer algum poder superior à Humanidade; a propensão *instintiva* às paixões degradantes, aos sentimentos antifraternos do egoísmo, do orgulho, da inveja, do ciúme; enfim, o agarramento por tudo o que é material: a sensualidade, a cupidez, a avareza.

São esses vícios, dos quais a Terra deve ser purgada pelo afastamento daqueles que se recusam se emendar, porque são incompatíveis com o reino da fraternidade, e que os homens de bem sofrerão sempre por seu contato. Quando a Terra deles estiver livre, os homens caminharão sem entraves para um futuro melhor, que lhes está reservado neste mundo, por preço de seus esforços e de sua perseverança, esperando que uma depuração, ainda mais completa, lhes abra a entrada dos mundos superiores.

20. Por essa emigração dos Espíritos, não é necessário entender que todos os Espíritos retardatários serão expulsos da Terra, e relegados a mundos inferiores. Muitos, ao contrário, nele retornarão, porque muitos cederam ao arrastamento de circunstâncias e do exemplo; a aparência neles era pior do que o fundo. Uma vez subtraídos à influência da matéria e dos preconceitos do mundo corpóreo, a maioria verá as coisas de um modo muito diferente do que quando vivos, assim como temos disso numerosos exemplos. Nisso, serão ajudados por Espíritos benevolentes que se interessam por eles, e que se apressam em esclarecê-los e mostrar-lhes o falso caminho que seguiram. Pelas nossas preces e nossas exortações, nós mesmos podemos contribuir para seu melhoramento, porque há solidariedade perpétua entre os mortos e os vivos.

A maneira pela qual se opera a transformação é muito simples, e, como se vê, ela é toda moral e em nada se desvia das leis da Natureza.

30. – Que os Espíritos da nova geração sejam novos Espíritos melhores, ou os antigos Espíritos melhorados, o resultado é o mesmo; desde o instante que tragam melhores disposições, é sempre uma renovação. Os Espíritos encarnados formam, assim, duas categorias, segundo as disposições naturais: de uma parte, os Espíritos retardatários que partem, da outra os Espíritos progressistas que chegam. O estado dos costumes e da sociedade estará, pois, em um povo, em uma raça ou no mundo inteiro, em razão daquela das duas categorias que tiver a preponderância.

31. – Uma comparação vulgar fará compreender melhor ainda o que se passa nesta circunstância. Suponhamos um regimento composto, em grande maioria, de homens turbulentos e indisciplinados: estes ali levarão sem cessar uma desordem que a severidade da lei penal terá frequentemente dificuldade para reprimir. Esses homens são os mais fortes, porque serão os mais numerosos; eles se sustentam, se encorajam e se estimulam pelo exemplo. Os que sejam bons são sem influência; seus conselhos são desprezados; são escarnecidos, maltratados pelos outros, e sofrem com esse contato. Não está aí a imagem da sociedade atual?

Suponhamos que são retirados esses homens do regimento um por um, dez por dez, cem por cem, e que sejam substituídos na mesma medida por um número igual de bons soldados, mesmo por aqueles que foram expulsos, mas que se emendaram seriamente: ao cabo de algum tempo, ter-se-á sempre o mesmo regimento, mas transformado; a boa ordem ali terá sucedido à desordem. Assim o será com a Humanidade regenerada.

32. – As grandes partidas coletivas não têm somente por objetivo ativar as saídas, mas transformar mais rapidamente o Espírito da massa, desembaraçando-a das más influências e dando mais ascendência às ideias novas.

É porque muitos, apesar de suas imperfeições, estão maduros

para essa transformação, que muitos partem a fim de irem se retemperar numa fonte mais pura. Ao passo que se tivessem permanecido no mesmo meio e sob as mesmas influências, teriam persistido em suas opiniões e na sua maneira de ver as coisas. Uma permanência no mundo dos Espíritos basta para lhes abrir os olhos, porque ali veem o que não podiam ver sobre a Terra. O incrédulo, o fanático, o absolutista poderão, pois, retornar com ideias *inatas* de fé, tolerância e de liberdade. Em seu retorno, encontrarão as coisas mudadas, e suportarão o ascendente do novo meio onde terão nascido. Em lugar de fazer oposição às ideias novas, delas serão os auxiliares.

33. – A regeneração da Humanidade não tem, pois, absolutamente necessidade da renovação integral dos Espíritos: basta uma modificação nas suas disposições morais; esta modificação se opera em todos aqueles que a ela estão predispostos, quando são subtraídos à influência perniciosa do mundo. Aqueles que retornam, então, não são sempre outros Espíritos, mas, frequentemente, os mesmos Espíritos pensando e sentindo de outro modo.

Quando esse melhoramento é isolado e individual, passa despercebido, e sem influência ostensiva sobre o mundo.

O efeito é diferente quando se opera simultaneamente em grandes massas; porque, então, segundo as proporções, em uma geração, as ideias de um povo ou de uma raça podem ser profundamente modificadas.

É o que se nota quase sempre depois dos grandes abalos que dizimam as populações. Os fragelos destruidores não destroem senão o corpo, mas não atingem o Espírito; eles ativam o movimento de vai e vem entre o mundo corpóreo e o mundo espiritual, e por consequência um movimento progressivo dos Espíritos encarnados e desencarnados. É de notar-se que, em todas as épocas da história, as grandes crises sociais foram seguidas de uma era de progresso.

34. – É um desses movimentos gerais que se opera neste momento, e que deve trazer o remanejamento da Humanidade. A multiplicidade das causas de destruição é um sinal característico dos tempos, porque elas devem apressar a eclosão de novo germes. São folhas de outono que caem, e às quais sucederão novas folhas cheias de vida, porque a Humanidade tem suas estações, como os indivíduos têm suas idades. As folhas mortas da Humanidade caem levadas pelas rajadas e golpes de vento, mas para renascerem mais vivazes sob o mesmo sopro de vida, que não se extingue, mas se purifica.

35. – Para um materialista, os flagelos destruidores são calamidades sem compensações, sem resultados úteis, uma vez que, segundo ele, *aniquilam os seres sem retorno*. Mas para aquele que sabe que a morte não destrói senão o envoltório, eles não têm as mesmas consequências, e não lhe causam o menor medo; compreende-lhe o objetivo, e sabe também que os homens não perdem mais morrendo em conjunto do que morrendo isoladamente, uma vez que, de uma forma ou de outra, é necessário sempre lá chegar.

Os incrédulos rirão dessas coisas, e as tratarão por quimeras; mas digam o que disserem, eles não escaparão à lei comum; cairão a seu turno, como os outros, e, então, o que será deles? Eles dizem: *Nada!* Mas viverão a despeito de si mesmos, e serão, um dia, forçados a abrir os olhos."

Se servir de compensação, no mundo inferior que espera os indiferentes e para onde já estão sendo levados, também haverá sexo, pirâmides, choro e ranger de dentes.

Que saibamos escolher, enquanto há tempo.

Afinal, não é por falta de esforço do Criador, do Cristo e dos Espíritos amigos que ainda existe tanta lágrima nos olhos e nos corações da humanidade. É por causa de suas escolhas erradas.

Assim, relembremos os ditos de Jesus:

"Misericórdia quero, não o sacrifício!"

Brilhe vossa Luz.

Muita paz!

Lucius

IDE | Conhecimento e educação espírita

No ano de 1963, Francisco Cândido Xavier ofereceu a um grupo de voluntários o entusiasmo e a tarefa de fundarem um periódico para divulgação do Espiritismo. Nascia, então, o Instituto de Difusão Espírita - IDE, cujos nome e sigla foram também sugeridos por ele.

Assim, com a ajuda de muitas pessoas e da espiritualidade, o Instituto de Difusão Espírita se tornou uma entidade de utilidade pública, assistencial e sem fins lucrativos, fiel à sua finalidade de divulgar a Doutrina Espírita, por meio de livros, estudos e auxílio (material e espiritual).

Tendo como foco principal as obras básicas de Allan Kardec, a preços populares, a IDE Editora possui cerca de 300 títulos, muitos psicografados por Chico Xavier, divulgando-os em todo o Brasil e em várias partes do mundo.

Além da editora, o Instituto de Difusão Espírita também se desenvolveu em outras frentes de trabalho, tanto voltadas à assistência e promoção social, como o acolhimento de pessoas em situação de rua (albergue), alimentação às famílias em momento de vulnerabilidade social, quanto aos trabalhos de evangelização infantil, mocidade espírita, artes, cursos doutrinários e assistência espiritual.

Ao adquirir um livro da IDE Editora, além de conhecer a Doutrina Espírita e aplicá-la em seu desenvolvimento espiritual, o leitor também estará colaborando com a divulgação do Evangelho do Cristo e com os trabalhos assistenciais do Instituto de Difusão Espírita.

www.idelivraria.com.br

idelivraria.com.br

Pratique o "Evangelho no Lar"

Aponte a câmera do celular e faça download do roteiro do **Evangelho no lar**

Ide editora é nome fantasia do Instituto de Difusão Espírita, entidade sem fins lucrativos.

◯ ideeditora   f ide.editora   🐦 ideeditora

◀◀ **DISTRIBUIÇÃO EXCLUSIVA** ▶▶

boanova editora

📍
Av. Porto Ferreira, 1031 | Parque Iracema
CEP 15809-020 | Catanduva-SP
📞 17 3531.4444   💬 17 99777.7413

◯ boanovaed
▶ boanovaeditora
f boanovaed
🌐 www.boanova.net
✉ boanova@boanova.net

Fale pelo whatsapp

Acesse nossa loja